Achmed El Bureiasi

Landesplanerische Beurteilung des großflächigen Einzelhandels

Eine Untersuchung am Beispiel des nordrhein-westfälischen Landesrechts

Zentralinstitut für Raumplanung
der Deutschen Akademie
für Städtebau und Landesplanung

Herausgeber: Werner Hoppe · Hans D. Jarass

In der Schriftenreihe Beiträge zur Raumplanung werden Ergebnisse von wissenschaftlichen Untersuchungen des Zentralinstituts für Raumplanung an der Westfälischen Wilhelms-Universität Münster veröffentlicht.

Schriftleitung: Heike Schoen

Zentralinstitut für Raumplanung
an der Universität Münster
Beiträge zur Raumplanung

223

Achmed El Bureiasi

Landesplanerische Beurteilung des großflächigen Einzelhandels

Eine Untersuchung am Beispiel des nordrhein-westfälischen Landesrechts

D 6

Bibliografische Informationen der Deutschen Bibliothek

Die Deutsche Bibliothek verzeichnet diese Publikation in der Deutschen Nationalbibliografie; detaillierte bibliografische Daten sind im Internet über <http://dnb.ddb.de> abrufbar.

ISBN 3-936232-45-8

www.lexxion.de

Vorwort

Die landesplanerische Beurteilung des großflächigen Einzelhandels und die diesbezüglichen Regelungen in den Raumordnungsplänen der Länder werden in Rechtsprechung und Schrifttum schon seit geraumer Zeit kontrovers diskutiert. In Nordrhein-Westfalen etwa regelt § 24 Abs.3 LEPro NW sinngemäß, dass Standorte des großflächigen Einzelhandels mit dem System der zentralörtlichen Gliederung und den innergemeindlichen Siedlungsschwerpunkten vereinbar und entgegenstehende Bauleitplanungen unzulässig sein *sollen.* Solche Restriktionen auf überörtlicher Ebene sind geeignet, das kommunale Selbstverwaltungsrecht der Gemeinden, die verfassungsrechtliche Zuständigkeitstrennung von Raumordnung und Bodenrecht sowie die Wirtschaftsgrundrechte von Investoren zu tangieren. Rechtlicher Streit ist insoweit vorgezeichnet.

Das betrifft im Besonderen das traditionell spannungsreiche Verhältnis zwischen Landesplanung und Bauleitplanung. Wenn auch die (auch) überörtliche Bedeutung des großflächigen Einzelhandels mit seinen vielfach weit über das Gebiet der Standortgemeinde hinausreichenden Einzugsbereichen nicht zu bestreiten ist, so bleibt doch zweifelhaft, welche Entscheidungsanteile an der Standortfindung der Landesplanung bzw. den Kommunen jeweils gebühren. Besondere Schwierigkeiten bei der Austarierung dieser Anteile ergeben sich daraus, dass in Zeiten einer nahezu unbegrenzten Mobilität örtliche und überörtliche Aufgabenbereiche zunehmend miteinander verschmelzen und im Grundsatz eine gemeinschaftliche Lösung von Raumnutzungskonflikten erforderlich machen. Wo hier die Grenzen für einen noch zulässigen landesplanerischen Eingriff verlaufen sollen, ist zu Recht umstritten und dies gerade beim großflächigen Einzelhandel, der ein besonders anschauliches Beispiel für die fortschreitende Aufgabenverflechtung von Staat und Gemeinde darstellt.

Untrennbar im Zusammenhang mit diesen verfassungsrechtlichen Streitpunkten steht die Frage nach Auslegung und Zielqualität der landesplanerischen Standortregelungen. So hat die Rechtsprechung in neuerer Zeit unter Hinweis auf die relativ allgemein formulierten Zulässigkeitskriterien die Frage aufgeworfen, ob und wenn ja, mit welchem Inhalt die landesplanerischen Standortvorgaben überhaupt als ein bindendes Ziel der Raumordnung aufgefasst werden können. § 3 Nr.2 ROG verlangt von Zielen der

Raumordnung, dass sie dem Gebot der Normenklarheit genügen, um für nachgeordnete Planungsträger verbindlich zu sein. Gerade aber aufgrund dieses Bestimmtheitserfordernisses läuft die Landesplanung, die aufgabenbedingt nur Rahmenplanung ist, Gefahr, zu weitgehend in kommunale Planungsrechte einzugreifen. Die sich daraus ergebenden Unsicherheiten schlagen sich in der Praxis in mehr oder minder unscharfen Formulierungen nieder, die Zweifel an der Zielqualität der landesplanerischen Zulässigkeitskriterien durchaus berechtigt erscheinen lassen.

Der Verfasser greift diese Probleme auf und setzt sich ausführlich mit den angesprochenen Streitfragen auseinander. Im Zentrum der detaillierten Untersuchung steht die für Nordrhein-Westfalen geltende Regelung des § 24 Abs.3 LEPro NW. Das der Vorschrift innewohnende Kongruenzgebot, das Beeinträchtigungsverbot und das Integrationsgebot werden sowohl im Hinblick auf deren Auslegung als auch Zielqualität eingehend behandelt. Ein weiterer Schwerpunkt der Untersuchung bilden die verfassungsrechtlichen Konsequenzen, die sich aus einem Zielcharakter der Vorschrift ergeben würden. Gesteigerte Aufmerksamkeit widmet der Verfasser dabei dem Spannungsverhältnis von Landesplanung und Bauleitplanung und den Problemen, die aus der fortschreitenden Aufgabenvermischung von örtlicher und überörtlicher Planungsebene resultieren.

Der besondere Wert der Arbeit liegt darin, dass der Verfasser eine Einordnung des § 24 Abs.3 LEPro NW unter besonderer Berücksichtigung der raumplanerischen und geographischen Entwicklungsgeschichte des Zentrale-Orte-Systems vornimmt und hierdurch ein überzeugendes Fundament für die Beurteilung der einschlägigen Fragen gewinnt. Darüber hinaus liefert die Arbeit interessante Erkenntnisse zu den Zielmerkmalen des § 3 Nr.2 ROG, die vor allem bei den so genannten Sollzielen immer wieder in den Blickpunkt juristischer Auseinandersetzungen geraten.

Münster, im April 2005

Professor Dr. Hans D. Jarass, LL.M.

Direktor des Zentralinstituts
für Raumplanung an der
Universität Münster

Inhaltsübersicht

Inhaltsverzeichnis

Abkürzungsverzeichnis

a. A.	anderer Ansicht
abgedr.	abgedruckt
ABl	Amtsblatt
Abs.	Absatz
Abschn.	Abschnitt
a. F.	alte Fassung
amtl. Abdr.	amtlicher Abdruck
allg.	allgemein
AllMBl	Allgemeines Ministerialblatt der Bayerischen Staatsregierung
Anl.	Anlage
AnlSachs	Anl. zum Ges. über die Vorläufigen Grundsätze und Ziele zur Stadtentwicklung und Landschaftsordnung im Freistaat Sachen v. 20.6.1991 (GVBl S.164)
Anm.	Anmerkung
ARL	Akademie für Raumforschung und Landesplanung
Art.	Artikel
aufg.	aufgehoben
Aufl.	Auflage
AZ	Aktenzeichen
BauGB	Baugesetzbuch idF der Bek. v. 23.9.2004 (BGBl I S.2414)
BauR	Baurecht (Zeitschrift für das gesamte öffentliche und zivile Baurecht)
BauNVO	Verordnung über die bauliche Nutzung der Grundstücke (BauNVO) idF d. Bek. v. 23.1.1990 (BGBl I S.132) zul. geänd. durch G. v. 22.4.1993 (BGBl I S.446)
Bay	Bayern, bayerisch
BayVBl	Bayerische Verwaltungsblätter (Zeitschrift)
BayVerfGH	Bayerischer Verfassungsgerichtshof
Bbg	Brandenburg
Bd.	Band
Bearb.	Bearbeiter
Begr.	Begründung
Bek.	Bekanntmachung
ber.	berichtigt
BMBau	Bundesminister für Raumordnung, Bauwesen und Städtebau
Beschl.	Beschluss
BGB	Bürgerliches Gesetzbuch v. 18.8.1896 (RGBl S.195), zul. geänd. durch G v. 5.5.2004 (BGBl I S.718)
BGBl	Bundesgesetzblatt
BGH	Bundesgerichtshof

BImSchG	Gesetz zum Schutz vor schädlichen Umwelteinwirkungen durch Luftverunreinigungen, Geräusche, Erschütterungen und ähnliche Vorgänge (Bundes-Immissionsschutzgesetz) idF der Bek. v. 26.9.2002 (BGBl I S.3830), zul. geänd. durch G v. 22.12.2004 (BGBl I S.3704)
BMVBW	Bundesministerium für Raumordnung, Bauwesen und Städtebau
BR	Bundesrat
BReg	Bundesregierung
BR-Drs.	Bundesrats-Drucksache
BRS	Baurechtssammlung
BT	Bundestag
BT-Drs.	Bundestags-Drucksache
BVerfG	Bundesverfassungsgericht
BVerfGE	Entscheidungen des Bundesverfassungsgerichts
BVerwG	Bundesverwaltungsgericht
BVerwGE	Entscheidungen des Bundesverwaltungsgerichts
BW	Baden-Württemberg
bzw.	beziehungsweise
ca.	circa
d.	der, die, das
dementspr.	dementsprechend
d. h.	das heißt
diff.	differenzierend
DÖV	Die Öffentliche Verwaltung (Zeitschrift)
drs.	derselbe
DVBl	Deutsches Verwaltungsblatt (Zeitschrift)
EAG-Bau	Europarechtsanpassungsgesetz Bau
EHE Bay	Beurteilung von Einzelhandelsgroßprojekten in der Landesplanung und der Bauleitplanung – Gemeinsame Bek. der Bayerischen Staatsministerien für Landesentwicklung und Umweltfragen, für Wirtschaft und Verkehr und des Inneren v. 6.6.1992 (AllMBl S.645)
EHE Bbg	Bauplanungsrechtliche Beurteilung von großflächigen Einzelhandelsvorhaben (Einzelhandelserlass), Runderlass Nr.23/2/1999 des Ministeriums für Stadtentwicklung, Wohnen und Verkehr v. 15.8.1999 (ABl S.974)
EHE BW	VwV des Wirtschaftsministeriums zur Ansiedlung von Einzelhandelsgroßprojekten – Raumordnung, Bauleitplanung und Genehmigung von Vorhaben (Einzelhandelserlass) v. 21.2.2001 (Az.: 6-2500.4/7)

EHE Hess	Großflächige Einzelhandelsvorhaben im Bau- und Landesplanungsrecht – Hinweise und Erläuterungen – Erlass des Ministeriums für Wirtschaft, Verkehr und Landesentwicklung v. 20.1.2003 (StAnz S.453)
EHE MV	Großflächige Einzelhandelseinrichtungen in der Landesplanung, der Bauleitplanung und den Baugenehmigungsverfahren – Erlass des Ministeriums für Bau, Landesentwicklung und Umwelt v. 4.7.1995 (ABl S.607)
EHE NW	Ansiedlung von Einzelhandelsgroßbetrieben; Bauleitplanung und Genehmigung von Vorhaben (Einzelhandelserlass), Gemeinsamer Runderlass des Ministeriums für Stadtentwicklung, Kultur und Sport, des Ministeriums für Wirtschaft, Mittelstand, Technologie und Verkehr, des Ministeriums für Umwelt, Raumordnung und Landwirtschaft und des Ministeriums für Bauen und Wohnen v. 7.5.1996 (MBl S.922)
EHE Sachs	Gemeinsame VwV des Sächs. Staatsministeriums des Inneren und des Sächs. Staatsministeriums für Umwelt und Landesentwicklung zur Behandlung von großflächigen Einzelhandelseinrichtungen in der Landes- und Bauleitplanung und im Baugenehmigungsverfahren (VwV Großflächige Einzelhandelseinrichtungen) v. 3.12.1996 (ABl 1997 S.9)
EHE Thür	Richtlinie über die Verfahrensweise bei großflächigen Einzelhandelsvorhaben im Landesplanungs- und Baurecht – Gemeinsame Richtlinie des Thür. Ministeriums für Umwelt und Landesplanung, des Thür. Innenministeriums und des Thür. Ministeriums für Wirtschaft und Verkehr v. 1.7.1992 (StAnz S.1401)
Einf.	Einführung
EPlaR	Entscheidungen zum Planungsrecht (Entscheidungssammlung)
etc.	et cetera
f	folgende (Seite etc.)
Feb	Februar
Festschr.	Festschrift
ff	folgende (Seiten etc.)
Fn.	Fußnote
FOC	Factory Outlet Center
G	Gericht, Gesetz
GBl	Gesetzblatt
geänd.	geändert
gem.	gemäß
GewArch	Gewerbearchiv (Zeitschrift)
GG	Grundgesetz für die Bundesrepublik Deutschland v. 23.5.1949 (BGBl I S.1) zul. geänd. durch G v. 26.7.2002 (BGBl I S.2863)

GMA	Gesellschaft für Markt- und Absatzforschung
GMBl	Gemeinsames Ministerialblatt, herausgegeben vom Bundesministerium des Inneren
GV, GVBl	Gesetz- und Verordnungsblatt
Hess	Hessen
HessStGZ	Hessische Städte- und Gemeindezeitung
Hg.	Herausgeber
idF	in der Fassung
idR	in der Regel
idS	in diesem Sinne
i.E.	im Ergebnis
IHK	Industrie- und Handelskammer
ILS	Institut für Landes- und Stadtentwicklungsforschung des Landes Nordrhein-Westfalen
insbes.	insbesondere
iSd	im Sinne des
iVm	in Verbindung mit
IzR	Informationen zur Raumentwicklung (Zeitschrift)
JuS	Juristische Schulung (Zeitschrift)
JZ	Juristenzeitung (Zeitschrift)
Kap.	Kapitel
km/h	Kilometer pro Stunde
krit.	kritisch
LEP Bay	Landesentwicklungsprogramm Bayern 2003 v. 12.3.2003 (GVBl S.137)
LEP BW	Landesentwicklungsplan Baden-Württemberg 2002 v. 20.8.2002 (GBl Nr.9, S.301)
LEP Hess	Landesentwicklungsplan Hessen 2000 v. 13.12.2000 (GVBl I S.62)
LEP Saarl	Landesentwicklungsplan »Siedlung« v. 9.10.1997 (ABl S.1316)
LEP I/II NW	Landesentwicklungsplan I/II v. 1.5.1979 (MBl S.1080), aufg. am 11.5.1995
LEP NW	Landesentwicklungsplan Nordrhein-Westfalen (LEP NRW) v. 11.5.1995 (GV S.532)
LEPeV Bbg	Gemeinsamer Landesentwicklungsplan für den engeren Verflechtungsraum Brandenburg-Berlin v. 2.3.1998 (GVBl S.186)
LEPro Bbg	Gemeinsames Landesentwicklungsprogramm der Länder Berlin und Brandenburg v. 7.8.1997 (GVBl I 1998 S.15)

LEPro NW	Gesetz zur Landesentwicklung (Landesentwicklungsprogramm – LEPro) idF d. Bek. v. 5.10.1989 (GV S.485, ber. S.648), zul. geänd. durch G v. 9.5.2000 (GV S.403)
LEPro RP	Landesverordnung über das Landesentwicklungsprogramm (LEP III) vom 27.6.1995 (GVBl S.225), zul. geänd. durch VO v. 27.4.1999 (GVBl S.109)
Lit.	Literatur
lit.	littera (Buchstabe)
LKV	Landes- und Kommunalverwaltung (Zeitschrift)
LPlG NW	Landesplanungsgesetz Nordrhein-Westfalen idF der Bek. v. 11.02.2001 (GV S.50), zul. geänd. durch G v. 3.2.2004 (GV S.96)
LROP II Nds	Landesraumordnungsprogramm Niedersachsen, Teil II (LROP II) v. 18.7.1994 (GVBl S.317), zul. geänd. durch VO v. 28.11.2002 (GVBl S.739)
LROP MV	Erstes Landesraumordnungsprogramm des Landes MV v. 16.7.1993 (GVBl S.733)
LT-Drs.	Landtags-Drucksache
MBl	Ministerialblatt
Mio.	Millionen
MKRO	Ministerkonferenz für Raumordnung
Mrd.	Milliarden
MV	Mecklenburg-Vorpommern
mwN	mit weiteren Nachweisen
Nds	Niedersachsen
NdsVBl	Niedersächsische Verwaltungsblätter (Zeitschrift)
NJW	Neue Juristische Wochenschrift (Zeitschrift)
Nov	November
Nr.	Nummer
NuR	Natur und Recht (Zeitschrift)
n.v.	nicht veröffentlicht
NVwZ	Neue Zeitschrift für Verwaltungsrecht (Zeitschrift)
NVwZ-RR	NVwZ-Rechtsprechungsreport (Zeitschrift)
NW, NRW	Nordrhein-Westfalen
NWVBl	Nordrhein-Westfälische Verwaltungsblätter (Zeitschrift)
Okt	Oktober
ÖPNV	Öffentlicher Personennahverkehr
OVG	Oberverwaltungsgericht
Rn.	Randnummer
ROB	Raumordnungsbericht

ROG	Raumordnungsgesetz idF der Bek. v. 18.08.1997 (BGBl I S.2081), zul. geänd. durch G v. 24.6.2004 (BGBl I S.1359)
RP	Rheinland-Pfalz
Rspr.	Rechtsprechung
RuR	Raumforschung und Raumordnung (Zeitschrift)
S.	Seite, Satz
s.	siehe
Saarl	Saarland
Sachs	Sachsen
Sächs	Sächsisches
SH	Schleswig-Holstein
sog.	so genannte, so genannter
SSP	Siedlungsschwerpunkte
SSP-Erlass NW	Bauleitplanung, Siedlungsschwerpunkte und Berücksichtigung landesplanerischer Dichteangaben, Runderlass des Innenministers v. 58.1976 – V C 2 – 901.11 (MBI S.1774, ber. S.2600), geänd. durch Runderlass v. 14.2.1978 (MBI S.216)
StAnz	Staatsanzeiger
st. Rspr.	ständige Rechtsprechung
str.	strittig
teilw.	teilweise
Thür	Thüringen
u. a.	unter anderem, und andere
UPR	Umwelt- und Planungsrecht (Zeitschrift)
Urt.	Urteil
usw.	und so weiter
v.	vom
v. a.	vor allem
VBlBW	Verwaltungsblätter für Baden-Württemberg (Zeitschrift)
Verf.	Verfasser
VerfGH	Verfassungsgerichtshof
VerwArch	Verwaltungsarchiv
VG	Verwaltungsgericht
VGH	Verwaltungsgerichtshof
vgl.	vergleiche
VO	Verordnung
Vorb.	Vorbemerkungen
VwV	Verwaltungsvorschrift

VwVfG	Verwaltungsverfahrensgesetz des Bundes bzw. des jeweiligen Landes, für den Bund idF d. Bek. v. 23.1.2003 (BGBl I S.102), zul. geänd. durch G v. 5.5.2004 (BGBl I S.718)
WiVerw	Wirtschaft und Verwaltung (Zeitschrift)
WUR	Wirtschaftsverwaltungs- und Umweltrecht (Zeitschrift)
zB	zum Beispiel
ZfBR	Zeitschrift für deutsches und internationales Bau- und Vergaberecht
zit.	zitiert
ZOK	Zentrale-Orte-Konzept
zT	zum Teil
zul.	zuletzt

Erster Teil: Ausgangspunkte der Untersuchung

§ 1 Problembeschreibung, Ziel und Gang der Untersuchung

1. Problembeschreibung

Waren früher noch kleinere, mittelständische Betriebe in den Zentren von Städten und Gemeinden für die Einzelhandelslandschaft typisch, zeichnet sich heute längst ein Bild, das von immer größer werdenden Vertriebsformen an der Peripherie und einer zunehmenden Verdrängung des Handels aus den Innenstädten geprägt ist. Beispielhaft seien die großflächigen Handelsansiedlungen am Rande oder im Umland der Städte genannt, wie sie etwa als Einkaufszentren, Selbstbedienungs-Warenhäuser, Verbrauchermärkte oder auch – gerade in jüngerer Zeit – als Factory-Outlet-Center oder Shopping Malls amerikanischer Prägung bekannt geworden sind.[1] Die großräumigen Auswirkungen dieser Betriebe, vor allem auf die innerstädtischen Handels- und Versorgungsstrukturen, haben die am Planungsprozess Beteiligten – Gemeinden, Staat und Bürger – in den letzten Jahrzehnten in vielerlei Hinsicht in Streit gebracht. Besonders umstritten ist dabei seit jeher die Frage, ob die Standortentscheidung zugunsten des großflächigen Einzelhandels allein dem Verantwortungsbereich von Gemeinde und Investor zu überlassen ist oder aber der Staat als Träger von Raumordnung und Landesplanung berechtigt ist, zur Wahrung überörtlicher Interessen hierauf restriktiv Einfluss zu nehmen.

Raumordnung und Landesplanung verlangen eine Integration des großflächigen Einzelhandels in die gewachsenen dezentralen Siedlungsstrukturen, die sich in den für Deutschland typischen Stadt-Umland-Beziehungen manifestieren. Die dezentrale Konzentration der Siedlungstätigkeit auf leistungsfähige Ortskerne und Innenstädte ist aus raumordnerischer Sicht ein effektiver Weg, um gleichwertige Lebensbedingungen in allen Landesteilen herzustellen und »kurze Wege« zwischen den an unterschiedlichen

1 Vgl. allgemein zur Betriebstypenentwicklung im Einzelhandel in den letzten Jahrzehnten *Vogels/Will,* Auswirkungen von FOC, 1999, S.3 f; *Rieger,* in: ARL (Hg.), Landes- und Regionalplanung in Bayern, 2003, S.26 ff.

Standorten stattfindenden Grundfunktionen des Lebens wie Arbeiten, Wohnen und Versorgen zu schaffen. Speziell der großflächige Einzelhandel mit seinen raumübergreifenden Wirkungen soll deshalb an geeigneten Standorten in die bestehenden Zentrenstrukturen eingebunden werden, um größere Kaufkraftverlagerungen an die Peripherie zu verhindern und die Innenstädte vor einem wirtschaftlichen Verfall zu bewahren. Zur Absicherung dieser Zielsetzung sind in allen Bundesländern auf landesplanerischer Ebene Regelungen ergangen, die einerseits eine dezentrale Schwerpunktbildung verankern und andererseits die Zuordnung von Einzelhandelsgroßbetrieben zu den Zentren dieser Schwerpunkte verlangen.[2]

Die maßgebliche landesplanerische Steuerungsvorschrift für den großflächigen Einzelhandel in Nordrhein-Westfalen ist § 24 Abs.3 LEPro NW. Danach sollen Kern- und Sondergebiete für den großflächigen Einzelhandel auf bauleitplanerischer Ebene nur ausgewiesen werden, wenn sie nach Art, Umfang und Lage der angestrebten zentralörtlichen Gliederung sowie der in diesem Rahmen zu sichernden Versorgung entsprechen und räumlich wie funktional den Siedlungsschwerpunkten zugeordnet sind. Die Vorschrift hat in einer ganz allgemeinen Umschreibung die Integration des großflächigen Einzelhandels in die zentralörtlichen Siedlungs- und Versorgungsstrukturen zum Ziel, die in allen Landesteilen eine angemessene Erreichbarkeit der zentralen Versorgungseinrichtungen sicherstellen sollen.[3] Sie dient damit dem raumordnerischen Oberziel zur Herstellung gleichwertiger Lebensverhältnisse in allen Teilräumen.[4]

Da die Kommunen als Hauptadressat des § 24 Abs.3 LEPro NW, aber auch die Investoren von Einzelhandelsgroßprojekten als jedenfalls mittelbar Betroffene nicht selten andere Standortvorstellungen als die Träger von Raumordnung und Landesplanung verfolgen, verwundert es nicht, dass die Vorschrift sowohl hinsichtlich ihrer Zielqualität als auch ihrer verfassungs-

---

2 In allen Bundesländern sind Zentrale-Orte-Systeme als flächendeckende Netze zur Sicherung der Versorgung in den Raumordnungsplänen festgelegt worden; vgl. *Erbguth/Schoeneberg,* Raumordnungs- und Landesplanungsrecht, 1992, Rn.13; *Blotevogel u.a.,* in: Blotevogel (Hg.), Fortentwicklung des Zentrale-Orte-Konzepts, 2002, S.177 (274 f).

3 Vgl. *Runkel,* in: Bielenberg u.a., Raumordnungs- und Landesplanungsrecht, Stand Sept 2004, K § 4 Rn.377; *Gräf/Hennecke,* ZfBR 1980, 218 (219); *Thies,* Einzelhandelsgroßbetriebe im Städtebaurecht, 1992, Rn.56.

4 S. dazu EHE NW, Nr.3; *Niemeier/Dahlke/Lowinski,* Landesplanungsrecht NW, 1977, § 24 LEPro Anm.6.

rechtlichen Rechtfertigung kontrovers diskutiert wird. Die Effizienz einer großflächigen Handelsansiedlung für das eigene Gemeindegebiet beurteilt sich für die Kommunen in erster Linie nach städtebaulicher Attraktivität, Steuereinnahmen und zusätzlichen Arbeitsplätzen, weniger aber nach Gesichtspunkten einer landesweiten Versorgungsgerechtigkeit.[5] Wird den Kommunen, vor allem kleineren Umlandgemeinden, durch übergeordnete staatliche Vorgaben die Ansiedlung unmöglich gemacht, müssen sie von Projekten Abstand nehmen, die für die kommunale Eigenentwicklung mitunter als ausgesprochen aussichtsreich eingestuft werden. Auch für die Investoren wirkt sich eine solchermaßen erzwungene unterlassene Bauleitplanung auf ihre berufliche und wirtschaftliche Dispositionsfreiheit aus, da sich eine nach staatlichen Vorstellungen formulierte Standortentscheidung als betriebswirtschaftlich unsinnig erweisen kann. Investoren großflächiger Einzelhandelsbetriebe bevorzugen Standorte in suburbanen Gebieten mit guter Verkehrsanbindung, weil sie dort die nötigen Flächenvolumina vorfinden, erhebliche Kaufkraftpotenziale in den so genannten »Autofahrer-Einzugsbereichen« erschließen und die hohen Bodenpreise der innerörtlichen Lagen vermeiden können.[6]

§ 24 Abs.3 LEPro NW wirft in mehrfacher Hinsicht Fragen hinsichtlich seines rechtlichen Einflusses in der Bauleitplanung auf. Besonders kritisch wird die Soll-Regelung der Vorschrift diskutiert, die manche als Beleg dafür deuten, dass die Vorschrift keine strikte Verbindlichkeit beansprucht und deshalb nur als Grundsatz der Raumordnung Bestand haben kann.[7] Schwierigkeiten bereiten auch die verwendeten Begrifflichkeiten der Vorschrift, die dem Gebot der Normenklarheit genügen müssen, wollen sie zielförmige Wirkung erzeugen.[8] Ebenfalls sehr problematisch erscheint die Vorschrift in Hinblick auf ihre verfassungsrechtliche Legitimität. So wird

---

5 Vgl. *Thies,* Einzelhandelsgroßbetriebe im Städtebaurecht, 1992, Rn.2; *Kleine/Offermanns,* RuR 2000, 35 f.

6 *Miosga,* in: Blotevogel (Hg.), Fortentwicklung des Zentrale-Orte-Konzepts, 2002, S.78 (83); *Kistenmacher,* in: ARL (Hg.), Steuerungsmöglichkeiten von Suburbanisierungsprozessen, 2001, S.17 (27).

7 Vgl. etwa *Hoppe,* Festschr. Maurer, 2001, S.625 ff; *drs.,* BayVBl, 129 ff. Grundsätze der Raumordnung nach § 3 Nr.3 ROG haben wegen ihres hohen Abstraktionsgrads nur als Abwägungsdirektiven Bedeutung, während Ziele der Raumordnung nach § 3 Nr.2 ROG als hinreichend bestimmbare und abschließend abgewogene Planaussagen zwingende Beachtung auf nachgeordneter Planungsebene verlangen.

8 Vgl. etwa *Hoppe,* NWVBl 1998, 461 (465); *Spannowsky,* NdsVBl 2001, 32 f.

von einigen behauptet, die Vorschrift grenze den kommunalen Gestaltungsspielraum zu stark ein und führe zu Ergebnissen, die mit ihrer Zweckrichtung im Widerspruch stünden.[9]

In letzter Zeit hat sich die Debatte um die Vorschrift des § 24 Abs.3 LEPro NW wieder verschärft, weil die Rechtsprechung zum Teil divergierende Entscheidungen zur Steuerungsreichweite der Norm getroffen hat.[10] Diese Entwicklung ist mit Rechtsunsicherheiten für alle am Planungsprozess Beteiligten verbunden, was angesichts der unangefochtenen Bedeutung des großflächigen Einzelhandels für geordnete Stadt- und Raumstrukturen und seiner daraus resultierenden Planungsbedürftigkeit kaum akzeptabel erscheint. Eine vertiefte rechtliche Auseinandersetzung mit der Vorschrift des § 24 Abs.3 LEPro NW ist daher geboten, nicht zuletzt auch mit Rücksicht darauf, dass im Gefolge einer Novellierung des Baugesetzbuchs raumordnerische Funktionszuweisungen künftig von den Gemeinden gerichtlich durchgesetzt werden können und deshalb weit mehr Anlass zu Rechtstreitigkeiten geben dürften, als es bisher der Fall war.[11]

2. Ziel und Gang der Untersuchung

Gegenstand der Untersuchung ist es, die Vorschrift des § 24 Abs.3 LEPro NW auf ihre raumordnerische Zielqualität und verfassungsrechtliche Legitimität zu überprüfen.

---

9 Vgl. zB *Jahn,* BayVBl 1989, 294 (297).

10 Vgl. speziell für NW einerseits *OVG Münster,* Urt. v. 7.12.2000 – 7a D 60/99.NE –, BRS 63, 189 (195 ff) und andererseits *VG Münster,* Urt. v. 8.3.2001 – 2 K 3122/99 –, NWVBl 2002, 72 (73 ff).

11 Bislang konnten Gemeinden die Einhaltung raumordnungsrechtlicher Vorschriften im Rahmen von Normenkontrollklagen nach § 47 VwGO lediglich dann gerichtlich kontrollieren lassen, wenn sie eine Verletzung ihrer kommunalen Planungshoheit als drittschützenden Rechtsnachteil geltend machen. Raumordnerische Belange haben nach weithin unbestrittener Auffassung aus sich heraus keine drittschützende Wirkung; vgl. *OVG Koblenz,* Beschl. v. 8.1.199 – 8 B 12650/98 –, BauR 1999, 367 (369); *Runkel,* in: Ernst u.a., BauGB, Stand Sept 2004, § 1 BauGB Rn.99; *Bönker,* BauR 1999, 328 (340); *Uechtritz,* BauR 1999, 572 (578). Nach der erfolgten Novellierung des BauGB vom 20.7.2004 sind kraft ausdrücklicher Regelung in § 2 Abs.2 S.2 BauGB die Gemeinden nunmehr auch hinsichtlich der Verletzung raumordnerisch zugewiesener Funktionen klagebefugt, was erwarten lässt, dass das Raumordnungsrecht verstärkt in den Blickpunkt gerichtlicher Auseinandersetzungen rückt; vgl. zur Novellierung *Krautzberger,* UPR 2004, 41 (46).

(1) Im ersten Teil der Arbeit wird zunächst ein Blick auf die empirische Situation des großflächigen Einzelhandels geworfen, um eine Basis für den Einstieg in die rechtlichen Schwerpunkte dieser Untersuchung zu gewinnen. Dabei geht es um den Strukturwandel im Einzelhandel in Deutschland, vor allem um die Maßstabssprünge zur Großflächigkeit, und die damit verbundenen Veränderungen in der räumlichen Lokalisation von Einzelhandelsbetrieben. Des Weiteren werden die räumlichen Auswirkungen des großflächigen, peripher ausgerichteten Einzelhandels dargestellt, um seine Bedeutung für die Stadt- und Raumstrukturen zu erarbeiten. Im Vordergrund stehen dabei die Auswirkungen auf die Siedlungs- und Versorgungsstrukturen, Verkehr, Umwelt und Freiräume.

(2) Der zweite Teil der Arbeit befasst sich mit den landesplanerischen Auswirkungen des großflächigen Einzelhandels, wobei die landesplanerischen Interessen an bestimmten Raumstrukturen und Raumfunktionen den möglichen negativen Auswirkungen von Einzelhandelsgroßbetrieben gegenübergestellt werden. Zur Ermittlung der landesplanerischen Interessen wird auf die raumordnerischen Rechtsquellen des Bundes- und Landesrechts zurückgegriffen, in denen sich die hochstufigen Ordnungs- und Strukturvorstellungen in Gestalt von Grundsätzen und Zielen der Raumordnung widerspiegeln. Besondere Aufmerksamkeit wird hier den Plansätzen zur zentralörtlichen Gliederung und den Siedlungsschwerpunkten gewidmet, weil in diesen Festlegungen die wesentlichen Vorstellungen der Landesplanung über den gesamträumlichen Aufbau sowie das Zusammenspiel von Siedlungs- und Versorgungsstrukturen auf überörtlicher wie innerörtlicher Ebene zum Ausdruck kommen. Anschließend wird untersucht, in welcher Weise Einzelhandelsgroßbetriebe sich in Abhängigkeit von Umfang, Zweckbestimmung und Lage ihres Angebots auf diese Strukturen nachteilig auswirken können.

(3) Im dritten Teil werden die städtebaurechtlichen Rahmenbedingungen dargestellt, innerhalb derer die Gemeinde befugt ist, Standorte für den großflächigen Einzelhandel auszuweisen. Ziel dieser Darstellung ist es aufzuzeigen, inwieweit das Städtebaurecht die Berücksichtigung bzw. Bewältigung landesplanerischer Auswirkungen auf dieser Planungsebene sicherstellt. Wesentliche Prüfpunkte der städtebaurechtlichen Zulässigkeit sind die Spezialvorschrift des § 11 Abs.3 BauNVO für den großflächigen Einzelhandel sowie die Restriktionen, die sich aus dem interkommunalen

Abstimmungsgebot nach § 2 Abs.2 BauGB und dem Abwägungsgebot nach § 1 Abs.7 BauGB ergeben.

(4) Der vierte Teil befasst sich mit der landesplanerischen Steuerung des großflächigen Einzelhandels durch § 24 Abs.3 LEPro NW. Zunächst werden Zweck und Inhalt der Vorschrift dargestellt. Sodann wird die Frage untersucht, ob der Vorschrift Zielqualität zukommt und sie deshalb eine Anpassungspflicht für die Bauleitplanung gemäß § 1 Abs.4 BauGB auslöst. Hier stehen insbesondere Aspekte der sachlichen und räumlichen Bestimmtheit der Planaussage im Vordergrund. Zu vertiefen sein wird darüber hinaus die Streitfrage, ob § 24 Abs.3 LEPro NW überhaupt eine verbindliche Handlungs*anweisung* oder nur eine mehr oder minder nachdrückliche Handlungs*empfehlung* an die Gemeinden ausspricht. Hier bereitet insbesondere die Soll-Formulierung erhebliche Schwierigkeiten bei der Auslegung der Norm. Das gilt auch für die Frage, ob die Vorschrift abschließend abgewogen und nicht durch das »Sollen« zur Disposition des Zieladressaten gestellt wird.

(5) Im fünften Teil der Arbeit geht es schließlich um die verfassungsrechtlichen Probleme, die aus einer landesplanerischen Eingriffswirkung des § 24 Abs.3 LEPro NW resultieren können. Hier wird das verfassungsrechtliche Spannungsverhältnis zwischen Landesplanung und kommunaler Selbstverwaltung den Schwerpunkt der Untersuchung bilden. Verfassungsrechtliche Ansatzpunkte für die Markierung der Trennlinie zwischen den beiden Planungskompetenzen sind zum einen die grundgesetzliche Verteilung der Gesetzgebungskompetenzen im Hinblick auf die Regelungsbereiche der Raumordnung nach Art.75 Abs.1 Nr.4 GG und des Bodenrechts nach Art.74 Abs.1 Nr.18 GG sowie zum anderen die gemeindliche Selbstverwaltungsgarantie aus Art.28 Abs.2 GG. Aus diesen verfassungsrechtlichen Vorschriften ist generell abzuleiten, dass die Landesplanung den Gemeinden einen Raum eigener Gestaltung im städtebaulichen Bereich belassen muss, will sie die aus der Verfassung folgenden Kompetenz- und Planungszuständigkeiten nicht verletzen. Die Frage allerdings, welche Einschränkungen der Planungshoheit hieraus konkret zulässig sind, namentlich wie weitgehend landesplanerische Regelungen im Einzelfall gefasst werden dürfen, ist damit noch nicht beantwortet und deshalb im Rahmen der vorliegenden Arbeit vertieft zu problematisieren. Untersucht werden soll vor allem, ob zur Erreichung der landesplanerischen Zwecke

nicht weniger einschneidende Mittel zur Verfügung stehen als strikte Zielfestlegungen, was vor allem in jüngerer Zeit unter dem Stichwort der landesplanerischen Verträge und interkommunalen Kooperation zunehmend diskutiert wird.

Im Rahmen der verfassungsrechtlichen Begutachtung des § 24 Abs.3 LEPro NW werden der Vollständigkeit halber auch mögliche Eingriffe in das Eigentum und die Berufsfreiheit der Investoren bzw. Betreiber von Einzelhandelsgroßprojekten in die Betrachtung mit einbezogen.

(6) Die Arbeit schließt im sechsten Teil mit einer thesenartigen Zusammenfassung der erzielten Ergebnisse.

§ 2 Strukturveränderungen im Einzelhandel

Seit den 1960er Jahren zeigt sich in den alten Bundesländern ein anhaltender Strukturwandel im Einzelhandel. Dieser ist geprägt von einer zunehmenden Ausdünnung des kleinflächigen, engmaschigen und städtebaulich integrierten Versorgungsnetzes zugunsten eines Trends zu großflächigen Betriebstypen, die sich vornehmlich am Rande oder im Umland der Städte ansiedeln. Ursächlich für diese Entwicklung sind in erster Linie Veränderungen auf der Angebots- und Nachfrageseite, die durch die gesellschaftliche und wirtschaftliche Entwicklung seit Ende des Zweiten Weltkrieges in Gang gesetzt worden sind. Zu nennen sind im Wesentlichen die gestiegenen Wohlstandsverhältnisse in der Bevölkerung, die zunehmende Mobilität in nahezu allen Bevölkerungsschichten sowie die fortlaufenden Konzentrationsprozesse im Unternehmensbereich.[1] Dadurch ist die Entstehung neuer Betriebstypen und die sukzessive Anhebung der flächenbezogen Betriebsgrößen bei gleichzeitiger Verringerung der Standorte im Gesamtraum entscheidend begünstigt worden.[2]

Der Strukturwandel drückt sich auf der Angebotsseite in sich umstrukturierenden Betriebsformen einerseits und sich wandelnden Standortanforderungen andererseits aus, die nachfolgend kurz skizziert werden.

1. Zunahme großflächiger Betriebsformen

Während in der Nachkriegszeit bis in die 1960er Jahre hinein noch mittelständisch, überwiegend familiär geführte Bedienungsläden, häufig in Form der so genannten »Tante-Emma-Läden«, dominierten, entstanden in der

---

1 Eine anschauliche Übersicht zu den Entwicklungen auf Angebots- und Nachfrageseite im Einzelhandel liefern *Junker/Kruse,* IzR 1998, 133 (135).

2 In den neuen Bundesländern hat sich bereits kurz nach der Wende eine ähnliche Entwicklung, allerdings im Zeitraffer vollzogen. Große westdeutsche Handelsunternehmen fanden ihre Standorte in den ersten Jahren nach der Wende relativ problemlos am Rande der Städte oder in verkehrsgünstig gelegenen ländlichen Gemeinden. Sie konnten auf große Nachfrage bei den Bürgern setzen, die – endlich über ein »West-Auto« verfügend – auch umständliche und längere Versorgungswege in Kauf zu nehmen bereit waren. Ungeklärte Eigentumsverhältnisse an Grund und Boden in den Innenstädten taten ihr Übriges zu dieser Entwicklung; vgl. *Hartog-Niemann/Boesler,* RuR 1997, 411.

Folgezeit zunehmend Supermärkte mit einer Verkaufsfläche von 400 m^2 und mehr, die nach dem Selbstbedienungsprinzip den Handel organisierten.[3] Gleichzeitig setzte im Zuge der Rationalisierungsbemühungen eine betriebliche Konzentration auf große Handelsunternehmen und Kooperationsgruppen ein, was eine weitgehende Filialisierung des Lebensmittel-Einzelhandels zur Folge hatte.[4] Seit Ende der 1960er Jahre gewannen Selbstbedienungs-Warenhäuser und Verbrauchermärkte mit Verkaufsflächen bis zu 5.000 m^2 wachsende Bedeutung.[5] Sie unterschieden sich von den herkömmlichen Supermärkten dadurch, dass sie ein vielfältigeres Warensortiment führten, was zunehmend auch Non-food-Begleitsortimente enthielt.[6]

In den 1980er Jahren erfuhr der Strukturwandel einen neuen Impuls durch die Expansion der Fachmärkte.[7] Die Fachmärkte traten in Konkurrenz zu den bislang etablierten Fach- und Spezialgeschäften, die ein tiefes Sortiment in einer bestimmten Warengruppe bereithielten. Während die Entwicklung anfangs durch die Möbel-, Bau- und Garten-Center geprägt war, vollzogen in der Folgezeit immer mehr Branchen einen Wandel vom Facheinzelhandel zum großflächigen Fachmarkt.[8] Begleitet wurde dieser Prozess von einer Hinwendung zum Mehrbranchen-Fachmarkt sowie einer

---

3 Im Jahre 1965 verbuchten Bedienungsläden noch einen Umsatz von ca. 14 Mrd. DM, im Jahre 1973 nur noch etwa 4 Mrd. DM. Im gleichen Zeitraum erhöhten sich die Umsätze von Supermärkten von ca. 6 Mrd. auf ca. 20 Mrd. DM; vgl. *Rieger,* in: ARL (Hg.), Landes- und Regionalplanung in Bayern, 2003, S.26; *Miosga,* in: Blotevogel (Hg.), Fortentwicklung des Zentrale-Orte-Konzepts, 2002, S.78 (79).

4 *Miosga,* in: Blotevogel (Hg.), Fortentwicklung des Zentrale-Orte-Konzepts, 2002, S.78 (80)

5 Die Umsätze der Verbrauchermärkte und SB-Warenhäuser stiegen in den Jahren von 1965 bis 1973 von ca. 40 Mio. DM auf ca. 10 Mrd. DM; vgl. *Rieger,* in: ARL (Hg.), Landes- und Regionalplanung in Bayern, 2003, S.26 (27).

6 *Miosga,* in: Blotevogel (Hg.), Fortentwicklung des Zentrale-Orte-Konzepts, 2002, S.78 (79).

7 *Rieger,* in: ARL (Hg.), Landes- und Regionalplanung in Bayern, 2003, S.26 (27); *Janning,* Stadt und Gemeinde 1996, 303 (306).

8 Es handelte sich um Schuh-, Drogerie-, Elektro-, Büromöbel- oder auch Bekleidungsmärkte. Die Zahl der Baumärkte nahm im Zeitraum von 1981 bis 1993 von knapp 700 auf über 2.400 zu, die der Drogeriemärkte erhöhte sich im gleichen Zeitraum sogar von knapp 1.600 auf 7.400; vgl. *Rieger,* in: ARL (Hg.), Landes- und Regionalplanung in Bayern, 2003, S.26 (27); *Goppel,* in: ARL (Hg.), Stadt-Umland-Probleme, 2001, S.115.

zunehmenden Ergänzung der Kernsortimente durch so genannte »Randsortimente« mit Zentrenrelevanz.[9]

Seit den 1990er Jahren intensivieren sich die Konzentrationsprozesse im Einzelhandel. Neben der bereits praktizierten Zusammenfassung verschiedener Branchen in großflächigen Handelsbetrieben finden zunehmend Agglomerationen zwischen eigenständigen Betriebsformen, wie etwa Fach- und Verbrauchermärkte oder auch die gerade in jüngerer Zeit bekannt gewordenen Factory-Outlet-Center statt.[10] Daneben haben sich mehr und mehr Einkaufszentren in Form von Shopping-Malls oder Shopping-Centers etabliert, die den Akt des Einkaufens mit Freizeit-, Kultur- und Vergnügungseinrichtungen kombinieren.[11]

Der aktuelle Trend im großflächigen Einzelhandel wird von neuen Formen der multifunktionalen Kombination von Einzelhandel, Erlebnis, Freizeit und Unterhaltung geprägt.[12] Beispielhaft hierfür sind Freizeitgroßprojekte wie Freizeit- und Themenparks, Multifunktionshallen und Arenen, Multiplex-Großkinos oder so genannte »Urban Entertainement Center«. Gemeinsam ist all diesen Projekten, dass sie durch die Kombination unterschiedlicher Funktionen an einem Ort anstreben, eine urbane Atmosphäre nachzustellen und damit dem veränderten Verbraucherverhalten, in dem der Aspekt des »Erlebniseinkaufs« zunehmend Bedeutung gewinnt, entgegenzukommen.[13] Diese Entwicklung lässt auch für die Zukunft einen weiterhin stetig ansteigenden Flächenwachstum bei den Handelsflächen erwarten.[14]

---

9 *Miosga,* in: Blotevogel (Hg.), Fortentwicklung des Zentrale-Orte-Konzepts, 2002, S.78 (79).

10 *Miosga,* in: Blotevogel (Hg.), Fortentwicklung des Zentrale-Orte-Konzepts, 2002, S.78 (80).

11 Von 1985 bis 1998 stieg die Zahl an Einkaufszentren von 80 auf knapp 270 an; vgl. *Rieger,* in: ARL (Hg.), Landes- und Regionalplanung in Bayern, 2003, S.26 (27).

12 *Junker/*Kruse, IzR 1998, 133 (136); *Miosga,* in: Blotevogel (Hg.), Fortentwicklung des Zentrale-Orte-Konzepts, 2002, S.78 (80); *Rieger,* in: ARL (Hg.), Landes- und Regionalplanung in Bayern, 2003, S.26 (27)

13 *Miosga,* in: Blotevogel (Hg.), Fortentwicklung des Zentrale-Orte-Konzepts, 2002, S.78 (81).

14 *Junker,* Der Städtetag 2003, 50; *Ellrott,* Der Städtetag 2002, 34 f. Ein weiterer Trend, der sich im Zuge der wachsenden Computertechnologisierung der Gesellschaft abzeichnet, sind neue Formen des Direktvertriebs, wie zum Beispiel Online-Bestell- und Versanddienste im Internet. Unter planungsrechtlichen Gesichtspunkten ist diese

2. Periphere Standortausrichtungen

Die ständig wachsenden Flächenansprüche des Einzelhandels haben in den vergangenen Jahrzehnten auch zu veränderten räumlichen Standortpräferenzen geführt.

Seit der kontinuierlichen Vergrößerung der flächenbezogenen Betriebsgrößen ist die räumliche Entwicklung von einer zunehmenden Verlagerung des Handels aus den Innenstädten und Nebenzentren an die Stadtränder oder auf die so genannte »Grüne Wiese« gekennzeichnet.[15] Wesentliche Gründe hierfür sind die erhöhte Flächenverfügbarkeit in den Außenbereichen, die verkehrsgünstige Lage der Standorte, das durch die Betriebe erzeugte und in innerstädtische Geschäftslagen nur schwer integrierbare Verkehrsaufkommen sowie die günstigen Bodenpreise in den Außenbereichen.[16]

Insbesondere die in den letzten Jahrzehnten gestiegene Mobilität in der Bevölkerung hat ganz wesentlich dazu geführt, dass die Erreichbarkeit durch das Auto zu einem dominierenden Auswahlkriterium für die Standortentscheidung der Betreiber geworden ist.[17] Die großflächigen Handelsbetriebe am Rande oder im Umland der Städte sind primär auf motorisierte Kunden ausgerichtet, ihre Standorte verfügen regelmäßig über große Parkplatzflächen und sind in vielen Fällen an leistungsfähige Verkehrs-

---

Entwicklung jedoch nicht von unmittelbarer Relevanz, da derartigen Vertriebsformen die Raumbedeutsamkeit fehlt. Gefährdet ist hier nicht der stadtintegrierte und insoweit raumbezogene Einzelhandel, sondern generell die Überlebensfähigkeit der offenen Verkaufsstellen im Einzelhandel. Mittelbar aber kann diese »Enträumlichung« des Angebots für die zentralörtlichen Standortraster der Landesplanung durchaus bedeutsam werden; vgl. *Greiving,* RuR 2003, 371 (372); *Rieger,* in: ARL (Hg.), Landes- und Regionalplanung in Bayern, 2003, S.26 (28).

15 *Vogels/Will,* Auswirkungen von FOC, 1999, S.3; *Bremme,* in: Dichtl/Schenke (Hg.), Einzelhandel und BauNVO, 1988, S.101 (102 f); *Thies,* Einzelhandelsgroßbetriebe im Städtebaurecht, 1992, Rn.1 ff; *Kläsener u.a.,* Standortfragen des Handels, 1986, S.7 f; *Runkel,* UPR 1998, 241; *Rieger,* in: ARL (Hg.), Landes- und Regionalplanung in Bayern, 2003, S.26 f; *Potz,* RaumPlanung 2004, 57.

16 *Miosga,* in: Blotevogel (Hg.), Fortentwicklung des Zentrale-Orte-Konzepts, 2002, S.78 (83).

17 *Gebhardt,* in: Blotevogel (Hg.), Fortentwicklung des Zentrale-Orte-Konzepts, 2002, S.91 (92); *Janning,* Stadt und Gemeinde 1996, 303 (306); *Kläsener u.a.,* Standortfragen des Handels, 1986, S.7; *Bremme,* in: Dichtl/Schenke (Hg.), Einzelhandel und BauNVO, 1988, S.101 (102).

straßen angebunden. Dem Verbraucher steht infolge seiner Mobilität die Wahlmöglichkeit zwischen den Einkaufsorten in der Innenstadt bzw. am Stadtrand offen. Dabei zeigt sich nicht selten, dass der Einzelhandel in den Außenbereichen trotz deutlich größerer Distanzen schneller zu erreichen ist als die verkehrsmäßig häufig überlasteten Innenstädte. Der einstige Trend, dass die Ware zum Kunden kommt, hat sich umgekehrt; inzwischen kommt der Kunde zur Ware.[18] Die Veränderung im Verbraucherverhalten hat dazu beigetragen, dass sich die Versorgungsfunktion des Handels zunehmend von den Standorten des Wohnens abgelöst hat und unter gleichzeitiger Ausdünnung der Primärversorgung ein sekundäres Versorgungsnetz an suburbanen Verkehrsknotenpunkten entstanden ist.[19]

Die gegenwärtige Entwicklung bei der Standortsuche für großflächige Einzelhandelsbetriebe ist nach wie vor von einer Präferenz für Standorte an Autobahnen und überregionalen Verkehrsachsen gekennzeichnet; zunehmend Bedeutung gewinnen aber auch Standorte im Umland von Oberzentren bzw. an den Ballungsrandzonen.[20] In jüngerer Zeit ist allerdings auch zu beobachten, dass sich Einkaufszentren als Konversionsprojekte vermehrt in innerstädtischen und innenstadtnahen Lagen ansiedeln.[21] Gleichwohl ändert dies nichts an dem generellen Trend, dass der Flächenmangel in den Innenstädten und das gleichzeitige Überangebot in den Außenbereichen, vor allem von Industrie- und Gewerbebrachen im sekundären Wirtschaftsbereich, auch in Zukunft periphere Standortausrichtungen begünstigen wird.[22]

---

18 *Runkel,* UPR 1998, 241.

19 *Richter,* in: ARL (Hg.), Stadt-Umland-Probleme, 2001, S.83 (84); *Miosga,* in: Blotevogel (Hg.), Fortentwicklung des Zentrale-Orte-Konzepts, 2002, S.78 (84); *Janning,* Stadt und Gemeinde 1996, 303 (306).

20 *Rieger,* in: ARL (Hg.), Landes- und Regionalplanung in Bayern, 2003, S.26 (28).

21 *Rieger,* in: ARL (Hg.), Landes- und Regionalplanung in Bayern, 2003, S.26 (28); *Miosga,* in: Blotevogel (Hg.), Fortentwicklung des Zentrale-Orte-Konzepts, 2002, S.78 (85); *Junker/Kruse,* IzR 1998, 133 (137).

22 *Miosga,* in: Blotevogel (Hg.), Fortentwicklung des Zentrale-Orte-Konzepts, 2002, S.78 (85); *Janning,* Stadt und Gemeinde 1996, 303 (306).

§ 3 Auswirkungen des großflächigen Einzelhandels auf Raum- und Stadtstrukturen

Einzelhandelsgroßbetriebe sind aufgrund ihres weiten Einzugsbereichs in der Lage, übergreifend auf Raum- und Stadtstrukturen Einfluss zu nehmen. Sie bilden – wo immer sie angesiedelt werden – einen Kristallisationspunkt urbaner Aktivität, sorgen für erhöhte Siedlungstätigkeit in ihrem näheren und weiteren Umfeld, treten in Konkurrenz zum kleinflächigen Einzelhandel, der die Versorgung in der Fläche gewährleistet, erzeugen wegen ihrer auf Massenkundschaft ausgerichteten Kapazität ein hohes Verkehrsaufkommen, beeinträchtigen an peripheren Standorten das Landschaftsbild und die Freiräume und belasten wegen ihres anlagebedingten Flächenverbrauchs und der betriebsbedingten Immissionen die Umwelt.

Zum Verständnis der planungs- und verfassungsrechtlichen Diskussion um § 24 Abs.3 LEPro NW sind daher zunächst die räumlichen Auswirkungen von Einzelhandelsgroßbetrieben näher in den Blick zu nehmen und daraufhin zu untersuchen, in welcher Weise sie herkömmliche Raum- und Stadtstrukturen verändern. Unterschieden werden können die Auswirkungen in Form von Suburbanisierung, Verödung der Zentren, Beeinträchtigung des Versorgungsniveaus, Intensivierung des Verkehrs und Belastung der Umwelt und Freiräume.

1. Suburbanisierung

Die großräumige Struktur der Bundesrepublik Deutschland ist dezentral geprägt. Bevölkerung, Arbeitsstätten und Infrastruktur konzentrieren sich in räumlich relativ gleichmäßiger Verteilung in Städten, Stadtregionen und Verdichtungsräumen.[1] Innerhalb der Siedlungskomplexe ist das wirtschaftliche, soziale und kulturelle Leben auf Zentren ausgerichtet, die Versorgungsfunktionen für sich und das Umland übernehmen. Zwischen Zentrum und Umland bestehen vielfältige funktionale Verflechtungen wie etwa in Form von Arbeits-, Verkehrs- und Versorgungsbeziehungen. Die

---

1 *Bundesamt für Bauwesen und Raumordnung,* Raumordnungsbericht 2000, S.43.

Umlandgemeinden haben demgegenüber überwiegend Wohnfunktion und stellen die unmittelbare wohnortnahe Grundversorgung sicher.[2]

In die skizzierten Raumstrukturen wird seit Jahrzehnten durch Suburbanisierung erheblich eingegriffen.[3] Suburbanisierung tritt etwa seit den 1960er Jahren auf und beschreibt den Prozess der Verlagerung von Nutzungen und Bevölkerung aus der Kernstadt in das Umland im Sinne einer verstärkten wechselseitigen Durchdringung von Stadt und Land.[4] Seine Hochphase in den alten Bundesländern erlebte der Suburbanisierungsprozess in den 1960er und frühen 1970er Jahren, in den neuen Bundesländern hat er, vor allem begünstigt durch die unvermittelt erlangte Mobilität und die sprunghafte Verbreitung großflächiger Handelsansiedlungen im Umland, schon kurze Zeit nach der Wende eingesetzt.[5] In den 1990er Jahren war nach zwischenzeitlicher Beruhigung wieder ein deutlicher Aufwärtstrend bei den Stadt-Umland-Wanderungen, insbesondere im Osten, festzustellen. So verzeichneten die Kernstädte Mitte der 1990er Jahre durchschnittliche Wohnwanderungsverluste gegenüber ihrem Umland von minus 13,3 % im Westen und minus 33,4 % im Osten.[6] Insbesondere der Wachstum des Handels konzentrierte sich nahezu ausschließlich auf das Umland der Verdichtungsräume.[7] Von einer Fortsetzung dieses generellen Trends zur Suburbanisierung wird auch für die Zukunft ausgegangen.[8]

Ein allgemeingültiger Erklärungsansatz für die Suburbanisierung ist die Verfügbarkeit größerer, zusammenhängender und preiswerter Flächen außerhalb von Städten. Diese Flächen ermöglichen den Gewerbebetrieben

---

2 Vgl. zum städtischen Siedlungssystem *Bundesamt für Bauwesen und Raumordnung,* Raumordnungsbericht 2000, S.49 f.

3 *Maier,* in: ARL (Hg.), Stadt-Umland-Probleme, 2001, S.1.

4 Vgl. *Kistenmacher,* in: ARL (Hg.), Steuerungsmöglichkeiten von Suburbanisierungsprozessen, 2001, S.17.

5 *Hartog-Niemann/Boesler,* RuR 1997, 411.

6 *Kistenmacher,* in: ARL (Hg.), Steuerungsmöglichkeiten von Suburbanisierungsprozessen, 2001, S.17 (18).

7 *Bundesamt für Bauwesen und Raumordnung,* Raumordnungsbericht 2000, S.52, 54.

8 Vgl. *Bundesamt für Bauwesen und Raumordnung,* Raumordnungsbericht 2000, S.39; *Kistenmacher,* in: ARL (Hg.), Steuerungsmöglichkeiten von Suburbanisierungsprozessen, 2001, S.17 (19), der feststellt, dass für den Zeitraum von 1991 bis 2010 unter Status Quo Bedingungen von einem weiteren Wachstum der Siedlungs- und Verkehrsfläche um 25% ausgegangen werden kann.

neuere oder billigere Produktionsformen und den Privathaushalten eine Verbesserung ihrer Wohnungsversorgung und zumeist auch ihres Wohnumfeldes.[9] Eine weitere Rolle spielt die in den letzten Jahrzehnten stark angestiegene Motorisierung der Bevölkerung, die eine weitgehende Unabhängigkeit von Lagebeziehungen ermöglicht hat.[10] Auch der Einfluss moderner Kommunikationstechnologien wie Fax, Online-Medien und -Technologien ist ein Faktor, der den Trend zur Suburbanisierung allgemein begünstigt.[11]

Die Randwanderungsprozesse werden begleitet von Auflösungserscheinungen der gewachsenen Siedlungsstrukturen. Die herkömmliche, durch dezentrale Zentren der Versorgung gebundene Siedlungsstruktur breitet sich immer mehr in das Umland der Städte aus und konstituiert sich dort unter Entstehung monofunktionaler Nutzungseinheiten vielfach neu.[12] Während sich die Arbeitsstätten häufig noch in der Kernstadt befinden, sind die Wohnstätten im Umland und die Versorgungseinrichtungen des Handels zunehmend an unterschiedlichen Standorten der Peripherie angesiedelt.[13] Funktionale Verflechtungen begründen sich nicht mehr auf der räumlichen Nähe zur Kernstadt, sondern auf Mobilität und verkehrsgünstig gelegene Standorte. Dabei entstehen häufig neue funktionale Verflechtungsbeziehungen über weite Räume sowohl innerhalb als auch zwischen

9 Vgl. *Kistenmacher,* in: ARL (Hg.), Steuerungsmöglichkeiten von Suburbanisierungsprozessen, 2001, S.17, 27; *Schönert,* RuR 2003, 457 (458).

10 *Gebhardt,* in: Blotevogel (Hg.), Fortentwicklung des Zentrale-Orte-Konzepts, 2002, S.91 (92).

11 *Bördlein/Schellenberg,* in: Blotevogel (Hg.), Fortentwicklung des Zentrale-Orte-Konzepts, 2002, S.104 (106).

12 Vgl. *Tönnies,* in: Blotevogel (Hg.), Fortentwicklung des Zentrale-Orte-Konzepts, 2002, S.63 (70).

13 Die Suburbanisierung des Einzelhandels war anfangs noch eine Reaktion auf den Auszug der Wohnbevölkerung aus der Stadt. Als wesentlicher Grund für eine Verlagerung der Standorte erwies sich zunächst die räumliche Nähe zum Kunden. Im weiteren Verlauf der Bevölkerungssuburbanisierung entstanden allerdings zunehmend Shopping-Center und Fachmärkte an peripheren Standorten und auf der grünen Wiese. Dabei war nicht mehr primär die Nähe zum Kunden, sondern die Ausrichtung auf den motorisierten Individualverkehr in räumlich ausgedehnten Marktgebieten maßgebliches Motiv für die Standortwahl; vgl. *Heßmann/Maier,* in: ARL (Hg.), Stadt-Umland-Probleme, 2001, S.75 (77 f).

Stadtregionen.[14] Als Resultat dieser Dekonzentrationsprozesse können die Ausweitung der Siedlungsfläche zu Lasten der räumlichen Konzentration[15] sowie Verdichtungen zwischen Stadtregionen zu Lasten der dezentralen Siedlungsstruktur ausgemacht werden.[16]

In dieser Situation können sich Einzelhandelsgroßbetriebe als Katalysatoren für den Suburbanisierungsprozess erweisen. Ihre Bedeutung für die Siedlungsstruktur liegt darin, dass sie als zentrale Versorgungseinrichtungen Kernstadtfunktionen abbilden und dadurch Teil jener siedlungsschwerpunktbildenden Infrastruktur sind, die als »Brücke« zwischen den einzelnen Daseinsfunktionen räumliche Verflechtungsbereiche entstehen lässt. Einzelhandelsgroßbetriebe haben selbst zentrumsbildende Funktionen, zum einen durch ihre Größe, zum anderen durch ihre Eigenschaft, andere Nutzungen wie Dienstleistungen, Gewerbe, Wohnen und Verkehr auf sich zu ziehen. Sie können sich daher als Ansatzpunkte für die Entwicklung neuer Subzentren im Umland erweisen.[17] Durch die von der Kernstadt abgewandte Neubegründung von Verflechtungsbereichen werden neue Kontraktionspunkte für die Siedlungstätigkeit der Bevölkerung – Verkehr, Kommunikation, Versorgung, Wohnen, Arbeiten – geschaffen, die an peripheren Standorten zu einer weiteren Flächeninanspruchnahme, einem verstärkten Rückgang naturnaher Flächen, einem höheren Anteil der versiegelten Flächen und damit insgesamt zu einer Ausbreitung der Siedlungsstruktur führen.

---

14 Unter Stadtregion versteht man die räumliche Verflechtung von Kernstadt und Umland. Der Begriff Kernstadt bezeichnet die eigentliche Stadt, d.h. die durch administrative Grenzen definierte Stadt, der Begriff städtisches Umland oder suburbaner Raum dagegen den mehr oder weniger breiten Saum um eine Kernstadt, der aufgrund enger Verflechtungen (zB hohe Zahl der Berufspendler) funktional zur Stadt gerechnet werden muss, jedoch außerhalb der vorhandenen administrativen Stadtgrenzen liegt; vgl. *Klöpper,* in: ARL (Hg.), Handwörterbuch der Raumordnung, 1995, S.911 (915); *Aring,* Zwischenstadt, 1999, S.54 f; *Tönnies,* RuR 1988, 11 (12).

15 *Troge/Hülsmann/Burger,* DVBl 2003, 85 (86); *Schönert,* RuR 2003, 457 (458).

16 Verdichtungserscheinungen zwischen Stadtregionen beschreiben den Prozess der sog. Desurbanisierung, bei dem die Zersiedlung des Umlands immer mehr ländliche Räume erfasst und damit zu einem interregionalen Problem wird; vgl. *Tönnies,* in: Blotevogel (Hg.), Fortentwicklung des Zentrale-Orte-Konzepts, 2002, S.63 (64).

17 *Heinritz/Rauh,* RuR 2000, 47 (52).

2. Verödung der Zentren

Der Suburbanisierungsprozess führt nicht nur zu Nutzungsausdehnungen im Umland, sondern auch zu Nutzungseinbußen in der Kernstadt. Während die Innenstädte früher eine hervorgehobene Stellung als Siedlungs- und Versorgungskern für die Stadtregion im Sinne einer Gravitationskraft einnahmen, zeigt sich heute eine zunehmende Polarisierung von Stadtkern und Stadtrand im Sinne eines prosperierenden Umlands in verdichteten Agglomerationsräumen und einer Schrumpfung der Kernstädte in Bezug auf Bevölkerung und Infrastruktur.[18] Die gewachsenen Stadt- und Ortszentren sind deshalb von Verödungstendenzen betroffen, weil sich durch die Umverteilung der innenstadtrelevanten Nachfrage in das Umland die wirtschaftliche Existenzfähigkeit der ortsansässigen Betriebe bis hin zu Betriebsaufgaben verschlechtert hat. In der Fachsprache wird hier vom so genannten »Trading-down-Effekt« gesprochen, der den allmählichen Niedergang von Vielfalt, Zentralität und Vitalität in den Kernstädten beschreibt.[19] Diese Nutzungsverarmung hat zur Folge, dass die Bedeutung der Kernstadt als Siedlungskern schwindet und die Siedlungsausweitung in der Fläche zunimmt.

Einzelhandelsgroßbetriebe können aufgrund der von ihnen verursachten Kaufkraftbindung an nur einem, extern gelegenen Standort zum Verödungsprozess der Zentren erheblich beitragen. Viele innerstädtische Einzelhandelsbetriebe sind dem Wettbewerbsdruck der außerhalb der Zentren angesiedelten Großbetriebe nicht mehr gewachsen, weil diese vor allem wegen niedrigerer Grundstücks- und Baukosten bedeutend kostengünstiger arbeiten können.[20] Durch übergroße Kaufkraftverlagerungen in die Außenbereiche werden die Einzelhandelseinrichtungen in den Städten nicht mehr hinreichend ausgelastet, so dass es infolge wirtschaftlicher Schwierigkeiten zu Geschäftsaufgaben kommt. In diesen Fällen können sich Probleme bei der Erhaltung, Weiterentwicklung und Entstehung kleinflächiger Geschäftsstrukturen mit vielfältigen Sortimenten ergeben, die zur Vitalisierung der Innenstädte und sonstigen Nebenzentren beitragen.

18 Deshalb wird bildhaft gelegentlich vom sog. »Speckgürtel« im Umland der Städte gesprochen; vgl. *Müller,* in: ARL (Hg.), Steuerungsmöglichkeiten von Suburbanisierungsprozessen, 2001, S.101 (102); *Aring,* Zwischenstadt, 1999, S.13.

19 Vgl. Katalog E, Begriffsdefinitionen, 1995, S.55 Nr.38.

20 *Janning,* Stadt und Gemeinde 1996, 303 (307).

Für die Attraktivität der Zentren kommt aber gerade dem innerstädtischen Einzelhandel eine besonders zentrumsbildende Magnetfunktion zu.[21] Durch eine Neueröffnung dieser Funktionen im suburbanen Raum wird die Nutzung und Entwicklung der Kernstädte als Siedlungskern geschwächt und damit ihre anziehende Wirkung für die Siedlungstätigkeit der Bevölkerung gemindert.[22]

3. Beeinträchtigung des Versorgungsniveaus

Die Versorgungsstruktur in Deutschland ist gekennzeichnet von einer Vielzahl wohnortnaher Einrichtungen der Grundversorgung in der Fläche sowie einer Konzentration der Einrichtungen für den spezielleren Bedarf in den zentralen Geschäftslagen der mittleren und größeren Städte. Es handelt sich um ein hierarchisch gestuftes System, das nach den zeitlichen Ebenen des Bedarfs gegliedert ist. Güter und Dienste, die täglich nachgefragt werden, werden in kleinräumigen Einzugsbereichen in mehr oder minder unmittelbarer Zuordnung zu den Wohnbereichen angeboten. Güter und Dienste, die seltener benötigt werden, werden hingegen innerhalb größerer Einzugsbereiche, dafür aber in Zentren räumlich zusammengefasst erbracht.[23]

(1) Die *wohnortnahe Grundversorgung* wird in den Ortskernen der Umlandgemeinden sowie in den Nahversorgungszentren der mittleren und großen Städte geleistet. Charakteristisch sind kleinflächige Geschäftsstrukturen, die in erster Linie der Nah- und Nachbarschaftsversorgung dienen und nicht auf überlokale Einzugsbereiche ausgerichtet sind. Sie stellen die Lebensmittelversorgung sowie die alltäglichen Dienstleistungen sicher, die »Wohnungsnähe« haben sollten.[24]

---

21 *Janning,* Stadt und Gemeinde 1996, 303 (307).

22 Vgl. *Heinritz/Rauh,* RuR 2000, 47 (52).

23 Diese Versorgungsbeziehungen entsprechen dem normativen Bild der zentralörtlichen Gliederung, das als raumordnerisches Konzept in den Raumordnungsplänen aller Bundesländer Eingang gefunden hat und lange Zeit die faktische Entwicklung der Versorgungsinfrastruktur in den Städten und Gemeinden maßgeblich mitbestimmt hat; vgl. *Blotevogel,* in: Blotevogel (Hg.), Fortentwicklung des Zentrale-Orte-Konzepts, 2002, S.17 f; Bundesamt für Bauwesen und Raumordnung, Raumordnungsbericht 2000, S.49.

24 *Thies,* Einzelhandelsgroßbetriebe im Städtebaurecht, 1992, Rn.61; wohnungsnahe Dienste sind v. a. Drogerien, Zeitungen, Blumen, Haushaltswaren etc.

Großflächige Einzelhandelsbetriebe bergen für *wohnortnahe* Betriebe generell ein Problem, weil sie aufgrund ihres weit angelegten Einzugsbereichs die Eigenschaft haben, die in der Regel zuvor auf eine größere Anzahl einzelner Einzelhandelsgeschäfte verteilten Verbraucherströme auf nur einen Standort zu konzentrieren.[25] Führen sie ein nahversorgungsrelevantes Sortiment, so schöpfen sie in ihrem Einzugsbereich vor allem die Kaufkraft der motorisierten Bevölkerung ab, die es sich leisten kann, auch aus größerer Entfernung für periodische Einkäufe – dann oft in Form eines One-Stop-Wocheneinkaufs organisiert – anzureisen.[26] Der Kaufkraftabzug geht zu Lasten der wohnortnahen Betriebe, die einen Teil ihrer Stammkundschaft verlieren. Umsatzeinbrüche bedrohen den kleinflächigen Handel eher in seiner wirtschaftlichen Existenz als kapitalkräftige Großbetriebe.[27] Durch Geschäftsaufgaben an wohnortnahen Standorten sind vor allem jene Verbraucher hart getroffen, die nicht oder nicht ständig über ein Auto zum Einkaufen verfügen. Ihre Situation verschlechtert sich weiter, wenn – wie häufig – viele kleine Servicebetriebe aus den Handwerks- und Dienstleistungsbereichen von den Einzelhandelsgroßbetrieben angezogen werden und die wohnungsnahen Standorte verlassen, um auf diese Weise an der hohen Käuferfrequentierung der neuen Standorte zu partizipieren.[28]

Besonders deutlich tritt das Fehlen integrierter Einzelhandelsgeschäfte in vielen Stadtteilzentren und Ortszentren der neuen Bundesländer zutage.[29] In den neuen Bundesländer sind in den ersten Jahren nach der Wende überdimensionierte Gewerbe- und Sondergebiete für autokundenorientierte Einzelhandelsbetriebe am Rande der Städte oder in verkehrsgünstig gelegenen ländlichen Gemeinden entstanden.[30] Aufgrund der rasch verbreiteten Mobilität der Bevölkerung wurden sie zu einer fast übermächtigen

25 Vgl. *Rieger,* in: ARL (Hg.), Landes- und Regionalplanung in Bayern, 2003, S.26 (35); *Thies,* Einzelhandelsgroßbetriebe im Städtebaurecht, 1992, Rn.64.

26 Vgl. *Heuwinkel,* in: Blotevogel (Hg.), Fortentwicklung des Zentrale-Orte-Konzepts, 2002, S.151 (159).

27 ZT werden als Folge von Einzelhandelsgroßbetrieben »flächenhafte Ausdünnungen« von Lebensmittelläden beobachtet; vgl. *Thies,* Einzelhandelsgroßbetriebe im Städtebaurecht, 1992, Rn.64.

28 *Thies,* Einzelhandelsgroßbetriebe im Städtebaurecht, 1992, Rn.63.

29 *Hartog-Niemann/Boesler,* RuR 1997, 411 f; *Blotevogel,* in: Blotevogel (Hg.), Fortentwicklung des Zentrale-Orte-Konzepts, 2002, S.17 (19); *Janning,* Stadt und Gemeinde 1996, 303.

30 *Hartog-Niemann/Boesler,* RuR 1997, 411.

Konkurrenz zu den kleinen Einzelhändlern, die sich in integrierten Lagen zu etablieren versuchten. Das hat in vielen ostdeutschen Stadtteilzentren dazu geführt, dass sie reine »Schlafstädte« ohne ausreichende Einkaufsmöglichkeiten und Einrichtungen sozialer oder kultureller Art verkörpern.[31]

(2) Die Versorgung für den *aperiodischen Bedarf* erfolgt in den Zentren der mittleren Städte sowie in Stadtteilzentren und Citylagen der großen Städte.[32] Im Unterschied zur Grundversorgung, wo die Versorgung hauptsächlich dem Wohnen dient, steht bei der Versorgung in den Städten die räumliche Konzentration zentraler Einrichtungen im Vordergrund. Versorgungseinrichtungen für den aperiodischen Bedarf sind auf einen größeren Einzugsbereich angewiesen und werden daher der besseren Erreichbarkeit wegen in räumlicher Bündelung angeboten. Dem Verbraucher entstehen dadurch, wenn ihm die Möglichkeit einer gleichzeitigen Inanspruchnahme mehrerer an einem Ort gebündelter zentraler Dienste gegeben ist, erhebliche Zeit- und Kostenersparnisse bei der Raumüberwindung.[33]

Der Versorgungsstandort *Innenstadt* kann vor allem durch peripher angesiedelten, großflächigen Einzelhandel mit innenstadtrelevanten Sortimenten in Bestand und Entwicklung gefährdet werden.[34] Das Angebot in den Innenstädten ist in seinem Bestand von einer gewissen Mindestnachfrage abhängig, um die Rentabilitätsschwelle nicht zu unterschreiten. Durch die Ansiedlung eines Großbetriebs außerhalb der Zentren wird ein neuer Versorgungsschwerpunkt geschaffen, der je nach Entfernung zum Zentrum

---

31 Der Rückzug des wohnortnahen Einzelhandels aus der Fläche hat nicht nur unmittelbar Auswirkungen auf die Versorgungslage, sondern berührt auch den Wohnwert von Siedlungen. Schon der Wohnzweck selbst erfordert eine Mindestversorgung in fußläufiger Entfernung mit Gütern und Diensten des Alltagsbedarfs; andernfalls wäre – jedenfalls die nicht-motorisierte Bevölkerung – im Wohnen deutlich eingeschränkt, weil sie täglich mit aufwändigen Versorgungsfahrten beschäftigt wäre. Auch für die Identifikation am Ort spielt das Nahversorgungsangebot eine wichtige Rolle. Es verschafft Möglichkeiten des sozialen Austausches und der Kommunikation und trägt somit zu einer fundamentalen Vitalisierung der Wohnstandorte bei; vgl. *Thies,* Einzelhandelsgroßbetriebe im Städtebaurecht, 1992, Rn.64; *Janning,* Stadt und Gemeinde 1996, 303 (307).

32 Vgl. *Bundesamt für Bauwesen und Raumordnung,* Raumordnungsbericht 2000, S.49 f.

33 Vgl. *Hoppe/Bunse,* WiVerw 1984, 151 (153).

34 Vgl. *Rieger,* in: ARL (Hg.), Landes- und Regionalplanung in Bayern, 2003, S.26 (30).

in mehr oder minder starke Konkurrenz zu den etablierten Einrichtungen tritt.[35] Die dadurch bewirkte Kaufkraftbindung kann zu Geschäftsaufgaben führen, die ab einer gewisser Größenordnung zu qualitativen und quantitativen Beeinträchtigungen des Angebots führen. Betroffen davon ist wiederum die immobile Bevölkerung, die zur Deckung ihres Bedarfs nicht mehr nur einen Standort, sondern mehrere – oft vom Öffentlichen Personennahverkehr nicht hinreichend erschlossene – Standorte der Peripherie aufsuchen muss. Während sich für mobile Verbraucher aus der autokundenfreundlichen Infrastruktur der peripheren Standorte regelmäßig eine Verbesserung der Versorgungssituation ergibt, verschlechtert sich das Versorgungsniveau für die immobile Bevölkerung.

4. Intensivierung des Verkehrs

Kennzeichnend für die Verkehrsstrukturen in Deutschland ist eine wechselseitige Abhängigkeit von Siedlungsstruktur und Verkehr.[36] Einerseits verbinden die Verkehrssysteme die einzelnen Siedlungseinheiten untereinander; andererseits verbinden sie innerhalb der Siedlungseinheiten die standörtlich getrennten Nutzungsbereiche von Wohnen, Arbeiten, Versorgen, Freizeit etc. und ermöglichen so die volle Nutzung der gesamten materiellen Raumstruktur zur Befriedigung der Daseinsfunktionen.[37] Dichte und Ausbreitung der Siedlungsstruktur bestimmen Lage und Anzahl der Verkehrsverbindungen ebenso wie leistungsfähige Verkehrssysteme ihrerseits die Entwicklung von Siedlungsstandorten begünstigen.

Gerade die enge Wechselbeziehung von Siedlungsstruktur und Verkehr hat in den letzten Jahrzehnten zu einer zunehmenden Ausweitung der Siedlungsräume in Deutschland geführt.[38] Aufgrund der weit verbreiteten Mobilität wurden immer größere Entfernungen zur Arbeit, zum Einkaufen oder zu Freizeitzwecken akzeptiert, während Bindungen in räumlicher Nähe an Bedeutung verloren.[39] Das hat zu einer verstärkten räumlichen

---

35 *Thies,* Einzelhandelsgroßbetriebe im Städtebaurecht, 1992, Rn.56.

36 Vgl. *Bundesamt für Bauwesen und Raumordnung,* Raumordnungsbericht 2000, S.25.

37 *Schaechterle,* in: ARL (Hg.), Zur Ordnung der Siedlungsstruktur, 1974, S.197.

38 Vgl. *Bundesamt für Bauwesen und Raumordnung,* Raumordnungsbericht 2000, S.73.

39 *Runkel,* UPR 1998, 241: »Die relativ niedrigen Mobilitätskosten und ein gut ausgebautes überörtliches Straßennetz haben dazu geführt, dass an die Stelle der Entfernung in Kilometern die Entfernung in Zeit getreten ist«.

Aufspaltung und Differenzierung der Funktionsbereiche für Wohnen, Arbeiten und Versorgung geführt, weil die Mobilität den integrierten Standort nicht mehr erforderte, sondern den Rückzug in Freiräume attraktiv gemacht hat.[40] Die Verkehrsbelastungen im suburbanen Raum haben dementsprechend zugenommen.[41] Die Distanzen zwischen den räumlich getrennten Standorten sind länger und häufiger geworden. Das betrifft sowohl den auf die Kernstadt ausgerichteten Radial- als auch den zwischen Umlandgemeinden herrschenden Tangentialverkehr.

Einzelhandelsgroßbetriebe verursachen gerade durch ihre ausgeprägte Orientierung auf motorisierte Kunden an peripheren Standorten und ihren weiten Einzugsbereich zusätzlichen Verkehr und damit auch mögliche Verkehrsprobleme.[42] Negative Auswirkungen können sich vor allem durch die Überlastung von Parkplätzen und der Verkehrswege einschließlich der Zubringerstraßen ergeben.[43] Als Extrembeispiel für derlei Verkehrauswirkungen dient die neue Vertriebsform der Factory-Outlet-Center.[44] Durch ihren großen Einzugsbereich – bis zu 90 Autominuten – und die durchschnittlich längeren Anfahrtszeiten und Wegstrecken – bis zu 150 km – sowie ihre zumeist periphere Standortwahl an überregionalen Verkehrsachsen und damit nachhaltige Orientierung auf motorisierte Kunden werden überdurchschnittlich viele Verkehrsbewegungen im Bereich des motorisierten Individualverkehrs hervorgerufen.[45]

---

40 Die höchste Mobilität mit dem Auto weisen deshalb auch die Bewohner ländlicher Räume im Umland der größeren Städte auf. Die Mobilität in den Kernstädten ist vergleichsweise gering ausgeprägt, weil die Entfernungen zu den Daseinsgrundfunktionen wesentlich geringer und zudem vom ÖPNV besser erschlossen sind; vgl. *Bundesamt für Bauwesen und Raumordnung,* Raumordnungsbericht 2000, S.77.

41 *Schönert,* RuR 2003, 457 (458).

42 *Janning,* Stadt und Gemeinde 1996, 303 (309).

43 *Grae,* Einkaufszentrum und Verbrauchermarkt, 1981, S.41; *Söfker,* in: Ernst u.a., BauGB, Stand Sept 2004, § 11 BauNVO Rn.74.

44 S. näher zur Betriebsstruktur von FOC *Moench/Sandner,* NVwZ 1999, 337 (338); *Hoppe,* in: Ziekow (Hg.), Bauplanungsrecht vor neuen Herausforderungen, 1999, S.119 (121).

45 Vgl. *Goppel,* in: ARL (Hg.), Stadt-Umland-Probleme, 2001, S.115 (117); ausführlich *Vogels/Will,* Auswirkungen von FOC, 1999, S.100 ff.

5. Belastung der Umwelt und Freiräume

Unter dem Aspekt der Umwelt fallen Einzelhandelsgroßbetriebe vor allem wegen ihres Flächenverbrauchs, den betriebs- und verkehrsbedingten Immissionen sowie der Beeinträchtigung des Landschaftsbildes nachteilig ins Gewicht. Großflächige Einzelhandelsbetriebe haben aufgrund ihrer zumeist eingeschossigen Bauweise sowie wegen ihres großen Parkplatzangebots einen hohen Flächenbedarf.[46] Damit werden freie Außenbereichsgrundstücke baulich und verkehrlich in Anspruch genommen, während in den Innenstädten und Umlandgemeinden Flächen veröden oder vorhandene Brachflächen trotz infrastruktureller Erschließung nicht wieder genutzt werden. Der Flächenverbrauch im Außenbereich wächst und es droht die Zersiedelung mit den dazugehörenden Umweltbelastungen wie zum Beispiel Bodenverbrauch und Flächenversiegelung.[47] Auch wird das Verhältnis von Freiräumen und Siedlungsräumen nachteilig zu Lasten der Freiräume verändert.[48]

Großflächige Einzelhandelseinrichtungen auf der so genannten »Grünen Wiese« sind vergleichsweise selten an die zentrenbezogene Infrastruktur des Öffentlichen Personalnahverkehrs angebunden.[49] Sie werden daher in der Regel mit dem Pkw angefahren, wobei bisweilen von den Kunden große Strecken zurückzulegen sind. Ursache hierfür sind vor allem der Umfang der Einkäufe, die in diesen Betrieben getätigt werden, und der im Konzept dieser Betriebe fest verankerte individualverkehrsorientierte Standort mit großzügigem kostenlosem Parkplatzangebot. Das von ihnen insgesamt bewirkte Verkehrsaufkommen verursacht neben den bereits genannten Umwelteinwirkungen zusätzliche Belastungen durch Lärm und Abgase.[50]

Beeinträchtigungen des Landschaftsbildes können mit Rücksicht auf die Großflächigkeit, die Baumasse und die Baugestaltung von großflächigen Einzelhandelsbetrieben auftreten. Das gilt vor allem bei kleinteiligen oder

---

46 *Rieger,* in: ARL (Hg.), Landes- und Regionalplanung in Bayern, 2003, S.26 (31 f).

47 *Runkel,* UPR 1998, 241 (247); *Mösel,* Kombinierte Großprojekte, 2002, S.217 ff.

48 Vgl. *Janning,* Stadt und Gemeinde 1996, 303 (309).

49 *Heuwinkel,* in: Blotevogel (Hg.), Fortentwicklung des Zentrale-Orte-Konzepts, 2002, S.151 (159); *Janning,* Stadt und Gemeinde 1996, 303 (309).

50 *Bundesamt für Bauwesen und Raumordnung,* Raumordnungsbericht 2000, S.143; *Boeddinghaus,* BauNVO, 2000, § 11 Rn.20.

schützenswerten Baustrukturen sowie bei Standorten an den Grenzen zu empfindlichen Landschaftsbildern.

Zweiter Teil: Allgemeine Vorgaben des Raumordnungs- und Landesplanungsrechts

Die landesplanerische Bedeutung von Einzelhandelsgroßbetrieben ergibt sich vor allem aus ihren raumgreifenden Einzugsbereichen, innerhalb derer sie erhebliche Wirkungen auf die gewachsenen Siedlungs- und Versorgungsstrukturen im Landesgebiet ausüben können. Die Interessen der Landesplanung an einer bestimmten Ordnung der Siedlungs- und Versorgungsstrukturen finden Ausdruck in den Raumordnungsplänen, welche in Nordrhein-Westfalen neben den – hier zu vernachlässigenden – Gebietsentwicklungsplänen[1] vor allem das Landesentwicklungsprogramm und der Landesentwicklungsplan sind.[2] Deren Plansätze und ihre Einbettung in das Rahmenrecht des Bundes sollen nachfolgend dargestellt werden, um dann in einem zweiten Schritt das Gefährdungspotenzial von Einzelhandelsgroßbetrieben auf die Durchsetzung dieser Festlegungen zu untersuchen. Ziel der Darstellung ist es, das landesplanerische Interesse an einer gezielten Steuerung des großflächigen Einzelhandels, wie es in § 24 Abs.3 LEPro NW zum Ausdruck kommt, zu verdeutlichen.

§ 4 Materielle Steuerungsziele aus dem Bundes- und Landesrecht

Die Aufgabe der Raumordnung wird in den Ländern durch die Landes- und Regionalplanung vollzogen.[3] Die materiellen Grundlagen mit verbind-

---

1 Die Vernachlässigung der Gebietsentwicklungspläne im hier vorliegenden Untersuchungszusammenhang rechtfertigt sich daraus, dass § 24 Abs.3 LEPro NW eine hochstufige, landesweit geltende Vorschrift ist, der gegenüber Gebietsentwicklungspläne normativ nachgeordnet sind. Nach § 9 Abs.2 S.1 ROG sind Gebietsentwicklungspläne aus dem Raumordnungsplan für das Landesgebiet zu entwickeln; daraus folgt, dass die Gebietsentwicklungspläne für Auslegung und Verständnis der höherstufigen Norm des § 24 Abs.3 LEPro NW keine Bedeutung erlangen können.

2 Vgl. *Erbguth/Schoeneberg,* Raumordnungs- und Landesplanungsrecht, 1992, Rn.66.

3 S. zur Aufgabe und Vollzug von Raumordnung und Landesplanung im Planungssystem der Bundesrepublik *BVerfG,* Rechtsgutachten v. 16.6.1954 – 1 PBv 2.52 –, BVerfGE 3, 407 (425); *Erbguth/Schoeneberg,* Raumordnungs- und Landesplanungsrecht, 1992, Rn.40 ff; *Finkelnburg/Ortloff,* Öffentliches Baurecht, Bd.I, 1998, S.294 ff; *Schrödter,* in: Schrödter u.a., BauGB, 1998, § 1 Rn.36 ff; *Krautzberger,* in: Battis/Krautzberger/

licher Außenwirkung, verkörpert durch die Ziele der Raumordnung, stellen die Länder in den für ihr Gebiet übergeordneten und zusammenfassenden Programmen und Plänen, den Raumordnungsplänen, gemäß § 7 Abs.1 ROG auf;[4] der Bund wirkt lediglich über § 4 Abs.2 ROG durch Leitvorstellungen und Grundsätze im Sinne der §§ 1, 2 ROG auf raumbedeutsame Planungen öffentlicher Stellen ein.[5] Hinsichtlich der Zielsetzungen von Raumordnung und Landesplanung, die im Sachzusammenhang mit den räumlichen Auswirkungen von Einzelhandelsgroßbetrieben stehen, kann nachfolgend – in Anlehnung an die bereits vorgenommene Differenzierung der räumlichen Auswirkungen des großflächigen Einzelhandels[6] – unterschieden werden in die normativ festgelegten Sachbereiche der Siedlungs- und Versorgungsstrukturen, des Verkehrs sowie der Umwelt und Freiräume. Die zentralen Stichworte, die in diesem Zusammenhang Bedeutung erlangen, sind die der »Gleichwertigen Lebensverhältnisse«, der »Dezentralen Konzentration«, der »Verkehrsvermeidung« sowie der »Sicherung ausgewogener Umwelt- und Freiraumstrukturen«.

A. Gleichwertige Lebensverhältnisse

1. Raumordnungsgesetz

Das Raumordnungsgesetz benennt in § 1 Abs.2 S.1 und S.2 Nr.6 die Schaffung gleichwertiger Lebensverhältnisse der Menschen in allen Teilräumen in Verbindung mit dem Prinzip einer nachhaltigen Raumentwicklung als eine der zentralen Leitvorstellungen der Raumordnung.

Die gesetzlich festgelegten Leitvorstellungen im Raumordnungsgesetz sind als Grundlagen für das gesamte Raumplanungsrecht zu verstehen, nach denen alle Planungen auszurichten sind.[7] Die Leitvorstellungen sind

---

Löhr, BauGB, 2005, § 1 Rn.37 ff; *Hoppe,* in: Hoppe/Bönker/Grotefels, Öffentliches Baurecht, 2004, § 1 Rn.8 ff.

4 *Brohm,* Öffentliches Baurecht, 2002, § 37 Rn.4; *Rabe/Heintz,* Bau- und Planungsrecht, 2002, S.15; *Söfker,* in: Ernst u.a., BauGB, Stand Sept 2004, § 11 BauNVO Rn.122.

5 Vgl. hierzu die Überschrift des 2. Abschn. des ROG (»Raumordnung in den Ländern«). Kerninhalte der Raumordnungspläne sind nach § 7 Abs.2 S.1 ROG die Bereiche der Siedlungs-, Freiraum- und Infrastruktur.

6 S. hierzu oben S.13 ff.

7 *von der Heide,* in: Cholewa u.a., Raumordnung, Stand Nov 2003, Vorb. vor §§ 1-5 Rn.38.

Handlungsmaximen bei der Aufgabenerfüllung und zugleich Auslegungsmaxime der Grundsätze in § 2 Abs.2 ROG.[8] Dominierende Leitvorstellung für die räumliche Entwicklung ist nach § 2 Abs.1 S.1 ROG eine *nachhaltige* Raumentwicklung, welche die sozialen und wirtschaftlichen Ansprüche an den Raum mit seinen ökologischen Funktionen in Einklang bringt und zu einer dauerhaften, großräumig ausgewogenen Ordnung führt.[9] Nachhaltige Raumentwicklung in diesem Sinne erfasst die menschlichen Lebensbereiche der sozialen Sicherheit, der Sicherung der wirtschaftlichen Entwicklung einschließlich der Sicherung der Arbeitsplätze und der ökologischen Funktionen.[10]

Die Handlungsmaxime der nachhaltigen Raumentwicklung wird in § 1 Abs.2 S.2 ROG durch acht Teilaspekte verdeutlicht. Ein zentraler Teilaspekt ist dabei die Forderung nach Herstellung gleichwertiger Lebensverhältnisse in allen Teilräumen. Der Begriff der Lebensverhältnisse ist dabei umfassend angelegt. Er schließt alle Lebensbereiche von Wohnen, Arbeit, Bildung, Freizeit, Einkaufen, Erholung, soziale Leistungen etc. mit ein.[11] Konkretisiert wird die Forderung nach gleichwertigen Lebensverhältnissen in dem Grundsatz des § 2 Abs.2 Nr.1 S.3 ROG, wonach in den jeweiligen Teilräumen ausgeglichene wirtschaftliche, infrastrukturelle, soziale, ökologische und kulturelle Verhältnisse anzustreben sind. Hieraus folgt, dass für die Herstellung gleichwertiger Lebensverhältnisse von besonderer Bedeutung ist, eine den Bedürfnissen der Bevölkerung entsprechende Siedlungs-, Freiraum- und Infrastruktur zu schaffen.

---

8 Vgl. § 2 Abs.1 ROG und BT-Drs. 13/7589, S.22; *Schmitz,* in: Blotevogel (Hg.), Fortentwicklung des Zentrale-Orte-Konzepts, 2002, S.55 (59).

9 Bei der Nachhaltigkeit handelt es sich um einen verhältnismäßig neuen Rechtsbegriff, der erst durch das BauROG 1998 Eingang in das ROG gefunden hat. Dementspr. ist hinsichtlich der rechtlichen Bedeutung dieses Begriffes noch vieles im Fluss; vgl. insoweit die Abhandlung von *Robers,* Das Gebot der nachhaltigen Entwicklung, 2003, der einer Begriffsklärung nachgeht.

10 *von der Heide,* in: Cholewa u.a., Raumordnung, Stand Nov 2003, Vorb. vor §§ 1-5 Rn.44.

11 *Runkel* in: Bielenberg u.a., Raumordnungs- und Landesplanungsrecht, Stand Sept 2004, K § 1 Rn.85; *Hoppe/Schoeneberg,* Raumordnungs- und Landesplanungsrecht Nds, 1987, Rn.103.

Das Prinzip der gleichwertigen Lebensverhältnisse hat nach überwiegender Auffassung seine rechtlichen Wurzeln in der Verfassung.[12] Der Gesetzgeber hat keine unbeschränkte Entscheidungsfreiheit bei der Wahl der Ziele der Raumordnungspolitik, sondern muss die Verfassungslage beachten, nach welcher die Bundesrepublik gemäß Art.20 Abs.1 GG ein demokratischer und sozialer Rechtsstaat ist. Sinn des sozialen Rechtsstaats ist die annähernd gleichmäßige Förderung des Wohls aller Bürger und die annähernd gleiche Verteilung der Lasten.[13] Aus dem Sozialstaatsprinzip wird daher die Verpflichtung des Staates zur Daseinsvorsorge abgeleitet, die in entsprechend wertbetonten Prinzipien der Raumordnung zum Ausdruck kommen muss.[14]

Unter Gleichwertigkeit der Lebensverhältnisse ist nicht die Gleichheit oder Identität der Lebensbedingungen zu verstehen, sondern gleichwertige soziale Lebenschancen für alle Bürger.[15] Der Staat hat die Rahmenbedingungen dafür zu schaffen, dass jeder einen bestimmten Mindeststandard an Wohnungen, Erwerbsmöglichkeiten sowie öffentlichen wie privaten Infrastruktureinrichtungen vorfindet, dass ihm also angemessene Chancen zur freien Entfaltung seiner Persönlichkeit eröffnet sind.[16] Hierzu zählt in

---

12 Vgl. etwa *Ernst,* in: Ernst/Thoss (Hg.), Ausgeglichene Funktionsräume, 1977, S.15; *Hübler u.a.,* Zur Problematik der Herstellung gleichwertiger Lebensverhältnisse, 1980, S.28; *Hoppe/Schoeneberg,* Raumordnungs- und Landesplanungsrecht Nds, 1987, Rn.100.

13 Stark vereinfacht ausgedrückt geht es um Chancengleichheit für alle Menschen; vgl. *Herzog,* in: Maunz u.a., GG, Stand Feb 2004, Art.20 VIII Rn.37.

14 *Hübler u.a.,* Zur Problematik der Herstellung gleichwertiger Lebensverhältnisse, 1980, S.28; *Hoppe/Schoeneberg,* Raumordnungs- und Landesplanungsrecht Nds, 1987, Rn.97.

15 *Runkel,* in: Bielenberg u.a., Raumordnungs- und Landesplanungsrecht, Stand Sept 2004, K § 1 Rn.86; *Erbguth/Schoeneberg,* Raumordnungs- und Landesplanungsrecht, 1992, Rn.19; *Goppel,* in: ARL (Hg.), Handwörterbuch der Raumordnung, S.579 (584).

16 *Erbguth/Schoeneberg,* Raumordnungs- und Landesplanungsrecht, 1992, Rn.19; *Hoppe/Schoeneberg,* Raumordnungs- und Landesplanungsrecht Nds, 1987, Rn.97; *Runkel,* in: Bielenberg u.a., Raumordnungs- und Landesplanungsrecht, Stand Sept 2004, K § 1 Rn.86; was zu diesem Mindeststandard gehört und auf welche statistischen Tatbestände (wie zB gleiches Einkommen, gleiches Arbeitsplatzangebot, gleiches Infrastrukturangebot, gleiche Umweltsituation usw.) es dabei ankommt, kann nicht allgemeingültig, sondern nur unter Zugrundelegung der jeweiligen Rahmenbedingungen definiert werden; vgl. *Hübler u.a.,* Zur Problematik der Herstellung gleichwertiger Lebensverhältnisse, 1980, S.25.

besonderer Weise die Gleichwertigkeit der raumordnerischen Infrastruktur für eine angemessene und verbrauchernahe Versorgung der Bevölkerung.[17]

2. Landesentwicklungsprogramm

Der rahmenrechtliche Grundsatz der Gleichwertigkeit der Lebensverhältnisse aus dem Bundesrecht wird im nordrhein-westfälischen Landesrecht in § 4 LEPro NW konkretisiert.

Danach sind alle Teile des Landes im Rahmen der für das Land angestrebten räumlichen Struktur bestmöglich zu entwickeln und überall die Voraussetzungen für gleichwertige Lebensbedingungen zu schaffen. Der Unterschied dieser Regelung zum Bundesrecht liegt darin, dass das Gleichwertigkeitsprinzip auf die spezifischen Gegebenheiten der Raumstruktur des Landes Nordrhein-Westfalen bezogen wird und die zu schaffenden Voraussetzungen sich an diesen Besonderheiten messen lassen müssen.[18]

B. Dezentrale Konzentration

Die von Raumordnung und Landesplanung angestrebte Siedlungsstruktur ist am *Leitbild der dezentralen Konzentration* orientiert.[19] Dezentrale Konzentration bedeutet, dass Bevölkerung, Arbeitsstätten und Infrastruktur in Städten unterschiedlicher Größe konzentriert sind, die relativ gleichmäßig über das Landesgebiet verteilt sind.[20] Die dezentrale Konzentration wird von den Prinzipien der *siedlungsräumlichen Arbeitsteilung* und der *siedlungsräumlichen Schwerpunktbildung* geprägt.[21]

17 *Wahl,* Rechtsfragen II, 1978, S.34.

18 *Niemeier/Dahlke/Lowinski,* Landesplanungsrecht NW, 1977, § 4 LEPro Anm.3.

19 S. Raumordnungspolitischer Orientierungsrahmen des *BMVBW,* Feb 1993, Nr.1.2, abgedr. in: *Bielenberg u.a.,* Raumordnungs- und Landesplanungsrecht, Bd.I, Stand Sept 2004, B 420.

20 Vgl. *Bundesamt für Bauwesen und Raumordnung,* Raumordnungsbericht 2000, S.43; *Hoppe/Schoeneberg,* Raumordnungs- und Landesplanungsrecht Nds, 1987, Rn.567.

21 Vgl. *Niemeier/Dahlke/Lowinski,* Landesplanungsrecht NW, 1977, § 6 LEPro Anm.3.

I. Siedlungsräumliche Arbeitsteilung

1. Raumordnungsgesetz

Hinsichtlich der großräumigen Siedlungsstrukturen geht das Raumordnungsgesetz von einer siedlungsräumlichen Arbeitsteilung in Form einer dezentralen Siedlungsstruktur aus. Das ergibt sich zum einen aus § 2 Abs.2 Nr.1 S.1 ROG, wonach im Gesamtraum der Bundesrepublik eine ausgewogene Siedlungs- und Freiraumstruktur herzustellen ist. Zum anderen wird in § 2 Abs.2 Nr.2 S.1 ROG ausdrücklich der Erhalt der dezentralen Siedlungsstruktur gefordert, wie sie für Deutschland seit dem späten Mittelalter charakteristisch ist.[22]

Die Vorteile, die dieser Struktur zugesprochen werden, liegen vor allem darin, dass durch eine relativ gleichmäßige Verteilung von Bevölkerung und Nachfrage die Ressourcen und Potenziale in den unterschiedlichen Teilräumen erschlossen und damit im Sinne der Herstellung gleichwertiger Lebensverhältnisse allen Bürgern zur Verfügung gestellt werden können.[23] Mit der Bejahung der dezentralen Siedlungsstruktur unterscheidet sich Deutschland von anderen europäischen Staaten, die durch einseitige räumliche Konzentrationen um wenige Metropolstädte geprägt sind.[24]

Ein wesentliches Ziel von Raumordnung und Landesplanung ist die Sicherung und der Ausbau der dezentralen Siedlungsstruktur.[25] Die praktische Relevanz des Grundsatzes der dezentralen Siedlungsstruktur zeigt sich bei einer Betrachtung des empirischen Wanderungsverhaltens der Bevölkerung, das mittelfristig erwartet wird. Danach ist die Tendenz einer Ost-West- und Nord-Süd-Bewegung mit entsprechenden Verschiebungen in der dezentralen Siedlungsstruktur festzustellen.[26] An die öffentlichen Planungsträger richtet sich mit dem Grundsatz des § 2 Abs.2 Nr.2 S.1 ROG der generelle

---

22 S. zur geschichtlichen Entwicklung der Siedlungsstruktur *von der Heide,* in: Cholewa u.a., Raumordnung, Stand Nov 2003, Grundsatz Nr.1 § 2 Rn.6.

23 *Runkel,* in: Bielenberg u.a., Raumordnungs- und Landesplanungsrecht, Stand Sept 2004, K § 2 Rn.32; *von der Heide,* in Cholewa u.a., Raumordnung, Stand Nov 2003, Grundsatz Nr.1 § 2 Rn.12 f.

24 Beispielhaft seien Frankreich oder England genannt; vgl. *Bundesamt für Bauwesen und Raumordnung,* Raumordnungsbericht 2000, S.43.

25 *von der Heide,* in: Cholewa u.a., Raumordnung, Stand Nov 2003, Grundsatz Nr.1 § 2 Rn.13.

26 Vgl. *Bundesamt für Bauwesen und Raumordnung,* Raumordnungsbericht 2000, S.11.

Aufruf, dieser Entwicklung durch eine differenzierte Förderung räumlicher Schwerpunkte, etwa durch Bereitstellung von Infrastruktureinrichtungen, entgegenzuwirken.[27]

2. Landesentwicklungsprogramm

Die bundesrechtliche Forderung nach einer dezentralen Siedlungsstruktur wird auf Landesebene in § 22 LEPro NW durch das Zentrale-Orte-Prinzip konkretisiert.[28] Danach ist gemäß § 22 Abs.1 S.1 LEPro NW für die Entwicklung der Siedlungsstruktur ein funktional gegliedertes System zentralörtlicher Stufen zugrunde zu legen. Zweck der zentralörtlichen Gliederung ist es nach § 22 Abs.1 S.2 LEPro NW, durch eine *ausgewogen verteilte* siedlungsräumliche Schwerpunktbildung die Voraussetzungen für ein Versorgungsangebot zu schaffen, das in allen Landesteilen eine bestmögliche Versorgung sichert.

a) Theorie der zentralen Orte

Die zentralörtliche Gliederung geht auf die grundlegende Untersuchung des Wirtschaftsgeographen *Walter Christaller*: »Die zentralen Orte in Süddeutschland« aus dem Jahre 1933 zurück. Theoretischer Kern dieser Untersuchung ist der Nachweis der ökonomisch-technischen Notwendigkeit, zentrale Versorgungseinrichtungen an ausgewählten Punkten eines Gebiets, an zentralen Orten zu lokalisieren.[29] Sie geht im Wesentlichen von folgenden Annahmen aus:

---

27 *Runkel,* in: Bielenberg u.a., Raumordnungs- und Landesplanungsrecht, Stand Sept 2004, K § 2 Rn.32; *von der Heide,* in Cholewa u.a., Raumordnung, Stand Nov 2003, § 2 Grundsatz Nr.1 Rn.13.

28 Das Zentrale-Orte-Prinzip wird allgemein als Mittel für die flächendeckende Entwicklung der Siedlungsstruktur im Sinne einer dezentralen Konzentration angesehen; vgl. *Hübler u.a.,* Zur Problematik der Herstellung gleichwertiger Lebensverhältnisse, 1980, S.11; *Runkel* in: Bielenberg u.a., Raumordnungs- und Landesplanungsrecht, Stand Sept 2004, K § 2 Rn.34; *Erbguth/Schoeneberg,* Raumordnungs- und Landesplanungsrecht, 1992, Rn.12; *Wahl,* Rechtsfragen II, 1978, S.16 f; *Zeck,* IzR 2003, 725; *Dietrichs,* Konzeptionen und Instrumente in der Raumplanung, 1986, S.61 f; *Blotevogel u.a.,* in: Blotevogel (Hg.), Fortentwicklung des Zentrale-Orte-Konzepts, 2002, S.XVIII; s. auch *BVerwG,* Urt. v. 17.9.2003 – 4 C 14.01 –, BauR 2004, 443 (450).

29 *Wahl,* Rechtsfragen II, 1978, S.12.

(1) Zentrale Orte sind nach *Christallers* Definition Siedlungen, die Mittelpunkt für einen bestimmten Umlandbereich sind, für den sie zentrale Güter und Dienste bereitstellen.[30] Zentrale Güter und Dienste sind dann zentral, wenn einerseits die Bevölkerung zur Deckung ihres Bedarfs auf sie angewiesen ist und andererseits diese Güter und Dienste aus ökonomischen oder technischen Gründen nicht flächenhaft ubiquitär, sondern nur an einem oder wenigen Punkten eines Gebiets angeboten werden können. Die meisten öffentlichen und privaten Dienstleistungen sind in diesem Sinne zentral, weil sie feste Standorte benötigen und für ihre Rentabilität einer Mindestzahl an Inanspruchnahmen und damit eines Mindesteinzugsbereichs bedürfen.[31]

(2) Aus der grundsätzlichen Notwendigkeit zentraler Orte ergibt sich aus ökonomischen Gründen die Notwendigkeit einer Hierarchie von zentralen Orten. Bestimmte Einrichtungen sind aufgrund ihres Kapitaleinsatzes oder ihrer Spezialisierung nur tragfähig, wenn ihnen größere Einzugsgebiete zur Verfügung stehen als standardisierten Einrichtungen des täglichen Bedarfs. Je spezialisierter und kostenintensiver eine Einrichtung ist, desto sporadischer ist die Häufigkeit ihrer Inanspruchnahme. Der geringere Nachfragetakt muss durch eine höhere Anzahl von Nutzern kompensiert werden. Das bedingt, dass speziellere Einrichtungen im Allgemeinen in weniger Orten gruppiert werden als einfache Einrichtungen. Hieraus leitet sich eine prinzipielle Hierarchie zentraler Einrichtungen ab.[32]

(3) Aufgrund der annähernden Kongruenz der Einzugsbereiche von zentralen Einrichtungen folgt wiederum aus ökonomischen Überlegungen

---

30 Vgl. *Hoppe/Schoeneberg,* Raumordnungs- und Landesplanungsrecht Nds, 1987, S.38; *Blotevogel,* in: ARL (Hg.), Handwörterbuch der Raumordnung, 1995, S.1117 f; *Wahl,* Rechtsfragen II, 1978, S.12.

31 Zu den zentralen Gütern und Diensten gehören v. a. die Einzelhandelsgeschäfte, Banken, Versicherungen, Handwerksbetriebe, Unterhaltungsstätten und aus dem öffentlichen Bereich Bildungs-, Gesundheits- und kulturelle Einrichtungen; vgl. *Niemeier/Dahlke/Lowinski,* Landesplanungsrecht NW, 1977, § 22 LEPro Anm.3.

32 Vgl. zur Hierarchie zentraler Orte *Wahl,* Rechtsfragen II, 1978, S.13; *Blotevogel,* in: ARL (Hg.), Handwörtebuch der Raumordnung, 1995, S.1117 (1118); *Hoppe/Bunse,* WiVerw 1984, 151 (153); *Döhne/Gruber,* Gebietskategorien, 1976, S.46; *Blotevogel,* in: ARL (Hg.), Siedlungszentralität, 1981, S.77 (81); *Lauschmann,* Theorie der Regionalpolitik, 1970, S.31; *MKRO,* Entschließung v. 8.2.1968 »Zentrale Orte und ihre Verflechtungsbereiche«, BT-Drs. V/3958, S.149; anschaulich dazu auch *VGH München,* Urt. v. 7.6.2000 – 26 N 99.2961 u.a. –, BayVBl 2001, 175 (176).

– diesmal auf Nachfrageseite –, dass diese Einrichtungen in räumlicher Bündelung in zentralen Orten zusammengefasst werden, weil sich bei der gleichzeitigen Inanspruchnahme von Gütern und Diensten Zeit- und Kostenersparnisse für den Verbraucher ergeben.[33] Die Hierarchie zentraler Einrichtungen lässt somit eine Hierarchie zentraler Orte entstehen, die an die Stufung der Bedürfnisse nach alltäglichen, regelmäßigen und sporadischen Anlässen geknüpft ist und von unterschiedlich großen, sich räumlich überlagernden Einzugsbereichen geprägt ist.[34]

b) Zentrale-Orte-Theorie in der Landesplanung

(1) In der landesplanerischen Praxis hat sich die Zentrale-Orte-Theorie erst seit Ende der 1950er Jahre nachhaltig etabliert und in einem planerischen Konzept Ausdruck gefunden.[35] Die Kategorie »Zentrale Orte« wurde dabei zunächst ausschließlich auf die ländlichen Räume bezogen, die von einer zerstreuten Siedlungsweise bei insgesamt geringer Bevölkerungsdichte geprägt waren.[36] Hier galt es in besonderer Weise, regionale Schwerpunkte in Form von Versorgungsmittelpunkten zu fördern, die ein attraktives Angebot in zumutbarer Entfernung bereithielten und dem Abwanderungstrend aus den ländlichen Gebieten in die Verdichtungsräume ein Ende setzten. Das Zentrale-Orte-Modell verkörperte eine raumwirtschaftliche Lösung, einerseits die Attraktivität der ländlichen Gebieten durch Verbesserung der Versorgungslage nachhaltig aufzuwerten und andererseits eine gleichmäßige Mindestbedienung der ländlichen Bevölkerung mit Gütern und Diensten in einer zumutbaren Entfernung sicherzustel-

---

33 *Erbguth/Schoeneberg,* Raumordnungs- und Landesplanungsrecht, 1992, Rn.14; *Hoppe/Bunse,* WiVerw 1984, 151 (153).

34 Vgl. *Wahl,* Rechtsfragen II, 1978, S.13; *Hoppe/Bunse,* WiVerw 1984, 151 (153).

35 *Blotevogel,* in: ARL (Hg.), Handwörterbuch der Raumordnung, 1995, S.1117 (1121); *Blotevogel,* in: Blotevogel (Hg.), Fortentwicklung des Zentrale-Orte-Konzepts, 2002, S.10; *Hoppe/Bunse,* WiVerw 1984, 151 (154); s. auch zur politischen und wissenschaftlichen Diskussion um das ZOK und seine Entwicklung im Zusammenhang mit dem raumordnerischen Ziel »Schaffung gleichwertiger Lebensverhältnisse« *Hübler u.a.,* Zur Problematik der Herstellung gleichwertiger Lebensverhältnisse, 1980, S.11 ff.

36 *Hübler u.a.,* Zur Problematik der Herstellung gleichwertiger Lebensverhältnisse, 1980, S.11; *Blotevogel,* in: ARL (Hg.), Handwörterbuch der Raumordnung, 1995, S.1117 (1121); *drs.,* in: Blotevogel (Hg.), Fortentwicklung des Zentrale-Orte-Konzepts, 2002, S.17.

len.[37] Operiert wurde mit einer vierstufigen Gliederung der zentralen Orte, die der hierarchischen Stufung zentraler Einrichtungen Ausdruck gab. Unterschieden wurden dabei Klein-, Unter-, Mittel- und Oberzentren.[38]

(2) Stand anfangs noch die Auffang- bzw. Versorgungsfunktion der zentralen Orte im ländlichen Raum und damit ihre zentralörtliche Ausstattung als solche im Vordergrund, wandelte sich das Verständnis der zentralen Orte in der Folgezeit zunehmend in Richtung eines siedlungsstrukturellen Modells, das mit seinen zentralörtlichen Bereichsabgrenzungen spezifische Verflechtungen von zusammengehörenden und aufeinander bezogenen Daseinsfunktionen abbildete.[39] Damit wurde der für die ländlichen Räume ursprünglich entwickelte Ansatz der »relativen« Überschussbedeutung eines zentralen Orts für sein Umland abgelöst von einer ganzheitlichen Betrachtung, die den zentralen Ort und seinen Einzugsbereich im Sinne einer funktionsräumlichen Einheit, also in seiner »absoluten« Gesamtbedeutung, in den Vordergrund rückte.[40] Durch diese veränderte Perspektive konnten auch zentralörtliche Strukturen innerhalb von Verdichtungsräumen, die unterschiedliche Breite kommunaler Grenzziehungen sowie der für

---

37 *Wahl,* Rechtsfragen II, 1978, S.15; *Döhne/Gruber,* Gebietskategorien, 1976, S.46.

38 Die wesentlichen Grundlagen für die Bestimmung der zentralen Orte und den darauf aufbauenden planerischen Ausweisungen wurden in gemeinsamen Beratungen von Bund und Ländern im Rahmen der *MKRO* in den Entschließungen »Zentrale Orte und ihre Verflechtungsbereiche« vom 08.02.1968, BT-Drs. V/3958, S.149, »Zentralörtliche Verflechtungsbereiche mittlerer Stufe in der Bundesrepublik Deutschland« vom 15.06.1972, BT-Drs. VI/3793, S.146, und »Oberzentren« vom 16.06.1983, abgedr. in: *Bielenberg u.a.,* Raumordnungs- und Landesplanungsrecht, Bd.I, Stand Sept 2004, B 320 Nr.5, gelegt; vgl. auch *Hübler u.a.,* Zur Problematik der Herstellung gleichwertiger Lebensverhältnisse, 1980, S.12.

39 *Tiggemann,* Die kommunale Neugliederung in NW, 1977, S.151; *Maynen/Kluczka,* NW in seiner Gliederung nach zentralörtlichen Bereichen, 1970, S.12; *Wahl,* Rechtsfragen II, 1978, S.16, der darauf hinweist, dass die wechselseitige Angewiesenheit von Einzugsbereich und Kern als Ausdruck der Siedlungsstruktur auch in Titel und Inhalt der Entschließung der *MKRO* v. 8.2.1968, BT-Drs. V/3958, S.149, deutlich zum Ausdruck kommt.

40 *Maynen/Kluczka,* NW in seiner Gliederung nach zentralörtlichen Bereichen, 1970, S.12. Die Verf. nennen die vom Institut für Landeskunde entwickelte »empirische Umlandmethode« als entscheidenden Schritt zur Abkehr einer nur auf die zentralen Orte bezogenen Sicht hin zur komplexen Erforschung zentralörtlicher Bereichseinheiten; vgl. näher zur empirischen Umlandmethode *Blotevogel,* in; ARL (Hg.), Handwörterbuch der Raumordnung, 1995, S.1117 (1119 f).

Verdichtungsgebiete charakteristische Typus »Selbstversorgerort« in die Zentrale-Orte-Konzeption integriert werden.[41]

(3) Die Grundthese dieses siedlungsstrukturellen Modells ging von der Annahme aus, dass sich das menschliche Dasein – in Wechselwirkung zur generellen Arbeitsteiligkeit der modernen Gesellschaft – in räumlich differenzierten, aber wechselseitig aufeinander bezogenen Nutzungsbereichen definiert. Es wurden getrennte Nutzungsbereiche für Wohnen – Arbeiten – Versorgen – zentrale Dienste – Erholung – Verkehr und Kommunikation unterschieden, die sich an verschieden gearteten Standorten funktional ergänzten und bedingten.[42] Die Existenz dieser Nutzungsbereiche in einem räumlichen abgrenzbaren Bereich und ihre wechselseitige Aufeinanderbezogenheit qualifizierte den Teilraum als sozioökonomische Raumeinheit.[43] Für die Entwicklung solcher sozioökonomischen Raumeinheiten maß die Landesplanung dem Daseinselement der Versorgung eine bestimmende Bedeutung zu.[44] Zwischen der Bereitstellung zentraler Infrastruktureinrichtungen und der Verdichtung der Besiedlung wurde ein wechselseitiger Zusammenhang erkannt; die räumliche Reichweite bzw. Anziehungskraft der Zentralität markierte die Gebietsgrenzen der sozioökonomischen Raumeinheiten. Das Zentrale-Orte-Konzept ermöglichte damit eine Gliederung des Raums in Verflechtungsräume, in denen Orte gebündelter Versorgung Ausgangspunkt für die Nachfrageverflechtungen in das Umland waren. Im Interesse einer bestmöglichen Versorgung der Bevölkerung wurde bezüglich der bereichsbildenden inhaltlichen Kriterien dieser Verflechtungsräume auf die unterschiedlichen qualitativen Bedürfnisse der Bevölkerung zur Befriedigung ihrer Daseinsgrundfunktionen abgestellt, die in der gestuften Distanzempfindlichkeit der Nachfrage ihren

41 Vgl. *Blotevogel,* in: ARL (Hg.), Siedlungszentralität, 1981, S.77 (81).

42 Seit der Charta von Athen aus dem Jahre 1933, die als vorrangig städtebauliches Konzept wesentliche Erkenntnisse für die Gliederung des Raums nach raumstrukturierenden Grundfunktionen der menschlichen Existenz geliefert hat, werden die genannten Nutzungsbereiche als Hauptmerkmale gesellschaftlicher Arbeitsteilung unterschieden; vgl. *Wahl,* Rechtsfragen II, 1978, S.2; *Kläsener u.a.,* Standortfragen des Handels, 1986, S.39 f; zur Charta von Athen und dem Leitbild der Funktionstrennung *Boeddinghaus,* BauNVO, 2000, Einf. Rn.9.

43 *Isbary,* Zentrale Orte und Versorgungsnahbereiche, 1965, S.18 ff; *Wahl,* Rechtsfragen II, 1978, S.17.

44 Vgl. *Niemeier/Dahlke/Lowinski,* Landesplanungsrecht NW, 1977, § 7 LEPro Anm.3.

Ausdruck fanden.[45] Dementsprechend unterschied das Zentrale-Orte-Konzept Verflechtungsräume für den einfachen, gehobenen und spezialisierten Bedarf, die in einander überlagernden Nah-, Mittel- und Oberbereichen zum Ausdruck kamen. Hierin wurde die wachsende Bedeutung des Zentrale-Orte-Konzepts als siedlungsstrukturelles Modell gesehen.

(4) Diese Sicht der funktionalen Verflechtung bzw. unauflösbaren wechselseitigen Angewiesenheit von Einzugsbereich und Kern bestimmten in der Folgezeit das landesplanerische Denken in Bezug auf die Zentrale-Orte-Theorie als siedlungsstrukturelles Modell.[46] Besonders deutlich zum Tragen kam das veränderte Funktionsverständnis im Rahmen der kommunalen Gebietsreform der Länder, wo die Erkenntnis vom Verflochtensein von zentralem Ort und Einzugsbereich zur Basisgrundlage der gebietlichen Neuordnung gemacht worden ist.[47] Ein wesentliches Ziel der kommunalen Neugliederung war es, die Verwaltungseinheiten mit den Räumen, in denen sich die Grundfunktionen der modernen arbeitsteiligen Gesellschaft vollzogen, so weit wie möglich zur Deckung zu bringen.[48] Das hatte in Nordrhein-Westfalen beispielsweise auf örtlicher Ebene zur Folge, dass die unterste sozioökonomische Raumeinheit des *Nahbereichs* als Vorlage für die neuzubildenden Gemeindegrenzen diente und die zentralen Orte der untersten Stufe, die ehemaligen Kleinzentren, als herausgehobene Gemeinden für den Nahbereich ihre Bedeutung verloren.[49]

(5) Auch aktuell ist die Bedeutung des Zentrale-Orte-Konzepts als siedlungsstrukturelles Konzept weiterhin dominierend. In ihrer Entschließung vom 3.12.2001 hat die *Ministerkonferenz für Raumordnung* unterstrichen,

---

45 *Wahl,* Rechtsfragen II, 1978, S.17.

46 Vgl. *MKRO,* Entschließung der v. 8.2.1968 »Zentrale Orte und ihre Verflechtungsbereiche«, BT-Drs. V/3958, S.149.

47 *Tiggemann,* Die kommunale Neugliederung in NW, 1977, S.147 f; *Knemeyer,* in: Oertzen/Thieme (Hg.), Gebietsreform und Landesplanung, 1980, S.7 (11).

48 *Tiggemann,* Die kommunale Neugliederung in NW, 1977, S.60.

49 Vgl. *Wahl,* Rechtsfragen II, 1978, S.18 f. Das Verständnis der zentralörtlichen Gliederung als primär siedlungsstrukturelles Modell lässt sich auch aus der Formulierung des § 24 Abs.3 LEPro NW ableiten. Dort wird eine Anpassung der Standortplanung von Einzelhandelsgroßbetrieben einerseits an die zentralörtliche Gliederung und andererseits an die in diesem Rahmen zu sichernde Versorgung verlangt. Das kann nur bedeuten, dass die zentralörtliche Gliederung sozioökonomische Raumeinheiten im Sinne eines Rahmens verkörpert, innerhalb derer eine bestimmte Versorgung zu sichern ist. S. im Einzelnen dazu S.114 ff.

dass das Zentrale-Orte-System auch künftig die Funktionsfähigkeit des Siedlungsgefüges bestimmen und maßgeblicher Bestandteil des siedlungsstrukturellen Grundgerüsts bleiben wird. Zwar wird auch die Notwendigkeit eingeräumt, das Modell an veränderte Aufgabenstellungen heranzuführen und anzupassen; die zentralörtlichen Prinzipien aber im Hinblick auf Siedlungsverflechtung und Versorgungsgerechtigkeit selbst werden nicht in Frage gestellt.[50]

c) Funktionen der zentralörtlichen Gliederung

Grundgedanke der zentralörtlichen Gliederung ist die flächendeckende Entwicklung der Siedlungsstruktur im Sinne einer dezentralen Konzentration.[51] Nach § 22 Abs.1 S.1 LEPro NW ist ein funktional gegliedertes System zentralörtlicher Stufen für die Entwicklung der Siedlungsstruktur, wie sie in den §§ 6, 7 LEPro NW geregelt ist, zugrunde zu legen. Die §§ 6, 7 LEPro NW gehen von einer *siedlungsräumlichen Schwerpunktbildung* durch Verdichtung der Siedlungstätigkeit auf zentrale Standorte der Versorgung aus. § 6 LEPro NW verlangt eine innerörtliche Ausrichtung der Siedlungsstruktur auf Siedlungsschwerpunkte, während die §§ 7, 23 Abs.2 LEPro NW auf Landesebene eine überörtliche Ausrichtung der Siedlungsstruktur auf Entwicklungsschwerpunkte fordern. Sowohl Siedlungs- als auch Entwicklungsschwerpunkte zeichnen sich nach den §§ 6, 7 LEPro NW durch eine besondere Konzentration von Infrastruktur, Wohnen und Versorgung aus.

aa) Überörtliche Funktion

Die überörtliche Funktion der zentralörtlichen Stufen liegt darin, teilräumliche Entwicklungsimpulse für eine siedlungsräumliche Schwerpunktbildung

50 Vgl. *MKRO,* Entschließung vom 3.12.2001 »Leitlinien zur Anwendung des Zentrale-Orte-Konzepts als Instrument einer nachhaltigen Raumentwicklung«, abgedr. in: *Bielenberg u.a.*, Raumordnungs- und Landesplanungsrecht, Bd.I, Stand Sept 2004, B 320 Nr.39.

51 *Hübler u.a., Zur* Problematik der Herstellung gleichwertiger Lebensverhältnisse, 1980, S.11; *Runkel* in: Bielenberg u.a., Raumordnungs- und Landesplanungsrecht, Stand Sept 2004, K § 2 Rn.33; *Blotevogel* u.a., in: Blotevogel (Hg.), Fortentwicklung des Zentrale-Orte-Konzepts, 2002, S.XIV.

in den verschiedenen Teilräumen des Landes auszustrahlen.[52] Durch die räumlich begrenzte Verdichtung der Siedlungstätigkeit sollen gemäß § 22 Abs.1 S.2 LEPro NW im Interesse einer bestmöglichen Versorgung der Bevölkerung in allen Landesteilen ausgewogene räumliche Bezugsraster für eine gezielte Bedarfsplanung zentraler Versorgungseinrichtungen hergestellt werden.[53] Angestrebt wird durch das Modell der zentralörtlichen Stufen eine Siedlungsstruktur, die sich durch teilräumliche Angebots-Nachfrageverflechtungen auszeichnet.[54]

Ausgehend von dieser zentralörtlichen Siedlungsstruktur legt der Gesetzgeber in § 22 Abs.2 LEPro NW die verschiedenen Funktionen der zentralörtlichen Stufen fest, die er in Grund-, Mittel- und Oberzentren unterscheidet. Grundzentren übernehmen die Versorgung für den kurzfristigen, täglichen Bedarf, während Mittelzentren für den gehobenen und Oberzentren für den höheren, spezialisierten Bedarf zuständig sind. In diesen Zentren sollen die gemäß der Versorgungsfunktion erforderlichen zentralen Einrichtungen gebündelt werden, um die *Bedarfsdeckung* der Einwohner innerhalb der mit den Zentren verknüpften Versorgungs- bzw. Verflechtungsbereiche zu gewährleisten.

Entsprechend dieser gesetzlich fixierten Grundkonzeption der zentralen Orte lässt sich bei den zentralörtlichen Stufen eine *raumstrukturelle* und eine *raumfunktionelle* Wirkungsweise unterscheiden.[55]

---

52 Vgl. *Blotevogel u.a.*, in: Blotevogel (Hg.), Fortentwicklung des Zentrale-Orte-Konzepts, 2002, S.217 (239); *Zeck*, IzR 2003, 725.

53 So ausdrücklich auch der LEP I/II NW a.F., Nr. 2.5, wonach die zentralörtliche Gliederung das Grundraster für den aufgaben- und bedarfsgerechten Ausbau der Gemeinden darstellt, um von daher entsprechende Folgerungen für die Entwicklung der Siedlungsstruktur und den Einsatz der raumwirksamen Investitionen ableiten zu können.

54 Vgl. *Döhne/Gruber*, Gebietskategorien, 1976, S.62; *König/Roeser/Stock*, BauNVO, 1999, § 11 Rn.64.

55 *Spannowsky*, NdsVBl 2001, 1 (2) sowie *drs.*, UPR 2003, 248 hat die Unterscheidung zwischen raumstrukturellen und raumfunktionellen Aspekten der zentralörtlichen Gliederung besonders betont. Er sieht im zentralörtlichen Gliederungsprinzip ein räumlich-strukturelles Gestaltungs- und Ordnungsmodell, dessen Anliegen einerseits die Herstellung einer bestimmten Siedlungsstruktur und anderseits die Herstellung gleichwertiger Lebensverhältnisse innerhalb dieser Siedlungsstruktur ist. Dieser Doppelcharakter des Zentrale-Orte-Prinzips wird auch von *Blotevogel*, in: ARL (Hg.), Handwörterbuch der Raumordnung, 1995, S.1117 hervorgehoben, wonach das Zentrale-Orte-Prinzip einerseits zur Erklärung der Größe und räumlichen Verteilung von

Raumstrukturell begründen die zentralörtlichen Stufen durch die Art und Weise ihrer Zu- und Anordnung im Gesamtraum siedlungsstrukturelle Verflechtungsbereiche bis zu einer gewissen räumlichen Ausdehnung, die sich als sozioökonomische Raumeinheiten niederschlagen.[56] Die raumstrukturelle Wirkungsweise funktioniert dabei so, dass jede Gemeinde durch die Konzentration von Versorgungseinrichtungen eine bestimmte Anziehungskraft auf die Bewohner der umliegenden Orte ausübt, die langsam abnimmt, bis eine benachbarte Gemeinde mit zentralörtlicher Funktion die »Herrschaft« übernimmt.[57] So bilden sich voneinander abgrenzbare Teilräume, innerhalb derer jeweils Angebots-Nachfrageverflechtungen zu den Grund-, Mittel- bzw. Oberzentren bestehen.[58] Insoweit kann von einer *siedlungsräumlichen Arbeitsteilung* gesprochen werden, die durch die zentralörtlichen Stufen in Gang gesetzt wird und sich in dem dreistufig gegliederten System der Verflechtungsbereiche widerspiegelt.[59]

Raumfunktionell sind die zentralörtlichen Stufen Standorte für die wichtigsten Güter und Dienstleistungen in ihrem Verflechtungsbereich. Durch die Bündelung der Basisversorgung im Zentrum des Verflechtungsbereichs wird erreicht, dass der Verflechtungsbereich aus der Mitte versorgt wird und dadurch die Versorgungseinrichtungen für alle Einwohner des Verflechtungsbereichs in angemessener Entfernung erreichbar sind. Diese raumfunktionelle Komponente der zentralörtlichen Gliederung erklärt sich daraus, dass die durch die zentralörtliche Gliederung in bestimmten

---

Siedlungen und andererseits als Standortraster absatzorientierter Betriebe, d.h. v. a. des tertiären Wirtschaftssektors, seinen Erklärungsgehalt findet. Ebenso die Entschließung der *MKRO* v. 3.12.2001 »Leitlinien zur Anwendung des Zentrale-Orte-Konzepts als Instrument einer nachhaltigen Raumentwicklung«, abgedr. in: *Bielenberg u.a.*, Raumordnungs- und Landesplanungsrecht, Bd.I, Stand Sept 2004, B 320, Nr.39.

56 Vgl. *Wahl,* Rechtsfragen II, S.16 f; *Isbary,* Zentrale Orte und Versorgungsnahbereiche, 1965, S.18 ff.

57 *Thies,* Einzelhandelsgroßbetriebe im Städtebaurecht, 1992, Rn.54.

58 Vgl. *Döhne/Gruber,* Gebietskategorien, 1976, S.62.

59 Vgl. *Niemeier/Dahlke/Lowinski,* Landesplanungsrecht NW, 1977, § 6 LEPro Anm.3; *Christ,* Raumordnungsziele, 1990, S.28 f, der darauf hinweist, dass sich die Verflechtungsbereiche zentraler Orte derselben Stufe nicht überscheiden, während sich Verflechtungsbereiche unterschiedlicher Stufe zwangsläufig überschneiden; vgl. auch die sehr anschauliche graphische Darstellung dieses horizontal und vertikal gegliederten Systems bei *Dietrichs,* Konzeptionen und Instrumente der Raumplanung, 1986, S.58 f.

Teilräumen hergestellten Angebots-Nachfrageverflechtungen lediglich die raumstrukturelle Voraussetzung für die Bedarfsplanung von zentralen Versorgungseinrichtungen schafft. Noch nicht sichergestellt ist damit, dass die Zentren auch die erforderliche Ausstattung mit Versorgungseinrichtungen erhalten, insoweit also »funktionieren«. In *raumfunktioneller* Hinsicht verlangt die zentralörtliche Gliederung deshalb, dass in den jeweiligen Zentren, also in den Gemeinden mit überörtlicher Versorgungsfunktion, eine gezielte Förderung der konsumorientierten zentralen Einrichtungen vorgesehen wird, um die Nachfrage der im verflochtenen Umland lebenden Einwohner in zumutbarer Entfernung zu decken. Deshalb haben die Gemeinden mit Umlandfunktion nach § 22 Abs.2 S.2 LEPro NW die Aufgabe, die Versorgung *aller* im Verflechtungsbereich lebenden Einwohner gemäß der Versorgungsaufgabe sicherzustellen. Je nach der zu versorgenden Einwohnerzahl ergibt sich daraus die Notwendigkeit, die Einrichtungen in ihrer Kapazität entsprechend zu dimensionieren oder in mehrfacher Ausstattung vorzuhalten.[60]

bb) Innerörtliche Funktion in Verbindung mit Siedlungsschwerpunkten

Die zentralörtliche Gliederung, wie sie im Landesentwicklungsplan Nordrhein-Westfalen zum Ausdruck kommt, ist lediglich ein System *gemeindescharfer* Festlegungen. Sie ordnet die Siedlungsstrukturen nur im Verhältnis der Gemeinden untereinander, ohne das innergemeindliche Siedlungsgefüge zu tangieren.[61] Mit dieser zentralörtlichen Funktionszuweisung an Gemeinden in ihrer gesamten territorialen Erstreckung besteht die generelle Tendenz, dass das dem zentralörtlichen Leitbild immanente Prinzip der Schwerpunktbildung erheblich relativiert wird. Das gilt für Nordrhein-Westfalen spätestens seit der kommunalen Gebietsreform, wo viele Groß- und Flächengemeinden mit mehreren, nicht zusammenhängenden Siedlungsbereichen entstanden sind.[62] Soweit nicht auch in diesen Gemeinden eine Konzentration der zentralörtlichen Funktionen auf bestimmte

60 *Niemeier/Dahlke/Lowinski,* Landesplanungsrecht NW, 1977, § 20 LEPro Anm.5.

61 *Brohm,* DVBl 1980, 653 (654); *Blotevogel u.a.,* in: Blotevogel (Hg.), Fortentwicklung des Zentrale-Orte-Konzepts, 2002, S.217 (248 f).

62 Vgl. *Siedentopf,* Gemeindliche Selbstverwaltungsgarantie, 1977, S.24; *Tönnies,* europlan 2002, 6; *Blotevogel u.a.,* in: Blotevogel (Hg.), Fortentwicklung des Zentrale-Orte-Konzepts, 2002, S.217 (248 ff).

Standorte erfolgt, besteht die Gefahr, dass das Ziel einer bestmöglichen Versorgung auf gemeindeinterner Ebene konterkariert wird. Denn es würde dem Verbraucher wenig nutzen, wenn er zwar innerhalb einer räumlich überschaubaren Distanz an die wichtigsten Güter und Dienstleistungen gelangte, diese aber aufgrund einer zersiedelten innergemeindlichen Standortstruktur wiederum in vielen einzelnen Wegen aufsuchen müsste. Im Ergebnis würde sich dadurch der Raumüberwindungsaufwand unzumutbar erhöhen.[63]

Um dies zu verhindern, sind die Gemeinden landesplanerisch nach Maßgabe der §§ 6, 24 LEPro NW aufgerufen, in ihrem Gemeindegebiet Siedlungsschwerpunkte zu bilden und das zentralörtliche System gewissermaßen auf diese Weise innergemeindlich fortzuentwickeln.[64] Nach § 6 LEPro NW sollen die Gemeinden die Entwicklung ihrer Siedlungsstruktur auf solche Standorte ausrichten, die sich für ein räumlich gebündeltes Angebot zentraler Versorgungseinrichtungen eignen. Aus dem Umstand, dass nach § 22 Abs.1 S.1 LEPro NW das System zentralörtlicher Stufen nicht nur der siedlungsräumlichen Schwerpunktbildung auf Landesebene nach § 7 LEPro NW, sondern auch jener auf Gemeindeebene nach § 6 LEPro NW dient, ist zu folgern, dass die zentralörtlichen Stufen sich in den Siedlungsschwerpunkten räumlich weiter konkretisieren und die nach der zentralörtlichen Stufe geforderten Einrichtungen der Daseinsvorsorge deshalb auch innerhalb der Siedlungsschwerpunkte zu verorten sind.[65]

In vergleichbarer Weise wie beim gemeindescharfen Zentrale-Orte-System lässt sich auch bei den innergemeindlichen Siedlungsschwerpunkten eine *raumstrukturelle* und *raumfunktionelle* Aufgabe ausmachen. *Raumstrukturell* stellen Siedlungsschwerpunkte Angebots-Nachfrageverflechtungen im Sinne einer siedlungsräumlichen Schwerpunktbildung her und begünstigen

---

63 Die strukturpolitischen Vorteile einer Zusammenfassung zentraler Einrichtungen in möglichst engem räumlichen Zusammenhang und zwar nicht nur im Hinblick auf einen relativ geringen Zeit- und Wegeaufwand der Verbraucher benennen *Erbguth/ Schoeneberg,* Raumordnungs- und Landesplanungsrecht, 1992, Rn.14.

64 Vgl. *Kenneweg/van Aerssen,* Planungsrecht NW, 1977, § 20 LEPro Anm.6, die im Zusammenhang mit der Gebietsreform festhalten, dass die früheren Zentralorte zumeist die Siedlungsschwerpunkte der neuen Großgemeinden sind.

65 Vgl. *Niemeier/Dahlke/Lowinski,* Landesplanungsrecht NW, 1977, § 24 LEPro Anm.2 sowie § 6 LEPro NW Anm.9; *Siedentopf,* Gemeindliche Selbstverwaltungsgarantie, 1977, S.31.

damit eine gleichmäßige teilräumliche Entwicklung der verschiedenen Siedlungsbereiche in der Gemeinde. Durch die siedlungsräumliche Schwerpunktbildung werden die räumlichen Bezugsraster für eine gezielte Bedarfsplanung zentraler Einrichtungen geschaffen, wie sie § 22 Abs.1 S.2 LEPro NW im Interesse einer bestmöglichen Versorgung der Bevölkerung ausdrücklich für die Landes- und Gemeindeebene anstrebt. *Raumfunktionell* sind die Siedlungsschwerpunkte je nach Größe ihres Einzugsbereichs für die Bündelung einer bestimmten Bedarfsstufe zuständig.[66] Hierdurch kommen sie ihrer gemäß § 6 S.1 LEPro NW definierten Aufgabe nach, ein bedarfsdeckendes Versorgungsangebot für die zu versorgende Bevölkerung in angemessener Reichweite zur Verfügung zu stellen.

3. Landesentwicklungsplan

Das Konzept der zentralörtlichen Gliederung ist in Nordrhein-Westfalen im Landesentwicklungsplan in kartographischer Weise umgesetzt.[67] Zur Ordnung der Siedlungsstrukturen bzw. zur Schaffung der angestrebten Verflechtungsräume gemäß der zentralörtlichen Gliederung sind alle nordrhein-westfälischen Gemeinden als Grundzentrum ausgewiesen, während die mittel- und oberzentralen Funktionen auf sukzessiv weniger Gemeinden verteilt sind, in denen die geringwertigere Bedarfsdeckung jeweils mit eingeschlossen ist.[68]

Das Grundschema der zentralörtlichen Gliederung geht davon aus, dass mit den Grund-, Mittel- und Oberzentren zentrale Orte bestimmt werden, die nicht nur das eigene Gebiet, sondern auch ein darüber hinausgehendes Umland versorgen.[69] Die strikte Einhaltung des Grundschemas bereitet in Nordrhein-Westfalen allerdings Schwierigkeiten, weil im Landesentwicklungsplan traditionell die Gemeinde in ihrer gesamten territorialen

---

66 Vgl. SSP-Erlass NW, Nr.1.2, wonach Siedlungsschwerpunkte funktional nach Stadtkernen, Nebenzentren und Nahbereichszentren zu gliedern sind.

67 Vgl. LEP NW, Teil A.

68 *Schoeneberg,* in: Hoppe/Schoeneberg, Raumordnungs- und Landesplanungsrecht Nds, 1987, Rn.879; *Döhne/Gruber,* Gebietskategorien, 1976, S.48.

69 *Blotevogel,* in: ARL (Hg.), Handwörterbuch der Raumordnung, 1995, S.1117 (1120); *Maynen/Kluczka,* NW in seiner Gliederung nach zentralörtlichen Bereichen, 1970, S.11; *Schoeneberg,* in: Hoppe/Schoeneberg, Raumordnungs- und Landesplanungsrecht Nds, 1987, Rn.882; *Zeck,* IzR 2003, 725 (730).

Erstreckung Bezugspunkt für die zentralörtliche Einstufung ist.[70] Speziell bei großflächigen oder dichtbesiedelten Gemeinden ergibt sich das Problem, dass sich diese Gemeinden nicht mehr ohne Weiteres als Bezugsmaßstab für zentrale Orte eignen, sondern von ihrer Fläche bzw. Einwohnerzahl eher den um die zentralen Orte zu bildenden Versorgungsbereichen entsprechen.[71]

Hier hat insbesondere die im Jahre 1974 abgeschlossene kommunale Gebietsreform in Nordrhein-Westfalen dazu beigetragen, dass viele Großgemeinden mit zum Teil hoher Einwohnerdichte entstanden sind. Die Vergrößerung der Gemeindeterritorien war vor allem eine Folge der Bestrebungen gewesen, die Neuordnung der kommunalen Gliederung nach sozioökonomischen Verflechtungsbereichen auszurichten und die administrativen Grenzen der Gemeinden in Übereinstimmung mit zentralörtlichen Einzugsbereichen zu bringen.[72] Ziel dabei war es, effizientere und leistungsfähigere Verwaltungsstrukturen zu schaffen. Durch die insoweit erzwungene Maßstabsvergrößerung der Gebietsreform ist die bisherige landesplanerische Einstufung einer Gemeinde als zentraler Ort daher in

70 Vgl. *Schmidt-Aßmann,* Fortentwicklung, 1977, S.63. In allen Bundesländern ist das Zentrale-Orte-Prinzip traditionell als gemeindescharfes System formuliert. Als erste Flächenländer sind jedoch SH und Nds von dieser Gleichsetzung teilw. abgerückt. In Nds ist für die Regionalplanung eine genauere standörtliche Festlegung der Zentralen Orte innerhalb der Gemeindegebiete vorgesehen, während in SH die Darstellung von Stadtrandkernen als gesonderte zentralörtliche Kategorie per LandesVO vorgenommen wird; s. dazu *Blotevogel u.a.,* in: Blotevogel (Hg.), Fortentwicklung des Zentrale-Orte-Konzepts, 2002, S.217 (228); *Priebs,* RaumPlanung 2004, 78 (80).

71 Diese Problematik hat auf landesplanerischem Terrain eine intensive verfassungsrechtliche Diskussion um die Frage ausgelöst, ob die Landesplanung, deren raumordnerische Festlegungen durch die Maßstabsvergrößerung der Gebietsreform zwangsläufig in dem Maße ungenauer wurden, in dem das Bezugsraster (Gemeindegebiet) grobmaschiger geworden war, den gewohnten Konkretisierungsgrad nunmehr durch innergemeindliche Festlegungen herstellen durfte; vgl. *Ernst/Suderow,* Zulässigkeit raumordnerischer Festlegungen, 1976, S.10 f; *Siedentopf,* Gemeindliche Selbstverwaltungsgarantie, 1977, S.23 f; *Braese,* in: Oertzen/Thieme (Hg.), Gebietsreform und Landesplanung, 1980, S.187 (188); *Köstering,* DÖV 1981, 689 (692 f); *Schmidt-Aßmann,* Fortentwicklung des Rechts, 1977, S.63; *drs.,* RuR 1978, 11 (20).

72 *Tiggemann,* Die kommunale Neugliederung in NW, 1977, S.147 f.

dem Maße ungenauer, wie das Bezugsraster – also das Gemeindegebiet – größer geworden ist.[73]

Auf grundzentraler Ebene hat die Gebietsreform zur Konsequenz gehabt, dass die zentralen Orte als herausgehobene Gemeinden im Sinne einer Mittelpunktsfunktion für andere Gemeinden gänzlich weggefallen sind.[74] Die Grundzentren waren vor der kommunalen Neugliederung noch für einen Kranz nicht-zentraler Gemeinden als zentraler Ort zuständig und versorgten damit über die eigenen Gemeindeeinwohner hinaus auch noch die Bevölkerung ihres Nahbereichs. Nach der kommunalen Gebietsreform sind diese Grundzentren aus Effizienzgründen mit den ehemaligen Nahbereichen zur einer einzigen Gebietskörperschaft verschmolzen mit dem Ergebnis, dass die bisherige Differenzierung in zentraler Ort und sonstiger Nahbereich entfallen ist.[75] Funktionsdifferenzierungen, die vorher *inter*kommunaler Natur waren, sind dadurch zu *inner*kommunalen Differenzierungen geworden.[76] Durch die an die Gemeinden gerichtete Verpflichtung zur Bildung von Siedlungsschwerpunkten gemäß §§ 24 Abs.1, 6 LEPro NW hat die Landesplanung diesen Steuerungsverlust teilweise kompensiert.

Im Hinblick darauf, dass die zentralörtliche Einstufung in Nordrhein-Westfalen nicht nur zentrale Orte im klassischen Sinne, sondern auch zentralörtliche Verflechtungsbereiche erfasst, wird im landesplanerischen Sprachgebrauch verallgemeinernd von *Gemeinden mit zentralörtlicher Bedeutung* gesprochen.[77] Gemeinden mit zentralörtlicher Bedeutung sind einerseits Gemeinden mit einem bestimmten Bedeutungsüberschuss für das

---

73 *Siedentopf,* Gemeindliche Selbstverwaltungsgarantie, 1977, S.24; *Ernst/Suderow,* Zulässigkeit raumordnerischer Festlegungen, 1976, S.10; *Schmidt-Aßmann,* Fortentwicklung, 1977, S.63.

74 *Schmidt-Aßmann,* RuR 1978, 11 (20).

75 *Kenneweg/Aerssen,* Planungsrecht NW, 1977, § 20 LEPro Anm.6.

76 *Wahl,* Rechtsfragen II, 1978, S.18 f; vgl. für Grundzentren in Nds auch *Zeck,* IzR 2003, 725 (730).

77 Im Interesse einer einheitlichen Begriffsfindung sind die bis dahin verwendeten Termini »Zentralorte«, »Orte (mit) zentraler Bedeutung«, »zentrale Orte« durch die Bezeichnung »Gemeinden mit zentralörtlicher Bedeutung abgelöst worden mit der Feststellung, dass dieser Begriff sowohl für Gemeinden mit als auch ohne Umlandfunktion passt; vgl. *Niemeier/Dahlke/Lowinski,* Landesplanungsrecht NW, 1977, § 20 LEPro Anm.7; *Blotevogel,* in: ARL (Hg.), Siedlungszentralität, 1981, S.77 (80 f). Damit sind in NW zentrale Orte sowohl solche mit einem Bedeutungsüberschuss für das Umland als auch sog. Selbstversorgerorte.

Umland und andererseits Gemeinden, die aufgrund ihrer Einwohnerzahl und Siedlungsstruktur einen hinreichend tragfähigen Versorgungsbereich bilden, ohne Versorgungsfunktionen für andere Gemeinden zu übernehmen.

II. Siedlungsräumliche Schwerpunktbildung

1. Raumordnungsgesetz

Im Rahmen der dezentralen Siedlungsstruktur hat die Siedlungstätigkeit in räumlicher Konzentration zu erfolgen. Das folgt aus § 2 Abs.2 Nr.2 S.2 ROG, wonach die Siedlungstätigkeit räumlich konzentriert und auf ein System leistungsfähiger zentraler Orte ausgerichtet werden soll. Hiermit wird der Gedanke der *dezentralen Konzentration,* wie er bereits in der siedlungsräumlichen Arbeitsteilung rahmensetzend zum Ausdruck kommt, in Richtung einer siedlungsräumlichen Schwerpunktbildung weiter konkretisiert.[78]

Im Unterschied zum Grundsatz der dezentralen Siedlungsstruktur, der die Siedlungsstruktur im weiteren Sinne unter dem Gesichtspunkt ihrer Verteilung im Gesamtraum regelt, geht es beim Grundsatz der Konzentration der Siedlungstätigkeit um die Siedlungsstruktur im engeren Sinne.[79] Unter Siedlungsstruktur im engeren Sinne ist die inhaltliche Zuordnung der gesellschaftlichen Grundfunktionen wie Wohnen – Arbeiten – Versorgung – zentrale Dienste – Erholung – Verkehr und Kommunikation im Raum zu verstehen.[80] Hier verlangt der Grundsatz des § 2 Abs.2 Nr.2 S.2 ROG, dass sich die Siedlungstätigkeit geordnet im Sinne einer räumlichen Konzentration zu vollziehen hat. Damit wird eine vorrangige Siedlungsentwicklung in den bereits vorhandenen Siedlungskomplexen von Städten, Gemeinden, Ortsteilen und Dörfern gefordert.[81] Des Weiteren ist die Siedlungsentwicklung auf zentrale Orte auszurichten. Zentrale Orte sind

78 *Runkel,* in: Bielenberg u.a., Raumordnungs- und Landesplanungsrecht, Stand Sept 2004, K § 2 Rn.33.

79 *Runkel,* in: Bielenberg u.a., Raumordnungs- und Landesplanungsrecht, Stand Sept 2004, K § 2 Rn.33: »*Im Rahmen eines Systems dezentraler Siedlungsstruktur* fordert das ROG dazu auf, die Siedlungstätigkeit räumlich zu konzentrieren und auf ein System leistungsfähiger Zentraler Orte auszurichten«.

80 *Wahl,* Rechtsfragen II, 1978, S.1 f.

81 *Runkel,* in: Bielenberg u.a., Raumordnungs- und Landesplanungsrecht, Stand Sept 2004, K § 2 Rn.33.

dadurch charakterisiert, dass in ihnen die wichtigsten Güter und Dienstleistungen räumlich gebündelt angeboten werden.[82] Damit wird auf zentrale Standorte der Versorgung als Gravitationskraft für die siedlungsräumliche Schwerpunktbildung abgestellt. Der Hinweis auf die Leistungsfähigkeit der zentralen Orte dürfte zum Ausdruck bringen, dass diese Wechselbeziehung realistischerweise nur darauf begründet werden kann, dass die zentralen Orte auch in der Lage sind, die auf sie ausgerichtete Bevölkerung in angemessener Weise zu versorgen.

Der Grundsatz der Konzentration der Siedlungstätigkeit steht im engen Zusammenhang mit dem landesplanerischen Interesse an ausgewogenen Siedlungs- und Freiraumstrukturen. Das kommt in § 2 Abs.2 Nr.2 S.3 ROG zum Ausdruck, wonach der Wiedernutzung brachgefallener Siedlungsflächen der Vorrang vor der Inanspruchnahme von Freiflächen zu geben ist. Auf die raumordnerischen Schutzziele für Umwelt und Freiräume wird aus systematischen Gründen an späterer Stelle noch gesondert und ausführlicher eingegangen.[83]

§ 2 Abs.2 Nr.5 S.1 ROG erweitert den Gedanken der räumlichen Konzentration der Siedlungstätigkeit um den Aspekt der Verdichtung, insbesondere im Hinblick auf die Zusammenführung von Wohnen und Arbeiten. Seit dem Übergang von der agrarwirtschaftlich bedingten flächengebundenen Siedlungsstruktur zur standortbezogenen Industrie- und Dienstleistungsgesellschaft wird der Prozess der Verdichtung als zwingend notwendig betrachtet, um die für den wirtschaftlichen Prozess notwendigen Funktions- und Arbeitsteilungen auf engem Raum verfügbar zu machen.[84] Die Siedlungsentwicklung in den verdichteten Räumen soll nach Satz 2 der oben genannten Vorschrift auf ein integriertes Verkehrssystem ausgerichtet sein, wodurch sichergestellt werden soll, dass durch die Siedlungstätigkeit in Verdichtungsräumen kein weiterer Flächenverbrauch durch neue Verkehrswege entsteht. Des Weiteren ist die Siedlungsentwicklung im Hinblick auf ihr Wachstum in das Umland durch die Sicherung von Freiräumen zu beschränken.

---

82 *Erbguth/Schoeneberg,* Raumordnungs- und Landesplanungsrecht, 1992, Rn.14.

83 S. unten S.56 ff.

84 *von der Heide,* in: Cholewa u.a., Raumordnung, Stand Nov 2003, Grundsatz Nr.1 § 2 Rn.17; *Niemeier/Dahlke/Lowinski,* Landesplanungsrecht NW, 1977, § 7 LEPro Anm.2; *Ernst/Hoppe,* Bau- und Bodenrecht, 1981, Rn.45.

2. Landesentwicklungsprogramm

Die wesentlichen Grundsätze für die Entwicklung einer räumlich konzentrierten Siedlungsstruktur auf Landesebene enthalten die §§ 6 und 7 LEPro NW.[85] Diese Vorschriften füllen den rahmenrechtlichen Grundsatz des § 2 Abs.2 Nr.2 S.2 ROG aus.

a) *Entwicklungsschwerpunkte und -achsen auf Landesebene*

(1) Nach § 7 LEPro NW soll im Rahmen der zentralörtlichen Gliederung eine Verdichtung durch Konzentration von Wohnungen und Arbeitsstätten in Verbindung mit zentralörtlichen Einrichtungen angestrebt werden, sofern sie dazu beiträgt, die Voraussetzungen für die nachhaltige Sicherung des Naturhaushalts, für gesunde Lebens- und Arbeitsbedingungen, ausgewogene infrastrukturelle, wirtschaftliche, soziale und kulturelle Verhältnisse sowie eine bedarfsgerechte Versorgung der Bevölkerung zu erhalten, zu verbessern oder zu schaffen.

§ 7 LEPro NW spricht sich in Bezug auf die siedlungsstrukturelle Entwicklung im Landesgebiet für eine Verdichtung im Sinne einer Konzentration von Wirtschaft, Arbeitsstätten, Versorgung und Bevölkerung aus.[86] Dabei soll diese Verdichtung im Rahmen der zentralörtlichen Gliederung erfolgen. Aus dem Rahmen der zentralörtlichen Gliederung, der kleinere, mittlere und größere Verflechtungsbereiche im konsumtiven Bereich abgrenzt, ergeben sich die Räume mit besonderer Standortgunst für die räumliche Entwicklung und das wirtschaftliche Wachstum des Landes. Bevorzugte Standortvoraussetzungen für eine solche Entwicklung bieten die Räume, in denen aufgrund von Einwohnerzahl sowie überdurchschnittlicher Ausstattung mit öffentlichen und privaten Einrichtungen die Möglichkeiten zur Nutzung von Agglomerationsvorteilen gegeben sind.[87] Im Unterschied zu zentralen Einrichtungen im konsumtiven Bereich setzt die

---

85 Der Gedanke der siedlungsräumlichen Schwerpunktbildung zieht sich durch das gesamte LEPro NW, was in zahlreichen Vorschriften zum Ausdruck kommt; vgl. insoweit die Zusammenstellung bei *Niemeier,* in: ARL (Hg.), Probleme und Perspektiven, 1978, S.1 (4 ff).

86 Vgl. *Niemeier/Dahlke/Lowinski,* Landesplanungsrecht NW, 1977, § 7 LEPro Anm.1.

87 *Döhne/Gruber,* Gebietskategorien, 1976, S.20; *Hoppe/Schoeneberg,* Raumordnungs- und Landesplanungsrecht Nds, 1987, Rn.888; *Blotevogel u.a.,* in: Blotevogel (Hg.), Fortentwicklung des Zentrale-Orte-Konzepts, 2002, S.217 (232 f).

Ansiedlung gewerblicher Unternehmen höhere Auslastungskriterien im Sinne größerer Verflechtungsbereiche voraus, so dass vor allem Mittel- und Oberzentren als geeignete Standorte in Betracht kommen. Das Gesetz nennt diese Räume nach § 23 Abs.2 LEPro NW *Entwicklungsschwerpunkte*. Durch die Entwicklungsschwerpunkte wird für Mittel- und Oberzentren die Versorgungsfunktion, wie sie die klassische Zentrale-Orte-Theorie bestimmt, um die Standortkonzentration von Wohn- und Arbeitsstätten erweitert und ergänzt.[88] In Entwicklungsschwerpunkten soll sich gemäß § 23 Abs.1 LEPro NW die räumliche Gesamtentwicklung des Landes vollziehen.

Die in Entwicklungsschwerpunkten angestrebte Verdichtung wird im nordrhein-westfälischen Landesrecht unter einen quantitativen Vorbehalt gestellt. Das zeigt sich an den sachlichen Gesichtspunkten, die in § 7 2.HS LEPro NW im Hinblick auf den Verdichtungsprozess formuliert sind. Dort wird eine sozialverträgliche, ökologisch und gesundheitlich vertretbare sowie eine im Hinblick auf das Versorgungsinteresse der Bevölkerung bedarfsgerechte Verdichtung der Siedlungsstruktur verlangt.[89] Hieraus ist generell zu folgern, dass der Gesetzgeber von einer oberen Grenze der Verdichtung ausgeht, die dann erreicht ist, wenn die Verdichtung im Hinblick auf die Erhaltung, Schaffung und Verbesserung gleichwertiger Lebensbedingungen nicht mehr positiv zu beurteilen ist.[90]

(2) Entwicklungsschwerpunkte werden nach § 23 Abs.4 LEPro NW durch *Entwicklungsachsen* verbunden. Entwicklungsachsen gehören wie die zentralen Orte und Entwicklungsschwerpunkte zum bestimmenden Gliederungsprinzip der heutigen Siedlungsstruktur und bilden mit ihnen ein so

88 *Niemeier/Dahlke/Lowinski,* Landesplanungsrecht NW, 1977, § 21 LEPro Anm.2; *Döhne/Gruber,* Gebietskategorien, 1976, S.19; *Hoppe,* in: Hoppe/Bönker/Grotefels, Öffentliches Baurecht, 2004, § 6 Rn.22; *Ernst/Hoppe,* Bau- und Bodenrecht, 1981, Rn.50.

89 Diese Einschränkungen sind vor dem Hintergrund zu sehen, dass Verdichtung nicht nur Vorteile, sondern auch Nachteile wie z.B. Vermassung durch Tendenz zu sozialer Entfremdung, Beeinträchtigung der Umweltverhältnisse oder Verkehrsprobleme beinhalten kann; vgl. *Niemeier/Dahlke/Lowinski,* Landesplanungsrecht NW, 1977, § 7 LEPro Anm.8.

90 *Niemeier/Dahlke/Lowinski,* Landesplanungsrecht NW, 1977, § 7 LEPro Anm.3.

genanntes »punktaxiales« System.[91] Achsen verbinden die punkt- oder flächenförmigen Strukturelemente in Gestalt der zentralen Orte oder der Verdichtungsräume und konstituieren auf diese Weise Netzstrukturen, deren Knoten die Punktstrukturen bilden.[92] Entwicklungsachsen können funktional dabei sowohl auf Verkehrslinien als auch die Siedlungsstruktur ausgerichtet sein.[93] In ihrer Ausrichtung auf Verkehrslinien stellen Achsen die Bündelung von Bandinfrastrukturen (Bahnlinien, Straßen, Wasserstraßen, Versorgungsleitungen) als Verbindungslinien zwischen Punktstrukturen dar. In ihrer Ausrichtung auf die Siedlungsstruktur übernehmen Achsen die Funktion von Verdichtungsbändern, entlang derer sich kleinere Zentren »perlenkettenartig« aneinander reihen.[94]

b) Siedlungsschwerpunkte innerhalb der Gemeinden

Nach § 6 S.1 LEPro NW soll die gemeindliche Siedlungsstruktur auf Siedlungsschwerpunkte ausgerichtet werden. Unter dem Begriff der Siedlungsstruktur ist – in einer ganz allgemeinen Umschreibung – die Verteilung der räumlichen Nutzungsbereiche und der sie verbindenden Infrastruktur zu verstehen.[95] Er erfasst also nicht allein die rein äußere Anordnung von Siedlungen oder Wohnstätten, sondern die räumliche Zuordnung der gesellschaftlichen Grundfunktionen wie Wohnen – Arbeiten – Versorgung – zentrale Dienste – Erholung – Verkehr und Kommunikation

91 Allerdings hat das Achsenkonzept erst relativ spät Akzeptanz auf raumplanerischer Ebene und auch nicht – wie das Zentrale-Ort-Konzept – eine einheitliche Ausformung in den Plänen der Bundesländer gefunden; zur dennoch grundlegenden Bedeutung des Achsenkonzepts für die heutige Siedlungsstruktur vgl. *von der Heide,* in Cholewa u.a., Raumordnung, Stand Nov 2003, § 2 Grundsatz Nr.1, Rn.19; *Dietrichs,* Konzeptionen und Instrumente der Raumplanung, 1986, S.78; *Christ,* Raumordnungsziele, 1990, S.33; *Döhne/Gruber,* Gebietskategorien, 1976, S.81; *Erbguth/Schoeneberg,* Raumordnungs- und Landesplanungsrecht, 1992, Rn.17 f; *Wahl,* Rechtsfragen II, 1978, S.41.

92 *Dietrichs,* Konzeptionen und Instrumente der Raumplanung, 1986, S.78.

93 *Hoppe/Schoeneberg,* Raumordnungs- und Landesplanungsrecht Nds, 1987, Rn.92; *Hoppe,* in: Hoppe/Bönker/Grotefels, Öffentliches Baurecht, 2004, § 6 Rn.22; *Dietrichs,* Konzeptionen und Instrumente der Raumplanung, 1986, S.78 f.

94 *Christ,* Raumordnungsziele, 1990, S.33.

95 Vgl. *Wahl,* Rechtsfragen II, 1978, S.1 f.

im Raum. Hier verlangt das Gesetz, dass die verschiedenen Grundfunktionen prinzipiell auf Siedlungsschwerpunkte auszurichten sind.[96]

Bei den Siedlungsschwerpunkten handelt es sich nach der gesetzlichen Legaldefinition um Standorte, die sich für ein räumlich gebündeltes Angebot von öffentlichen und privaten Einrichtungen der Versorgung, der Bildung und Kultur, der sozialen und medizinischen Betreuung, der Freizeitgestaltung sowie der Verwaltung eignen. Die Gemeinden sind nach § 24 Abs.1 LEPro NW dazu aufgerufen, solche Siedlungsschwerpunkte in den Flächennutzungsplänen darzustellen.[97] Durch die Siedlungsschwerpunkte sollen Standortbereiche favorisiert werden, in denen die städtebaulichen Investitionen und Entwicklungsmaßnahmen vorrangig zu planen sind.[98]

Wie sich aus § 22 Abs.1 LEPro NW ergibt,[99] kommt den Siedlungsschwerpunkten unter gesamträumlichen Gesichtspunkten die Funktion zu, das zentralörtliche Gliederungssystem, das in Nordrhein-Westfalen traditionell an den Gemeindegrenzen Halt macht, innergemeindlich fortzuentwickeln.[100] Seit der Gebietsreform und der damit verbundenen Vergrößerung der Gemeindeterritorien ist es aus landesplanerischer Sicht auch innergemeindlich geboten, durch die Bildung von innergemeindlichen Zentralorten eine Siedlungsstruktur zu erreichen, die eine angemessene Erreichbarkeit der wichtigsten Versorgungseinrichtungen, vor allem im Bereich der Nahversorgung, gewährleistet. Was vor der Gebietsreform die

96 Vgl. *Niemeier/Dahlke/Lowinski,* Landesplanungsrecht NW, 1977, § 6 LEPro Anm.3.

97 Die Landesplanung legt nicht fest, wo die einzelnen Gemeinden ihren Siedlungsschwerpunkt haben. Sie setzt vielmehr voraus, dass die Gemeinden ihre Siedlungsschwerpunkte in Ausübung ihrer Planungshoheit selbst bestimmen. Die Darstellung der Siedlungsschwerpunkte erfolgt in den Flächennutzungsplänen. Die Gemeinden orientieren sich dabei ganz überwiegend an dem SSP-Erlass NW; vgl. *OVG Münster,* Urt. v. 7.12.2000 – 7 a D 60/99.NE –, DVBl 2001, 657 (660); *VG Münster,* Urt. v. 8.3.2001 – 2 K 3122/99 –, NWVBl 2002, 72 (76 f); SSP-Erlass NW, Nr. 1.1.

98 Vgl. SSP-Erlass NW, Nr.1.2.

99 Vgl. den Wortlaut des § 22 Abs.1 S.1 LEPro NW: »Für die Entwicklung der Siedlungsstruktur gemäß § 6 und 7 (LEPro) ....«.

100 Wegen erheblicher verfassungsrechtlicher Bedenken im Hinblick auf den Schutz der kommunalen Planungshoheit hat die Landesplanung in NW von der in den 1970er Jahren diskutierten Idee, Siedlungsschwerpunkte durch die Regionalplanung festlegen zu lassen, dann doch letztlich Abstand genommen; vgl. *Niemeier/Dahlke/Lowinski,* Landesplanungsrecht NW, 1977, § 6 LEPro Anm.8.

Landesplanung noch durch die gemeindescharfe Auswahl von zentralen Orten selbst bestimmen konnte, ist nunmehr durch die vergrößerten Gemeinden in Form der Bildung von Siedlungsschwerpunkten in eigener Verantwortung nachzuvollziehen.[101] Durch diesen lenkenden Eingriff in die siedlungsstrukturelle Eigenentwicklung der Gemeinden kompensiert die Landesplanung den infolge der Gebietsreform eingetretenen landesplanerischen Steuerungsverlust, um die Voraussetzungen für ausgeglichene Versorgungsverhältnisse im Sinne gleichwertiger Lebensbedingungen in allen – auch in den für verbrauchernahe Kern-Umland-Verflechtungen nunmehr landesplanerisch relevant gewordenen innergemeindlichen – Teilräumen zu schaffen.[102]

Durch Siedlungsschwerpunkte werden Mittelpunkte bzw. Standorte mit »Bedeutungsüberschuss« geschaffen, die nach § 6 S.1 LEPro NW zu einer Verdichtung der Siedlungstätigkeit auf örtlicher Ebene und in der Folge zur Ausbildung sozioökonomischer Verflechtungsbereiche führen sollen. Sinn dieser Verdichtungsbildung ist es, zentrale Einrichtungen der Daseinsvorsorge, die aus ökonomischen oder technischen Gründen auf überlokale Einzugsbereiche angewiesen sind, den Wohngebieten und damit jedem im Gemeindegebiet in angemessener Entfernung zur Verfügung zu stellen. Das ergibt sich aus § 6 S.2 LEPro NW, wonach die in den Siedlungsschwerpunkten vorzuhaltenden zentralörtlichen Einrichtungen für die jeweils zu versorgende Bevölkerung in »angemessener« Zeit erreichbar sein sollen. Hierin drückt sich explizit der Anspruch nach einer bestmöglichen Versorgung der Bevölkerung auch innerhalb von Gemeindestrukturen

---

101 Vgl. *Niemeier/Dahlke/Lowinski,* Landesplanungsrecht NW, 1977, § 6 LEPro Anm.5; *Braese,* in: Oertzen/Thieme (Hg.), Gebietsreform und Landesplanung, 1980, S.187 (188); *Ernst/Suderow,* Zulässigkeit raumordnerischer Festlegungen, 1976, S.10 f; s. zu dem insoweit eingetretenen Verlust an Steuerungskraft zu Lasten der zentralörtlichen Gliederung auch oben S.42 ff.

102 Vor der Gebietsreform waren die Gemeindegebiete in aller Regel viel zu klein, als dass sie sozioökonomische Raumeinheiten für den grund-, mittel- oder oberzentralen Bedarf hätten abbilden können. Die Landesplanung konnte daher früher über gemeindescharfe Festlegungen bestimmen, wo die Zentrenfunktionen – auch im Bereich der Nahversorgung – stattfinden sollten und dadurch eine dezentrale Siedlungsstruktur im Gesamtraum auf allen Versorgungsebenen effektiv steuern; vgl. *Siedentopf,* Gemeindliche Selbstverwaltungsgarantie, 1977, S.23 f; *Braese,* in: Oertzen/Thieme (Hg.), Gebietsreform und Landesplanung, 1980, S.187 (188); *Ernst/Suderow,* Zulässigkeit raumordnerischer Festlegungen, 1976, S.10 f; *Köstering,* DÖV 1981, 689 (692 f); *Schmidt-Aßmann,* Fortentwicklung des Rechts, 1977, S.63; *drs.,* RuR 1978, 11 (20).

aus, der bei der Ausrichtung der Siedlungsstruktur auf Siedlungsschwerpunkte zu berücksichtigen ist.[103] Die Gemeinde wird die Siedlungsschwerpunkte deshalb nach Lage und Funktion so zu bestimmen haben, dass sie den Vorteil der Erreichbarkeit in angemessener Zeit bieten und dadurch Mittelpunktseignung für das Umland gewinnen. Welches Versorgungsangebot in den Siedlungsschwerpunkten zugrunde zu legen ist, hängt von der Tragfähigkeit und der räumlichen Ausdehnung des zu verflechtenden Umlands ab.[104] Je kleinräumiger und weniger besiedelt der betroffene Siedlungsbereich ist, desto eher wird ein Angebot der Nahversorgung gerechtfertigt sein; je großräumiger und dichtbesiedelter der Siedlungsbereich ist, desto mehr wird für ein höherwertiges Angebot sprechen.

3. Landesentwicklungsplan

Im Landesentwicklungsplan wird der Gedanke der siedlungsräumlichen Konzentration aus den §§ 6, 7 LEPro NW inhaltsgleich übernommen. Dort heißt es, dass die siedlungsräumliche Schwerpunktbildung von Wohnungen und Arbeitsstätten in Verbindung mit zentralörtlichen Einrichtungen im Sinne des § 7 LEPro NW auf der Grundlage des zentralörtlichen Systems angestrebt und innergemeindlich auf Siedlungsschwerpunkte im Sinne des § 6 LEPro NW ausgerichtet werden soll.[105]

Als Entwicklungsschwerpunkte sind im Landesentwicklungsplan Nordrhein-Westfalen ausschließlich jene Gemeinden bestimmt, die über einen mittleren oder größeren zentralörtlichen Verflechtungsbereich verfügen, also alle Mittel- und Oberzentren.[106]

In seinem Entwicklungsachsenkonzept legt der Landesentwicklungsplan Nordrhein-Westfalen die Betonung auf die Verbindungsfunktion.[107] Hauptaufgabe der Entwicklungsachsen ist danach, den wegen der räumlich-funktionalen Arbeitsteilung der Entwicklungsschwerpunkte und des daraus

103 *Niemeier/Dahlke/Lowinski,* Landesplanungsrecht NW, 1977, § 7 LEPro Anm.5.

104 Vgl. SSP-Erlass NW, Nr.1.2.

105 LEP NW, B.I.2.2.

106 Vgl. LEP NW, B.I.2.3.

107 LEP NW, B.II.2.1; *Dietrichs,* Konzeptionen und Instrumente der Raumplanung, 1986, S.82; *Döhne/Gruber,* Gebietskategorien, 1976, S.75 f.

resultierenden Überschusses an Gütern und Dienstleistungen erforderlichen regionalen und überregionalen Leistungsaustausch zwischen den jeweiligen Teilräumen sicherzustellen.[108] Darüber hinaus soll sich aber auch die Entwicklung der Raum- und Siedlungsstruktur auf die Entwicklungsachsen ausrichten, um auf diese Weise den Bedarf für weiteren Verkehrswegebau zu vermindern und durch sozialverträgliche Verdichtung zu Transportpotenzialen beizutragen, die den Öffentlichen Personennahverkehr, insbesondere Schienenpersonennahverkehr, wirtschaftlich tragfähig machen.[109]

C. Verkehrsvermeidung

1. Raumordnungsgesetz

Die Grundsätze des § 2 Abs.2 Nr.4 und 12 ROG betreffen insgesamt die raumordnerischen Anforderungen an den Verkehr. Nr.4 ist der räumliche und Nr.12 der fachliche Grundsatz zum Verkehr, wobei inhaltliche Überschneidungen in der Natur der Sache liegen.[110]

Nach Nr.4 S.1 ist die Infrastruktur in Übereinstimmung mit der Siedlungs- und Freiraumstruktur zu bringen. Für den Verkehr bedeutet das, dass Straßenführungen am Kriterium des Freiraumschutzes und nicht notwendigerweise an einer kürzesten Verbindung zwischen zwei Orten orientiert sein müssen. Ferner bringt der Grundsatz zum Ausdruck, dass die Infrastruktur hauptsächlich in Siedlungsräumen zu fördern ist und sich in übergeordnete Verkehrskonzepte einfügen soll.[111]

Nach Grundsatz Nr.12 sind in Bezug auf den Verkehr drei fachliche Aspekte zu berücksichtigen. Diese betreffen nach Satz 1 die gute Erreichbarkeit aller Teilräume untereinander durch Personen- und Güterverkehr, nach Satz 2 die Verlagerung von Verkehr aus hochbelasteten Räumen von der Straße auf die Schiene oder Wasserstraße sowie nach Satz 3 die

---

108 Vgl. LEP NW, B.II.2.3 ff; *Döhne/Gruber,* Gebietskategorien, 1976, S.20.

109 LEP NW, B.II.2.6; vgl. zu dieser Zielsetzung auch *Christ,* Raumordnungsziele, 1990, S.34; *Wahl,* Rechtsfragen II, 1978, S.43.

110 *Runkel,* in: Bielenberg u.a., Raumordnungs- und Landesplanungsrecht, Stand Sept 2004, K § 2 Rn.139.

111 Vgl. dazu *Runkel,* in: Bielenberg u.a., Raumordnungs- und Landesplanungsrecht, Stand Sept 2004, K § 2 Rn.54.

Zuordnung und Mischung unterschiedlicher Raumnutzungen zur Verkehrsvermeidung.

Während es bei den ersten beiden Aspekten unmittelbar um die Einflussnahme auf die Verkehrsinfrastruktur geht, spielt der letzte Aspekt eine besondere Rolle für die Zuordnung von verkehrsauslösenden Nutzungen. Er steht im engen Zusammenhang mit Grundsatz Nr.11, wonach eine funktional sinnvolle Zuordnung von Wohn- und Gewerbegebieten verlangt wird, sofern durch neue Gewerbeansiedlungen zusätzlicher Wohnbedarf entsteht. Zweck dieses Grundsatzes ist es, eine bessere Erreichbarkeit der Arbeitsstätten zur Vermeidung langer Pendlerwege und unnötiger Verkehrsströme zu gewährleisten.[112] Diese Vorgabe wird in Grundsatz Nr.12 für die Ordnung von Verkehrsbeziehungen noch ausgeweitet, nämlich dass generell für die Städteentwicklung durch richtige Zuordnung und Mischung der Raumnutzung eine Verringerung der Verkehrsbelastung erreicht werden soll.[113] Das Prinzip gilt dabei nicht nur für die Binnenentwicklung in den Städten und Gemeinden, sondern auch für Stadt-Umland-Beziehungen.[114]

2. Landesentwicklungsprogramm

Nach § 24 Abs.1 S.2 LEPro NW ist die im Rahmen der zentralörtlichen Gliederung anzustrebende siedlungsräumliche Schwerpunktbildung mit den vorhandenen oder geplanten Verkehrswegen unter besonderer Berücksichtigung des Öffentlichen Personennahverkehrs abzustimmen. Hieraus folgt allgemein, dass der Gesetzgeber von einem integrierten, konzeptionellen Ansatz zur Entwicklung der Raum- und Siedlungsstruktur, zur Entwicklung der Infrastruktur im Bereich der zentralörtlichen Versorgung mit Gütern und Dienstleistungen und zur Entwicklung des Verkehrs ausgeht.[115]

112 *Runkel,* in: Bielenberg u.a., Raumordnungs- und Landesplanungsrecht, Stand Sept 2004, K § 2 Rn.138.

113 Damit wird der frühere Grundsatz der Charta von Athen, der eine strenge Trennung von Wohn- und Gewerbegebieten anstrebte, erheblich relativiert. Jedenfalls dort, wo Arbeitsplätze keine Belastung ihrer Umgebung durch Lärm oder Luftbelastung verursachen, hat der Grundsatz der Verkehrsvermeidung Vorrang; vgl. *von der Heide,* in Cholewa u.a., Raumordnung, Stand Nov 2003, Grundsatz Nr.12 § 2 Rn.15.

114 *von der Heide,* in Cholewa u.a., Raumordnung, Stand Nov 2003, Grundsatz Nr.12 § 2 Rn.15.

115 Vgl. *Niemeier/Dahlke/Lowinski,* Landesplanungsrecht NW, 1977, § 6 LEPro Anm.3.

§ 28 Abs.1 LEPro NW spricht einen Vorrang des schienengebundenen Verkehrs gegenüber dem Straßenverkehr, einen Vorrang des Ausbaus vorhandener Verkehrswege gegenüber dem Neubau von Straßen sowie einen generellen Vorrang des Öffentlicher Personennahverkehrs gegenüber anderen Verkehrsmitteln aus. Nach § 28 Abs.3 lit.a LEPro NW ist das großräumige überregionale und regionale Verkehrsnetz auf Entwicklungsschwerpunkte und Entwicklungsachsen auszurichten. Entwicklungsschwerpunkte sind in Nordrhein-Westfalen alle Mittel- und Oberzentren.[116] Entwicklungsachsen beinhalten die für die Verbindung und Erschließung der Räume und Regionen notwendige Verkehrsinfrastruktur.[117] Auch diesen Plansätzen ist zu entnehmen, dass das Verkehrssystem unter besonderer Ausnutzung vorhandener Verkehrswege mit siedlungsräumlichen Schwerpunkten zu verknüpfen ist.

3. Landesentwicklungsplan

Im Landesentwicklungsplan wird unter dem Stichwort »Verkehrsinfrastruktur« festgeschrieben, dass die regionale und städtebauliche Planung durch umwelt- und siedlungsverträgliche Mischung von Wohnen und Arbeiten zur Reduzierung des Verkehrsaufkommens beitragen soll.[118] Weiter heißt es dort, dass in den Siedlungsbereichen eine Zuordnung von Einrichtungen der öffentlichen und privaten Versorgung zu den Wohngebieten anzustreben ist. Ferner hat der Ausbau vorhandener Verkehrswege grundsätzlich Vorrang vor dem Neubau.[119] Der Ausbau und Neubau von Verkehrswegen soll sich dabei vorrangig auf die Entwicklungsachsen konzentrieren, die Mittel und Oberzentren als Entwicklungsschwerpunkte miteinander verbinden.[120]

116 Vgl. LEP NW, B.I.2, Nr.2.3 sowie § 23 Abs.2 LEPro NW.
117 Vgl. § 23 Abs.4 LEPro NW; s. zu Entwicklungsachsen auch ausführlich oben S.47 ff.
118 LEP NW, D.I.2, Nr.2.1.9.
119 LEP NW, D.I.2, Nr.2.1.2.
120 LEP NW, D.I.2, Nr.2.1.1.

D. Sicherung ausgewogener Umwelt- und Freiraumstrukturen

1. Raumordnungsgesetz

Der Grundsatz in § 2 Abs.2 Nr.8 ROG fasst alle Verbindungen zusammen, die zwischen Raumordnung und Umweltschutz bestehen.[121] Im Kern enthält der aus verschiedenen Teilaspekten bestehende Grundsatz die Aussage, dass natürliche Ressourcen wie Natur und Landschaft einschließlich Gewässer und Wald so schonend und sparsam wie möglich in Anspruch zu nehmen und entstandene Beeinträchtigungen auszugleichen sind.

In engem Zusammenhang dazu steht der Grundsatz der Freiraumsicherung, der in § 2 Abs.2 Nr.1-3 ROG zum Ausdruck kommt. Nach Grundsatz Nr.1 S.1 ist für das gesamte Bundesgebiet eine ausgewogene Siedlungs- und Freiraumstruktur zu entwickeln. Dabei kommt es nicht auf eine großräumige Trennung von Freiräumen und Siedlungen an, sondern auf ein ausgewogenes Verhältnis. Eine ausgewogenes Verhältnis setzt voraus, dass Freiraum nur dann für Siedlungszwecke in Anspruch genommen wird, wenn seine Inanspruchnahme im Rahmen der Güterabwägung unvermeidlich ist.[122] Grundsatz Nr.2 S.3 verdeutlicht dies, wonach bei der Siedlungstätigkeit die Wiedernutzung brachgefallener Siedlungsflächen den Vorrang vor der Inanspruchnahme von Freiflächen haben soll. Generell ist daraus zu folgern, dass die Innenentwicklung Vorrang vor der Außenentwicklung hat.[123]

Die praktische Relevanz einer Freiraumsicherung zeigt sich daran, dass die Siedlungsfläche in den alten Bundesländern seit 1950 stark angestiegen ist. In den vergangenen 40 Jahren hat sich die Siedlungsfläche bei kontinuierlichem Wachstum fast verdoppelt. 1997 standen jedem Bürger im alten Bundesgebiet statt 350 m^2 wie im Jahr 1950 nunmehr fast 500 m^2 zur Verfügung.[124] Das Siedlungsflächenwachstum ist vor allem auf die Suburbanisierung des Umlands zurückzuführen.

---

121 *von der Heide,* in: Cholewa u.a., Raumordnung, Stand Nov 2003, Grundsatz Nr.8 § 2 Rn.1.

122 *von der Heide,* in Cholewa u.a., Raumordnung, Stand Nov 2003, Grundsatz Nr.1 § 2 Rn.29.

123 *Runkel* in: Bielenberg u.a., Raumordnungs- und Landesplanungsrecht, Stand Sept 2004, K § 2 Rn.37.

124 Vgl. *Bundesamt für Bauwesen und Raumordnung,* Raumordnungsbericht 2000, S.37.

2. Landesentwicklungsprogramm

Das Landesentwicklungsprogramm enthält in den §§ 2, 20 LEPro NW dem Bundesrecht entsprechende Grundsätze zum Schutz der natürlichen Lebensgrundlagen und der Freiräume. Ausdrücklich wird in § 20 Abs.4 LEPro NW das Prinzip des Vorrangs der Innenverdichtung vor der Außenverdichtung betont.

3. Landesentwicklungsplan

Gleichlautende Festlegungen enthält der Landesentwicklungsplan, insbesondere was den Vorrang der Innenverdichtung vor der Außenverdichtung betrifft.[125]

125 LEP NW, B.III.1.2, Nr.1.23.

§ 5 Auswirkungsrelevanz des großflächigen Einzelhandels

Je nach Lage im Raum, Größe und Sortimentsstruktur kann sich der großflächige Einzelhandel auf die zuvor dargestellten raumordnerischen Belange der gleichwertigen Lebensverhältnisse, der dezentralen Konzentration, der Minimierung des Verkehrs sowie des Umwelt- und Freiraumschutzes in negativer Weise auswirken.[1] Während Größe und Sortimentsstruktur als Indikatoren für den betriebswirtschaftlichen Einzugsbereich insbesondere darüber entscheiden, ob der Betrieb sich siedlungsstrukturell in die dezentrale Raumstruktur einfügt, ist die Lage des Betriebs vor allem ausschlaggebend dafür, ob die siedlungsräumliche Konzentration mit ihrer Ausrichtung auf funktionsfähige Zentren gewahrt werden kann.

I. Gleichwertige Lebensverhältnisse

Das raumordnerische Ziel gleichwertiger Lebensverhältnisse in allen Teilräumen ist durch die Auswirkungen von Einzelhandelsgroßbetrieben nicht unmittelbar, zumindest nicht in quantifizierbarer Weise angreifbar, weil das Ziel keinen absoluten, sondern nur einen relativen, an den wandelbaren Kompromissvorstellungen zwischen den Bedürfnissen des Menschen und den finanziellen Möglichkeiten des Staates orientierten Anspruch formuliert.[2] Mittelbar können Auswirkungen aber durchaus relevant werden, wenn bestimmte landesplanerische Instrumente, die dem Ziel gleichwertiger Lebensverhältnisse dienen, durch die Standortplanung von Einzelhandelsgroßbetrieben beeinträchtigt werden. Insoweit sind insbesondere das Zentrale-Orte-Prinzip und die innergemeindlichen Siedlungsschwerpunkte zu nennen, die zur Herstellung gleichwertiger Lebensverhältnisse in den landesplanerischen Plänen und Programmen implementiert sind. Durch sie sollen eine *dezentrale Siedlungsstruktur* einerseits und eine *Konzentration der Siedlungstätigkeit* auf funktionsfähige Zentren andererseits gesichert werden.[3] Wirken sich Einzelhandelsgroßbetriebe auf diese

1 S. oben S.25 ff.

2 Vgl. *Runkel,* in: Bielenberg u.a., Raumordnungs- und Landesplanungsrecht, Stand Sept 2004, K § 1 Rn.86.

3 S. oben S.37 ff.

Strukturen nachteilig aus, ist damit mittelbar auch das Ziel gleichwertiger Lebensverhältnisse gefährdet.

II. Dezentrale Konzentration

1. Siedlungsräumliche Arbeitsteilung

Das raumordnerische Ziel einer dezentralen Siedlungsstruktur kann durch Einzelhandelsgroßbetriebe beeinträchtigt werden, sofern durch die Reichweite ihres betriebswirtschaftlichen Einzugsbereichs, der sich nach *Art und Umfang* des geführten Warenangebots bestimmt, in die siedlungsräumliche Arbeitsteilung auf Landes- bzw. Gemeindeebene eingegriffen wird.[4] Welche siedlungsräumliche Arbeitsteilung landesplanerisch angestrebt ist, ergibt sich aus der zentralörtlichen Gliederung, die im Landesentwicklungsplan Nordrhein-Westfalen dargestellt ist,[5] sowie aus den von den Gemeinden in ihren Flächennutzungsplänen festgelegten Siedlungsschwerpunkten, die das Prinzip der zentralörtlichen Gliederung innergemeindlich fortführen.[6]

(1) Unter raumstrukturellen Gesichtspunkten liegt eine Gefährdung des zentralörtlichen Systems durch Einzelhandelsgroßbetriebe darin, dass diese das System »von außen« durch einen Eingriff in die benachbarte Teilraumstruktur schwächen können. Das ist etwa dann der Fall, wenn ein Einzelhandelsgroßbetrieb an einem Standort angesiedelt wird, wo er mit seinem Angebot in benachbarte Verflechtungsräume funktional hineinwirkt und zu einer partiellen Umkehr der dort endogen ausgerichteten Siedlungsstruktur führt.

Scheren Teile der Siedlungsstruktur aus den zentralörtlichen Verflechtungszusammenhängen aus und orientieren sich in Richtung benachbarter Verflechtungsräume, so steht bei erheblichen Umorientierungen zu befürchten, dass die zentralörtlichen Versorgungsfunktionen im betroffenen Verflechtungsraum nicht voll entwickelt werden können oder aber die bestehenden

4 S. allgemein zu den räumlichen Auswirkungen von Einzelhandelsgroßbetrieben in Bezug auf die Siedlungsstrukturen oben S.13 ff.

5 LEP NW, Teil A.

6 S. dazu oben S.40 ff; vgl. auch *Thies,* Einzelhandelsgroßbetriebe im Städtebaurecht, 1992, Rn.54; *Erbguth/Schoeneberg,* Raumordnungs- und Landesplanungsrecht, 1992, Rn.13.

Einrichtungen in ihrem Bestand gefährdet werden. Der zentrale Ort hat nämlich die Funktion, innerhalb der durch die zentralörtliche Gliederung zugeschnittenen Teilräume ein Versorgungsangebot für die *Bedarfsdeckung* aller Einwohner – und zwar sowohl in qualitativer wie quantitativer Hinsicht – im Verflechtungsbereich bereitzuhalten. Dieser Anspruch der zentralörtlichen Gliederung ergibt sich ausdrücklich aus § 22 Abs.2 S.2 LEPro NW, der den zentralen Orten nicht nur eine Versorgungsaufgabe, sondern auch einen Versorgungsbereich zuweist, innerhalb dessen die Versorgungsaufgabe bedarfsdeckend wahrzunehmen ist. Dahinter steht die Überlegung, dass die Landesplanung entsprechend § 22 Abs.1 S.2 LEPro NW eine Versorgung in allen Landesteilen garantieren will, die eine zumutbare Bedarfsdeckung für jedermann, zu jeder Zeit und vor allem ohne den Einsatz privater Fortbewegungsmittel erlaubt. Das setzt voraus, dass die Versorgungseinrichtungen in den Verflechtungsräumen uneingeschränkt über die entsprechende Kapazität verfügen, um die Nachfrage aller zählbaren Einwohner im Verflechtungsraum jederzeit decken zu können. Insofern stellt es sich als eine Beeinträchtigung der landesplanerisch angestrebten Versorgung dar, wenn an den nach der zentralörtlichen Gliederung vorgesehenen Standorten diese Mindestausstattung nicht im gebotenen Umfang gewährleistet ist.[7]

(2) In vergleichbarer Weise können Einzelhandelsgroßbetriebe als siedlungsschwerpunktbildende Versorgungseinrichtungen den innergemeindlich angestrebten Raumstrukturen widersprechen, wenn sie innerhalb einer Gemeinde in einem funktional ungeeigneten Siedlungsschwerpunkt angesiedelt werden und aufgrund von *Art* und *Umfang* ihres Angebots

---

7 Zwar wird ein akutes Versorgungsdefizit nicht feststellbar sein, wenn die mobile Bevölkerung sich an peripheren Standorten eindeckt und für die immobile Bevölkerung ein wenigstens noch ausreichendes Versorgungsangebot in den Zentren bereit steht. Man stelle sich jedoch einmal die Situation einer Ölkrise oder einer anhaltenden Smog-Gefahr vor, wo die Bevölkerung ihr privates Auto nur noch eingeschränkt nutzen könnte und vorwiegend auf öffentliche Verkehrsmittel bzw. den Fußweg angewiesen wäre. Dann wäre das insoweit allein unter zumutbaren Bedingungen erreichbare Zentrum nicht in der Lage, die zusätzliche Nachfrage zu befriedigen. Deshalb ist der Versorgungsanspruch der Landesplanung darauf gerichtet, gewisse Mindeststandards für jeden bereitzustellen. Das setzt denknotwendig voraus, dass auch eine gewisse Mindestnachfrage von jedem Einwohner in die Zentren fließt; vgl. *Thies,* Einzelhandelsgroßbetriebe im Städtebaurecht, 1992, Rn.84; *Genosko,* in: Blotevogel (Hg.), Fortentwicklung des Zentrale-Orte-Konzepts, 2002, S.31; *Döhne/Gruber,* Gebietskategorien, 1976, S.19.

Kaufkraftabwanderungen aus den Verflechtungsräumen benachbarter Siedlungsschwerpunkte produzieren.

2. Siedlungsräumliche Schwerpunktbildung

Das raumordnerische Ziel einer siedlungsräumlichen Schwerpunktbildung kann durch Einzelhandelsgroßbetriebe gefährdet werden, sofern durch ihre *Lage* die Ausrichtung der Siedlungsstruktur innerhalb der sozioökonomischen Angebots-Nachfrageverflechtungen auf die zentralen Standorte der Versorgung verändert wird. Dabei können sowohl die raumfunktionelle Leistungsfähigkeit der zentralen Orte wie auch die siedlungsräumliche Konzentration auf Landes- und Gemeindeebene betroffen sein.

(1) Unter raumfunktionellen Gesichtspunkten kann das zentralörtliche System durch Einzelhandelsgroßbetriebe dadurch beeinträchtigt werden, dass diese das System »von innen« durch einen Eingriff in die teilrauminterne Zentrenstruktur schwächen. Vorstellbar ist dies in den Fällen, wo ein Einzelhandelsgroßbetrieb nicht im Zentrum, sondern an der Peripherie angesiedelt wird und dort Kaufkraft bindet, die an sich im Zentrum zur Wahrnehmung der Versorgungsfunktion benötigt wird. Kann das zuständige Zentrum durch Geschäftsaufgabe von Einzelhandelsbetrieben nicht mehr die Versorgungsfunktion für jedermann erfüllen, weil die erforderlichen Einzelhandelsbetriebe nicht mehr in Fußgängerentfernung bzw. nicht mit öffentlichen Verkehrsmitteln erreichbar sind, so liegt eine Beeinträchtigung landesplanerischer Versorgungsziele vor.[8] Betroffen können insofern allerdings nur mittel- und oberzentrale Verflechtungsbereiche sein, weil allein in diesen die zentralörtliche Gliederung auch die Standorte der Zentren, nämlich der Mittelzentren mit Umlandfunktion und der Oberzentren, festlegt. Bei Grundzentren und Mittelzentren ohne Umlandfunktion hingegen werden die Zentren ausschließlich durch die innergemeindlichen Siedlungsschwerpunkte bestimmt, weil diese Gemeinden »Selbstversorgerorte« sind und daher durch das gemeindescharfe System der zentralörtlichen Gliederung nur als Funktionsraum, nicht aber als Funktionskern erfasst werden können.[9]

8 *Fickert/Fieseler,* BauNVO, 2002, § 11 Rn.23.
9 S. dazu oben S.42 ff.

Ferner kann durch die Ansiedlung eines Einzelhandelsgroßbetriebs in einer kleineren Gemeinde, zum Beispiel in einem Grundzentrum, das Konzept der Entwicklungsschwerpunkte durchkreuzt werden, das die räumliche Gesamtentwicklung im Landesgebiet, also die Verdichtung, vornehmlich in den Entwicklungsschwerpunkten anstrebt.[10] Da Einzelhandelsgroßbetriebe siedlungsschwerpunktbildende Wirkung in nicht selten ausgedehnten Einzugsbereichen haben, können sie bei Verortung außerhalb der Entwicklungsschwerpunkte einer räumlich geordneten Verdichtung im Landesgebiet entgegenstehen.

(2) Die gleichen Überlegungen zur siedlungsräumlichen Konzentration auf Landesebene sind im Prinzip auch auf Gemeindeebene übertragbar, wo die Siedlungsschwerpunkte Ersatzfunktionen für innergemeindliche zentrale Orte übernehmen. Auch hier kann durch die *Lage* von Einzelhandelsgroßbetrieben in Form einer von den Siedlungsschwerpunkten abgesetzten Ansiedlung die verbrauchernahe Versorgung der Bevölkerung beeinträchtigt werden, soweit es dadurch zu Kaufkraftabwanderungen zu peripheren Standorten kommt, die zu einem Absinken des Versorgungsniveaus in den Siedlungsschwerpunkten führen. Werden Einzelhandelsgroßbetriebe außerhalb von Siedlungsschwerpunkten angesiedelt und sind ihnen damit nicht *räumlich* zugeordnet, führt dies dazu, dass eine funktionale Erweiterung von zentralen Funktionen aus dem Siedlungsschwerpunkt hinein in das Umland erfolgt. Eine solche Situation hat zur Konsequenz, dass zur Deckung des Bedarfs nicht nur ein Standort, sondern mehrere Standorte aufgesucht werden müssen und die erforderlichen Einzelhandelsbetriebe nicht mehr in Fußgängerentfernung liegen bzw. nicht mehr ohne Weiteres mit öffentlichen Verkehrsmitteln erreichbar sind.[11]

Auf Gemeindeebene ist die Zielsetzung an einer siedlungsräumlichen Konzentration neben den Versorgungsbelangen zusätzlich noch durch das landesplanerische Interesse an einer organischen Siedlungsentwicklung im Sinne eines Vorrangs der Innen- vor der Außenentwicklung motiviert.[12] Es liegt auf der Hand, dass Einzelhandelsgroßbetriebe, die eigene Siedlungsschwerpunkte abseits der verdichteten Siedlungsbereiche bilden, einer

---

10 S. oben S.47 ff.

11 *Fickert/Fieseler,* BauNVO, 2002, § 11 Rn.23.

12 Vgl. *Niemeier/Dahlke/Lowinski,* Landesplanungsrecht NW, 1977, § 6 LEPro Anm.3; s. auch oben S.49 ff.

organischen Siedlungsentwicklung unter diesem Gesichtspunkt entgegenstehen.[13]

III. Verkehrsvermeidung

Das raumordnerische Interesse an einer richtigen Zuordnung und Mischung der verschiedenen Raumnutzungen zur Verringerung der Verkehrsbelastung ist durch Einzelhandelsgroßbetriebe dann in besonderem Maße gefährdet, wenn diese am Stadtrand oder im Umland angesiedelt werden. Unter dem Gesichtspunkt der Nutzungsmischung gehören Einzelhandelsgroßbetriebe an integrierte Standorte in Zuordnung zu anderen Daseinsgrundfunktionen. Werden sie an den Stadtrand oder ins Umland ausgelagert, so ist das regelmäßig mit zusätzlichen und raumgreifenden Verkehrsbelastungen verbunden, weil die Kunden vielfach von weither anfahren.

IV. Sicherung ausgewogener Umwelt- und Freiraumstrukturen

Das raumordnerische Interesse am Erhalt der Freiräume und dem Vorrang der Innen- vor der Außenverdichtung ist ebenfalls durch periphere Standorte für den großflächigen Einzelhandel gefährdet. Der großflächige Einzelhandel ist aufgrund seiner raumbeanspruchenden Dimensionen und der häufig mit ihm verbundenen Folgeansiedlungen eine besondere Belastung für Natur und Landschaft. Das gilt in besonderem Maße, wenn in den Innenbereichen noch Flächen für eine Ansiedlung zur Verfügung stehen und deshalb auf eine Flächeninanspruchnahme, die zu einer Ausweitung der Siedlungsfläche zu Lasten der Freiräume führt, problemlos verzichtet werden kann.[14]

Die Frage, ob Freiräume erhalten bleiben oder nicht, entscheidet sich primär innerhalb der Gemeinden, weil dort durch Bauleitplanung über die konkrete Nutzung von Grund und Boden entschieden wird. Freiräume bleiben dort erhalten, wo Einzelhandelsgroßbetriebe den innergemeindlichen Siedlungsschwerpunkten räumlich zugeordnet sind und eine isolierte Randlage vermieden wird.

---

13 S. dazu sogleich unten III und IV.

14 Vgl. insoweit die raumordnerischen Vorgaben zum Vorrang der Innenverdichtung oben S.56 f.

Dritter Teil: Steuerung der Auswirkungen durch Bauleitplanung

Standortentscheidungen für Einzelhandelsgroßbetriebe werden auf städtebaurechtlicher Ebene getroffen. Nur die Gemeinde verfügt mittels des Instruments der Bauleitplanung über die Kompetenz, die Nutzung von Grund und Boden verbindlich und abschließend zu bestimmen. Der Einsatz dieses Instruments ist jedoch an die fachspezifischen Vorschriften des Baugesetzbuches und der Baunutzungsverordnung gebunden. Das Baugesetzbuch regelt Ziele, Instrumente und Verfahren der Bauleitplanung, während die Baunutzungsverordnung die Instrumente inhaltlich konfiguriert. Innerhalb dieser Rahmenbedingungen und des sonstigen öffentlichen Rechts entscheidet die Gemeinde durch Abwägung frei gemäß der ihr zustehenden Planungshoheit.[1]

§ 6 Steuerungsnormen der Baunutzungsverordnung

Der inhaltliche Rahmen, den die Gemeinden beim Einsatz ihrer bauleitplanerischen Instrumente zu beachten haben, ergibt sich aus der Baunutzungsverordnung.[2] Dort ist geregelt, mit welchen Inhalten Bebauungspläne aufgestellt werden können und welche zulässigen Nutzungen daraus folgen.

A. Zulässigkeit von Einzelhandelsbetrieben im Allgemeinen

Einzelhandelsbetriebe sind in der Verordnung an verschiedenen Stellen erwähnt. Nach § 5 Abs.2 Nr.5 BauNVO sind sie in Dorf-, nach § 6 Abs.2 Nr.3 BauNVO in Misch- und nach § 7 Abs.2 Nr.2 BauNVO in Kerngebieten zulässig. Setzt die Gemeinde eines dieser Baugebiete fest, sind in diesen Gebieten auch generell Einzelhandelsbetriebe zugelassen.

1 Vgl. *Rabe/Heintz,* Bau- und Planungsrecht, 2002, S.27.
2 *Hoppe* in: Hoppe/Bönker/Grotefels, Öffentliches Baurecht, 2004, § 1 Rn.20.

B. Sonderregelung für auswirkungsintensive Großbetriebe

Eine Ausnahme gilt für Einzelhandelsbetriebe, die durch das Merkmal der Großflächigkeit geprägt sind. Ihre Zulässigkeit ist nach § 11 Abs.3 BauNVO auf Kerngebiete und eigens für sie festgesetzte Sondergebiete beschränkt, sofern sie sich auf die Verwirklichung raumordnerischer Ziele oder auf die städtebauliche Entwicklung und Ordnung in nicht unwesentlicher Weise auswirken können.

I. Zweck des § 11 Abs.3 BauNVO

Hinter § 11 Abs.3 BauNVO steht die Erkenntnis des Verordnungsgebers, dass Einzelhandelsgroßbetriebe für alle am Planungsprozess beteiligten Ebenen – Gemeinden, Staat und Bürger – ein erhebliches Konfliktpotenzial in sich bergen, das nur durch Planung sachgerecht bewältigt werden kann.[3] Im Unterschied zum kleinflächigen Einzelhandel, der regelmäßig nur auf Baugebiete bezogene Auswirkungen hat, erstrecken sich die Auswirkungen großflächiger Betriebe häufig auf das ganze Gemeindegebiet oder noch weit darüber hinaus. Aus Sicht des Verordnungsgebers galt es mit der Schaffung des § 11 Abs.3 BauNVO deshalb vor allem zu verhindern, dass Einzelhandelsgroßbetriebe weiter in Gewerbe-, Industrie- oder Mischgebieten untergebracht werden und dadurch die städtebauliche Ordnung und Entwicklung, insbesondere im Hinblick auf die innerstädtischen Handelsstrukturen und Funktionsbereiche, gefährden können.[4]

Lediglich in Kerngebieten, dort wo die Zentralität einer Gemeinde regelmäßig am größten ist, lassen sich Einzelhandelsgroßbetriebe unter städtebaulichen Gesichtspunkten in der Regel relativ unproblematisch integrieren. An allen übrigen Standorten sind sie dagegen geeignet, für die städtebauliche Entwicklung und Ordnung sowie die überörtlichen Ziele der Raumordnung ein Gefährdungspotenzial darzustellen. Deshalb können Einzelhandelsgroßbetriebe außerhalb von Kerngebieten nicht, wie es bei kleineren Betrieben möglich ist, in generalisierender Weise einer überge-

---

3 *BVerwG,* Urt. v. 1.8.2002 – 4 C 5.01 –, ZfBR 2003, 38 (40); *Söfker,* in: Ernst u.a., BauGB, Stand Sept 2004, § 11 BauNVO Rn.42; *Berg,* in: ARL (Hg.), Einzelhandels-Großprojekte, 1984, S.73 (74).

4 *BVerwG,* Urt. v. 3.2.1984 – 4 C 54.80 –, BauR 1984, 380 (383); *Söfker,* in: Ernst u.a., BauGB, Stand Sept 2004, § 11 BauNVO Rn.41.

ordneten Gebietsnutzung zugeordnet werden. Aufgrund ihrer raumübergreifenden Anziehungskraft weisen sie selbst eine so beherrschende Gebietsprägung auf, dass sie mit den übrigen Gebietstypen der Baunutzungsverordnung gleichrangig in einer Reihe stehen. Hieraus ergibt sich der Grund, warum sie – außerhalb zentraler Geschäftslagen – in eigenen Baugebieten, den Sondergebieten, zu planen sind.[5]

II. Entstehungsgeschichte des § 11 Abs.3 BauNVO

Die Vorschrift des § 11 Abs.3 BauNVO hat verschiedene Entwicklungsphasen hinter sich. Seit ihrer Entstehung im Jahre 1968 ist sie insgesamt dreimal geändert worden, weil die Vorschrift sich wegen des rasch fortschreitenden Strukturwandels im Einzelhandel und ständig neuer Betriebsformen immer wieder als überholt erwies. Die Novellierungen aus den Jahren 1977, 1986 und 1990 waren daher auch alle jeweils das Ergebnis von Bemühungen gewesen, die tatbestandlichen Merkmale der Norm so weit zu abstrahieren, dass alle denkbaren Betriebsformen im Wortlaut der Regelung erfasst werden konnten. Das hat der Norm von verschiedener Seite den Vorwurf der Verfassungswidrigkeit wegen mangelnder Bestimmtheit eingebracht, ohne dass sich diese Zweifel allerdings am Ende hätten durchsetzen können.[6] Das *Bundesverwaltungsgericht* hat in seiner Entscheidung vom 3.2.1984 die Vorschrift unter verschiedenen

---

5 § 11 Abs.3 BauNVO erfasst nur großflächige Einzelhandelsbetriebe mit erkennbarem Problempotenzial für Städtebau und Raumordnung. Großflächige Einzelhandelsbetriebe ohne Auswirkungen iSd § 11 Abs.3 Nr.2 BauNVO sowie nicht-großflächige Einzelhandelsbetriebe sind weiterhin außer in Kerngebieten grundsätzlich auch in Gewerbe-, Industrie-, Dorf- und Mischgebieten zulässig, sofern sie nicht gem. § 15 BauNVO im Einzelfall rücksichtslos sind. Ungebetene städtebauliche Entwicklungen, etwa durch Bemühungen des Handels, die Schwelle der Großflächigkeit bzw. der jeweiligen Vermutungsregel durch Sortimentsbeschränkungen auf Fachmärkte – ohne Auswirkungen iSd § 11 Abs.3 S.2 BauNVO – oder durch geschickte Senkung der Verkaufsflächengröße zu umgehen, können mittels der planerischen Feinsteuerungsinstrumente des § 1 Abs.5 und 9 BauNVO (Ausschluss oder Einschränkung von Einzelhandelsbetrieben in Baugebieten nach Größe, Branche oder Sortiment) abgewehrt werden; vgl. hierzu *Thies,* Einzelhandelsgroßbetriebe im Städtebaurecht, 1992, Rn.41; *Kopf,* Rechtsfragen, 2002, S.140 f.

6 *Jahn,* DVBl 1988, 273 (274); *Hüttenbrink,* DVBl 1987, 1045 (1051); *Kläsener u.a.,* Standortfragen des Handels, 1986, S.88; verfassungsrechtlich besonders umstritten war der Begriff der »großflächigen« Einzelhandelsbetriebe gewesen, der im Zuge der 1977 erfolgten Änderung der VO den zu engen Begriff der »Verbrauchermärkte« ersetzte.

verfassungsrechtlichen Aspekten untersucht und sie im Ergebnis – auch im Hinblick auf ihre Bestimmtheit – für verfassungsgemäß befunden.[7]

In ihrer Originalfassung war die Vorschrift auf Verbrauchermärkte und Einkaufszentren mit vorwiegend übergemeindlichem Wirkungskreis beschränkt. Diese Beschränkung erwies sich aus zwei Gründen als wenig steuerungsintensiv. Zum einen missachtete das Kriterium der »übergemeindlichen Versorgung« die städtebaulichen Auswirkungen von Großbetrieben im innergemeindlichen Gefüge. Das betraf insbesondere die größeren Flächengemeinden, die nach der kommunalen Neugliederung entstanden waren und in denen Einzelhandelsgroßbetriebe häufig überhaupt gar keine übergemeindlichen Wirkungen zeitigten.[8] Zum anderen war angesichts der rasch fortschreitenden Entwicklung neuer Verkaufsformen im Handel der Kreis entsprechender Anlagen, die einer vorsorglichen städtebaulichen Planung bedurften, nur unzureichend erfasst. So konnten beispielsweise Großhandelsbetriebe, die neben der Veräußerung an gewerbliche Abnehmer auch Endverbraucher belieferten, unter die Betriebsform des Verbrauchermarkts, unter dem allgemein eine großflächige Einkaufsgelegenheit *ausschließlich* für Endverbraucher verstanden wurde, nicht subsumiert werden.[9]

Um eine den vielfältigen Betriebsformen entsprechende Begriffsbestimmung zu wählen, ist durch die Baunutzungsverordnung 1977 der Begriff des Verbrauchermarkts durch den Begriff des großflächigen Handels- bzw. Einzelhandelsbetriebs ersetzt worden.[10] Darüber hinaus wurde auf den Begriff der »übergemeindlichen Versorgung« verzichtet, um nunmehr auch Einzelhandelsgroßbetriebe zu erfassen, die vorwiegend der innergemeindlichen Versorgung dienten.[11] Um gleichwohl nicht alle, auch offensichtlich unproblematischen Einzelhandelsgroßbetriebe der Planungspflicht zu unterwerfen, wurde neben der Großflächigkeit das Kriterium der Auswirkungsrelevanz eingeführt. Nur jene Betriebe, die nicht nur unwesentliche Auswirkungen auf raumordnerische bzw. städtebauliche Belange vermuten ließen, waren danach fortan planungspflichtig. Gänzlich neu

---

7 *BVerwG,* Urt. v. 3.12.1984 – 4 C 54.80 –, BauR 1984, 380 (382).

8 Vgl. *Thies,* Einzelhandelsgroßbetriebe im Städtebaurecht, 1992, Rn.27.

9 *Thies,* Einzelhandelsgroßbetriebe im Städtebaurecht, 1992, Rn.26.

10 Vgl. BR-Drs. 261/77 v. 31.5.1977, S.35.

11 *Söfker,* in: Ernst u.a., BauGB, Stand Sept 2004, § 11 BauNVO Rn.11.

stellte sich die Einführung der so genannten »Regelvermutungsgrenze« dar, die besagte, dass diese Vermutung in der Regel – das heißt widerleglich – begründet war, sofern Einzelhandelsgroßbetriebe die Geschossfläche von 1500 m² überschritten.

Eine weitere Novellierung der Vorschrift erfolgte mit Änderung der Baunutzungsverordnung aus dem Jahre 1986. Herabgesetzt wurde zunächst die Regelvermutungsgrenze in § 11 Abs.3 S.3 BauNVO von 1500 m² auf 1200 m² Geschossfläche. Damit wurde den Erfahrungen aus der Praxis Rechnung getragen, dass überwiegend schon bei einer geringeren Geschossfläche mit nachteiligen Auswirkungen zu rechnen gewesen war. Die Absenkung der Geschossflächenzahl nahm Rücksicht darauf, dass bereits größere Läden der Nachbarschaftsversorgung ein breites Warenangebot führen mussten und üblicherweise Verkaufsflächen bis zu 800 m² – was nach den Beobachtungen aus der Praxis einer Geschossfläche von 1200 m² entsprach – benötigten.[12] Weiterhin ergänzte der Verordnungsgeber § 11 Abs.3 BauNVO um einen Satz 4, der die Anwendung der Regelvermutungsgrenze unter dem Gesichtspunkt ihrer Widerlegbarkeit konkretisierte.

Durch die am 27.1.1990 in Kraft getretene Neufassung der Baunutzungsverordnung ist § 11 Abs.3 inhaltlich nicht berührt worden, so dass die Fassung aus dem Jahre 1986 den auch heute noch aktuellen Wortlaut wiedergibt.

III. Anwendungsbereich

Bei den in § 11 Abs.3 BauNVO geregelten Betriebstypen handelt es sich einerseits um Einkaufszentren und andererseits um großflächige Einzelhandelsbetriebe sowie sonstige großflächige Handelsbetriebe, die sich auf Städtebau oder Raumordnung nicht nur unwesentlich auswirken können.

1. Vorüberlegung

Welche Merkmale die geregelten Betriebstypen im Einzelnen aufweisen müssen, um der gesetzlichen Formulierung zu genügen, ist der Vorschrift selbst nicht unmittelbar zu entnehmen. Der Gesetzgeber hat im Hinblick

---

12 Vgl. *Thies,* Einzelhandelsgroßbetriebe im Städtebaurecht, 1992, Rn.37.

auf die ständigen Veränderungsprozesse im Handel bewusst unbestimmte Rechtsbegriffe gewählt, um auch aktuell noch nicht absehbare Betriebsformen zu erfassen. Die Begriffe bedürfen daher der Auslegung. Das betrifft insbesondere das Merkmal der »Großflächigkeit«, bei dem fraglich ist, ob eine absolute, für alle Betriebsarten und Gemeinden gleichermaßen einheitliche Mindestverkaufsfläche zu fordern ist oder die Großflächigkeit erst in Relation zur Größe und Einwohnerzahl der Standortgemeinde sachgerecht bestimmt werden kann.[13] Ebenso interpretierbar ist der Begriff des »Einkaufszentrums« oder jener der »nachteiligen Auswirkungen«.[14]

Obwohl hieraus folgend in Einzelfragen nach wie vor unterschiedliche Meinungen in Rechtsprechung und Wissenschaft vertreten werden,[15] besteht hinsichtlich der grundlegenden Merkmale, welche die eine Betriebsform von der anderen unterscheiden, weitgehend Einigkeit. Die Gemeinsamkeiten ergeben sich aus einer am planungsrechtlichen Zweck der Vorschrift orientierten Auslegung, nach der nur diejenigen Einzelhandelsbetriebe einer gesonderten Steuerung unterfallen sollen, die sich nach Art, Umfang und Lage nicht ohne weiteres in Raum- und Stadtstrukturen integrieren, sondern vor allem – im Unterschied zum herkömmlichen, der wohnungsnahen Grundversorgung dienenden Einzelhandel – wesentliche Auswirkungen auf die Versorgungsstrukturen von Gemeinden erwarten lassen. Letzteres ist regelmäßig der Fall, wenn die Betriebe *zentrenbildende* Eigenschaften aufweisen, sie einen unbestimmten Kreis von Kunden aus einem größeren Einzugsbereich anlocken und dadurch zu einem stadtbildenden Faktor für die Siedlungsstruktur, die wohnungsnahe Versorgung sowie Verkehr und Umwelt werden können.[16] Für solche elementaren, städtebaulich prägende Versorgungsbetriebe stehen auf der abstrakten Ebene der Baunutzungsverordnung nur Kerngebiete zur Verfügung, deren städtebaulicher Zweck gerade in der Bereitstellung solcher zentraler

---

13 So etwa *Bröll/Hannig,* BayVBl 1979, 353 (354); *Grae,* Einkaufszentrum und Verbrauchermarkt, 1981, S.38; *Hartwig,* in: ARL (Hg.), Einzelhandels-Großprojekte, 1984, S.99 (100).

14 *Thies,* Einzelhandelsgroßbetriebe im Städtebaurecht, 1992, Rn.34.

15 Vgl. dazu *Fickert/Fieseler,* BauNVO, 2002, § 11 Rn.16.7 und 18.5 ff.

16 Vgl. hierzu die aufschlussreichen Ausführungen von *Hoppe/Beckmann,* DÖV 1989, 290 (294) zum Begriff des »Zentrums«.

Versorgungseinrichtungen liegt.[17] Da Einzelhandelsgroßbetriebe infolge ihrer Ausstrahlung als Versorgungszentrum kerngebietsähnliche Auswirkungen haben, bedarf ihre anderweitige Verortung als in Kerngebieten einer sorgsam durchdachten städtebaulichen Planung in Form der Sondergebietsaufstellung.

Das *Bundesverwaltungsgericht* hat diese betrieblichen Besonderheiten in einer Grundsatzentscheidung zum großflächigen Einzelhandel aus dem Jahre 1984 auf einen Nenner gebracht.[18] Danach liegt der Vorschrift des § 11 Abs.3 BauNVO ein Vorhaben als Leitbild zugrunde, das in betrieblicher Hinsicht von einem großflächigen Betrieb mit einem breiten Warenangebot für den privaten Bedarf der Allgemeinheit und unter städtebaulichen Aspekten von solchen Standorten ausgeht, die nicht auf das Einkaufen für die Allgemeinheit ausgerichtet, von der Wohnbevölkerung nur schwer zu erreichen sind und integrierte Einzelhandelsstandorte gefährden.

2. Einkaufszentrum

Für das richtige Verständnis dieser Betriebsform ist zunächst bedeutsam, dass Einkaufszentren schon allein wegen ihres Anlagetypus als gesondert steuerungsbedürftig eingestuft werden. Auf die Feststellung möglicher negativer Auswirkungen kommt es nach § 11 Abs.3 S.1 Nr.1 BauNVO im Unterschied zu großflächigen Einzelhandelsbetrieben nach Nr.2 nicht an. Der Verordnungsgeber unterstellt bei Einkaufszentren vielmehr ausnahmslos, dass mit ihnen mehr als unwesentliche Auswirkungen im Bereich von Raumordnung, Landesplanung und Städtebau verbunden sind. Ein Einkaufszentrum ist per definitionem auf ein breitgestreutes, attraktives Angebot für möglichst viele Kunden gerichtet. Durch die ihm innewohnende Sogwirkung auf Kunden sind nachteilige städtebauliche Auswirkungen im Sinne des § 11 Abs.3 S.2 BauNVO diesem Betriebstyp quasi immanent; andernfalls handelt es sich nicht um ein Einkaufszentrum im Sinne des Gesetzes.

Eine für alle Fälle anerkannte Begriffsdefinition für Einkaufszentren existiert nicht. Nach den Formulierungen aus der Handels- und Absatzwirt-

17 *Fickert/Fieseler,* BauNVO, 2002, § 7 Rn.1.12.
18 *BVerwG,* Urt. v. 3.2.1984 – 4 C 54.80 –, BauR 1984, 380 (381).

schaft ist unter einem Einkaufszentrum die gewachsene oder aufgrund einer Planung entstandene räumliche Konzentration von Einzelhandels- und Dienstleistungsbetrieben verschiedener Größe zu verstehen.[19] Die amtliche Begründung zu der 1968 erfolgten Novellierung des § 11 Abs.3 BauNVO sieht das Wesen von Einkaufszentren vor allem in dem Umstand, dass die ihnen zugehörigen Betriebe in der Regel einen einheitlich geplanten und finanzierten Gebäudekomplex bilden.[20] In der Literatur wird darüber hinaus mit mehr oder weniger starker Akzentuierung auf die Größe der Verkaufsfläche,[21] die Zahl der miteinander verbundenen Betriebe[22] oder auch auf die zentrenbildende Wirkung von räumlich konzentrierten Einkaufsmöglichkeiten, die eine Sog- oder Magnetwirkung auf die Kunden in der Umgebung entfalten,[23] abgestellt.

Das *Bundesverwaltungsgericht* hat sich in einer Grundsatzentscheidung aus dem Jahre 1990 eingehend mit dem Begriff des Einkaufszentrums befasst, ohne sich dabei auf eine alle denkbaren Fälle erfassende abstrakte Begriffsbestimmung festzulegen.[24] Das Gericht weist den von der Literatur entwickelten Merkmalen jeweils für sich genommen nur Indizwirkung zu und zweifelt an dem Erfolg einer abstrakten Begriffsbestimmung. Es knüpft innerhalb des eigenen definitorischen Ansatzes an die oben genannten Begriffsformulierungen aus der Handels- und Absatzwirtschaft sowie der amtlichen Begründung zur Baunutzungsverordnung an und weist mit Blick auf den zur Entscheidung gestellten Fall darauf hin, dass eine nicht von vorneherein als solche geplante und organisierte Zusammenfassung von Betrieben die Annahme eines Einkaufszentrums nur rechtfertige, wenn auch ein Mindestmaß an äußerlich in Erscheinung tretender gemeinsamer

---

19 Vgl. Katalog E, Begriffsdefinitionen, 1995, S.21 unter Nr.32; auf das Sprachverständnis von Handel und Wirtschaft kommt es beim planungsrechtlichen Begriff des Einkaufszentrums selbstredend nicht ausschlaggebend an.

20 Vgl. BR-Drs. 402/68, S.5.

21 Aus der Tatsache, dass für ein Einkaufszentrum kein Nachweis nachteiliger Auswirkungen erforderlich ist, wird überwiegend gefolgert, dass die Verkaufsfläche wesentlich größer sein muss als bei einem großflächigen Einzelhandelsbetrieb. Im Übrigen wird eine relative Bestimmung der Mindestverkaufsfläche in Abhängigkeit von der Größe der Standortgemeinde für erforderlich gehalten; vgl. *Schenke,* UPR 1986, 281 (288); *Hoppe/Beckmann,* DÖV 1989, 290 (292).

22 *Hauth,* BauR 1988, 513 (517); *Kniep,* GewArch 1985, 89 (91).

23 *Hoppe/Beckmann,* DÖV 1989, 295 (297 f).

24 *BVerwG,* Urt. v. 27.4.1990 – 4 C 16/87 –, NVwZ 1990, 1074.

Organisation und Kooperation gewährleistet sei. Einer bloßen Ansammlung von jeweils für sich planungsrechtlich zulässigen Läden auf mehr oder weniger engem Raum hingegen fehle die für eine zentrenbildende Wirkung erforderliche innere Ausrichtung zu einem Gesamtkomplex.

Diese Auffassung ist in der Literatur zum Teil auf Kritik gestoßen, da eine derartige planerische Absicht dem Begriff des Einkaufszentrums nicht anhaftet, vielmehr allein auf die zentrenbildenden Auswirkungen einer räumlich konzentrierten Ansammlung von Betrieben aus Kundensicht abzustellen sei.[25] Diese könnten auch ohne verbindende äußere Merkmale eine Magnetwirkung entfalten, sofern die Zusammensetzung der einzelnen Betriebe einen entsprechend hohen Attraktivitätsgrad aufweise.

Ungeachtet dieser Streitfragen im Detail genügt es jedenfalls für die hier dominierende deskriptiv-rechtliche Darstellung der städtebaulichen Planungsbefugnisse festzuhalten, dass ein Einkaufszentrum in jedem Fall der räumlichen Zusammenfassung mehrerer Einzelhandelsbetriebe zu einem räumlichen Gebilde bedarf, das von den Kunden als Einkaufszentrum empfunden wird und auf sie in diesem Sinne als »Kundenmagnet« wirkt. Nur diese Fallgestaltungen lassen es entbehrlich erscheinen, dass vom Verordnungsgeber bei Einkaufszentren auf eine explizite Benennung städtebaulich nachteiliger Folgen verzichtet worden ist. Das endgültige Urteil über das Vorliegen eines Einkaufszentrums dürfte damit letztlich einer Einzelfallbetrachtung vorzubehalten sein, wobei es vor allem auf die Größe des betreffenden Orts oder Ortsteils sowie die Wechselwirkungen zwischen den in Frage kommenden Kriterien und der Umgebung ankommen wird.[26] Dem *Bundesverwaltungsgericht* kann insoweit nur in der Einschätzung beigetreten werden, das eine allgemeingültige Begriffsdefinition für Einkaufszentren nicht zu praktizieren ist.[27]

3. Großflächiger Einzelhandelsbetrieb

Ebenfalls einer vorsorgenden Planung bedürfen großflächige Einzelhandelsbetriebe nach § 11 Abs.3 Nr.2 BauNVO, von denen nach Art, Lage oder

---

25 *Schenke,* WUR 1990, 61 (68); *Söfker,* in: Ernst u.a., BauGB, Stand Sept 2004, § 11 BauNVO Rn.50 a.

26 *Fickert/Fieseler,* BauNVO, 2002, § 11 Rn.18.5.

27 *BVerwG,* Urt. v. 27.4.1990 – 4 C 16/87 –, NVwZ 1990, 1074.

Umfang nicht nur unwesentliche städtebauliche oder landesplanerische Auswirkungen ausgehen können. Begrifflich zu klären sind hier die Merkmale des Einzelhandels, der Großflächigkeit sowie der (nachteiligen) Auswirkungen.

a) Einzelhandel

Unter Einzelhandel wird herkömmlich die Belieferung an Endverbraucher verstanden, wobei nach dem Zweck der Vorschrift nur offene Verkaufsstellen, nicht aber etwa der Versand-, Genossenschafts- oder E-Commerce-Handel in Betracht kommen, denen die raumbedeutsame Komponente fehlt.[28]

b) Begriff der Großflächigkeit

Der Begriff der Großflächigkeit ist gesetzlich nicht definiert. Seine Bestimmung bereitet deshalb erhebliche Schwierigkeiten, weil er das entscheidende Auswahlkriterium für die Frage darstellt, ab welcher Größenordnung überhaupt Einzelhandelsbetriebe als gesondert steuerungsbedürftig in Betracht zu ziehen sind. Die überwiegende Meinung stellt als Abgrenzungskriterium auf die Mindestverkaufsfläche ab und sah früher die Schwelle zur Großflächigkeit bei der einen Verbrauchermarkt begründenden Verkaufsfläche von 1000 m^2.[29] Dieser war in der Fassung des § 11 Abs.3 BauNVO 1968 begrifflich noch explizit genannt, musste aber wegen der Vielfalt der in der Folgezeit entstehenden Vertriebsformen notwendigen abstrakteren Gesetzesformulierungen weichen. Hieraus wurde gefolgert, dass der Verordnungsgeber als Leitbild des großflächigen Einzelhandelsbetriebs den Verbrauchermarkt vor Augen gehabt habe und dieser beginne nach den einschlägigen Begriffsdefinitionen aus der Absatzwirtschaft bei 1000 m^2. Gestützt wurde diese Ansicht darüber hinaus auch auf die Regelvermutungsgrenze des § 11 Abs.3 S.3 BauNVO 1977, wonach einer Geschossfläche von 1500 m^2 erfahrungsgemäß mit einer tatsächlichen Verkaufsfläche von 1000 m^2 korrespondiere.[30]

---

28 *Fickert/Fieseler,* BauNVO, 2002, § 11 Rn.19.

29 *Hüttenbrink,* DVBl 1983, 530 (531, Fn.21); *Schenke,* UPR 1986, 281 (284).

30 *Bröll/Haning,* BayVBl 1979, 353 (354).

Sowohl durch die Rechtsprechung des *Bundesverwaltungsgerichts* als auch durch die am 1.1.1987 in Kraft getretene Novellierung des § 11 Abs.3 S.3 BauNVO ist der oben vertretenen Meinung weitgehend die Grundlage entzogen worden. Mit der Herabsetzung der Regelvermutungsgrenze von 1500 auf 1200 m^2 hat der Verordnungsgeber zu erkennen gegeben, dass er auch Betriebe mit einer Verkaufsfläche unter 1000 m^2 als großflächig ansieht. Das folgt nicht nur aus der amtlichen Begründung zur Rechtsänderung,[31] in welcher der Verordnungsgeber auch Betriebe mit einer Verkaufsfläche von 800 m^2 als sondergebietsfähig ansieht, sondern vor allem aus dem Umstand, dass bei einer Mindestverkaufsfläche von 1000 m^2 kaum ein Anwendungsbereich für Betriebe mit einer Geschossfläche unterhalb der Regelvermutungsgrenze verbliebe. Das *Bundesverwaltungsgericht* hat in diesem Zusammenhang ausgeführt, dass bei der Bemessung der Mindestverkaufsfläche der Umstand Bedeutung gewinne, dass die Baunutzungsverordnung großflächige Einzelhandelsbetriebe von gewöhnlichen Einzelhandelsbetrieben und Läden der wohnungsnahen Grundversorgung unterscheide.[32] Die Großflächigkeit beginne daher dort, wo üblicherweise die Größe solcher so genannter »Nachbarschaftsläden« ihre Obergrenze finde. Dies sei gegenwärtig bei einer Verkaufsfläche von etwa 700 m^2 der Fall, wobei das Gericht nicht ausschließt, dass die Größenschwelle zwischen dem Nachbarschaftsladen und dem großflächigem Einzelhandel durch ein künftig verändertes Einkaufsverhalten in der Bevölkerung durchaus beweglich sei.[33]

---

31 Zur Motivation des Verordnungsgebers vgl. BR-Drs. 541/86 v. 7.11.1986, S.3.

32 *BVerwG,* Urt. v. 22.5.1987 – 4 C 19.85 –, BauR 1987, 528 (529).

33 Aufgrund dieser Feststellung wird in der Literatur die Ansicht vertreten, dass entsprechend heutiger Marktpraxis die Grenze der in einem allgemeinen Wohngebiet noch zulässigen Verkaufsfläche von Läden nicht schematisch bei 700 m^2, sondern – zumindest in großen Städten – bei etwa 800 m^2 anzusetzen sei; vgl. *Fickert/Fieseler,* BauNVO, 2002, § 11 Rn.19.9. Dieser Auffassung ist das *OVG Lüneburg,* Beschl. v. 15.11.2002 – 1 ME 151/02 –, ZfBR 2003, 165 (166 f) allerdings mit dem Hinweis entgegengetreten, dass bislang keine gesicherten Erkenntnisse darüber vorlägen, dass der Trend zur Vergrößerung der Verkaufsflächen in einem Maße angeschwollen sei, dass auch Märkte mit einer Verkaufsfläche deutlich über 700 m^2 als – noch – der Versorgung eines Baugebiets dienend angesehen werden können.

c) Nachteilige Auswirkungen

§ 11 Abs.3 BauNVO findet auf großflächige Handelsbetriebe nur Anwendung, wenn sich das betreffende Vorhaben nach Art, Lage oder Umfang auf städtebauliche oder raumordnerische Belange nicht nur unwesentlich auswirken kann.[34] Im Unterschied zu Einkaufszentren ist bei großflächigen Handelsbetrieben nicht per definitionem eine Sogwirkung auf Kunden vorausgesetzt. Es liegt auf der Hand, dass ein großflächiger Garten-Center oder Möbelmarkt von seinen Auswirkungen her nicht mit einem Einkaufszentrum zu vergleichen ist.[35] Vom planerischen Standpunkt aus gesehen muss bei den Betrieben nach Nr.2 und 3 daher stets auch nach den zu erwartenden Auswirkungen geforscht werden; es wäre unter eigentumsrechtlichen Aspekten problematisch, großflächige Betriebe ohne Auswirkungen der strengen Planungspflicht zu unterwerfen.[36]

aa) Betriebsspezifische Anknüpfungsmerkmale

Anknüpfungskriterien für die Frage, ob und inwieweit ein Vorhaben negative Auswirkungen hervorrufen kann, sind nach § 11 Abs.3 S.3 Nr.2 BauNVO *Art, Lage* und *Umfang* des Betriebs. Bei diesen Begriffen handelt es sich um Betriebsspezifika, die im Hinblick auf die raumordnerischen und städtebaulichen Auswirkungen typischerweise von besonderer Relevanz sind. Für die Feststellung möglicher Auswirkungen genügt, dass schon wegen eines betriebsspezifischen Merkmals unerwünschte Folgen möglich erscheinen.[37]

(1) Bereits die vorgesehene Grobeinteilung des Verordnungsgebers – Einkaufszentren, großflächige Einzelhandelsbetriebe und sonstige großflächige Handelsbetriebe – lässt vermuten, dass der *Art* des Betriebs für die planungsrechtliche Beurteilung eine besondere Bedeutung zukommt. Die

34 Da das Planungsrecht wettbewerbsneutral sein muss, werden folgerichtig nur raumordnerische und städtebauliche Belange genannt; vgl. *OVG Greifswald,* Urt. v. 15.4.1999 – 3 K 36/97 –, BRS 62, 312 (314 f); *Söfker,* in: Ernst u.a., BauGB, Stand Sept 2004, § 11 BauNVO Rn.57; *Moench/Sandner,* NVwZ 1999, 337 (343).

35 *Schenke,* WUR 1990, 61 (65).

36 *Fickert/Fieseler,* BauNVO, 2002, § 11 Rn.21.

37 Der Gesetzestext führt die Merkmale in alternativer Aufzählung auf; vgl. das Wort »oder«.

Art des Betriebs kennzeichnet seine Zweckbestimmung.[38] Die Zweckbestimmung von Einzelhandelsgroßbetrieben ergibt sich aus ihrer Versorgungsfunktion, die sie für den privaten Bedarf der Bevölkerung einnehmen.

Abzustellen sind bei der Ermittlung der Versorgungsfunktion auf die Betriebsstruktur und das geführte Warensortiment.[39] Bezüglich der Betriebsstruktur können Einzelhandelsgroßbetriebe beispielsweise in der Form eines Warenhauses, Fachmarkts, Discounters, Verbrauchermarkts oder Kaufhauses betrieben werden. Merkmale der Betriebsstruktur sind insbesondere die Preispolitik, die Bedienung, die Warenpräsentation und die Produktqualität. Ein preisaggressiver Discounter etwa spricht die Allgemeinheit in anderer Weise an als ein auf Service und Produktqualität ausgerichtetes Kaufhaus mit einem höheren Preisniveau. Beim Warensortiment interessiert unter planungsrechtlichen Gesichtspunkten vor allem die Innenstadtrelevanz der geführten Artikel.[40] Ein Einzelhandelsbetrieb mit innenstadtrelevanten, leicht transportablen Warensortimenten spielt für die verbrauchernahe Versorgung der Bevölkerung sicherlich eine gewichtigere Rolle als etwa ein Möbel- oder Baumarkt, der wegen seiner sperrigen Güter üblicherweise ohnehin nur mit dem Auto angefahren werden kann.[41]

(2) Die *Lage* des Betriebs ist maßgeblich für die Abschätzung der Intensität der Auswirkungen auf Städtebau und Raumordnung.[42] Wird ein großflächiger Einzelhandelsbetrieb mit einem zentrenrelevanten Warensortiment fernab der Innenstadt und gewachsener Siedlungsstrukturen errichtet, so sind die Auswirkungen in den Innenbereichen, etwa auf die zentralen Versorgungsbereiche oder die wohnungsnahe Versorgung, unzweifelhaft stärker als im Falle einer integrierten Ansiedlung. Ebenso wirft eine großflächige Ansiedlung unter landesplanerischen Gesichtspunkten in einem Grundzentrum größere Probleme auf als in einem Mittel- oder Ober-

---

38 *Söfker,* in: Ernst u.a., BauGB, Stand Sept 2004, § 11 BauNVO Rn.61; *Fickert/Fieseler,* BauNVO, 2002, Rn.21.2.

39 *Fickert/Fieseler,* BauNVO, 2002, § 11 Rn.21.2; *Söfker,* in: Ernst u.a., BauGB, Stand Sept 2004, § 11 Rn.61.

40 *Kopf,* Rechtsfragen, 2002, S.71.

41 Vgl. *OVG Münster,* Urt. v. 5.9.1997 – 7 A 2902/93 –, BauR 1998, 309 (310).

42 *Söfker,* in: Ernst u.a., BauGB, Stand Sept 2004, § 11 BauNVO Rn.62; *Ziegeler,* in: Brügelmann u.a., BauGB, Stand Feb 2005, § 11 BauNVO Rn.95 a.

zentrum, die für die Ansiedlung zentraler überörtlicher Versorgungseinrichtungen explizit vorgesehen sind.[43]

(3) Der Begriff *Umfang* eines Einzelhandelsgroßbetriebs ist im räumlichen Sinne zu verstehen.[44] Er erfasst zum einen den Umfang der Anlage selbst, also etwa die Größe des Baukörpers, der Verkaufs- oder Geschossfläche oder der Stellplätze und Ladeflächen.[45] Auch der insoweit verursachte Kunden- und Anlieferungsverkehr bestimmt den Umfang des Betriebs. Maßgeblich ist aber in planungsrechtlicher Hinsicht vor allem der Umfang des Warenangebots und damit die Größe der Verkaufsfläche.[46] Die Baunutzungsverordnung stellt im Hinblick auf die problematischen Auswirkungen von Einzelhandelsgroßbetrieben vor allem auf die Versorgung der Bevölkerung im Einzugsbereich ab. Über deren Beeinträchtigung kann nur geurteilt werden, wenn der Umfang der Kaufkraftbindung bekannt ist. Diese ergibt sich aus der Größe der Verkaufsfläche und zwar im Hinblick auf die umsatzbezogene Raumleistung pro Quadratmeter.[47]

bb) Auswirkungen auf Ziele der Raumordnung und Landesplanung

Raumordnung und Landesplanung dienen der überörtlichen Planung und Ordnung des Raums. Ihre Rechtsgrundlagen ergeben sich aus dem Raumordnungsgesetz des Bundes und aus den Festlegungen des jeweiligen Landesplanungsrechts. Ziele der Raumordnung in Nordrhein-Westfalen werden im Landesentwicklungsprogramm, im Landesentwicklungsplan sowie in den regionalen Gebietsentwicklungsplänen dargestellt. In Bezug auf den großflächigen Einzelhandel wird der daraus abzuleitende rechtliche Rahmen weiter konkretisiert durch den nordrhein-westfälischen *Einzel-*

---

43 Vgl. *Fickert/Fieseler,* BauNVO, 2002, § 11 Rn.22.

44 *Kopf,* Rechtsfragen, 2002, S.72; *Fickert/Fieseler,* BauNVO, 2002, § 11 Rn.21.3.

45 Der Begriff des Umfangs geht nicht im Begriff der Großflächigkeit auf, da die Schwelle der Großflächigkeit nichts über den räumlichen Umfang eines Einzelhandelsgroßbetriebs im konkreten Einzelfall aussagt; vgl. *Fickert/Fieseler,* BauNVO, 2002, § 11 Rn.21.3.

46 *Ziegler,* in: Brügelmann u.a., BauGB, Stand Feb 2005, § 11 BauNVO Rn.95 a.

47 Vgl. *Fickert/Fieseler,* BauNVO, 2002, § 11 Rn.25.4.

handelserlass, der für die planenden Gemeinden als Verwaltungsinnenrecht verbindlich ist.[48]

§ 11 Abs.3 S.1 Nr.2 BauNVO stellt auf Auswirkungen auf die Verwirklichung von Zielen der Raumordnung ab. Nicht entscheidend ist danach, ob die Ansiedlung eines Einzelhandelsgroßbetriebs im Sachzusammenhang mit Zielen der Raumordnung steht, sondern ob sich das Vorhaben auf die *Zielverwirklichung* nicht nur unwesentlich auswirken kann. Um eine derartige Auswirkung feststellen zu können, ist eine Betrachtung der tatsächlichen Entwicklung entsprechend den ermittelten Zielen der Raumordnung sowohl mit als auch ohne Berücksichtigung des Vorhabens notwendig.[49]

Die Ziele der Raumordnung werden regelmäßig durch die Gemeinden verwirklicht, die diese im Rahmen ihrer Bauleitplanung nach § 1 Abs.4 BauGB zwingend zu beachten haben. Ziele der Raumordnung müssen nach § 3 Nr.2 ROG verbindlich und hinreichend bestimmt oder jedenfalls bestimmbar sein, um als Maßstab für die raumordnerische Relevanz von Einzelhandelsgroßbetrieben herhalten zu können. Negative Auswirkungen auf die Verwirklichung der Ziele der Raumordnung werden in der Literatur dann angenommen, wenn zu befürchten ist, dass als Folge einer geplanten Ansiedlung eines Einzelhandelsgroßbetriebs landesplanerische Vorgaben durch die gemeindliche Planung nicht ausgenutzt werden können, etwa weil ein in der Landesplanung festgelegter zentraler Ort infolge der Ansiedlung die ihm zugedachte Funktion nicht mehr übernehmen kann.[50]

Insoweit ist § 24 Abs.3 LEPro NW als landesplanerische Spezialvorschrift für den großflächigen Einzelhandel von besonderer Bedeutung. Danach sollen Kern- bzw. Sondergebiete für den großflächigen Einzelhandel nur dann ausgewiesen werden, soweit die darin zulässigen Nutzungen nach Art, Umfang und Lage der angestrebten zentralörtlichen Gliederung sowie der in diesem Rahmen zu sichernden Versorgung entsprechen und räumlich wie funktional den Siedlungsschwerpunkten zugeordnet sind. Durch diese

---

48 *VG Münster,* Urt. v. 8.3.2001 – 2 K 3122/99 –, NWVBl 2002, 72 (73); *Bönker,* BauR 1999, 328 (332); *Schneider,* Bauplanungsrechtliche Zulässigkeit von FOC, 2003, S.108; der EHE NW ist daher im Außenverhältnis als schlichte Auslegungshilfe zu qualifizieren.

49 *Söfker,* in: Ernst u.a., BauGB, Stand Sept 2004, § 11 BauNVO Rn.65.

50 *Fickert/Fieseler,* BauNVO, 2002, § 11 Rn.22.

Vorschrift soll das für öffentliche Infrastruktureinrichtungen entwickelte zentralörtliche Gliederungssystem auf den privaten großflächigen Einzelhandel ausgedehnt werden.[51] Ob der Vorschrift allerdings Zielqualität zukommt, ist in Literatur und Rechtsprechung umstritten, kann hier aber zunächst offen bleiben.[52] Steht ein Einzelhandelsgroßbetrieb nämlich mit den in § 24 Abs.3 LEPro NW genannten Kriterien bereits in offensichtlichem Widerspruch, so dürfte davon auszugehen sein, dass zumindest erhebliche Auswirkungen auf die städtebauliche Entwicklung und Ordnung in der Standort- oder in den Nachbargemeinden zu erwarten sind, was ebenfalls die gesonderte Planungspflicht nach § 11 Abs.3 BauNVO begründet.

cc) *Auswirkungen auf die städtebauliche Entwicklung und Ordnung*

Der Begriff der städtebaulichen Entwicklung und Ordnung knüpft an die in § 1 Abs.3 S.1 BauGB verwendete Formulierung an, wonach die Gemeinden Bauleitpläne aufzustellen haben, sobald und soweit es für die städtebauliche Entwicklung und Ordnung erforderlich ist. Ausdruck der städtebaulichen Entwicklung und Ordnung sind die vorhandenen städtebaulichen Verhältnisse sowie die planerischen Entwicklungsvorstellungen der Gemeinden.[53] Inhaltlich wird der Begriff durch die in § 1 Abs.6 BauGB beispielhaft genannten städtebaulichen Belange konkretisiert. Auswirkungen auf die städtebauliche Entwicklung kommen etwa dadurch in Betracht, dass ein Einzelhandelsgroßbetrieb infolge seiner Sogwirkung eine eingeleitete städtebauliche Innenstadtsanierung zum Stocken bringt oder den geplanten Ausbau eines Stadtteilzentrums behindert. Die städtebauliche Ordnung kann beispielsweise dadurch beeinträchtigt werden, dass durch ein Einzelhandelsgroßbetrieb erhaltenswerte Bausubstanzen gefährdet oder Umlegungs- bzw. Enteignungsmaßnahmen erschwert werden.[54]

Die Verwendung des Begriffs der städtebaulichen Entwicklung und Ordnung im Zusammenhang mit Einzelhandelsgroßbetrieben zeigt, dass der Verordnungsgeber derartige Einrichtungen für generell geeignet hält,

---

51 S. hierzu im Einzelnen unten S.108 ff.

52 Zur Zielqualität des § 24 Abs.3 LEPro NW s. ausführlich unten S.166 ff.

53 *Söfker,* in: Ernst u.a., BauGB, Stand Sept 2004, § 11 BauNVO Rn.70.

54 S. Beispiele bei *Fickert/Fieseler,* BauNVO, 2002, § 11 Rn.24.

maßgeblichen Einfluss auf das städtebauliche Geschehen in all seinen Bezügen auszuüben. Besonders naheliegend erscheinen dem Verordnungsgeber dabei die in § 11 Abs.3 S.2 BauNVO genannten Auswirkungen auf die Umwelt, Natur und Landschaft, die Infrastruktur und den Verkehr sowie die zentralen Versorgungsbereiche und die Versorgung der Bevölkerung im Einzugsbereich von Einzelhandelsgroßbetrieben.

(1) Bei den Auswirkungen auf die Versorgung der Bevölkerung im Einzugsbereich ist zwischen *landesplanerischen* und *städtebaulichen* Auswirkungen zu unterscheiden.

Das *landesplanerische* Versorgungsinteresse erstreckt sich auf die Wahrung der zentralörtlichen Funktionalität.[55] In den Innenstädten sollen die wesentlichen Einrichtungen der Daseinsvorsorge bereitgehalten werden, um eine verbrauchernahe Versorgung der Stadt-Umlandbevölkerung mit den lebensnotwendigen Gütern und Diensten zu gewährleisten. Leitgedanke der Landesplanung ist die Herstellung einer Versorgungsgerechtigkeit für alle Bevölkerungsteile und zwar dadurch, dass ein Mindeststandard an Versorgung in zumutbarer Entfernung für jedermann bereitgehalten wird. Dementsprechend ist die Landesplanung an der Aufrechterhaltung eines Versorgungszentralität interessiert, welche die Nachfrage der Einwohner aus den jeweiligen Verflechtungsbereichen an einem zentral gelegenen Standort umfassend deckt.[56]

Das *städtebauliche* Versorgungsinteresse hingegen erfasst eine möglichst verbrauchernahe und attraktive Versorgung der ortsansässigen Bevölkerung. Es bezieht sich auf die Deckung des Eigenbedarfs der ortsansässigen Bevölkerung innerhalb der Gemeindegrenzen. Im Vordergrund steht hier weniger das Anliegen einer gerechten Mindestversorgung, als vielmehr das örtliche Interesse an einer wohnortnahen Grundversorgung in fußläufiger Entfernung sowie einer attraktiven, vielfältigen, kleinflächigen Geschäftsstruktur in den Innenstädten.[57] Hierfür sind insbesondere die mittelständischen Betriebe der Wirtschaft von tragender Bedeutung, weil sie durch ihre

---

55 *Erbguth,* NVwZ 2000, 969 (975).

56 S. zur zentralörtlichen Versorgungsstruktur oben S.37 ff.

57 Stark vereinfacht dürfte sich wohl formulieren lassen, dass auf landesplanerischer Ebene der Blick von »außen« auf die Gemeinde fällt hinsichtlich ihrer Stellung im Gesamtraum, während sich auf städtebaulicher Ebene der Blick von »innen« auf die Gemeinde richtet hinsichtlich ihrer innerörtlichen Funktionalität.

Betriebsstruktur eine ausgewogene, kleinräumige, den Distanzbedürfnissen der Bevölkerung entsprechende Versorgung der »kurzen Wege« sicherstellen.[58]

Die Einzelhandelserlasse der Bundesländer sehen eine Gefährdung der städtebaulichen Versorgungslage überwiegend dann, wenn durch übermäßige Kaufkraftbindung an einem Standort und infolgedessen Geschäftsaufgaben im Wohnbereich die ausreichende Nahversorgung der (nichtmotorisierten) Bevölkerung, insbesondere mit Waren des kurzfristigen, täglichen Bedarfs, nicht mehr gewährleistet ist.[59] Zu Recht wird hier die Hauptaufgabe der städtebaulichen Versorgung gesehen, weil die Versorgung auf landesplanerischer Ebene auf Versorgungsmittelpunkte und nicht unmittelbar auf die Wohnbereiche ausgerichtet ist.

Gerade im Bereich der Waren des kurzfristigen Bedarfs, also Lebens- und Genussmittel, gewinnen verbrauchernahe Versorgungsstrukturen ihre größte Bedeutung. Hier ist die Distanzempfindlichkeit der Nachfrage am größten, weil die Waren von der Bevölkerung in sehr kurzen und regelmäßigen Abständen abgefragt werden. Eine bedarfsgerechte und flächendeckende Warenversorgung auf dieser Bedarfsebene erfordert deshalb eine besonders hohe Anzahl und ausgewogene Streuung kleinflächiger Einzelhandelsbetriebe, um eine möglichst breite, gleichmäßige und wohnungsnahe Versorgungsdichte, namentlich für die immobilen Bevölkerungsteile, herzustellen.[60] Dabei wird davon ausgegangen, dass eine angemessene wohnungsnahe Grundversorgung gewährleistet ist, wenn die Betriebe in einer fußläufigen Entfernung von 10 Minuten zu erreichen sind.[61] Großflächige Einzelhandelsbetriebe können hier in ihrem Einzugsbereich großen Schaden anrichten, da sie die zuvor auf eine größere Anzahl einzelner Einzelhandelsgeschäfte verteilten Verbraucherströme auf nur einen Standort konzentrieren und dadurch besonders geeignet sind, den regelmäßig knapp kalkulierenden Kleinbetrieben die wirtschaftliche Existenzgrundlage zu

---

58 *BVerwG,* Urt. v. 1.8.2002 – 4 C 5.01 –, ZfBR 2003, 38 (40); vgl. auch § 1 Abs.6 Nr.8 lit.a BauGB, wo die Belange der mittelständischen Wirtschaft im Interesse einer verbrauchernahen Versorgung besonders hervorgehoben werden.

59 Vgl. zB EHE NW, Nr.2.3.1; EHE BW, Nr.2.3.1; EHE Bay, Nr.2.1.4.1; EHE Bbg, Nr.2.3.1.

60 *BVerwG,* Urt. v. 3.2.1984 – 4 C 25.82 –, BauR 1984, 373 (375).

61 *Fickert/Fieseler,* BauNVO, 2002, § 11 Rn.25.4; EHE NW, Nr. 2.3.1.

entziehen.[62] Geschäftsaufgaben wohnungsnaher Betriebe bedeuten nicht nur eine Ausdünnung der Lebensmittelversorgung, sondern wegen der funktionalen Verschmelzung von Wohnen und Nahversorgung auch Verluste im Wohnwert.[63]

(2) Städtebauliche Auswirkungen auf die *Entwicklung zentraler Versorgungsbereiche* können eintreten, wenn Einzelhandelsgroßbetriebe an nichtintegrierten Standorten die zentralen Versorgungsbereiche bzw. deren Entwicklung in der Standortgemeinde oder in den Nachbargemeinden beeinträchtigen. Zentrale Versorgungsbereiche sind das Stadtzentrum, die Nebenzentren oder der Ortskern einer Gemeinde.[64] Der Aspekt der Entwicklung zentraler Versorgungsbereiche betrifft weniger den Versorgungsgedanken, als vielmehr die *zentreninterne* Struktur der Innenstädte im Sinne einer vielfältigen, kleinflächigen, belebten und kompakten Geschäftsstruktur.[65]

Negative Auswirkungen auf zentrale Versorgungsbereiche sind insbesondere dann gegeben, wenn diese Bereiche durch den Einzelhandelsgroßbetrieb und den damit verbundenen Abzug der Kaufkraft in ihrem Bestand gefährdet werden, es also in den Zentren zu einem Absinken der Vielfalt und des Qualitätsniveaus des Angebots kommt.[66] Die städtebauliche Relevanz des so genannten »Trading-down-Effekts« liegt darin, dass sich dadurch Auswirkungen auf das soziale und wirtschaftliche Gefüge ergeben, die wiederum auf die bauliche Nutzung dieser Bereiche durchschlagen.[67] Das ist unter städtebaulichen Gesichtspunkten von erheblicher Wirkung, wenn zuvor in nicht unbedeutendem Ausmaß öffentliche Mittel zur Sanierung des Stadtzentrums bereitgestellt worden sind.[68]

(3) *Schädliche Umweltauswirkungen* im Sinne des § 3 BImSchG sind Immissionen, die nach Art, Ausmaß oder Dauer geeignet sind, Gefahren,

---

62 *Thies,* Einzelhandelsgroßbetriebe im Städtebaurecht, 1992, Rn.64.

63 *Thies,* Einzelhandelsgroßbetriebe im Städtebaurecht, 1992, Rn.64.

64 *Söfker,* in: Ernst u.a., BauGB, Stand Sept 2004, § 11 BauNVO Rn.76; *Bröll/Hannig,* BayVBl 1979, 353 (355); *König/Roeser/Stock,* BauNVO, 1999, § 11 Rn.71.

65 *Erbguth,* NVwZ 2000, 969 (975); *Bröll/Hannig,* BayVBl 1979, 353 (355).

66 *Thies,* Einzelhandelsgroßbetriebe im Städtebaurecht, 1992, Rn.85; *Fickert/Fieseler,* BauNVO, 2002, § 11 Rn.25.5.

67 *Bröll/Hannig,* BayVBl 1979, 353 (355).

68 *VGH Mannheim,* Urt. v. 15.10.1993 – 3 S 335/92 –, VBlBW 1994, 353; *Bröll/Hannig,* BayVBl 1979, 353 (355); vgl. auch EHE NW, Nr.2.3.1.

erhebliche Nachteile oder erhebliche Belästigungen für die Allgemeinheit oder die Nachbarschaft herbeizuführen. Zu den typischen Immissionen eines Einzelhandelsgroßbetriebs gehören die durch den Anlieferungs- und Kundenverkehr bewirkten sowie die von der Anlage selbst ausgehenden Geräusche und Luftverunreinigungen. Besondere Probleme bereitet regelmäßig der Verkehrslärm, der sowohl im unmittelbaren Wirkungskreis der Anlange als auch an entfernten Stellen zu unzumutbaren Beeinträchtigungen führen kann. Aufgrund der nur beispielhaften Aufzählung der Belange in § 11 Abs.3 S.2 BauNVO können auch unterhalb der Erheblichkeitsschwelle verlaufende oder andere, nicht beispielhaft erwähnte Auswirkungen städtebaulich bedeutsam sein.[69]

(4) Unter der *infrastrukturellen Ausstattung* werden alle öffentlichen Einrichtungen der Ver- und Entsorgung wie Erschließungsanlagen, Gemeinbedarfseinrichtungen, örtliche und überörtliche Verkehrseinrichtungen, Rettungsdienste, Feuerwehr, Abfallbeseitigung und dergleichen verstanden; der Begriff des *Verkehrs* umfasst den fließenden und ruhenden Verkehr.[70] Auswirkungen auf die infrastrukturelle Ausstattung kommen insbesondere in Betracht, wenn die ordnungsgemäße verkehrliche Anbindung des Vorhabens, insbesondere im Hinblick auf den Öffentlichen Personennahverkehr, nicht gewährleistet ist. Vor allem in Großstädten können sich aus der peripheren Errichtung von Einzelhandelsgroßbetrieben erhebliche Folgen für die regelmäßig auf das Zentrum bezogenen Straßenbahn- und U-Bahnsysteme, wie etwa die Stillegung bestehender oder der Neubau weiterer Linien, ergeben.[71] Besonders nachhaltig betroffen sind unter dem Gesichtspunkt des Verkehrs regelmäßig das Verkehrsnetz, die Verkehrsregelungseinrichtungen sowie die in Anspruch genommenen Parkplätze, die den mit der Ansiedlung verbundenen größeren Verkehrsandrang häufig nicht bewältigen können.[72]

(5) Auswirkungen auf das *Orts- und Landschaftsbild* sind anzunehmen, wenn wegen der Baumasse von Einzelhandelsgroßbetrieben entweder die

---

69 *Söfker,* in: Ernst u.a., BauGB, Stand Sept 2004, § 11 BauNVO Rn.72; *Ziegler,* in: Brügelmann u.a., BauGB, Stand Feb 2005, § 11 BauNVO Rn.97.

70 *Fickert/Fieseler,* BauNVO, 2002, § 11 Rn.25.3.

71 Vgl. EHE NW, Nr.2.3.1; *Thies,* Einzelhandelsgroßbetriebe im Städtebaurecht, 1992, Rn.79.

72 *Söfker,* in: Ernst u.a., BauGB, Stand Sept 2004, § 11 BauNVO Rn.74.

kleinteiligen oder schützenswerten Baustrukturen in Ortschaften beeinträchtigt werden oder eine Zersiedlung der Landschaft begünstigt wird.[73]

(6) Auswirkungen auf den *Naturhaushalt* sind vor allem durch die Oberflächenversiegelung zu erwarten, die durch die großen Hallen- und Stellplatzflächen der Einzelhandelsgroßbetriebe verursacht wird. Ebenfalls möglich sind Beeinträchtigungen des Kleinklimas oder des Wasserhaushalts.

4. Vergleichbare sonstige großflächige Handelsbetriebe

Mit der Aufnahme dieser Betriebsform in den Katalog der steuerungsbedürftigen Großbetriebe nach § 11 Abs.3 Nr.3 BauNVO hat der Verordnungsgeber einen Auffangtatbestand geschaffen, um all jene Betriebe zu erfassen, die schwerpunktmäßig anderen Handel als Einzelhandel betreiben, ihn gleichwohl aber untergeordnet mit anbieten. Hauptanwendungsfall sind Großhandelsbetriebe, die überwiegend Handelswaren an Wiederverkäufer oder gewerbliche Verbraucher beliefern und dennoch, etwa durch die in der Praxis verbreiteten Einkaufs- und Berechtigungsausweise, Verkauf an Endverbraucher zur Deckung ihres privaten Bedarfs ermöglichen.[74]

Der *Bundesgerichtshof* hat entschieden, dass zum geschäftlichen Verkehr mit dem Endverbraucher im Selbstbedienungsgroßhandel auch der Verkauf betriebsfremder Waren zur Deckung des privaten Bedarfs gewerblicher Abnehmer gehört.[75] Können derartige Betriebe im Hinblick auf den Verkauf an letzte Verbraucher ebensolche Auswirkungen erreichen wie großflächige Einzelhandelsbetriebe nach § 11 Abs.3 Nr.2 BauNVO, so sind sie ihnen in allen Belangen gleichgestellt. Probleme in der praktischen Handhabung dieser Vorschrift ergeben sich allerdings häufig aus dem Umstand, dass die dem Groß- bzw. Einzelhandel dienenden räumlichen und funktionellen Teilbereiche eines Vorhabens nicht ohne weiteres erkennbar sind. Hier kommt es darauf an, aus Anhaltspunkten wie etwa der Sortimentsbreite, der Gestaltung und Größe der Verkaufsfläche oder des Stellplatz-

73 *Thies,* Einzelhandelsgroßbetriebe im Städtebaurecht, 1992, Rn.78; *Söfker,* in: Ernst u.a., BauGB, Stand Sept 2004, § 11 BauNVO Rn.77.

74 *Söfker,* in: Ernst u.a., BauGB, Stand Sept 2004, § 11 BauNVO Rn.54; *Fickert/Fieseler,* BauNVO, 2002, § 11 Rn.20 f.

75 *BGH,* Urt. v. 30.11.1989 – I ZR 33/87 –, NJW 1990, 1294.

angebots entsprechende Rückschlüsse auf den Umfang der Einzelhandelsaktivitäten zu ziehen.[76]

76 *Fickert/Fieseler,* BauNVO, 2002, § 11 Rn.20.1.

§ 7 Steuerungsnormen des Baugesetzbuchs

Der planerische Entschluss einer Gemeinde für die Ansiedlung eines Einzelhandelsgroßbetriebs kann entweder über einen vorhabensbezogenen Bebauungsplan im Sinne von § 12 BauGB oder auf der Grundlage einer herkömmlichen Angebotsplanung realisiert werden.[1] Bei der Planaufstellung hat die Gemeinde auf die materiellen Vorgaben des Baugesetzbuchs Rücksicht zu nehmen.[2] Die Planung muss zunächst gemäß § 1 Abs.3 S.1 BauGB für die städtebauliche Entwicklung und Ordnung erforderlich sein. Erforderlichkeit ist regelmäßig gegeben, wenn für die Planung hinreichend gewichtige städtebauliche Belange sprechen.[3] Nach § 8 Abs.2 S.1 BauGB sind Bebauungspläne ferner aus dem Flächennutzungsplan zu entwickeln.[4]

Von besonderer Bedeutung für die materielle Rechtmäßigkeit der Bauleitplanung sind – speziell auch in den Fällen großflächiger Einzelhandelsansiedlungen – das interkommunale Abstimmungsgebot nach § 2 Abs.2 BauGB sowie das Abwägungsgebot nach § 1 Abs.7 BauGB.

---

1 *Bönker,* BauR 1999, 328 (330).

2 Vgl. *Söfker,* in: Ernst u.a., BauGB, Stand Sept 2004, § 11 BauNVO Rn.101 ff.

3 *BVerwG,* Urt. v. 5.7.1974 – IV C 50.72 –, BVerwGE 45, 309 (312 f); *OVG Münster,* Urt. v. 22.6.1998 – 7 a D 108/96.NE –, NVwZ 1999, 79 (80). Nicht erforderlich sind nur solche Bauleitpläne, die einer positiven Planungskonzeption entbehren und ersichtlich der Förderung von Zielen dienen, die sich nicht auf die Zwecke gem. § 1 Abs.6 BauGB beziehen. Der Erforderlichkeit der Planung steht nicht entgegen, dass die Ansiedlungsbereitschaft eines Investors Anlass der gemeindlichen Planung für einen Einzelhandelsgroßbetrieb war; vgl. *OVG Münster,* Urt. v. 22.6.1998 – 7 a D 108/96 –, BauR 1998, 1198 (1199); *Moench,* Festschr. Hoppe, 2000, S.459 (464).

4 Der Flächennutzungsplan hat die Aufgabe, auf einer abstrakten Ebene die Bodennutzung im Gemeindegebiet vorzubereiten; seine Aussagen sind grobkörnig, dafür aber rahmensetzend für die nachfolgende Aufstellung von Bebauungsplänen; vgl. *Jäde,* in: Jäde/Dirnberger/Weiss, BauGB – BauNVO, 2002, § 5 BauGB Rn.1 ff. Die Festsetzung von Kern- oder Sondergebieten für den großflächigen Einzelhandel in Bebauungsplänen bedarf regelmäßig einer positiven planerischen Vorbereitung im Flächennutzungsplan, etwa durch die Darstellung einer gemischten Baufläche oder einer Sonderbaufläche für den großflächigen Einzelhandel; vgl. *Söfker,* in: Ernst u.a, BauGB, Stand Sept 2004, § 11 BauNVO Rn.26. Dabei ist es nach § 8 Abs.3 S.1 BauGB auch zulässig, den Flächennutzungsplan zeitparallel mit der Aufstellung des Bebauungsplans zu ändern.

A. Interkommunale Abstimmung

Nach § 2 Abs.2 S.1 BauGB sind Bauleitpläne benachbarter Gemeinden aufeinander abzustimmen. Das darin liegende Erfordernis der interkommunalen Abstimmung begründet die materielle Pflicht der planenden Gemeinde, bei der Bauleitplanung auf die Belange der Nachbargemeinden Rücksicht zu nehmen.[5] Es ist Ausfluss der gemeindlichen Planungshoheit, die auf die Selbstverwaltungsgarantie des Art.28 Abs.2 S.1 GG zurückgeht und welche die Gemeinden im Nachbarschaftsverhältnis gegenseitig und paritätisch zu achten haben.[6]

I. Vorüberlegung

Die Abstimmungspflicht wird ausgelöst, wenn von der Planung unmittelbare Auswirkungen gewichtiger Art – so die gängige Formel der Rechtsprechung[7] – auf andere Kommunen ausgehen. Wann derartige Auswirkungen vorliegen, bestimmt sich nach zwei Kriterien: Die Auswirkungen müssen zum einen *städtebaulicher Art* sein, das heißt, sie müssen einen Bezug zur städtebaulichen Entwicklung und Ordnung in den Nachbargemeinden haben. Anhaltspunkte für städtebaulich relevante Vorgänge ergeben sich aus der Aufzählung der wichtigsten städtebaulichen Belange in § 1 Abs.6 BauGB. Die Auswirkungen müssen zum anderen *gewichtig* sein. Nicht ausreichend ist daher, dass die Nachbargemeinde planungsbedingt gezwungen ist, ihre eigenen Planungen auf die veränderte Sachlage umzustellen.[8] Zu verlangen ist vielmehr, dass eine spürbare und erhebliche Veränderung der »Planungsumwelt« zu besorgen ist, welche die Nachbar-

---

5 Die interkommunale Abstimmung stellt einen Unterfall des Abwägungsgebots dar; vgl. *Jäde,* in: Jäde/Dirnberger/Weiss, BauGB – BauNVO, 2002, § 2 BauGB, Rn.4; *Battis,* in: Battis/Krautzberger/Löhr, BauGB, 2005, § 2 Rn.22.

6 *BVerwG,* Urt. v. 8.9.1972 – 4 C 17.71 – BauR 1972, 352 (354); *OVG Münster,* Beschl. v. 31.1.2000 – 10 B 959/99 –, DÖV 2000, 644; *Schrödter,* in: Schrödter, BauGB, 1998, § 2 Rn.42; *Battis,* in: Battis/Krautzberger/Löhr, BauGB, 2005, § 2 Rn.20.

7 *BVerwG,* Beschl. v. 9.1.1995 – 4 NB 42.94 –, BRS 57, 20 (21); *BVerwG,* Urt. v. 15.12.1989 – 4 C 36.86 –, NVwZ 1990, 464 (465); *OVG Lüneburg.,* Urt. v. 23.11.1982 – 6 C 7/79 –, BauR 1983, 220; *Moench/Sandner,* NVwZ 1999, 337 (343); *Uechtritz,* BauR 1999, 572 (573).

8 *VGH München,* Beschl. v. 3.5.1999 – 1 N 98.1024 –, BauR 1999, 1140 (1142).

gemeinde aktiv zu planerischen Gegenmaßnahmen zwingen könnte.[9] Das gilt unabhängig davon, ob die Nachbargemeinde schon hinreichend konkrete Bauleitpläne oder sonstige planerische Absichten entwickelt hat. Zwar steigert sich die Schutzwürdigkeit der gemeindlichen Planungshoheit naturgemäß, je konkreter sie sich in nachvollziehbaren Planungen bereits verfestigt hat; die Abstimmungspflicht als solche hängt hiervon aber nicht ab.[10] Unter der Schwelle der Gewichtigkeit verbleibende Auswirkungen sind demgegenüber von vorneherein nicht im Abwägungsmaterial zu berücksichtigen.

Kommen unmittelbare Auswirkungen gewichtiger Art in Betracht, so folgt hieraus nicht automatisch die Unzulässigkeit der Planung.[11] Die planende Gemeinde kann bei Einhaltung des Abwägungsgebots ihre Belange durchaus als vorrangig gegenüber den Belangen der Nachbargemeinde gewichten, sofern die Schwelle der Unzumutbarkeit aus Sicht der Nachbargemeinde nicht überschritten wird.[12] Greift die Planung unzumutbar in die Belange der Nachbargemeinde ein, verletzt die planende Gemeinde das interkommunale Abstimmungsgebot. Auch die Frage, wann Unzumutbarkeit vorliegt, kann bei der Vielzahl möglicher Fallgestaltungen nicht allgemein beantwortet werden. Rechtsprechung und Literatur stellen überwiegend darauf ab, dass das Abstimmungsgebot dann verletzt ist, wenn die planende Gemeinde bei der Abwägung ihren eigenen Belangen den Vorrang einräumt, dadurch die Belange der Nachbargemeinde unverhältnismäßig zurückdrängt und damit die Grenze der Zumutbarkeit überschreitet.[13] Zumutbar hingegen ist die Planung, wenn in ihr eine hinreichende

9 *BVerwG,* Urt. v. 8.9.1972 – 4 C 17.71 –, BauR 1972, 352 (354); *OVG Münster,* Beschl. v. 31.1.2000 – 10 B 959/99 –, DÖV 2000, 644 (645); *OVG Greifswald,* Urt. v. 15.4.1999 – 3 K 36/97 –, BRS 62, 312 (315); *Bielenberg,* in: Ernst u.a., BauGB, Stand Oktober 2003, § 2 BauGB Rn.65.

10 *BVerwG,* Urt. v. 8.9.1972 – IV C 17.71 –, BVerwGE 40, 323 (330 f); *Uechtritz,* BauR 1999, 572 (574).

11 *VG Neustadt (Weinstraße),* Beschl. v. 29.9.1998 – 2 L 2138/98 –, NVwZ 1999, 101 (103); *Otting,* DVBl 1999, 595 (597).

12 *OVG Koblenz,* Beschl. v. 8.1.1999 – 8 B 12650/98 –, NVwZ 1999, 435 (437); *Kopf,* Rechtsfragen, 2002, S.213; *Moench/Sandner,* NVwZ 1999, 337 (341).

13 *BVerwG,* Urt. v. 8.91972 – 4 C 17.71 –, BauR 1972, 352 (355); *OVG Bautzen,* Urt. v. 26.5.1993 – 1 S 68/93 –, LKV 1994, 116 (118); *VG Neustadt(Weinstraße),* Beschl. v. 29.9.1998 – 2 L 2138/98 –, NVwZ 1999, 101 (104); *OVG Münster,* Beschl. v. 9.2.1988 – 11 B 2505/87 –, NVwZ-RR 1988, 11 (12); *Jahn,* BayVBl 2000, 267 (269); *Otting,* DVBl 1999, 595 (597).

Berücksichtigung und Würdigung der Planungshoheit der Nachbargemeinde zum Ausdruck kommt.[14] Die Bedeutung einer gerechten Abwägung als Maßstab für die Zumutbarkeit kommt auch in der folgenden, häufig von der Rechtsprechung verwendeten Formel zum Ausdruck: Je gewichtiger die dem eigenen Wirkungskreis entwachsenen Bedürfnisse sind, die zur Planung drängen, desto weniger muss die Planung zurückstehen; umgekehrt muss sie umso mehr Einschränkungen hinnehmen, je weiter sie ihren Wirkungskreis verlässt und je nachhaltiger sie in einen fremden Wirkungskreis eindringt.[15]

II. Bedeutung des Kaufkraftabflusses

Die Frage, wann die städtebauliche Relevanzschwelle durch die Ansiedlung von Einzelhandelsgroßbetrieben überschritten wird, wird in vielen Fällen an den Auswirkungen auf die Versorgung der Bevölkerung und die Entwicklung zentraler Versorgungsbereiche in den Nachbargemeinden gemessen. Hieraus erklärt sich, warum der Kaufkraftabfluss als Indikator zunehmend in den Blickpunkt des Interesses von Rechtsprechung und Literatur gerückt ist.

Im Gegensatz zu früheren Entscheidungen, in denen der Kaufkraftabfluss lediglich als bestätigender Anhaltspunkt gewertet wurde,[16] verstärkt sich die Tendenz in der jüngeren Rechtsprechung dahin, dem Kaufkraftabfluss sowohl für das Vorliegen unmittelbarer Auswirkungen gewichtiger Art als auch für die Unzumutbarkeit von Auswirkungen eine besonders Indizwirkung zuzuschreiben.[17] In der Literatur wird diese Gewichtung des Kaufkraftabflusses zum Teil kritisiert unter Hinweis darauf, dass die Betonung des Kaufkraftabflusses eine bedenkliche Nähe zu wettbewerblicher Parteilichkeit schaffe[18] und beispielsweise nicht klar sei, welche Bezugsgrößen,

14 *VG Neustadt (Weinstraße),* Beschl. v. 29.9.1998 – 2 L 2138/98 –, NVwZ 1999, 101 (104).

15 *OVG Münster,* Beschl. v. 9.2.1988 – 11 B 2505/87 –, NVwZ-RR 1988, 11 (12); *OVG Bautzen,* Urt. v. 26.5.1993 – 1 S 68/93 –, LKV 1994, 116 (118).

16 *VGH Mannheim,* Beschl. v. 25.08.1977 – III 1234/76 –, BRS 32, 58 (59); *VGH München,* Urt. v. 14.1.1991 – 2 B 89.785 –, GewArch 1991, 314 (316).

17 *OVG Frankfurt (Oder),* Beschl. v. 16.12.1998 – 3 B 116/98 –, NVwZ 1999, 434 (435); *VG Potsdam,* Beschl. v. 7.5.1999 – 5 L 950/98 –, BauR 1999, 1146 (1148); *OVG Weimar,* Beschl. v. 23.4.1997 – 1 EO 241/97 –, DÖV 1997, 791.

18 *Fickert/Fieseler,* BauNVO, 2002, § 11 Rn.23.1.

welches Sortimentsspektrum und welche Einkaufslagen bei der Beurteilung des Kaufkraftabflusses herangezogen würden.[19] In der Sache selbst bleibt aber weithin unbestritten, dass für ein Umschlagen wirtschaftlicher in städtebauliche Auswirkungen letztlich der Kaufkraftabfluss zur maßgeblichen Größe heranwächst, denn Umsatzeinbußen führen zwangsläufig ab einer gewissen Schwelle zu Geschäftsaufgaben und können dadurch – ebenso zwangsläufig – auf die Versorgungslage oder die städtebauliche Attraktivität der zentralen Versorgungsbereiche durchschlagen.[20] Das schließt keineswegs aus, sondern erfordert es gerade, neben dem Kaufkraftabfluss auch andere Kriterien wie Relevanz des geplanten Sortiments für die Attraktivität der Innenstadt,[21] Erreichbarkeit des Vorhabens vom Gebiet der benachbarten Gemeinde,[22] Lage des Vorhabens innerhalb oder außerhalb des Zentrums der Standortgemeinde,[23] Erforderlichkeit des Vorhabens für die angemessene Versorgung der ortsansässigen Bevölkerung der planenden Gemeinde[24] oder Schutzwürdigkeit des durch Planung und Investition geschaffenen städtebaulichen Charakters der Nachbargemeinde[25] zu berücksichtigen. Von der Rechtsprechung ist mehrfach betont worden, dass der Kaufkraftabfluss allein grundsätzlich städtebaulich irrelevant ist und nur bei gravierenden Abzügen eine vorentscheidende Rolle spielen könne.[26]

---

19 *Schmitz,* BauR 1999, 1100 (1106 f).

20 Vgl. *Kopf,* Rechtsfragen, 2002, S.216.

21 *OVG Koblenz,* Urt. v. 15.7.1987 – 10 C 46/86 –, NVwZ 1988, 379 (380); vgl. auch EHE NW, Nr. 2.3.1.

22 *OVG Münster,* Beschl. v. 9.2.1988 – 11 B 2505/87 –, DÖV 843 (845).

23 *OVG Greifswald,* Beschl. v. 30.6.1999 – 3 M 144/98 –, DÖV 2001, 134 (136).

24 *OVG Greifswald,*. Beschl. v. 30.6.1999 – 3 M 144/98 –, DÖV 2001, 134 (136).

25 *OVG Koblenz,* Urt. v. 25.4.2001 – 8 A 11441/00 –, BauR 2002, 577 (580).

26 *OVG Greifswald,* Beschl. v. 30.6.1999 – 3 M 144/98 –, BRS 62, 318 (323); *VG Neustadt (Weinstraße),* Beschl. v. 29.9.1998 – 2 L 2138/98 –, NVwZ 1999, 101 (103); *VG Potsdam,* Beschl. v. 7.5.1999 – 5 L 950/98 –, BRS 63, 326 (330).

III. Umschlagen wirtschaftlicher Auswirkungen

Gegenwärtig herrscht in der Rechtsprechung die Tendenz vor, ab einer Umsatzumverteilung von ca. 10 % die Möglichkeit städtebaulich relevanter Auswirkungen anzunehmen.[27]

Bezugsgröße für den Kaufkraftabfluss ist im Regelfall der gesamte innenstadtrelevante Einzelhandel in den durch das Vorhaben betroffenen Branchen.[28] Zum Teil wird auch nur auf den innerstädtischen Einzelhandel abgestellt; diese Auffassung muss sich jedoch entgegenhalten lassen, dass damit diejenigen Gemeinden bessergestellt werden, die ihre Innenstädte selbst durch periphere Einzelhandelsansiedlungen in den Außenbereichen geschwächt haben.[29] Unschädlich ist mithin, wenn in einzelnen Branchen höhere Abzüge als 10 % erfolgen, solange die für den gesamten gemeindeinternen Einzelhandel maßgebliche Schwelle von 10 % nicht überschritten wird.[30] Umfasst das Warenangebot des Einzelhandelsgroßbetriebs allerdings so genannte »Leitsortimente«, die für die Struktur des innerstädtischen Einzelhandels und die Bedarfsdeckung der Bevölkerung von prägender Bedeutung sind, so dürfte eine individuelle Betrachtung dieser Sortimente unter dem 10 %-Blickwinkel angezeigt sein.[31] Branchen nämlich, die den innerstädtischen Einzelhandel selbst nicht prägen, hängen in ihrer Attraktivität synergetisch von der Stärke der Leitsortimente ab, so dass Einbrüche im Leitsortiment auch Verluste in den Nebenbranchen nach sich ziehen können.[32]

Falsch verstanden wäre die 10 %-Schwelle, wenn sie im Sinne einer absoluten Grenze schematisch auf alle Sachverhalte übertragen würde. Sie ist

---

27 *OVG Koblenz,* Beschl. v. 8.1.99 – 8 B 12652/98 –, NVwZ 1999, 437 (438); *OVG Frankfurt (Oder),* Beschl. v. 16.12.1998 – 3 B 116/98 –, BauR 1999, 613 (614); *OVG Münster,* Urt. v. 5.9.1997 – 7 A 2902/93 –, BauR 1998, 309 (312).

28 *OVG Münster,* Urt. 5.9.1997 – 7 A 2902/93 –, BauR 1998, 309 (312); *OVG Koblenz,* Beschl. v. 8.1.1999 – 8 B 12652/98 (»FOC Zweibrücken«) –, BauR 1999, 367.

29 *VGH Mannheim,* Urt. v. 5.7.2000 – 8 S 2437/99 –, VBlBW 2000, 479; *Kopf,* Rechtsfragen, 2002, S. 218.

30 *Otting,* DVBl 1999, 595 (597).

31 So entschieden für Schuhe: *OVG Münster,* Urt. 5.9.1997 – 7 A 2902/93 –, BauR 1998, 309 (312); *OVG Koblenz,* Beschl. v. 8.1.99 – 8 B 12650/98 –, NVwZ 1999, 437 (438).

32 *Kopf,* Rechtsfragen, 2002, S.218.

eher als sachverständiger Orientierungsrichtwert zu verstehen,[33] der nicht die Notwendigkeit ersetzt, die örtlichen Umstände und Besonderheiten sorgfältig in den Blick zu nehmen. So ist für die Bewertung beispielsweise durchaus bedeutsam, ob ein Einzelhandelsgroßbetrieb in seinem Einzugsgebiet auf Gemeinden mit eher gefestigten oder eher entwicklungsbedürftigen innerstädtischen Handelsstrukturen trifft.[34] Auch stellt sich ein Kaufkraftabzug in dem für die Versorgung besonders bedeutsamen Bereich der kurz- und mittelfristigen Versorgung deutlich gravierender dar als Abflüsse im Sektor des langfristigen Bedarfs.[35]

IV. Unzumutbarkeit der Auswirkungen

(1) In der Rechtsprechung sind Überschreitungen der Zumutbarkeitsgrenze gesehen worden bei Kaufkraftabzügen von 45 % auf das gesamte Gemeindegebiet bezogen und 30 % im engeren Verflechtungsbereich[36], bei 25 % im jeweiligen Sortimentsbereich[37], bei 10–25 % des innenstadtrelevanten Einzelhandels[38] oder bei 10–30 % des gesamten innerstädtischen Einzelhandels.[39] In der Literatur wird – vorbehaltlich der Besonderheiten des Einzelfalls – überwiegend von einer Unzumutbarkeit bei einem Kaufkraftabfluss von über 20 % ausgegangen.[40] Dabei wird nach der Innenstadtrelevanz des Angebots differenziert; während für innenstadtrelevante Sortimente wie Textilien oder Schuhe ein Wert von 20 % gelten soll, ist

33 *Moench/Sandner,* NVwZ 1999, 337 (344). Die 10%-Schwelle wird auch durch die Ergebnisse einer Langzeitstudie der GMA bestätigt, die sich 1997 im Auftrag der IHK in Baden-Württemberg unter ministerieller Förderung mit den Auswirkungen von Einzelhandelsgroßprojekten auf umliegende Gemeinden in städtebaulicher, wirtschaftlicher und landesplanerischer Hinsicht befasst hat. Hiernach wurde festgestellt, dass Einzelhandelsgroßbetriebe idR erst ab Umsatzumverteilungen von 10–20 % städtebaulich relevant in Erscheinung treten; vgl. *Vogels/Will,* Auswirkungen von FOC, 1999, S.13 ff.

34 Vgl. *Uechtritz,* BauR 1999, 572 (580).

35 Vgl. *BVerwG,* Urt. v. 3.2.1984 – 4 C 54.80 –, BauR 1984, 380 (381); *Uechtritz,* BauR 1999, 572 (580).

36 *VGH München,* Urt. v. 14.1.1999 – 2 B 89.785 –, GewArch 1991, 314 (316).

37 *OVG Bautzen,* Urt. v. 9.12.1993 – 1 S 81/93 –, LKV 1995, 84.

38 *OVG Koblenz,* Urt. v. 25.4.2001 – 8 A 11441/00 –, NVwZ-RR 2001, 638 (642).

39 *OVG Greifswald,* Beschl. v. 30.6.1999 – 3 M 144/98 – DÖV 2001, 134 (136).

40 *Hoppe,* in: Ziekow – Bauplanungsrecht vor neuen Herausforderungen, 1999, 119 (128); *Moench,* Festschr. Hoppe, 2000, S.459 (472); *Uechtritz,* BauR 1999, 572 (583).

bei nicht-innenstadtrelevanten Branchen wie Bau- oder Möbelmärkten ein Abzug von 20 bis 30 % zulässig.[41]

Die Streubreite der Umsatzumverteilung, die von den Gerichten zugrunde gelegt wird, unterstreicht, dass es auf absolute Größen des Kaufkraftabzugs allein nicht ankommt, sondern erst die Situation vor Ort eine Bewertungsgrundlage für die Schädlichkeit von Kaufkraftabflüssen hergibt. So wird sich zum Beispiel für eine Nachbargemeinde, die über einen gesunden Einzelhandel verfügt, die Ansiedlung eines großflächigen Einzelhandelsbetriebs an der Peripherie wahrscheinlich weniger dramatisch auswirken als für eine Kommune, deren Einzelhandel sich noch im Aufbau befindet.[42]

(2) Die Rechtsprechung hat deshalb über den absoluten Wert des Kaufkraftabflusses hinaus weitere Kriterien entwickelt, die zur Feststellung der Unzumutbarkeit herangezogen werden. Danach ist etwa zu berücksichtigen, ob die planende Gemeinde eine eigene Unterversorgung in bestimmten Branchen ausgleichen will und Kaufkraftabzüge aus benachbarten Gemeinden nur der Rückgewinn »verlorener Kaufkraft« darstellen;[43] ob der Kaufkraftabzug sich eher auf Güter des kurzfristigen und mittelfristigen oder des langfristigen Bedarfs bezieht;[44] ob die streitgegenständliche Planung auf eine Nachbargemeinde mit einer attraktiven bzw. gefestigten Innenstadt trifft oder Bemühungen der Nachbargemeinde konterkariert, eine attraktive Innenstadt im Sinne eines vielfältigen und qualitätsorientierten Angebots für die eigene Bevölkerung überhaupt erst zu entwickeln;[45] ob die Nachbargemeinde eine Binnenverlagerung ihres Einzelhandels aus der Innenstadt in die Außenbereiche planerisch zugelassen hat und somit selbst ihr Zentrum geschädigt hat;[46] ob die Standortgemeinde das

---

41 *Moench,* Festschr. Hoppe, 2000, S.459 (472, 476).

42 Das gilt insbes. für die Situation in den neuen Bundesländer; vgl. *Hartog-Niemann/ Boesler,* RuR 1997, 411.

43 Vgl. *Uechtritz,* BauR 1999, 572 (580).

44 *OVG Weimar,* Beschl. v. 23.4.1997 – 1 EO 241/97 –, DÖV 1997, 791 (793); *VGH München,* Urt. v. 15.4.1994 – 2 N 93.3940 –, BayVBl 1994, 495 (496); *OVG Lüneburg,* Urt. v. 23.11.1982 – 6 C 7/79 –, BauR 1983, 220 (221).

45 *Uechtritz,* BauR 1999, 572 (580).

46 Eine solche Nachbargemeinde wird schwerlich geltend machen können, die planende Gemeinde handele rücksichtslos, wenn sie in gleicher Weise jenseits der Gemarkungsgrenze eine großflächige Einzelhandelsansiedlung zulässt; vgl. *OVG Frankfurt (Oder),* Beschl. v. 16.12.1998 – 3 B 116/98 –, NVwZ 1999, 434 (435); *VGH Mannheim,* Urt. v. 5.7.2000 – 8 S 2437/99 –, VBlBW 2000, 479.

Vorhaben so verortet, dass es auf die benachbarte Gemeinde hin orientiert ist und gezielt deren Kaufkraftpotenzial »anzapft«[47] oder ob die gemeindegebietsüberschreitende Wirkung eines Einzelhandelsgroßbetriebs von der Rechtsordnung aufgrund raumordnerischer Festlegungen ausdrücklich gewünscht wird, um mit der gewonnenen Kaufkraft das zentralörtliche Versorgungssystem zu stabilisieren.[48]

(3) Zum Teil wird als Indiz für noch zumutbare Auswirkungen diskutiert, dass das Vorhaben zumindest den Zielen der Raumordnung und Landesplanung entspreche.[49] Diese Auffassung erscheint bedenklich, weil sie Zielen der Raumordnung auf diese Weise im Ergebnis drittschützende Wirkung einräumt, wenn sie als sachliche Konkretisierung für die Schwelle der Unzumutbarkeit herangezogen werden. Dass die Ziele der Raumordnung und Landesplanung als solche nicht drittschützend sind, ist weithin unbestritten.[50] Das interkommunale Abstimmungsgebot schützt aber nur die gemeindliche Planungshoheit; es ist nicht einzusehen, dass eine Nachbargemeinde, die ihre zentralörtlichen Aufgaben bislang vernachlässigt hat, auf eine städtebauliche Mindestausstattung durch raumordnerische Vorgaben hoffen soll. Eine solche Implementierung raumordnerischer Kriterien würde das Wesen des interkommunalen Nachbarschaftsverhältnisses verfremden. Im Übrigen hat das interkommunale Beeinträchtigungsverbot eine andere Maßstabsfunktion als das raumordnerische Beeinträchtigungsverbot. Während das interkommunale Beeinträchtigungsverbot eine unzumutbare Beeinträchtigung der durch die Planungshoheit geschützten Gemeinde ausschließen soll, dient das raumordnerische Beeinträchtigungsverbot dem

47 *OVG Münster,* Beschl. v. 9.2.1988 – 11 B 2505/87 –, DÖV 1988, 843 (845); *VGH München,* Urt. v. 14.1. 1991 – 2 B 89.785 –, GewArch 1991, 314.

48 *OVG Bautzen,* Urt. v. 26.5.1993 – 1 S 68/93 –, LKV 1994, 116 (118); *OVG Münster,* Beschl. v. 9.2.1988 – 11 B 2505/87 –, DÖV 1988, 843 (845); *OVG Koblenz,* Beschl. v. 8.1.1999 – 8 B 12652/98 –, BauR 1999, 367; *Halama,* Festschr. Schlichter, 1995, S.201 (226); *Jahn,* BayVBl 2000, 267 (270); *Wagner,* ZfBR 2000, 21 (22); *Uechtritz,* BauR 1999, 578 (580); *Runkel,* UPR 1998, 241 (245); *Bielenberg,* in: Ernst u.a., BauGB, Stand Sept 2004, § 2 BauGB Rn.66.

49 *OVG Weimar,* Beschl. v. 23.4.1997 – 1 EO 241/97 –, DÖV 1997, 791 (793); *OVG Lüneburg,* Urt. v. 23.11.1982 – 6 C 7/79 –, BRS 39, 74 (77); *VG Neustadt (Weinstraße),* Beschl. v. 29.09.1998 – 2 L 2138/98 –, NVwZ 1999, 101 (102).

50 *BVerwG,* Urt. v. 20.1.1984 – 4 C 43.81 –, BVerwGE 68, 311 (313 f); *OVG Koblenz,* Beschl. v. 8.1.1999 – 8 B 12650/98 –, BauR 1999, 367 (369); *OVG Frankfurt (Oder),* Beschl. v. 26.3.2001 – 3 B 113/00.Z, n.v., amtl. Abdr. S.14-16; *Uechtritz,* BauR 1999, 572 (578); *Otting,* DVBl 1999, 595 (596).

Schutz der Zentralitätsstufen zur Wahrung von Raumstrukturen und Raumfunktionen.[51] Es steht außer Streit, dass die raumordnerischen Ziele bei der Abwägung der Belange von Standort- und Nachbargemeinde eine Rolle spielen. Die raumordnungsrechtliche Zulässigkeit eines Vorhabens stärkt die Belange der Gemeinde, die sich zu ihren Gunsten darauf berufen kann.[52] Eine weitergehende Bedeutung im Sinne einer Unzumutbarkeitsschwelle sollte der raumordnungsrechtlichen Zulässigkeit aus systematischen Gründen aber nicht zufallen.

§ 2 Abs.2 BauGB hat durch die kürzlich erfolgte Novellierung des Baugesetzbuchs allerdings dahingehend eine Änderung erfahren, dass sich die Gemeinden im Rahmen der interkommunalen Abstimmung nunmehr auch auf die ihnen durch Ziele der Raumordnung zugewiesenen Funktionen sowie auf Auswirkungen auf ihre zentralen Versorgungsbereiche berufen können.[53] Diese Erweiterung des interkommunalen Abstimmungsgebots auf raumordnerische Ziele beruht auf der Überlegung, dass der Bindung der Bauleitplanung an ein zentralörtliches Ziel der Raumordnung einerseits die Berechtigung der Gemeinde zur Abwehr von zielwidrigen Planungen benachbarter Kommunen andererseits gegenüberstehen muss.[54] Praktisch wird sich diese Erweiterung des interkommunalen Abstimmungsgebots dahin auswirken, dass die Gemeinde die Einhaltung von sie begünstigenden Zielen der Raumordnung zum Gegenstand einer interkommunalen Abwehrklage machen kann, was zuvor aufgrund der fehlenden Drittschutzwirkung von Zielen der Raumordnung nicht der Fall war.[55] Damit wird die bisherige Linie der Rechtsprechung, die raumordnungswidrige Planungen als Indiz für einen Verstoß gegen eine gerechte Abwägung der Nachbarbelange angesehen hat, im Ergebnis auf einfachgesetzlicher Ebene durchgesetzt.

---

51 *Spannowsky,* NdsVBl 2001, 1 (6); *Schmitz,* ZfBR 2001, 85 (87).

52 *Halama,* Festschr. Schlichter, 1995, S.201 (224 f).

53 So durch Änderung des BauGB am 20.7.2004 als neuer S.2 in § 2 Abs.2 in Kraft getreten.

54 *Krautzberger,* UPR 2004, 41 (46) unter Berufung auf die Überlegungen der Unabhängigen Expertenkommission zur Novellierung des Baugesetzbuchs.

55 *Finkelnburg,* NVwZ 2004, 897 (900).

B. Abwägungsgebot

Die Pflicht zur gerechten Abwägung der öffentlichen und privaten Belange nach § 1 Abs.6 und 7 BauGB ist das Wesensmerkmal der Bauleitplanung.[56] Planung als öffentlich-rechtliche Handlungsform hat die Macht, in vielfältiger Hinsicht private und öffentliche Interessen neu zu gestalten und gegebenenfalls auch in verfassungsrechtlich geschützte Rechte einzugreifen. Wegen dieser Eingriffs- und Gestaltungsbefugnisse bedarf die Bauleitplanung wie jede andere staatliche Planung auch einer besonderen verfassungsrechtlichen Legitimation, die durch das Abwägungsgebot vermittelt wird. Das Abwägungsgebot ist Ausfluss des Rechtsstaatsgebots in Art.20 Abs.3 GG; seine Beachtung ist daher Kennzeichen und Pflicht jeder rechtsstaatlichen Planung.[57]

An Belangen, die bei der Ansiedlung von Einzelhandelsgroßbetrieben typischerweise eine Rolle spielen, lassen sich in erster Linie die wirtschaftlichen Belange der in den betroffenen Gemeinden im Einzugsbereich angesiedelten Konkurrenzunternehmen, die städtebaulichen Belange dieser Gemeinden im Hinblick auf Versorgung und zentrale Versorgungsbereiche sowie landesplanerische Belange unterscheiden.[58] Darüber hinaus ist selbstverständlich auch allen sonstigen Belangen wie etwa Lärm, Luft, Verkehr oder Naturschutz Rechnung zu tragen. Für die hier interessierende Frage, ob die städtebauliche Planung raumordnerische Standortinteressen durchkreuzen kann, sind die letztgenannten Belange allerdings weniger von Bedeutung, da sie bei jeder Standortplanung von baulichen Anlagen unterschiedslos zu berücksichtigen sind. Im vorliegenden Kontext kommt es vielmehr auf die spezifisch durch den großflächigen Einzelhandel betroffenen Belange an und zwar vor allem auf die städtebaulichen Belange der Versorgung und Entwicklung zentraler Versorgungsbereiche sowie auf die raumordnerischen bzw. landesplanerischen Belange der zentralörtlichen Gliederung und siedlungsräumlichen Schwerpunktbildung.

---

56 *Moench/Sandner,* NVwZ 1999, 337 (342); *Ernst/Hoppe,* Bau- und Bodenrecht, 1981, Rn.283.

57 *BVerwG,* Urt. v. 12.12.1969 – 4 C 105.66 –, BVerwGE 34, 301 (307); *BVerwG,* Urt. v. 14.2.1975 – 4 C 21.74 –, BVerwGE 48, 56 (63).

58 *Moench/Sandner,* NVwZ 1999, 337 (343).

I. Wirtschaftliche Belange

Unter wirtschaftlichen Belangen werden im Zusammenhang mit der Bauleitplanung von Einzelhandelsgroßbetrieben regelmäßig die Interessen von Einzelhändlern diskutiert, die ihre Betriebe in den gewachsenen Ortszentren haben und durch die Ansiedlung von großflächigen Einzelhandelsbetrieben unter wirtschaftlichen Druck geraten können.[59] Grundsätzlich bleibt festzuhalten, dass der einzelne Gewerbetreibende weder einen Anspruch darauf hat, dass eine vorhandene Wettbewerbssituation nicht verschlechtert wird noch ist sein dahin gehendes Interesse schutzwürdig, weil er mit neuer Konkurrenz ständig rechnen muss.[60] Unabhängig davon ist es aber auch nicht Aufgabe der Bauleitplanung, Wettbewerbsinteressen zu wahren. Aus § 1 Abs.3 S.1 BauGB folgt, dass sich die Gemeinde des Instruments der Bauleitplanung nur bedienen darf, soweit es für die städtebauliche Entwicklung und Ordnung erforderlich ist.[61] Wettbewerbsinteressen oder gar Bedarfsprüfungen gehören hier nicht dazu.[62]

Wirtschaftliche Belange können allerdings städtebauliche Dimension erlangen, wenn sie auf Versorgungsstrukturen einwirken.[63] Das kommt vor allem in Betracht, wenn mit der Umlenkung der Kaufkraft zugleich kleinere Betriebe verdrängt werden, deren Fortfall zu einer Beeinträchtigung der wohnungsnahen Versorgung, vor allem mit Gütern des täglichen Bedarfs, führt.[64] Maßgeblich ist also nicht, dass der eine oder andere Betrieb vom Markt ausscheidet, sondern dass sich aus der Zusammenschau

---

59 *Moench/Sandner,* NVwZ 1999, 337 (343).

60 *BVerwG,* Beschl. v. 16.1.1990 – 4 NB 1/90 –, NVwZ 1990, 555; *OVG Greifswald,* Urt. v. 15.4.1999 – 3 K 36/97 –, BRS 62, 312 (314).

61 *BVerwG,* Beschl. v. 26.2.1997 – 4 NB 5.97 –, NVwZ 1997, 435; *VG Magdeburg,* Beschl. v. 9.8.1995 – 4 B 61/95 –, LKV 1996, 340 (341).

62 *BVerwG,* Beschl. v. 16.1.1990 – 4 NB 1/90 – NVwZ 1990, 555; *OVG Frankfurt (Oder),* Beschl. v. 8.5.1998 – 3 B 84/97 –, LKV 1998, 359 (361); *OVG Greifswald,* Beschl. v. 30.6.1999 – 3 M 144/98 –, DÖV 2001, 134; *OVG Lüneburg,* Urt. v. 19.1.1981 – 1 A 172/78 –, GewArch 1981, 397 (398); *Gleisberg,* in: Dichtl/Schenke (Hg.), Einzelhandel und BauNVO, 1988, S.75 (87); *Fickert/Fieseler,* BauNVO, 2002, § 11 Rn.11.23; *Moench,* Festschr. Hoppe, 2000, S.459 (469); *Uechtritz,* BauR 1999, 572 (579).

63 *OVG Lüneburg,* Urt. v. 19.1.1981 – 1 A 172/78 –, GewArch 1981, 397 (398); *Söfker,* in: Ernst u.a., BauGB, Stand Sept 2004, § 11 BauNVO Rn.57.

64 Vgl. *Erbguth/Schoeneberg,* Raumordnungs- und Landesplanungsrecht, 1992, Rn.15; s. ferner EHE NW, Nr.2.3.1.

der Geschäftsaufgaben ein Problem *struktureller* Art für die Versorgungslage ergibt. Dabei ist für die Annahme städtebaulicher Auswirkungen eine unmittelbar drohende Beeinträchtigung der Versorgungslage nicht vonnöten; es genügt schon, dass infolge verminderter Gewinnerwartungen eine schleichende Entwertung innerstädtischer Einzelhandelsstandorte einsetzt und sich als Folge dessen das städtebauliche Gewicht von den integrierten Geschäftslagen hin zur Peripherie verlagert.[65]

II. Städtebauliche Belange

Bei den städtebaulichen Belangen sind insbesondere die Auswirkungen auf die Entwicklung zentraler Versorgungsbereiche sowie die Versorgung der Bevölkerung in den Gemeinden im Einzugsbereich großflächiger Einzelhandelsbetriebe zu berücksichtigen. Zudem sind die weiteren in § 11 Abs.3 S.3 Nr.2 BauNVO genannten Auswirkungen zu berücksichtigen, auf die es im vorliegenden Untersuchungsrahmen allerdings nicht weiter ankommt.

(1) Zur Ermittlung der versorgungsbezogenen Auswirkungen ist zunächst marktgutachterlich untersuchen zu lassen, wie groß die Umsatzerwartung des anvisierten Einzelhandelsgroßprojekts sein wird und aus welchen Gemeinden sich die Kaufkraftzuflüsse rekrutieren werden.[66] In einem zweiten Schritt ist zu untersuchen, wie sich die prognostizierten Kaufkraftverlagerungen sowohl in der Standortgemeinde wie auch in den betroffenen Nachbargemeinden auswirken können. Abstrakt kann von zu beachtenden städtebaulichen Auswirkungen gesprochen werden, wenn eine Verödung von Stadtstrukturen durch Leerstände eintritt oder das städtebaulich erreichte Versorgungsniveau sowohl im Hinblick auf die wohnungsnahe Grundversorgung als auch die verbrauchernahe Versorgung in der Innenstadt geschmälert wird. Wie dargestellt, beginnt die Abwägungserheblichkeit wirtschaftlicher Auswirkungen in der Regel erst ab 10 % Kaufkraftumverteilung, wobei als Bezugsgröße entweder der gesamte Einzelhandel einer Gemeinde oder bestimmte Leitsortimente, die den Charakter der Innenstadt oder die Versorgung prägen, herangezogen werden.[67] Wird die

---

65 Vgl. *OVG Münster,* Urt. v. 5.9.19 – 7 A 2902/93 –, BauR 1998, 309 (312); *VG Potsdam,* Beschl. v. 75.1999 – 5 L 950/98 –, BauR 1999, 1146 (1148).

66 *Moench,* Festschr. Hoppe, 2000, S. 459 (470); zur Methodik solcher Untersuchungen *Kläsener u.a.,* Standortfragen des Handels, 1986, S.96 ff.

67 S. oben S.92 f.

Relevanzschwelle überschritten, muss die Gemeinde den nächsten Schritt der Abwägung tätigen, nämlich in eine Gewichtung und Bewertung der nunmehr als bedeutsam erkannten Belange eintreten.[68]

(2) Bei der Abwägung nach § 1 Abs.7 BauGB hat sich das Hauptaugenmerk darauf zu richten, ob die mit der Verlagerung der Kaufkraft verbundenen Auswirkungen auf die Versorgung bzw. zentralen Versorgungsbereiche in der Standort- oder Nachbargemeinde dem Planprojekt entgegenstehen.[69] Die Standortgemeinde hat vor allem festzustellen, ob der Eingriff in die städtebaulichen Belange auf eigenem oder benachbarten Gebiet ein adäquates Gegengewicht in den eigenen städtebaulich verfolgten Ziele findet. Solche eigenen städtebaulichen Ziele können etwa – abgeleitet aus § 1 Abs.6 BauGB – die Schaffung und Sicherung von Arbeitsplätzen, die Verbesserung der Angebotsstruktur und damit der Versorgungssituation der ortsansässigen Bevölkerung, die Verwertung von Brachflächen oder die attraktive Gestaltung des städtebaulichen Erscheinungsbilds sein.[70]

(3) Besondere Probleme werfen Kaufkraftabzüge bei Gütern des täglichen Bedarfs, also im Bereich der Nahversorgung, auf. Wegen der geringeren Gewinnspanne kleinerer, mittelständischer Betriebe kann unter Umständen schon eine über 10 % liegende Kaufkraftbindung ein im Wege der Abwägung nicht zu überwindender Belang darstellen. Die wohnungsnahe Grundversorgung ist in besonderer Weise davon abhängig, dass möglichst viele Geschäfte in der Fläche vorhanden sind. Bereits bei zahlenmäßig geringen Geschäftsaufgaben können daher spürbare Verluste in der Nahversorgung auftreten, welche die fußläufige Versorgung von Wohngebieten in Frage stellen.[71]

Bei sonstigen Kaufkraftabzügen spielt die Innenstadtrelevanz der betroffenen Branchen die maßgebliche Rolle bei der Abwägung. Betreffen die Sortimente des Einzelhandelsgroßbetriebs weniger innenstadtrelevante Branchen wie zum Beispiel Baustoffe oder Möbel, so werden sich Kaufkraftabflüsse auch weniger auf die städtebauliche Situation auswirken, als vielmehr landesplanerisch unter dem Gesichtspunkt einer landesweiten

---

68 Vgl. zu den methodischen Anforderungen des Abwägungsgebots grundlegend *BVerwG,* Urt. v. 12.12.1969 – IV C 105.66 –, BVerwGE 34, 301 (309).

69 Vgl. *Moench,* Festschr. Hoppe, 2000, S. 459 (475).

70 *Moench/Sandner,* NVwZ 1999, 337 (343).

71 *Thies,* Einzelhandelsgroßbetriebe im Städtebaurecht, 1992, Rn.64.

verbrauchernahen Versorgung von Interesse sind.[72] Fachmärkte mit sperrigen Gütern erstrecken sich regelmäßig auf überörtliche Einzugsbereiche; sie prägen daher typischerweise nicht die individuelle städtebauliche Struktur einer Gemeinde. Wegen ihrer hohen Flächenbedarfe und notwendig autokundenorientierten Kundschaft gehören sie traditionell nicht in die von Fußgängern belebte Innenstadt. Anders liegt der Fall bei innenstadtrelevanten Sortimenten wie Textilien oder Schuhe. Sie sind Teil des auf die ortsansässige Bevölkerung bezogenen Versorgungsangebots und deshalb auch für die innerstädtische Entwicklung unverzichtbar. Hier können Kaufkraftverlagerungen schon deutlich über 10 %, insbesondere bei weniger gefestigten Innenstädten, Grenzen zumutbarer Abwägung markieren.[73]

III. Landesplanerische Belange

Landesplanerische Belange sind in der Abwägung nur zu berücksichtigen, soweit sie nicht im Rahmen der Zielanpassung nach § 1 Abs.4 BauGB zwingend zu beachten waren.[74] Ziele der Raumordnung sind nach den §§ 3 Nr.2, 4 Abs.1 ROG der Abwägung vorgelagert und stehen damit nicht zur Disposition. Hingegen gehören Grundsätze der Raumordnung gemäß §§ 3 Nr.3, 4 Abs.2 ROG zum Abwägungsmaterial der Bauleitplanung.

Als solche Grundsätze kommen beispielweise in Betracht der Grundsatz der dezentralen Siedlungsstruktur und siedlungsräumlichen Siedlungsschwerpunktbildung nach § 2 Abs.2 Nr.2 ROG, wonach Einzelhandelsgroßbetriebe als siedlungsräumliche Gravitationskräfte in zentrale Orte gehören, der Grundsatz des Freiraumschutzes nach § 2 Abs.2 Nr.3 und 5 S.2 ROG, wonach Einzelhandelsgroßbetriebe keinen unnötigen Freiraumverlust begründen sollen, der Grundsatz der Verkehrsvermeidung nach § 2

---

72 *Moench,* Festschr. Hoppe, 2000, S. 459 (475) geht davon aus, dass hier städtebauliche Auswirkungen erst bei wesentlichen höheren Prozentsätzen von 20-30 % anzunehmen sind – wenn überhaupt; ebenso *Vogels/ Will,* Auswirkungen von FOC, 1999, S.86.

73 Hier wiederum *Moench,* Festschr. Hoppe, 2000, S. 459 (475), der Kaufkraftabflüsse bis zu 20% vertretbar hält unter Hinweis darauf, dass die verbleibende sortimentsspezifische Kaufkraft von rechnerisch +/- 80 % zur Bedarfsdeckung ausreiche und Umsatzverluste dieser Größenordnung durch Anpassungsmaßnahmen deutlich zu Gunsten der Bestandserhaltung verschoben werden könnten.

74 S. dazu sogleich unten S.102 f.

Abs.2 Nr.5 S.2, Nr.12 S.3 ROG, wonach Einzelhandelsgroßbetriebe unter Ausnutzung der vorhandenen Verkehrssysteme zu verorten sind oder der Grundsatz des pfleglichen Umgangs mit Natur und Landschaft nach § 2 Abs.2 Nr.8 ROG, wonach eine möglichst schonende Inanspruchnahme von unversiegeltem Grund und Boden zu gewährleisten ist

Die Gemeinde muss die genannten Belange bei ihrer Abwägung berücksichtigen; sie kann sie aber zugunsten der eigenen Belange zurückstellen, soweit das Abwägungsgebot eingehalten wird, also keine unzumutbare Zurückdrängung landesplanerischer Interessen erfolgt.[75]

C. Anpassung an die Ziele der Raumordnung und Landesplanung

Eine äußere rechtliche Grenze für die bauleitplanerische Abwägung markiert § 1 Abs.4 BauGB. Danach ist die Bauleitplanung an die Ziele der Raumordnung und Landesplanung anzupassen. Ziele der Raumordnung und Landesplanung sind abschließend abgewogene, verbindliche Festlegungen in Raumordnungsplänen, die der bauleitplanerischen Abwägung vorgelagert sind und deshalb durch Abwägung nicht überwunden werden können. Inhalt der Anpassungspflicht können Handlungs-, Unterlassungs- und Rücksichtnamepflichten sein.[76]

§ 1 Abs.4 BauGB ist das Einfallstor für landesplanerisch zwingende Belange, die auf eine übergeordnete, überörtliche Steuerung der Raumentwicklung aus gesamträumlicher Sicht gerichtet sind. Die bauleitplanerische Abwägung ist aufgabenbedingt auf die städtebauliche Entwicklung und Ordnung innerhalb der Grenzen von Gemeindegebieten gerichtet und bezieht deshalb nicht die Stellung und Funktion von Gemeinden im gesamträumlichen Gefüge in die Betrachtung ein.[77] Die städtebauliche Planungsentscheidung bedarf daher eines Korrektivs, soweit eine Kollision mit überörtlichen Planungszielen zu erwarten ist. Dieses Korrektiv stellt die

---

75 *Finkelnburg/Ortloff,* Öffentliches Baurecht, Bd.I, 1998, S.40; *Krautzberger,* in: Battis/Krautzberger/Löhr, BauGB, 2005, § 1 Rn.103.

76 *Söfker,* in: Ernst u.a., BauGB, Stand Sept 2004, § 1 BauGB Rn.63 ff.

77 Vgl. § 1 Abs.3 S.1 BauGB; s. auch *Krautzberger,* in: Battis/Krautzberger/Löhr, BauGB, 2005, § 1 Rn.12; *Schrödter,* in: Schrödter u.a., BauGB, 1998, § 1 Rn.35; *Schneider,* Bauplanungsrechtliche Zulässigkeit von FOC, 2003, S.93; *Spannowsky,* NdsVBl 2001, 1 (3).

Raumordnungsklausel des § 1 Abs.4 BauGB dar, die auf der allgemeinen Beachtenspflicht von Zielen der Raumordnung nach § 4 Abs.2 ROG fußt und für die Gemeinden als Träger der Bauleitplanung eine nachdrücklich ausgestaltete Mitwirkungsverpflichtung für die Umsetzung landesplanerischer Interessen begründet.[78]

Inwiefern die städtebaurechtliche Standortentscheidung Bedeutung für landesplanerische Interessen hat, welche Steuerungsnormen mit Zielcharakter auf landesplanerischer Ebene bestehen, die eine Anpassungspflicht aus § 1 Abs.4 BauGB auslösen und ob diese Steuerungsnormen das besondere verfassungsrechtliche Spannungsverhältnis, das zwischen Landesplanung und Bauleitplanung besteht, respektieren, ist Hauptschwerpunkt dieser Untersuchung und wird in den nachfolgenden Teilen dieser Arbeit ausführlich problematisiert. Im Vordergrund der Betrachtungen steht dabei die zentrale Steuerungsnorm des § 24 Abs.3 LEPro NW, die konkrete Zulässigkeitskriterien für die bauleitplanerische Standortplanung von großflächigen Einzelhandelsbetrieben beinhaltet.

78 *Ernst/Hoppe,* Bau- und Bodenrecht, 1981, Rn.73; *Krautzberger,* in: Battis/Krautzberger/Löhr, BauGB, 2005, § 1 Rn.33 ff.

Vierter Teil: Steuerung der Auswirkungen durch Landesplanung

Die empirisch belegten Auswirkungen des großflächigen Einzelhandels auf die landesplanerisch angestrebten Siedlungs- und Versorgungsstrukturen haben in allen Bundesländern zu landesplanerischen Festlegungen in Raumordnungsplänen geführt, die auf eine raumverträgliche Ansiedlung des großflächigen Einzelhandels gerichtet sind. Wesentlicher Anknüpfungspunkt der Steuerungsnormen ist die zentralörtliche Gliederung, die als siedlungsstrukturelles Modell die Voraussetzungen für eine bestmögliche Versorgung der Bevölkerung in allen Landesteilen schaffen soll. Die landesplanerischen Anforderungen an die Standortplanung von großflächigen Einzelhandelsbetrieben sehen vor, dass der großflächige Einzelhandel diesen zentralörtlichen Strukturen in siedlungsstruktureller und versorgungsfunktionaler Hinsicht entspricht. Für die Frage, welche Steuerungswirkung diesen Ge- und Verboten in der Bauleitplanung zukommt, ist entscheidend, ob sie die Anforderungen an ein Ziel der Raumordnung im Sinne des § 3 Nr.2 ROG erfüllen. Ist das der Fall, so ist die Gemeinde über § 1 Abs.4 BauGB verpflichtet, ihre Bauleitplanung an die Zulässigkeitskriterien des § 24 Abs.3 LEPro NW anzupassen, ohne diese Vorgaben noch einmal im Rahmen der eigenen bauleitplanerischen Abwägung zur Disposition stellen zu können.

§ 8 Landesplanerische Zulässigkeitskriterien für den großflächigen Einzelhandel

A. Überblick über die Regelungssystematik in den Bundesländern

Allen landesplanerischen Normen in den Bundesländern, die den großflächigen Einzelhandel zum Gegenstand haben, ist gemeinsam, dass sie als Maßstab für die Raumverträglichkeit einer Ansiedlung die Zentrenhierarchie bzw. die zentralörtliche Gliederung nennen.[1] Ziel ist in allen

1 Vgl. *Spannowsky,* UPR 2003, 248 (250); *Leder,* Rechtsfragen bei der Ansiedlung von Einkaufszentren, 1987, S.93; *Janning,* in: Jarass (Hg.), Öffentlichkeitsbeteiligung und Rechtsschutz, 2002, S.109 (112).

Fällen die möglichst vollständige und gleichmäßige Versorgung der Bevölkerung.[2]

Entsprechend der Einteilung der Gemeinden in verschiedene Zentralitätsstufen werden zunächst Vorstellungen dahingehend entwickelt, dass ein entsprechendes Einzelhandelsangebot für die Bedarfsdeckung der Einwohner im Verflechtungsbereich vorhanden sein soll.[3] Sodann wird überwiegend gefordert, dass sich Einzelhandelsgroßbetriebe an der Versorgungsfunktion der zentralen Orte und der Größe des Verflechtungsbereichs orientieren sowie keine nachteiligen Auswirkungen auf die verbrauchernahe Versorgung in ihrem Einzugsgebiet haben.[4] Diese Anforderungen werden gemeinhin als Kongruenzgebot und Beeinträchtigungsverbot bezeichnet.[5]

Ein Teil der Bundesländer begnügt sich damit, die Übereinstimmung der Einzelhandelsnutzung mit der zentralörtlichen Gliederung lediglich in allgemeiner Form zu fordern,[6] während andere Bundesländer großflächige Einzelhandelseinrichtungen regelmäßig nur in Mittel- oder Oberzentren, zum Teil auch in Unterzentren, nicht aber in Gemeinden ohne oder mit

---

2 Vgl. *Leder,* Rechtsfragen bei der Ansiedlung von Einkaufszentren, 1987, S.93; *Runkel,* UPR 1998, 241 (246); *Schmitz,* ZfBR 2001, 85 f; *Vogels/Will,* Auswirkungen von FOC, 1999, S.58 f; *Mösel,* Kombinierte Großprojekte, 2002, S.241 f; *Hoppe/Menke,* Raumordnungs- und Landesplanungsrecht RP, 1986, § 6 Rn.91.

3 Vgl. stellvertretend für andere LEP Hess (in den relevanten Auszügen abgedr. im EHE Hess unter Nr.3); AnlSachs (in den relevanten Auszügen abgedr. im EHE Sachs unter Nr.2.2); LEP Saarland, Kap. III, Nr.3.1 ff; LEP Bay, Ziele B II 1.2.1; s. auch *Jahn,* BayVBl 1989, 294 (295); *Fickert/Fieseler,* BauNVO, 2002, Rn.22.1; *Grae,* Einkaufszentrum und Verbrauchermarkt, 1981, S.67 ff; *Hoppe/Bunse,* WiVerw 1984, 151 (154); *Zeck,* IzR 2003, 725 (728).

4 Vgl. stellvertretend für andere § 24 Abs.3 LEPro NW; § 16 Abs.6 LEPro Bbg; LEP Hess (in den relevanten Auszügen abgedr. im EHE Hess, Nr.3 a); AnlSachs, Nr. 6.3, (in den relevanten Auszügen abgedr. im EHE Sachs unter Nr.2.2); LEP Bay, Ziele B II, 1.2.1.3; LEP BW, Ziel 3.3.7; LEP Saarl, Kap. III, Nr.3.1; s. auch *Schmitz,* ZfBR 2001, 85 (86), der die Regelungen im Wortlaut aus NW, Bbg, Nds u. BW vorstellt; einen zusammenfassenden Überblick über die Regelungen der alten Bundesländer, Stand 1987, gibt *Leder,* Rechtsfragen bei der Ansiedlung von Einkaufszentren, 1987, S.68 ff.

5 Vgl. *Spannowsky,* NdsVBl 2001, 1 (5); *Moench/Sandner,* NVwZ 1999, 337 (341); *Schmitz,* ZfBR 2001, 85 (86); *Kopf,* Rechtsfragen, 2002, S.257 u. 266.

6 So etwa LROP MV, Nr. 5.5.3, Abs.1; § 24 Abs.3 LEPro NW; LROP II Nds, C 1.6.04; § 16 Abs.6 LEPro Bbg.

geringerer zentralörtlicher Funktion für zulässig erklären.[7] Das Bundesland Bayern hat in seinem neuformulierten Landesentwicklungsprogramm 2003 noch weitergehende Konkretisierungen getroffen und zum Schutz der zentralörtlichen Versorgungsfunktionen sowie der verbrauchernahen Versorgung der Bevölkerung sortimentsspezifische Höchstgrenzen an zulässigen Kaufkraftabschöpfungen im Verflechtungsbereich bestimmt.[8]

Neben dem Kongruenzgebot und Beeinträchtigungsverbot findet sich in den Raumordnungsplänen der meisten Bundesländer auch noch das so genannte »Integrationsgebot«, das auf eine städtebauliche Integration des großflächigen Einzelhandels gerichtet ist.[9] Gefordert wird überwiegend ein baulich-funktionaler Zusammenhang mit den innergemeindlichen Siedlungsbereichen, wobei die Formulierungen in den Raumordnungsplänen von einer »städtebaulich integrierten Lage«,[10] über einen »räumlichen Zusammenhang zum vorhandenen Siedlungsbereich«,[11] einer »engen baulichen und funktionalen Verbindung mit bestehenden Siedlungsgebieten«[12] bis hin zu einem »engen räumlichen und funktionalen Zusammenhang mit den zentralen Einkaufsbereichen der Standortgemeinde«[13] reichen.

Die Steuerungsnorm für den großflächigen Einzelhandel in Nordrhein-Westfalen ist § 24 Abs.3 LEPro NW. Danach sollen Kerngebiete sowie Sondergebiete für Einkaufszentren, großflächige Einzelhandelsbetriebe und

---

7 Vgl. etwa LEP Hess (in den relevanten Auszügen, abgedr. im EHE Hess unter Nr.3 a); AnlSachs, Nr. 6.3 (in den relevanten Auszügen abgedr. im EHE Sachs unter Nr.2.2.1); LEP BW, Ziel 3.3.7; LEP Saarl, Kap. III, Nr.3.2; LEP Bay, Ziele B II, 1.2.1.5; *Blotevogel u.a.,* in: Blotevogel (Hg.), Fortentwicklung des Zentrale-Orte-Konzepts, 2002, S.217 (275).

8 LEP Bay, Ziele B II, 1.2.1.5: Danach dürfen z.B. Einzelhandelsgroßbetriebe mit innenstadtrelevantem Sortiment höchstens 25 % der sortimentsspezifischen Kaufkraft bei Waren des kurzfristigen, täglichen Bedarfs im Nahbereich bzw. bei Siedlungsschwerpunkten ohne Nahbereich im gesamten Gemeindegebiet abschöpfen.

9 So etwa LEP Bay, Ziele B II, 1.2.1.5; LEP Hess (i. d. relevanten Auszügen abgedr. im EHE Hess unter Nr.3 b); AnlSachs, Nr. 6.3 (in den relevanten Auszügen abgedr. im EHE Sachs unter Nr.2.2.1); LEP BW, Ziel 3.3.7.2; LEP Saarl, Kap. III, Nr.3.2; LEP Bay, Ziele B II, 1.2.1.5; *Blotevogel u.a.,* in: Blotevogel (Hg.), Fortentwicklung des Zentrale-Orte-Konzepts, 2002, S. 217 (275).

10 Vgl. etwa LROP MV, Nr. 5.5.3, Abs.2.

11 Vgl. § 16 Abs.6 LEPeV Bbg.

12 Vgl. etwa EHE Thür, Nr.4 b.

13 LEPro RP, 3.4.1.3.

sonstige großflächige Handelsbetriebe nur ausgewiesen werden, soweit die in ihnen zulässigen Nutzungen nach Art, Lage und Umfang der angestrebten zentralörtlichen Gliederung sowie der in diesem Rahmen zu sichernden Versorgung der Bevölkerung entsprechen und wenn sie räumlich und funktional den Siedlungsschwerpunkten zugeordnet sind.

B. Zweck des § 24 Abs.3 LEPro NW

Die Vorschrift des § 24 Abs.3 LEPro NW ist vor dem empirischen Hintergrund zu sehen, dass seit den 1960er Jahren eine zunehmende Ausbreitung des großflächigen Einzelhandels am Rande und im Umland von Städten zu beobachten ist, die den privaten Einzelhandel in den Innenstädten wegen der damit verbundenen Kaufkraftabwanderungen in seiner wirtschaftlichen Existenz gefährdet. Während es bislang allein schon wegen der Fühlungsvorteile zu öffentlichen Einrichtungen durchaus dem betriebswirtschaftlichen Standortinteresse des Einzelhandels entsprach, sich ebenfalls in den Zentren niederzulassen, haben sich die Standortpräferenzen mittlerweile vor allem aufgrund der gestiegenen Mobilität der Bevölkerung, günstigerer Standortbedingungen in den Außenbereichen und unternehmensbedingter Konzentrationsprozesse von den Zentren an die Peripherie verlagert.[14] Die Folgen dieser Entwicklung werden häufig mit dem plakativen Bild der »entleerten Innenstädte« und der »Speckgürtel im Umland« beschrieben.[15]

(1) Für die Landesplanung stellt diese Entwicklung eine Bedrohung des Ziels dar, gleichwertige Lebensverhältnisse in allen Landesteilen herzustellen.[16] Die Versorgung in gleichmäßig über das Landesgebiet verteilten Zentren, gestuft nach dem Kriterium der Bedarfsfristigkeit, sichert eine Versorgung der Bevölkerung mit den wichtigsten Gütern und Dienstleistungen, die von allen Landesteilen in zumutbarer Entfernung erreichbar ist. Die Zentrenstruktur ist durch das überörtliche System der zentralen Orte in den Raumordnungsplänen bzw. durch die innerörtlichen Siedlungsschwerpunkte der Gemeinden in den Flächennutzungsplänen normativ implemen-

14 S. hierzu im Einzelnen schon oben S.8 ff.

15 Vgl. *Müller,* in: ARL (Hg.), Steuerungsmöglichkeiten von Suburbanisierungsprozessen, 2001, S.101 (102); *Aring,* Zwischenstadt, 1999, S.13.

16 *Bundesamt für Bauwesen und Raumordnung,* Raumordnungsbericht 2000, S.142; *Erbguth/Schoeneberg,* Raumordnungs- und Landesplanungsrecht, 1992, Rn.15.

tiert. Für die Gemeinden ergibt sich hieraus über § 1 Abs.4 BauGB bzw. § 8 Abs.2 S.1 BauGB die Verpflichtung, die Ausstattung ihrer Zentren mit den stufengerechten Versorgungseinrichtungen planungsrechtlich zu ermöglichen und das erforderliche »Bauland« in den Siedlungsschwerpunkten zur Verfügung zu stellen.[17]

Die Verwirklichung dieser Versorgungsinfrastruktur allerdings ist ganz entscheidend davon abhängig, dass die entsprechenden öffentlichen und privaten Investitionsentscheidungen zugunsten der jeweiligen zentralen Orte auch getroffen werden. Die Gemeinde kann lediglich die planungsrechtlichen Grundlagen für die erforderlichen Ansiedlungen nach Art, Umfang und Lage schaffen, diese selbst aber regelmäßig nicht erzwingen. Konkrete Bindungen für den öffentlichen Sektor enthalten zwar die §§ 31 ff LEPro NW, wonach bestimmte öffentliche Einrichtungen, wenn sie denn geplant werden, dem System der zentralörtlichen Gliederung zuzuordnen sind. Die Ansiedlungsentscheidung privater Versorgungseinrichtungen vermag die öffentliche Hand jedoch unmittelbar nicht zu beeinflussen; denkbar sind allenfalls mittelbare Anreize, wie sie etwa durch Projektförderungsmaßnahmen gewährt werden.[18] Auf die in der Vergangenheit begründete Erwartung, dass sich der Einzelhandel wegen der Fühlungsvorteile zu öffentlichen Einrichtungen und der daraus resultierenden Kundenfrequentierung nur allzu bereitwillig in den Zentren niederlässt,[19] kann wegen der Maßstabssprünge zur Großflächigkeit nicht mehr gebaut werden.[20]

---

17 Vgl. *OVG Koblenz,* Urt. v. 1.3.1983 – 10 C 24/82 –, BauR 1983, 551 (552); *Wahl,* Rechtsfragen II, 1978, S.222; s. auch LEP Bay, Begr. A III, Zu 2.1.2, wonach die durch Ziele der Raumordnung ausgelöste Beachtenspflicht für alle öffentlichen Stellen bedeutet, dass den jeweiligen Ausstattungsanforderungen bei einschlägigen Planungen und Maßnahmen Rechnung getragen werden soll, u.a. durch eine *entsprechende gemeindliche Bauleitplanung*; ferner *Haupt,* in: Ziekow (Hg.), Bauplanungsrecht vor neuen Herausforderungen, 1999, S.113 (116), der feststellt, dass die Herstellung planungsrechtlicher Grundlagen Grundvoraussetzung für eine lenkende Einflussnahme auf Ansiedlungsvorhaben ist.

18 S. LEP Bayern, Begr. A III Zu 2.1.2, wonach zur Förderung der zentralen Orte Initiativen der privaten Wirtschaft durch geeignete Maßnahmen unterstützt werden können.

19 Vgl. *Niemeier/Dahlke/Lowinski,* Landesplanungsrecht NW, 1977, § 20 LEPro Anm.2; *Kläsener u.a.,* Standortfragen des Handels, 1986, S.17.

20 Vgl. *Potz,* RaumPlanung 2004, 57; *Junker/Kruse,* IzR 1998, 133 f.

Ansiedlungsentscheidungen zu Gunsten der Zentren werden nur getroffen, sofern die Zentren als Standort wirtschaftlich attraktiv sind, also zumindest eine ausreichende Auslastung der Einrichtungen garantiert ist. Durch die Ausbreitung des großflächigen Einzelhandels an der Peripherie von Städten und Gemeinden ist diese Standortgunst für den privaten Versorgungssektor jedoch zunehmend gefährdet, weil die Nachfrage der Bevölkerung aus den Zentren abwandert und sich in die Außenbereiche orientiert. Vermag oder will die Landesplanung aus verfassungsrechtlichen Gründen die Ansiedlungsentscheidungen privater Investoren auch nicht positiv steuern, so hat sie es doch in der Hand, jedenfalls negativ bestimmte Ansiedlungsentscheidungen zu verhindern, indem sie Einfluss auf das jeder Ansiedlung zugrundeliegende Planungsrecht nimmt.[21] Insoweit muss es um die Verhinderung von Planungen gehen, welche die Angebots-Nachfrageverflechtungen zu den Zentren schwächen und sie dadurch als Standorte für den privaten Einzelhandel entwerten. Zum Schutz der Zentren hat sich die Landesplanung deshalb dafür entschieden, auf die Standortentscheidungen des *großflächigen Einzelhandels* als maßgeblicher Zentralitätsfaktor im privatwirtschaftlichen Bereich einen präventiv-kontrollierenden Einfluss zu nehmen.[22]

(2) Der Schutz der Zentren als tragfähige Standorte für den privaten Einzelhandel setzt voraus, dass die *Siedlungsstruktur* – Ausdruck der räumlichen Verteilung der Nachfrage im Gesamtraum[23] – auf die Zentren ausgerichtet bleibt, jedenfalls soweit es zur wirtschaftlichen Auslastung der nach der Zentralitätsstufe geforderten Mindestausstattung erforderlich ist.[24] Die Landesplanung muss sicherstellen, dass die Zentren ihre wirtschaftliche Attraktivität für Ansiedlungen des privaten Einzelhandels durch eine entsprechend auf sie ausgerichtete siedlungsstrukturelle Angebots-Nach-

---

21 Zu der Frage, ob darin eine unzulässige Negativplanung liegt, s. unten S.227.

22 Vgl. *Spannowsky,* NdsVBl 2001, 1 (2); *Gräf/Henneke,* ZfBR 1980, 218 (219).

23 *Niemeier/Dahlke/Lowinski,* Landesplanungsrecht NW, 1977, § 6 LEPro Anm.3.

24 Will ein Zentrum seine Versorgungsfunktion, die sich in einem Mindestkatalog von Infrastruktureinrichtungen nach Art und Umfang ausdrückt, erfüllen, so muss dem Zentrum eine Mindesteinwohnerzahl zugeordnet sein, um die wirtschaftliche Tragfähigkeit dieser Infrastrukturausstattung zu gewährleisten; vgl. *Dietrichs,* Konzeptionen und Instrumente der Raumplanung, 1986, S.62.

frageverflechtung behalten.[25] Andernfalls tritt genau der Effekt ein, dass in dem Maße, wie das Umland an Zentralität gewinnt, die Zentren an Versorgungskraft verlieren und dadurch die Erreichbarkeitsmaßstäbe für eine verbrauchernahe Versorgung nicht mehr eingehalten werden können. Insoweit geht es um *raumstrukturelle* und *raumfunktionelle* Aspekte, die bei der Steuerung des großflächigen Einzelhandels einzuhalten sind.[26]

Unter raumstrukturellen Aspekten kommt es auf den Erhalt der *dezentralen Siedlungsstruktur* an, die sichert, dass in allen Teilräumen des Landes eine hinreichende Bevölkerungsdichte gegeben ist, um ein in angemessener Entfernung liegendes Versorgungsangebot überhaupt wirtschaftlich tragfähig zu unterhalten. Das setzt auf der unteren Stufe der Versorgung, also im Bereich der Nahversorgung, eine relativ geringfügige Ausprägung der Verdichtung voraus, weil die Distanzempfindlichkeit der Nachfrage hier am höchsten ist und nur in kurzen Entfernungen zumutbar befriedigt werden kann. Auf dieser Ebene zählt deshalb mehr die gleichmäßige Bevölkerungsverteilung in der Fläche, was durch eine geringere Verdichtung und kleinräumige Verflechtungsstrukturen erreichbar ist. Anders ist dies bei den höheren Stufen der Versorgung, weil die zunehmende Spezialität des Angebots auch die ökonomische Notwendigkeit nach größeren Einzugsbereichen wachsen lässt.[27] Hier ist Verdichtung in größerem Maßstab gefragt, was durch eine entsprechend geringere Zahl von Mittel- und erst recht Oberzentren zum Ausdruck kommt. Die durch die Zu- und Anordnung der Zentren im Gesamtraum ausgedrückte teilräumliche Siedlungsstruktur muss also auch durch Einzelhandelsgroßbetriebe, was deren räumliche Ausstrahlungswirkung angeht, im Prinzip eingehalten werden, sollen die Versorgungsfunktionen der benachbarten Zentren in Bezug auf den privaten Einzelhandel und damit im Gesamtraum nicht beeinträchtigt werden.

Unter raumfunktionellen Aspekten geht es innerhalb der zentralörtlichen Einzugsbereiche um die *Ausrichtung der Siedlungsstruktur* auf die Zentren, die sicherstellt, dass aus einem Versorgungskern heraus die wichtigsten Güter und Dienstleistungen den Einwohnern im Verflechtungsbereich in

---

25 Vgl. *Blotevogel u.a.,* in: in: Blotevogel (Hg.), Fortentwicklung des Zentrale-Orte-Konzepts, 2002, S.217 (271).
26 *Spannowsky,* UPR 2003, 248.
27 *Döhne/Gruber,* Gebietskategorien, 1976, S.46.

angemessener Erreichbarkeit und in einem bedarfsdeckendem Umfang angeboten werden kann.[28]

(3) Die Aufrechterhaltung der *Siedlungsstruktur* sowohl unter raumstrukturellen als auch raumfunktionellen Gesichtspunkten und die damit einhergehende Planungsfähigkeit der Gemeinden in Bezug auf die Verwirklichung einer bedarfsgerechten Versorgung ist ein Sachverhalt, der von den Plansätzen der zentralörtlichen Gliederung und der Siedlungsschwerpunkte – jedenfalls soweit private Versorgungseinrichtungen betroffen sind – nicht erfasst wird. Die zentralörtliche Gliederung ist ausweislich des § 22 Abs.1 S.2 LEPro NW ein Planinstrument für die durch *öffentliche Mittel* finanzierten Infrastruktureinrichtungen.[29] Auf die Standortplanung privater Versorgungseinrichtungen sind die siedlungsstrukturellen Aussagen der zentralörtlichen Gliederung hingegen nicht bezogen, was sich daraus erklären mag, dass die Landesplanung auf Standortentscheidungen der privaten Wirtschaft ohnehin keinen unmittelbaren Einfluss hat. Das bedeutet, dass die Gemeinde durch ihre zentralörtliche Einstufung und die standörtliche Programmierung der zentralen Versorgungseinrichtungen zu ihren Siedlungsschwerpunkten nicht gehindert wird, für private Versorgungseinrichtungen entgegengesetzte Ausweisungen zu treffen. Sie kann sowohl höherrangige private Versorgungseinrichtungen auf ihrem Gemeindegebiet zulassen als auch Versorgungsstandorte in anderen Ortsteilen als den Siedlungsschwerpunkten planen, ohne dabei gegen ihre bauleitplanerische Anpassungspflicht aus § 1 Abs.4 BauGB zu verstoßen.

Die Landesplanung hat daher Anlass gesehen, das zentralörtliche Gliederungssystem sowie dessen innergemeindliche Ausprägung in Form der Siedlungsschwerpunkte für die Standortplanung von Einzelhandelsgroßbetrieben verbindlich zu machen.[30] Damit soll die der zentralörtlichen Gliederung einst innewohnende Anziehungskraft auf private Ansiedlungsentscheidungen wieder hergestellt werden,[31] nachdem sich in der Vergangen-

28 S. dazu auch oben S.39 f.

29 Vgl. *Jahn,* BayVBl 1989, 294 (297); *Schneider,* Bauplanungsrechtliche Zulässigkeit von FOC, 2003, S.119; *Döhne/Gruber,* Gebietskategorien, 1976, S.56.

30 Vgl. *Spannowsky,* NdsVBl 2001, 32 (33).

31 *Niemeier/Dahlke/Lowinski,* Landesplanungsrecht NW, 1977, § 20 LEPro Anm.1, die formulieren, dass mit der zentralörtlichen Gliederung *indirekt* auch auf entsprechende Aktivitäten im Bereich der privaten zentralörtlichen Einrichtungen ein »anziehender Einfluss« angestrebt wird.

heit gezeigt hat, dass diese Anziehungskraft durch großflächige Einzelhandelsansiedlungen an der Peripherie und den damit verbundenen Kaufkraftabwanderungen unterlaufen wird und zu Versorgungsproblemen für die immobile Bevölkerung führt.

C. Auslegung des § 24 Abs.3 LEPro NW

Gegenstand der Regelung des § 24 Abs.3 LEPro NW ist die Anordnung an die Gemeinde, Kern- bzw. Sondergebiete für den großflächigen Einzelhandel nur unter bestimmten Anforderungen auszuweisen. Üblicherweise werden diese Anforderungen nach einem Kongruenzgebot und Beeinträchtigungsverbot auf Makroebene und einem Integrationsgebot auf Mikroebene unterschieden.[32] Fachlich bezieht sich die Festlegung damit auf den Einsatz der bauleitplanerischen Instrumente der §§ 4 und 11 Abs.3 BauNVO, soweit damit die planungsrechtlichen Voraussetzungen für die Ansiedlung von Einzelhandelsgroßbetrieben geschaffen werden. Ihr Regelungsgehalt liegt darin, dass diese Instrumente nur unter den in § 24 Abs.3 LEPro NW genannten Voraussetzungen eingesetzt werden *sollen*.

I. Kongruenzgebot und Beeinträchtigungsverbot

Das Kongruenzgebot bezieht sich darauf, dass die ausgewiesene großflächige Einzelhandelsnutzung der angestrebten zentralörtlichen Gliederung *entspricht,* während das Beeinträchtigungsverbot verlangt, dass die Nutzung auch der im Rahmen der zentralörtlichen Gliederung zu sichernden Versorgung *entspricht*. Als Parameter für ein *Entsprechen* werden auf Seiten der geplanten Kern- oder Sondergebietsnutzung *Art, Umfang und Lage* der Nutzung genannt. Die Art der Nutzung betrifft das qualitative Versorgungsangebot nach Branchen und Sortimenten.[33] Die Lage der

32 Vgl. *Spannowsky,* NdsVBl 2001, 1 (5); *Moench/Sandner,* NVwZ 1999, 337 (341); *Schmitz,* ZfBR 2001, 85 (86); *Kopf,* Rechtsfragen, 2002, S.257 u. 266; EHE BW, Nr.3.2. Makroebene meint die Zuordnung eines Einzelhandelsgroßbetriebs zu einer bestimmten Gemeinde; Mikroebene hingegen die innergemeindliche Zuordnung zu einem bestimmten Ortsteil; vgl. zur Unterscheidung von Mikro- und Makrostandort *Mösel,* Kombinierte Großprojekte, 2002, S.201; auch *Gräf/Henneke,* ZfBR 1980, 218 (219).

33 *Söfker,* in: Ernst u.a., BauGB, Stand Sept 2004, § 11 BauNVO Rn.61; s. hierzu schon oben S.76 f.

Nutzung betrifft den ausgewählten Standort im Raum. Der Umfang der Nutzung betrifft die Größe der Verkaufsflächen bzw. die sich daraus ergebende Umsatzerwartung eines Einzelhandelsgroßbetriebs.[34] Der Begriff des »Entsprechens« verdeutlicht, dass eine *Kongruenz,* eine Übereinstimmung zwischen der zu beurteilenden Kern- oder Sondergebietsnutzung und der angestrebten zentralörtlichen Gliederung sowie der in diesem Rahmen zu sichernden Versorgung gefordert ist.[35]

1. Begriff der angestrebten zentralörtlichen Gliederung

Bezugsmaßstab für die Überprüfung der geplanten Kern- oder Sondergebietsnutzung nach Art, Umfang und Lage ist zunächst die angestrebte zentralörtliche Gliederung.

Nach dem nordrhein-westfälischen Einzelhandelserlass, der als *Auslegungshilfe* für planungsrechtliche Normen des großflächigen Einzelhandels in der Praxis Bedeutung hat,[36] ist die angestrebte zentralörtliche Gliederung im Landesentwicklungsplan dargestellt und besteht aus einem Netz funktional miteinander verbundener Gemeinden. Die im Landesentwicklungsplan dargestellte zentralörtliche Gliederung zeichnet sich durch gemeindescharfe Zentralitätsstufen aus, die der Gemeinde auf Grundlage des § 22 Abs.2 LEPro NW eine bestimmte Versorgungsaufgabe sowie einen Versorgungsbereich zuweisen, innerhalb dessen die Versorgungsaufgabe bedarfsdeckend wahrzunehmen ist. Was allerdings unter dem Begriff der angestrebten zentralörtlichen Gliederung in räumlicher oder funktioneller Hinsicht konkret zu verstehen ist, lässt sich nur durch Auslegung ermitteln, weil der Begriff der landesplanerischen Fachsprache entspringt und aus sich allein heraus deshalb nicht greifbar ist.[37] Hierbei ist auf allgemein anerkannte rechtsmethodische Auslegungsgrundsätze zurückzugreifen, wobei systematische, wörtliche, teleologische und gegebenenfalls historische Aspekte in die Betrachtung einzubeziehen sind. Ziel der Auslegung

34 *Thies,* Einzelhandelsgroßbetriebe im Städtebaurecht, 1992, Rn.144.

35 *Hoppe,* NWVBl 1998, 461 (465).

36 Vgl. *VG Münster,* Urt. v. 8.3.2001 – 2 K 3122/99 –, NWVBl 2002, 72 (73).

37 Vgl. *Blotevogel,* in: Blotevogel (Hg.), Fortentwicklung des Zentrale-Orte-Konzepts, 2002, S.10.

ist es, den heute rechtlich maßgeblichen Sinn des Gesetzes auf der Basis des objektivierten Willens des Gesetzgebers zu ermitteln.[38]

(1) Blickt man unter wörtlicher Betrachtungsweise auf § 22 LEPro NW als Ausgangsnorm für die zentralörtliche Gliederung, so kann festgehalten werden, dass die Norm einerseits zwischen dem *System zentralörtlicher Stufen* und andererseits der *angestrebten zentralörtlichen Gliederung* unterscheidet. Das System zentralörtlicher Stufen, also die flächendeckende Aufteilung des Landesgebiets in Grund-, Mittel- und Oberzentren, wird in § 22 Abs.1 S.1 LEPro NW als *Mittel* für die Entwicklung der Siedlungsstruktur nach den §§ 6, 7 LEPro NW verstanden. Die §§ 6, 7 LEPro NW streben eine Siedlungsstruktur in Form der siedlungsräumlichen Schwerpunktbildung an, wobei § 6 LEPro NW die Verdichtung auf innergemeindlicher Ebene und § 7 LEPro NW die Verdichtung auf überörtlicher Ebene zum Ziel hat.

Durch die *zentralörtlichen Stufen* in Gestalt der Grund-, Mittel- und Oberzentren setzt die Landesplanung die Gravitationskerne für die siedlungsräumliche Schwerpunktbildung im Sinne der §§ 6, 7 LEPro NW. Charakteristisch für die zentralörtlichen Stufen ist ihr Bedeutungsüberschuss für das jeweilige Einflussgebiet, das auch als Verflechtungsbereich bezeichnet wird. Der Bedeutungsüberschuss resultiert dabei aus zentralen Einrichtungen des öffentlichen und privaten Sektors im konsumtiven und gewerblichen Bereich.[39] Durch die Art und Weise der Anordnung der Standorte mit Bedeutungsüberschuss im Gesamtraum ergibt sich ein bestimmtes angestrebtes Muster siedlungsstruktureller Verflechtungsbereiche, innerhalb derer die einzelnen Gemeinden durch Angebots-Nachfrageverflechtungen mit ihrem Betreuungsbereich verknüpft sind.[40] Durch die Differenzierung der Standorte mit Bedeutungsüberschuss in Versorgungsstufen des kurz-,

38 S. dazu *BVerfG,* Urt. v. 21.5.1952 – 2 BvH 2/52 –, BVerfGE 1, 299 (312); *BVerfG,* Beschl. v. 17.5.1960 – 2 BvL 11/59, 11/60 –, BVerfGE 11, 126 (130 f); *Larenz/Canaris,* Methodenlehre, 1995, S.139 f.

39 *Döhne/Gruber,* Gebietskategorien, 1976, S.62.

40 In der Realität nämlich hat jeder Standort mit Bedeutungsüberschuss eine bestimmte Anziehungskraft auf die Bewohner der umliegenden Orte. Der Standort mit Bedeutungsüberschuss wirkt wie ein Gravitationszentrum, dessen Anziehungskraft langsam abnimmt und solange wirkt, bis ein Nachbarstandort mit Bedeutungsüberschuss die »Herrschaft« übernimmt; vgl. *Thies,* Einzelhandelsgroßbetriebe im Städtebaurecht, 1992, Rn.54.

mittel- und langfristigen Bedarfs sowie der abnehmenden Häufigkeit der Standorte mit zunehmender Spezialität des Angebots erreicht die Landesplanung ein dreifach gestuftes System von Verflechtungsbereichen. Dieses drückt sich darin aus, dass die grundzentralen Verflechtungsbereiche von den mittelzentralen und die mittelzentralen von den oberzentralen Verflechtungsbereichen überlagert werden.[41] Dahinter spiegelt sich ein System wider, in dem die grundzentralen Gemeinden Gravitationskräfte auf die Siedlungsstruktur nur im innergemeindlichen Rahmen entfalten, während die mittelzentralen Gemeinden auf einen größeren und die oberzentralen Gemeinden auf einen noch größeren überörtlichen Raum ausstrahlen. Aus dem wörtlichen Kausalverhältnis zwischen »zentralörtlichen Stufen« und »angestrebter zentralörtlicher Gliederung« in § 22 Abs.1 LEPro NW lässt sich mithin folgern, dass die angestrebte zentralörtliche Gliederung das siedlungsstrukturelle Ergebnis der durch die zentralörtlichen Stufen bewirkten siedlungsräumlichen Gravitationskräfte sein soll.[42]

(2) Dieses Verständnis der angestrebten zentralörtlichen Gliederung im Sinne der dreistufig gegliederten Angebots-Nachfrageverflechtungen auf horizontaler Ebene wird auch durch einen systematischen Blick auf die Vorschrift des § 22 Abs.2 LEPro NW erhärtet. Danach ist bei der zentralörtlichen Gliederung von einer Stufung in Oberzentren, Mittelzentren und Grundzentren auszugehen. Dabei sind um diese Zentren jeweils Versorgungsbereiche in Form der Nah-, Mittel- und Oberbereiche zu unterscheiden. Das Gesetz umschreibt an dieser Stelle die zentralörtliche Gliederung als verwirklichtes Modell, das sich weder allein aus dem Zentrum als Funktionskern noch allein aus dem ihm zugeordneten Versorgungsbereich als Funktionsraum, sondern aus beiden zusammensetzt.[43] In § 22 Abs.1

41 Vgl. *Wahl,* Rechtsfragen II, 1978, S.17; *Niemeier/Dahlke/Lowinski,* Landesplanungsrecht NW, 1977, § 20 LEPro Anm.3.

42 Andernfalls würde in § 22 Abs.1 S.2 LEPro NW der Begriff der zentralörtlichen Gliederung zweimal auftauchen, einmal als Mittel (vgl. »Dadurch..«) und ein anderes Mal als Ziel (vgl. »entsprechend der angestrebten zentralörtlichen Gliederung«). Das wäre eine schwerlich nachvollziehbare, weil in sich widersprüchliche Aussage.

43 Ausstattung mit zentralen Einrichtungen und Existenz eines Einzugsbereichs, innerhalb dessen die Einrichtungen wahrgenommen werden, gehören funktionell zusammen. sie sind nur zwei verschiedene Seiten des Gesamtphänomens zentraler Ort; so *Wahl,* Rechtsfragen II, 1978, S.14. Vgl. auch *Landesplanungsbehörde NW,* Landesplanungsbericht 2001, S.52 f, wo es zum System der zentralörtlichen Gliederung u.a. heißt: »Das System der zentralörtlichen Gliederung war eine mitbestimmen-

LEPro NW hingegen werden die Strukturelemente der zentralörtlichen Gliederung – Zentren und Einzugsbereiche – noch isoliert behandelt. In S.1 werden die zentralörtlichen Stufen als Planinstrument zur Herstellung der siedlungsräumlichen Schwerpunktbildung benannt.[44] In S.2 wird diese siedlungsräumliche Schwerpunktbildung als angestrebte zentralörtliche Gliederung bezeichnet, anhand derer die Bedarfsplanung der Infrastruktureinrichtungen auszurichten ist. § 22 Abs.1 LEPro NW ist damit quasi die »Rezeptur« für die Umsetzung der zentralörtlichen Gliederung, die in Abs.2 als verwirklichtes Modell in Gestalt von Funktionskernen und -räumen dargestellt ist. Auch aus dieser Perspektive folgt mithin, dass die angestrebte zentralörtliche Gliederung nur eines von den beiden Elementen der zentralörtlichen Gliederung darstellen dürfte, nämlich den angestrebten Funktionsraum um jeden Kern. Insoweit kann die angestrebte zentralörtliche Gliederung als die Kategorie räumlich begrenzter Angebots-Nachfrageverflechtungen auf den verschiedenen Stufen des Bedarfs beschrieben werden.

Das gleiche Ergebnis folgt aus einer systematischen Betrachtung des Regelungszusammenhangs in § 24 Abs.3 LEPro NW. Während das Kongruenzgebot auf die angestrebte zentralörtliche Gliederung abstellt, verlangt das Beeinträchtigungsverbot eine Übereinstimmung der Planung mit der *in diesem Rahmen* zu sichernden Versorgung. Demnach ist die angestrebte zentralörtliche Gliederung offenbar durch einen *Rahmen* gekennzeichnet, innerhalb dessen eine bestimmte Versorgung zu sichern ist. Das zentralörtliche System begründet einen Rahmen nur in Form von grund-, mittel- und oberzentralen Angebots-Nachfrageverflechtungen, innerhalb derer nach § 22 Abs.2 LEPro NW eine bestimmte Versorgungsaufgabe zu sichern ist.[45] Diese Unterscheidung, die § 24 Abs.3 LEPro NW an dieser Stelle trifft, entspricht der raumstrukturellen und raumfunktionellen Komponente,

de Grundlage der kommunalen Neugliederung in Nordrhein-Westfalen. Die Versorgungsfunktionen waren Grundlage für die Gemeindetypisierung im Hinblick auf die Einwohnergröße, die Verflechtungsbereiche waren Grundlage für die Bestimmung der Grenzen für die neu gebildeten Gemeinden.«

44 Vgl. *Döhne/Gruber,* Gebietskategorien, 1976, S.62.

45 Vgl. *Döhne/Gruber,* Gebietskategorien, 1976, S.62.

die dem zentralörtlichen System zu eigen ist.[46] Das stützt die hier vertretene Auffassung, dass unter der angestrebten zentralörtlichen Gliederung die dezentrale Raumstruktur zu verstehen ist, die sich in den dreistufig gegliederten räumlichen Angebots-Nachfrageverflechtungen widerspiegelt.[47]

(3) Auch unter teleologischer Sichtweise bestätigt sich dieses Ergebnis. Zieht man nämlich § 22 Abs.1 S.2 LEPro NW heran, der den Begriff der »angestrebten zentralörtlichen Gliederung« explizit erwähnt, so wird deutlich, dass die durch die zentralörtlichen Stufen zu bewirkende siedlungsräumliche Schwerpunktbildung sachlich dadurch legitimiert ist, dass durch sie im Interesse einer bestmöglichen Versorgung der Bevölkerung die Voraussetzungen für einen gezielten Einsatz öffentlicher Mittel zur Bereitstellung der »erforderlichen« Infrastruktur entsprechend der angestrebten zentralörtlichen Gliederung geschaffen werden. Ein gezielter Einsatz öffentlicher Mittel setzt voraus, dass Klarheit über die räumlichen Bezugsraster herrscht, anhand derer die Bedarfsplanung auszurichten ist.[48] Der Gesetzgeber nennt als entsprechendes Bezugsraster die »angestrebte zentralörtliche Gliederung«. Hieraus lässt sich ebenfalls der Schluss ziehen, dass mit der »angestrebten zentralörtlichen Gliederung« nur das Ergebnis der durch die zentralörtlichen Stufen begründeten siedlungsräumlichen Schwerpunktbildung gemeint sein kann. Denn in der siedlungsräumlichen Schwerpunktbildung spiegelt sich letztlich die räumliche Verteilung der Nachfrage wider,[49] anhand derer eine Bedarfsplanung vernünftigerweise überhaupt erst ausgerichtet werden kann.

---

46 S. hierzu oben S.37 ff; vgl. auch *Niemeier/Dahlke/Lowinski,* Landesplanungsrecht NW, 1977, § 24 LEPro Anm.3, die auf S.400 in ihrer Kommentierung formulieren: »Wegen der möglicherweise erheblichen Beeinträchtigung der angestrebten Siedlungsstruktur und der in diesem Rahmen zu sichernden Versorgung der Bevölkerung v. a. durch desintegrierte Einkaufszentren »auf der grünen Wiese« wurde auf Initiative von NW.....«. Hier ist der Begriff der angestrebten zentralörtlichen Gliederung ebenfalls iSd angestrebten *Siedlungsstruktur* verstanden worden.

47 So auch das *BVerwG,* Urt. v. 17.9.2003 – 4 C 14.01 –, ZfBR 2004, 171 (176), das unter der zentralörtlichen Gliederung die »polyzentrale Siedlungsstruktur« versteht.

48 Fehlt es an einer dieser Voraussetzungen, so kann von einer gezielten Bedarfsplanung nicht mehr die Rede; stattdessen wäre einer Bedarfsplanung nach dem »Gießkannenprinzip« Tür und Tor geöffnet; vgl. *Niemeier/Dahlke/Lowinski,* Landesplanungsrecht NW, 1977, § 20 LEPro Anm.3.

49 *Niemeier/Dahlke/Lowinski,* Landesplanungsrecht NW, 1977, § 6 LEPro Anm.3.

2. Begriff der im Rahmen der zentralörtlichen Gliederung zu sichernden Versorgung

Weiterer Bezugsmaßstab für die Überprüfung einer geplanten großflächigen Einzelhandelsnutzung ist die *im Rahmen der angestrebten zentralörtlichen Gliederung zu sichernde Versorgung*. Welchen räumlichen Rahmen die angestrebte zentralörtliche Gliederung insoweit setzt, ist zuvor deutlich geworden.[50] Danach definiert sich der Rahmen der angestrebten zentralörtlichen Gliederung durch die Angebots-Nachfrageverflechtungen, die sich auf grund-, mittel- und oberzentraler Ebene herauskristallisieren.

Innerhalb der Verflechtungsbereiche – also innerhalb des Rahmens der angestrebten zentralörtlichen Gliederung – ergibt sich der Maßstab für die zu sichernde Versorgung nunmehr aus § 22 Abs.2 S.2 LEPro NW. Darin wird deutlich gemacht, dass die Gemeinden als Grund-, Mittel- oder Oberzentren die Aufgabe wahrzunehmen haben, auf ihrem Gebiet die zentralen Versorgungseinrichtungen zu bündeln, die zur *Bedarfsdeckung* der Einwohner in dem mit der Gemeinde verknüpften zentralörtlichen Versorgungsbereich erforderlich sind. Konkret bedeutet dies, dass in diesen Zentren die Ansiedlung der zentralen Einrichtungen bis zur Schwelle der Bedarfsdeckung zu fördern ist. Das erfordert einerseits, die zentralörtliche Versorgungsaufgabe qualitativ zu verwirklichen und andererseits, die entsprechenden Einrichtungen quantitativ so zu bemessen, dass sie den Bedarf aller im Versorgungsbereich lebenden Einwohner vollständig decken können.[51]

3. Entsprechenserfordernis

Großflächige Einzelhandelsnutzungen sollen gemäß § 24 Abs.3 LEPro NW nach Art, Umfang und Lage der angestrebten zentralörtlichen Gliederung sowie der in diesem Rahmen zu sichernden Versorgung *entsprechen*.

Systematisch zu unterscheiden sind innerhalb des Entsprechensgebots zwei Prüfschritte: Zum einen erfordert das Entsprechen von zwei Bezugsobjekten immer, dass diese überhaupt äquivalente Parameter aufweisen, anhand

---

50 S. oben S.114 ff.

51 Das folgt aus § 22 Abs.2 S.2 LEPro NW; vgl. ebenfalls *Erbguth,* NVwZ 2000, 969 (973 f).

derer eine Zuordnung des einen zu dem anderen Objekt geprüft werden kann. Fehlt es daran, so muss auch eine vergleichende Gegenüberstellung von vornherein scheitern. § 24 Abs.3 LEPro nennt insoweit Art, Umfang und Lage der Einzelhandelsnutzung als Parameter des Entsprechens; demzufolge muss auch die zentralörtliche Gliederung zur Art, Lage und Umfang von Versorgungsnutzungen Aussagen enthalten. Zum anderen muss die Feststellung möglich sein, wann ein Entsprechen im inhaltlichen Sinne vorliegt bzw. wann Einzelhandelsnutzung und Zentralörtlichkeit so ineinander greifen, dass von einer »Deckungsgleichheit« bzw. »Kongruenz« beider Objekte auszugehen ist.

a) Bezugsparameter des Entsprechens

Nach § 24 Abs.3 LEPro NW sind die Bezugsparameter für ein Entsprechen von Einzelhandelsnutzung und Zentralörtlichkeit *Art, Umfang und Lage* der großflächigen Einzelhandelsnutzung. Es stellt sich die Frage, welche dieser Kriterien der Einzelhandelsnutzung der angestrebten zentralörtlichen Gliederung einerseits und der in diesem Rahmen zu sichernden Versorgung andererseits sinnvollerweise in vergleichender Weise gegenübergestellt werden können.

(1) In der Literatur wird diese Vergleichbarkeit zum Teil mit dem Argument bezweifelt, dass zwar auf Seiten der Einzelhandelsnutzung die Faktoren der Konkordanz genannt seien, nämlich Art, Umfang und Lage der Nutzung, jedoch auf Seiten der angestrebten zentralörtlichen Gliederung sowie der in diesem Rahmen zu sichernden Versorgung keine hinreichend scharfen Parameter in Bezug auf Art, Lage und Umfang von Versorgungsnutzungen zu erkennen seien, die der Einzelhandelsnutzung vergleichend gegenübergestellt werden könnten.[52]

---

52 Vgl. zu diesen Bedenken ausführlich *Hoppe,* NWVBl 1998, 461 (465 f); *drs.,* DVBl 2000, 293 (297 ff), der generell an der Möglichkeit zweifelt, dem Strukturmodell der zentralörtlichen Gliederung irgendwelche inhaltliche Kriterien entnehmen zu können, zu denen sich private Versorgungseinrichtungen in Widerspruch setzen könnten; ferner *Hoppe,* NVwZ 2004, 282 (285 f), wo der Verf. zu dem Ergebnis kommt, dass das ZOK in seiner traditionellen Form als Steuerungsinstrument für die Raum- und Siedlungsstruktur weitgehend obsolet geworden sei und nur noch Bedeutung im Sinne »langfristiger Leitplanken« entfalte; s. auch *Schneider,* Bauplanungsrechtliche Zulässigkeit von FOC, 2003, S.118.

Es sei deshalb nicht klar, worauf sich ein »Entsprechen« überhaupt beziehen solle.

Denkbar seien insoweit zwei Ansätze: Entweder man beziehe die Kongruenz auf die Funktionskerne im Sinne der zentralörtlichen Stufen oder auf die Funktionsräume im Sinne der zentralörtlichen Verflechtungsbereiche. Diese Mehrdeutigkeit, die dem zentralörtlichen Gliederungssystem an dieser Stelle zu eigen sei, führe dazu, dass auch die Prüfung eines Entsprechens von vornherein scheitern müsse. Ohne irgendwelche näheren Kriterien über die Faktoren der Entsprechung, mit denen Art, Umfang und Lage des Einzelhandelsgroßbetriebs gegenüber der zentralörtlichen Gliederung zur Deckung gebracht werden sollen, könne § 24 Abs.3 LEPro NW nicht als Norm verstanden werden, die sich auf die Bauleitplanung von Einzelhandelsgroßbetrieben in zwingender Weise auswirke. Bestenfalls könne dem Kongruenzgebot und dem Beeinträchtigungsverbot der allgemeine Grundsatz entnommen werden, dass großflächige Einzelhandelsnutzungen möglichst mit den zentralörtlichen Stufen nach Art, Umfang und Lage korrelieren sollten.

(2) Hiergegen ist jedoch einzuwenden, dass nach der oben erfolgten Klärung der Begriffe von angestrebter zentralörtlicher Gliederung und der in diesem Rahmen zu sichernden Versorgung durchaus die Frage zu beantworten sein dürfte, inwiefern Art, Umfang und Lage einer Einzelhandelsnutzung in der zentralörtlichen Gliederung eine prinzipielle Entsprechung finden können.

Hilfreich ist dabei die bildhafte Vorstellung, dass das zentralörtliche Gliederungssystem durch eine horizontale und vertikale Struktur geprägt ist.[53] Horizontal drückt sich das System durch die Anordnung von Verflechtungsbereichen in deren räumlichen Verhältnis zueinander aus, während es vertikal um die Stufung des Angebots in Zentren unterschiedlicher Hierarchien (Grund-, Mittel- und Oberzentren) geht. Die *angestrebte zentralörtliche Gliederung* verwirklicht das horizontale Element; in ihr kommen die räumlichen Ausprägungen der Verflechtungsbereiche zum Ausdruck. Die *in diesem Rahmen zu sichernde Versorgung* verwirklicht das vertikale Element; sie ergibt sich aus der Privilegierung bestimmter Standorte, an

53 Vgl. insoweit die sehr anschauliche Darstellung bei *Dietrichs,* Konzeptionen und Instrumente der Raumplanung, 1986, S.59.

denen die nach Bedarfsfristigkeit gestuften Versorgungsaufgaben zu erfüllen sind. Behält man dieses »Szenario« im Blick, so gilt für die Gegenüberstellung von Einzelhandelsnutzung und Zentralörtlichkeit Folgendes:

(3) In Bezug auf die *angestrebte zentralörtliche Gliederung* können Einzelhandelsgroßbetriebe insofern mit dem System abgeglichen werden, als dass auch Einzelhandelsgroßbetriebe stets einen bestimmten Verflechtungsbereich aufweisen, nämlich in Form ihres *betriebswirtschaftlichen Einzugsbereichs*. Dabei bestimmt sich dieser betriebswirtschaftliche Einzugsbereich einerseits nach der Art des geführten Warenangebots und andererseits nach der Größe der Verkaufsfläche; nur aus diesen beiden betriebsspezifischen Merkmalen zusammen lässt sich über die räumliche Reichweite eines Versorgungsangebots ein Urteil fällen.[54] Bei gleicher Verkaufsflächengröße reicht ein grundzentrales Versorgungsangebot längst nicht so weit wie ein mittel- oder oberzentrales Angebot, weil die Distanzempfindlichkeit der Nachfrage bei grundzentralen Angeboten höher ist als bei höherrangigen Warensortimenten, die seltener nachgefragt werden. Geht man – wie gesagt – davon aus, dass die angestrebte zentralörtliche Gliederung für grund-, mittel- und oberzentrale Angebote jeweils räumliche Kategorien in Gestalt der Verflechtungsbereiche bereithält, so lässt sich ohne Weiteres auch für eine geplante großflächige Einzelhandelsnutzung beurteilen, ob sie sich mit ihrem betriebswirtschaftlichen Einzugsbereich, also nach *Art und Umfang* des Angebots, in den entsprechenden Verflechtungsbereich des Standorts einfügt oder nicht.

(4) Ebenfalls unproblematisch lässt sich sodann die Frage beantworten, welche Merkmale der Einzelhandelsnutzung für eine Überprüfung mit der *im Rahmen der angestrebten zentralörtlichen Gliederung zu sichernden Versorgung* heranzuziehen sind. Für eine Überprüfung der Einzelhandelsnutzung mit der im Rahmen der zentralörtlichen Gliederung zu sichernden Versorgung kann es nur auf die *Lage* des Versorgungsbetriebs ankommen. Denn die insoweit nach der zentralörtlichen Gliederung geforderte Versorgung ist gemäß § 22 Abs.2 S.2 LEPro NW nicht irgendwo in den Verflechtungsbereichen, sondern zentral an ausgewählten Standorten zu errichten. Derart ausgewählte Standorte legt die zentralörtliche Gliederung

54 So auch ausdrücklich für das niedersächsische Landesplanungsrecht (LROP II Nds, C 1.6.04) *Spannowsky,* NdsVBl 2001, 32 (34).

allerdings nur in Bezug auf Mittelzentren mit Umlandfunktion und Oberzentren fest. Die übrigen Zentren, also Grundzentren und Mittelzentren ohne Umlandfunktion, sind »Selbstversorgerorte«, deren Gemeindegebiet mit dem zentralörtlichen Verflechtungsbereich identisch ist und die deshalb über die Lokalisierung der zentralen Einrichtungen selbst entscheiden müssen.[55] Je nach vorgesehenem Standort einer mittel- oder oberzentralen Einzelhandelsnutzung lässt sich sodann anhand schlichter geographischer Betrachtung feststellen, ob die Nutzung ihrer Lage nach im oder außerhalb des Zentrums, also in einem niederrangigen Zentrum, verortet ist.

(5) Entsprechend der vorstehenden Ausführungen geht der nordrhein-westfälische Einzelhandelserlass zutreffend davon aus, dass ein Kern- oder Sondergebiet für ein großflächiges Einzelhandelsvorhaben dann der zentralörtlichen Gliederung sowie der in diesem Rahmen zu sichernden Versorgung *entspricht,* wenn die Kaufkraftbindung der im Kern- oder Sondergebiet zu erwartenden Nutzung den Versorgungsbereich des Standorts nicht wesentlich überschreitet (Art und Umfang der Nutzung) und der Standort innerhalb des Versorgungsbereichs in dem Zentrum liegt, das in Bezug auf Art und Umfang der Nutzung angemessen ist (Lage der Nutzung).[56] Hier werden ebenfalls Art und Umfang der Einzelhandelsnutzung auf den zentralörtlichen Verflechtungsbereich und die Lage der Nutzung auf das »richtige« Zentrum innerhalb des Verflechtungsbereichs bezogen.

b) Inhaltliche Anforderungen an das Entsprechen

Nachdem festgestellt worden ist, dass die zentralörtliche Gliederung Kriterien enthält, die es der Gemeinde prinzipiell erlauben, Art, Umfang und Lage von Einzelhandelsnutzungen an diesem System zu messen,[57] stellt sich nun die weitere Frage, unter welchen Voraussetzungen von einer Kongruenz zwischen Einzelhandelsnutzung und Zentralörtlichkeit nach Art,

55 Das zentralörtliche Gliederungssystem ist ein gemeindescharfes System; s. dazu oben S.42 f.

56 Vgl. EHE NW, Nr.3.1.1.2.

57 Davon zu unterscheiden ist die Frage, ob diese Kriterien auch so hinreichend konkret oder konkretisierbar sind, dass in jedem Einzelfall eine Gegenüberstellung möglich ist. Diese Frage berührt die sachliche Bestimmtheit des Entsprechensgebots, die für die Untersuchung der Zielqualität des § 24 Abs.3 LEPro NW von Bedeutung wird; s. dazu unten S.170 ff.

Umfang und Lage auszugehen ist. Geht man nach dem Wortsinn des »Entsprechens«, so ist eine »Deckungsgleichheit«, eine »Konkordanz« oder auch »Kompatibilität« zwischen beiden Elementen verlangt.[58]

aa) Kongruenzgebot

Die Frage, wann Art und Umfang der Einzelhandelsnutzung der zentralörtlichen Gliederung *entsprechen,* lässt sich aus zwei Sichtweisen betrachten. Zum einen könnte ein Entsprechen erfordern, dass Art und Umfang von Einzelhandelsgroßbetrieben stets so bemessen sein müssen, dass ihr betriebswirtschaftlicher Einzugsbereich mit dem zentralörtlichen Verflechtungsbereich der Standortgemeinde identisch ist, ihn also niemals überschreitet.[59] Denkbar wäre aber auch, ein Entsprechen schon in all jenen Fällen anzunehmen, in denen jedenfalls gewährleistet ist, dass die ausgewiesene Nutzung nicht zu Kaufkraftabzügen aus den Verflechtungsräumen benachbarter Gemeinden führt, so dass diese die zur Wahrnehmung ihrer zentralörtlichen Versorgungsfunktion erforderliche Mindesttragfähigkeit verlieren. Folgt man der ersten Sichtweise, sind die Spielräume für die gemeindliche Ausweisung von großflächigen Einzelhandelsnutzungen geringer als bei der zweiten Sichtweise. Denn die erste Sichtweise hat zur Konsequenz, dass höherrangige Versorgungsnutzungen nur in Mittel- und Oberzentren verwirklicht werden können, weil diese den Verflechtungsbereich von Grundzentren in aller Regel überschreiten.

Hinter beiden Sichtweisen verbirgt sich die Diskussion um die Frage, ob die zentralörtliche Gliederung mit ihren Zentralitätsstufen ein System darstellt, das vornehmlich der Steuerung der Siedlungsentwicklung dient oder aber in erster Linie auf die Sicherung von Versorgungsfunktionen programmiert ist. Die Auffassungen in der rechtswissenschaftlichen Diskussion zu dieser Frage sind gespalten:

---

58 Vgl. *Hoppe,* NWVBl 1998, 461 (465). Der Begriff des Entsprechens lässt keine historische, systematische oder teleologische Auslegung zu; er entspringt der Umgangssprache und dürfte deshalb vor allem wörtlich zu interpretieren sein.

59 Dass ein »Unterschreiten« ebenfalls für eine Identität ausreicht, liegt auf der Hand, weil dann der betriebswirtschaftliche Einzugsbereich im zentralörtlichen Verflechtungsbereich ebenso »aufgeht«, als würde er direkt bis zu dessen Rand reichen.

(1) Von der landesplanerischen Praxis und Teilen des Schrifttums wird vertreten, dass das Kongruenzgebot dahingehend zu verstehen sei, dass der betriebswirtschaftliche Einzugsbereich eines geplanten Einzelhandelsgroßbetriebs nicht den zentralörtlichen Versorgungs- bzw. Verflechtungsbereich der *Standortgemeinde* überschreiten dürfe.[60] Diese Auffassung sieht in der zentralörtlichen Gliederung als Bezugsobjekt des Entsprechens eine normative Festlegung von Standorten und Einzugsbereichen, die in abschließender Weise über Art und Umfang von Versorgungsnutzungen mit überörtlicher Reichweite eine Aussage trifft.[61] Die Festlegung des Zentralitätsgrades wird streng als ein Verbot der Weiterentwicklung im Sinne einer *Entwicklungssperre* für die jeweilige Gemeinde interpretiert.

Dabei wird geltend gemacht, dass die Zentralitätsstufen im Sinne einer Mindestausstattung mit der raumordnerisch vorgesehenen Funktion der zentralörtlichen Gliederung nicht vereinbar seien.[62] Aus dem Bundesrecht ergebe sich vielmehr, dass der Gesetzgeber mit den zentralen Orten nicht nur eine Mindestausstattungsgarantie verbinde, sondern generell die Räume kennzeichne, in denen bestimmte Funktionen, gestuft nach dem Grad ihrer Raumnutzungsintensität, wahrzunehmen seien. Die Beschränkung der gemeindlichen Bauleitplanung auf den so genannten »Eigenbedarf« und die Konzentration von Zuwächsen auf ein gestuftes System zentraler Orte sei ein durchgängiges Gestaltungsprinzip der Raumordnung bei Wohnen, Gewerbe und großflächigem Einzelhandel.[63] Für diese Auslegung spreche einmal der Grundsatz aus § 2 Abs.2 Nr.12 ROG, wonach die Siedlungsentwicklung durch Zuordnung und Mischung der unterschiedlichen

60 Vgl. EHE NW, Nr.3.1.1.2; EHE Bbg, Nr.3.2.2.1; EHE BW, Nr.3.2.1.4; *OVG Frankfurt (Oder),* Urt. v. 28.10.2003 – 8 C 10303/03 –, DVBl 2004, 259 (260); *Bönker,* BauR 1999, 328 (332); *Runkel,* UPR 1998, 241 (246); *Schmitz,* ZfBR 2001, 85 (86); *Spannowsky,* NdsVBl 2001, 32 (34); *Gräf/Henneke,* ZfBR 1980, 218 (219); *Söfker,* in: Ernst u.a., BauGB, Stand Sept 2004, § 11 BauNVO Rn.66.

61 Vgl. *Schmitz,* ZfBR 2001, 85 (87 f); *Spannowsky,* NdsVBl 2001, 32 (34); wohl auch *Bröll,* ZfBR 1986, 271 (277), der meint, die Zentrenhierarchie beinhalte für die Gemeinden eine Schranke für die Ausweisung von Sondergebieten; i. E. auch *Blümel,* Festschr. Ule, 1987, S.19 (38 f), der davon ausgeht, dass in dem Maße, in dem das zentralörtliche Gliederungssystem bestimmte Gemeinden privilegiert, die übrigen Gemeinden in ihrer Eigenentwicklung gehemmt seien.

62 *Schmitz,* ZfBR 2001, 85 (87 f).

63 *Runkel* in: Bielenberg u.a., Raumordnungs- und Landesplanungsrecht, Stand Sept 2004, K § 4 Rn.377.

Raumnutzungen so zu gestalten sei, dass die Verkehrsbelastung verringert und zusätzlicher Verkehr vermieden werde. Der Anspruch nach Verkehrsvermeidung sei aber nur zu verwirklichen, sofern raumintensive Versorgungsnutzungen in den entsprechend infrastrukturell erschlossenen Schwerpunktorten verortet würden, vor allem also in den Mittel- und Oberzentren.[64] Diese Interpretation werde auch durch den Grundsatz des § 2 Abs.2 Nr.2 ROG bestätigt, wonach die dezentrale Siedlungsstruktur der Bundesrepublik mit ihrer Vielzahl leistungsfähiger Zentren und Stadtregionen zu erhalten, die Siedlungstätigkeit räumlich zu konzentrieren und auf ein System leistungsfähiger Zentraler Orte auszurichten sei. Hieraus ergebe sich, dass siedlungsschwerpunktbildende Nutzungen den zentralen Orten so zuzuordnen seien, dass die dezentrale Siedlungsstruktur im Landesgebiet nicht gefährdet werde.[65] Nur so könne auch § 1 Abs.2 S.1 ROG Rechnung getragen werden, der eine nachhaltige Raumentwicklung fordere, die zu einer dauerhaften, großförmig ausgewogenen Ordnung führen solle.[66]

(2) Demgegenüber wird von der Rechtsprechung und überwiegenden Teilen der Literatur die Position eingenommen, dass mit der Festlegung der Zentralitätsstufe nur eine Bestimmung der Anforderungen an die infrastrukturelle Mindestausstattung der Gemeinden im Sinne eines *Entwicklungsziels* verbunden sei, keinesfalls aber eine abschließende Aussage in Bezug auf den zulässigen Grad an Zentralität in der Gemeinde schlechthin getroffen werde.[67] Das in zentralörtlicher Stufung unterbreitete

---

64 *Schmitz,* ZfBR 2001, 85 (87 f).

65 *Schmitz,* ZfBR 2001, 85 (87 f); *Runkel* in: Bielenberg u.a., Raumordnungs- und Landesplanungsrecht, Stand Sept 2004, K § 4 Rn.377.

66 *Schmitz,* ZfBR 2001, 85 (87 f).

67 *BVerwG,* Urt. v. 17.9.2003 – 4 C 14.01 –, BauR 2004, 443 (450); *OVG* Lüneburg, Beschl. v. 23.4.1976 – I OVG D 22/76 –, EPlaR III, OVG Lüneburg 4.76.; *OVG Lüneburg,* Beschl. v. 27.1.1977 – I OVG B 58/76 – EPlaR III, OVG Lüneburg 1.77; *OVG Koblenz,* Beschl. v. 8.1.1999 – 8 B 12650/98 –, NVwZ 1999, 435 (437); *OVG Koblenz,* Beschl. v. 1.3.1983 – 10 C 24/82 –, BauR 1983, 551 (552); *VGH Mannheim,* Beschl. v. 21.12.1976 – 3 S 415/76 –, NJW 1977, 1465 (1467) = BauR 1977, 184 (185); *Schrödter,* in: Schrödter u.a., BauGB, 1998, § 1 Rn.49; *Moench/Sandner,* NVwZ 1999, 337 (341); *Moench,* Festschr. Hoppe, 2000, S.459 (466); *Erbguth/ Schoeneberg,* Raumordnungs- und Landesplanungsrecht, 1992, Rn.16; *Gräf/Hennecke,* ZfBR 1980, 218 (219); *Hoppe/Bunse,* WiVerw 1984, 151 (154); *Hoppe,* NWVBl 1998, 461 (467); *Hoppe,* DVBl 2000, 293 (295 f); *Hoppe/Otting,* Der Landkreis 2000, 376; *Schneider,* Bauplanungsrechtliche Zulässigkeit von FOC, 2003, S.116 ff; *Jahn,* BayVBl 1989, 294 (295); *Moench/Sandner,* NVwZ 1999, 337 (341); *Leder,*

Angebot von grund-, mittel- und oberzentralen Einrichtungen habe seine sachliche Begrenzung darin, dass es lediglich *Mittel* zur Erreichung des Ziels einer bestmöglichen Versorgung der Bevölkerung sei.[68] Die Gewährleistung einer solchen Versorgung erfordere nicht, dass generell Versorgungseinrichtungen nach Art und Umfang dem Zentralitätsstatus der Standortgemeinde zu entsprechen hätten. Entscheidend für die Verträglichkeit von Versorgungseinrichtungen mit der zentralörtlichen Gliederung sei lediglich, dass in den zentralen Orten die erforderlichen Einrichtungen vorhanden seien; die Zentralität einer Gemeinde müsse sich deshalb bestenfalls so weit einschränken lassen, wie sie zu Lasten der Versorgungsfunktion in benachbarte Zentren eingreift und dort Kaufkraft abschöpfe. Das schließe aber ähnliche Einrichtungen in Orten mit niedrigerer Stufe keineswegs aus.

(3) Bei der Auseinandersetzung um die Frage, welcher rechtlicher Gehalt der zentralörtlichen Gliederung beizulegen ist und was hieraus für die Auslegung des Begriffs des »Entsprechens« im Rahmen des § 24 Abs.3 LEPro NW folgt, muss man sich zunächst vor Augen führen, dass ein striktes Verständnis der zentralörtlichen Gliederung im Sinne der erstgenannten Auffassung nur dann rechtlich begründbar ist, wenn die durch die zentralörtliche Gliederung ausgedrückte siedlungsräumliche Schwerpunktbildung nicht ausschließlich auf Versorgungsziele bezogen wäre, sondern zusätzlich noch anderen Zielen der Landesentwicklung diente. Wenn nämlich die zentralörtliche Gliederung nur auf Versorgungsziele bezogen wäre, was die Formulierung des § 22 Abs.1 S.2 LEPro (»im Interesse einer bestmöglichen Versorgung der Bevölkerung in allen Landesteilen«) durchaus nahelegt, so wäre eine abschließende siedlungsstrukturelle Qualifizierung der Gemeinden in dem Sinne, dass die zentralörtliche Gliederung stets eine Identität zwischen dem Einzugsbereich

---

Rechtsfragen bei der Ansiedlung von Einkaufszentren, 1987, S.66; *Kopf,* Rechtsfragen, 2002, S.256 f; auch die jüngste Entschließung der *MKRO* v. 3.12.2001 »Leitlinien zur Anwendung des Zentrale-Orte-Konzepts als Instrument einer nachhaltigen Raumentwicklung«, abgedr. in: *Bielenberg u.a.,* Raumordnungs- und Landesplanungsrecht, Bd.I, Stand Sept 2004, B 320, Nr.39, spricht davon, mit welchen *Mindeststandards* der Vorhaltung öffentlicher Leistungen die Funktionsfähigkeit von Klein- und Grundzentren auch zukünftig gewährleistet werden kann. Ebenso der LEP I/II NW a.F. unter Nr. 2.5, der »notwendige Mindestbündel an Infrastruktureinrichtungen« fordert.

68 *Hoppe,* WiVerw 1984, 151 (157).

der Versorgungseinrichtung und dem Verflechtungsbereich der Standortgemeinde fordere, eine Regelung mit offensichtlich »überschießender Tendenz«.[69] Denn die angestrebte zentralörtliche Gliederung nach § 22 Abs.1 LEPro NW als siedlungsstrukturelles System zur Sicherung von Versorgungsfunktionen ist ausschließlich nur durch solche Versorgungseinrichtungen angreifbar, die an ihrem Standort nach Art und Umfang ihres Angebots das wirtschaftliche Potenzial benachbarter zentralörtlicher Versorgungsbereiche in nicht nur unwesentlicher Weise abschöpfen, so dass deren Versorgungsfunktion mangels ausreichender Nachfrageverflechtung nicht im geforderten Umfang aufrechterhalten werden könnte.[70]

Für eine solche Feststellung wäre das Abstellen auf den zentralörtlichen Versorgungsbereich der Standortgemeinde als Bezugspunkt der Kongruenz allerdings aus zwei Gründen wenig hilfreich. Zum einen dürfte der zentralörtliche Verflechtungsbereich der Standortgemeinde für all jene Ansiedlungen bedeutungslos sein, die nicht der zentralörtlichen Stufe der Standortgemeinde entsprechen, wie das etwa bei der Ansiedlung eines mittel- oder oberzentralen Versorgungsbetriebs in einem Grundzentrum der Fall ist. Entscheidend für die Wahrung des Nachfragepotenzials in den benachbarten zentralörtlichen Versorgungsbereichen ist in diesen Fallgestaltungen nämlich nicht, dass durch den Betrieb keine wesentliche Überschreitung des grundzentralen Verflechtungsbereichs der Standortgemeinde, sondern des einschlägigen mittel- bzw. oberzentralen Verflechtungsbereichs, in dem der Standort eingebettet ist, erfolgt.[71] Zum anderen kann es im Hinblick auf den Schutz gleichmäßiger Mindesttragfähigkeiten in den verschiedenen Verflechtungsbereichen auch nicht darauf ankommen, ob der zentralörtliche Versorgungsbereich des Standorts durch den Betrieb wesentlich *überschritten* wird, denn allein daraus ist – insbesondere bei erheblicher Streubreite der Kaufkraftbindung – nicht ableitbar, in welchem Umfang

69 So *Hoppe/Otting,* Der Landkreis 2000, 376 (378).

70 Vgl. *Koch/Hendler,* Baurecht, Raumordnungs- und Landesplanungsrecht, 2004, § 9 Rn.22.

71 Vgl. *Christ,* Raumordnungsziele, 1990, S.29 (Fn.92), der feststellt, dass zwischen den zentralen Einrichtungen unterschiedlicher Bedarfsstufe idealtypisch kein Konkurrenzverhältnis besteht. Daraus folgt, dass ein Konkurrenzverhältnis nur zwischen Versorgungseinrichtungen gleicher Stufe besteht, so dass ein mittel- oder oberzentraler Betrieb in einem Grundzentrum durchaus zulässig sein kann, sofern er nicht in wesentlichem Umfang das wirtschaftliche Potenzial aus benachbarten Versorgungsbereichen gleicher Stufe abschöpft.

benachbarte Zentren oder Gemeinden beeinträchtigt sind. Entscheidend kann vielmehr nur der Gesichtspunkt sein, ob durch den Betrieb wesentlich in benachbarte Versorgungsbereiche *eingegriffen* wird.[72]

Allein unter dem Blickwinkel der Versorgungssicherung kann es einer Gemeinde deshalb nicht verwehrt sein, ein »Mehr« an Zentralität zu entwickeln, wenn dadurch jedenfalls nicht in das wirtschaftliche Potenzial benachbarter Versorgungsräume zur Aufrechterhaltung deren Versorgungsfunktionen eingegriffen wird.[73] So lässt sich aus Versorgungsgesichtspunkten nichts Stichhaltiges dagegen vorbringen, dass beispielsweise ein Grundzentrum die Ansiedlung eines Factory-Outlet-Centers mit hochwertigen, weit über die eigene Zentralitätsstufe hinausreichenden Warensortimenten plant, sofern sich erweist, dass zwar in einem sehr großen Einzugsbereich Kaufkraft gebunden wird, sich diese Verluste aber prozentual auf so viele benachbarte Zentren verteilen, dass es weder in dem einen noch in dem anderen Zentrum zu substanziellen Kaufkraftverlusten kommt. In diesem Fall von einer Gefährdung landesplanerischer Versorgungsziele zu sprechen, wäre unzutreffend, da das wesentliche wirtschaftliche Potenzial in den zentralörtlichen Verflechtungsräumen weiterhin den benachbarten Zentren zur Wahrnehmung ihrer bedarfsdeckenden Versorgungsaufgabe zuflösse und damit die in der zentralörtlichen Gliederung verkörperte siedlungsräumliche Arbeitsteilung in ihren konstitutiven Grundzügen oder – anders gesagt – in ihren Marktmindestgrößen erhalten bliebe.[74]

---

72 Vgl. *Gräf/Hennecke,* ZfBR 1980, 218 (219), der im Hinblick auf die Vereinbarkeit eines großflächigen Einzelhandelsbetriebs mit der zentralörtlichen Gliederung ebenfalls darauf abstellt, dass die Funktion benachbarter Versorgungsbereiche und damit eine verbrauchernahe Versorgung der Bevölkerung nicht gefährdet wird.

73 So ausdrücklich die Begr. im LEP Bayern, S.185 ff: »Die mit dem zentralörtlichen System angestrebte räumliche Ordnung bedeutet keineswegs bereits die bestmögliche Warenversorgung, sondern lediglich die zur jeweiligen Funktionserfüllung erforderliche Mindestausstattung mit Einzelhandelseinrichtungen (zentralörtliche Solleinrichtungen). Ein darüber hinausgehender Versorgungsgrad wäre – wo er nicht bereits erreicht ist – durchaus wünschenswert. Andererseits sind für den Ausbau von Handelseinrichtungen in einer Gemeinde dort Grenzen zu ziehen, wo die Funktionsfähigkeit der zentralen Orte und/oder die verbrauchernahe Versorgung der Bevölkerung mit Waren des kurzfristigen, täglichen Bedarfs, insbes. mit Lebensmitteln, im Einzugsbereich dieser Einzelhandelsbetriebe wesentlich beeinträchtigt würden«.

74 Vgl. *Blotevogel u.a.,* in: Blotevogel (Hg.), Fortentwicklung des Zentrale-Orte-Konzepts, 2002, S.217 (298); *Vogels/Will,* Auswirkungen von FOC, 1999, S.98 u. 135 f; *Schmitz,* ZfBR 2001, 85 (88); *Uechtritz,* BauR 1999, 572 (582).

(4) Lässt sich also allein aus dem Versorgungsgedanken keine strikte Bindung von privaten Versorgungseinrichtungen an die Stufen der zentralörtlichen Gliederung herleiten, so muss nunmehr der Überlegung Raum gegeben werden, ob die zentralörtliche Gliederung nicht durch sonstige Ziele der Landesentwicklung eine inhaltliche Erweiterung erfahren hat, die eine strikte Bindung im obengenannten Sinne plausibel machen könnte.[75] Die Prüfung dieses Gedankens ist nicht ganz fernliegend, wenn man den Wortlaut des § 24 Abs.3 LEPro NW genauer in Augenschein nimmt. Dort wird zwischen der angestrebten zentralörtlichen Gliederung einerseits und der in diesem Rahmen zu sichernden Versorgung andererseits unterschieden und eine Kongruenz der Einzelhandelsnutzung mit beiden Elementen gleichermaßen gefordert. Das könnte den Schluss indizieren, dass die angestrebte zentralörtliche Gliederung zunächst ein von Versorgungszielen unabhängiges Modell der siedlungsräumlichen Arbeitsteilung ist und sich Fragen der Versorgungsgerechtigkeit erst innerhalb dieses Rahmens erstmals stellen.

In Betracht kommt im Zusammenhang mit der siedlungsstrukturellen Dimension der zentralörtlichen Gliederung vor allem eine Funktionserweiterung der zentralen Orte durch das Konzept der *Entwicklungsschwerpunkte,* durch das – jedenfalls für die Mittel- und Oberzentren in Nordrhein-Westfalen – die Trennung zwischen Versorgungs- und Entwicklungsfunktion, wie sie die klassische Zentrale-Orte-Theorie bestimmt hat, beseitigt worden sein könnte.[76] Sinn dieses Konzepts ist es, die Agglomerationsvorteile von zentralen Orten, die diese aufgrund ihrer Bündelungsfunktion für Infrastruktureinrichtungen prinzipiell haben, auch für die wirtschaftliche bzw. gewerblich-industrielle Entwicklung, mit anderen Worten für das wirtschaftliche Wachstum im Landesgebiet zu nutzen und greifbar zu

---

75 Auf die grundsätzliche Zulässigkeit, aber auch Notwendigkeit einer solchen Erweiterung, will man eine strikte Bindung von Einzelhandelsgroßbetrieben an die Stufen der zentralörtlichen Gliederung erreichen, weist *Moench,* Festschr. Hoppe, 2000, S.459 (467) hin.

76 *Blotevogel,* in: ARL (Hg.), Handwörterbuch der Raumordnung, 1995, S.1117 (1123); *drs.,* in: Blotevogel (Hg.), Fortentwicklung des Zentrale-Orte-Konzepts, 2002, S.10 (12); *Erbguth/Schoeneberg,* Raumordnungs- und Landesplanungsrecht, 1992, Rn.17; *Brohm,* Öffentliches Baurecht, 2002, § 37 Rn.17; *Hoppe/Schoeneberg,* Raumordnungs- und Landesplanungsrecht Nds, 1987, § 108; *Döhne/Gruber,* Gebietskategorien, 1976, S.62 ff.

machen.[77] Allerdings gingen die Bundesländer mit der Erweiterung des normativen Zentrale-Orte-Begriffs durch den Entwicklungsaspekt unterschiedlich weit. Während etwa Baden-Württemberg und Bayern die Funktion der zentralen Orte als Instrument der umfassenden Struktur- und Standortpolitik betonen, ist in Nordrhein-Westfalen die analytische Trennung zwischen den Versorgungsaufgaben der zentralen Orte (§ 22 LEPro NW) und den Entwicklungsaufgaben von Zentren (§ 23 Abs.2 LEPro NW) beibehalten worden.[78] Das Konzept der Entwicklungsschwerpunkte und auch der damit verwandten Entwicklungsachsen geht zwar aus Gründen der infrastrukturellen Bündelung und der teilräumlichen Nachfragepotenziale von der Zentrale-Orte-Hierarchie aus, verfolgt aber vom reinen Versorgungsgedanken im Prinzip selbständige Zielsetzungen.[79]

Nach der gesetzgeberischen Konzeption in Nordrhein-Westfalen wird das aus der zentralörtlichen Gliederung ableitbare siedlungsstrukturelle Grundgerüst, das eine siedlungsräumliche Arbeitsteilung bis zur Grenze einer bestmöglichen Versorgung der Bevölkerung in allen Landesteilen postuliert (Marktmindestgrößen), lediglich als »Anker« gewählt, um die räumliche Entwicklung im Landesgebiet in Bezug auf Arbeitsmarkt, Gewerbe und Wirtschaft, Verkehr und Information an all jenen Stellen voranzutreiben, wo das zentralörtliche Gliederungssystem bereits eine besondere Standortgunst für die weitere Verdichtung präjudiziert hat. Das Land Nordrhein-Westfalen hat das Konzept der Entwicklungsschwerpunkte zwar innerhalb des räumlichen Rahmens der zentralörtlichen Gliederung realisiert, jedoch die zentralörtliche Gliederung in ihrer Funktion als Planinstrument zur Herstellung gleichwertiger Lebensverhältnisse in allen Landesteilen unberührt

---

77 S. dazu näher oben S.47 ff.

78 *Blotevogel,* in: ARL (Hg.), Handwörterbuch der Raumordnung, 1995, S.1117 (1123); *Wahl,* Rechtsfragen II, 1978, S.34 f; *Döhne/Gruber,* Gebietskategorien, 1976, S.62.

79 *Dietrichs,* Konzeptionen und Instrumente der Raumplanung, 1986, S.84 weist für das mit den Entwicklungsschwerpunkten verwandte Konzept der Entwicklungsachsen darauf hin, dass i.d.R. kein spezifischer Ziel-Mittel-Zusammenhang zwischen dem landesplanerischen Oberziel »Gleichwertigkeit der Lebensverhältnisse in allen Landesteilen« und dem Achsenkonzept besteht. Dieser ergebe sich mehr indirekt aus der Stützungsfunktion der Achsen für die Zentren, die in erster Linie als geeignetes Instrument für den Abbau regionaler Disparitäten angesehen werden; s. eingehend zur Kritik an der sachlichen Ausweitung der Funktion zentraler Orte und der gänzlichen Andersartigkeit von Wachstum- und Versorgungsfunktion zentraler Orte auch *Wahl,* Rechtsfragen II, 1978, S.33 mwN.

gelassen. Das zeigt sich nicht nur in § 22 Abs.1 S.2 LEPro NW, sondern ist auch § 7 LEPro NW zu entnehmen, wonach *im Rahmen der zentralörtlichen Gliederung* – dieser wird also erkennbar vom Gesetzgeber a priori vorausgesetzt – eine Verdichtung durch Konzentration von Wohnungen und Arbeitsstätten in Verbindung mit zentralörtlichen Einrichtungen angestrebt werden soll.[80] Für eine inhaltliche Erweiterung der zentralörtlichen Gliederung dürfte es aber nicht ausreichend sein, wenn weitere Ziele der Landesentwicklung lediglich an die zentralörtliche Gliederung anknüpfen, ohne sie dabei inhaltlich zu modifizieren.[81]

(5) Für diese lediglich an den Versorgungszielen ausgerichtete Interpretation der zentralörtlichen Gliederung und des darauf bezogenen Kongruenzgebots spricht weiter die Überlegung, dass für ein Beeinträchtigungsverbot, wie es in § 24 Abs.3 LEPro NW unter in Bezugnahme auf die im Rahmen der zentralörtlichen Gliederung zu sichernde Versorgung Platz greift, eigentlich keine Notwendigkeit mehr bestehen würde, wollte man das Kongruenzgebot als eine spiegelbildliche Entsprechung von Einzelhandelsnutzung und landesplanerischem Verflechtungsbereich der Standortgemeinde verstehen. Wendet man das Kongruenzgebot nämlich strikt stufengerecht im Sinne der zentralörtlichen Gliederung an, so ist eine Beeinträchtigung von benachbarten zentralen Orten in ihrer zentralörtlichen Versorgungsfunktion von vornherein ausgeschlossen. Durch die Programmierung des großflächigen Einzelhandels auf die zentralörtliche Versorgungsaufgabe und den Versorgungsbereich der Standortgemeinde wäre stets gewährleistet, dass Einzelhandelsgroßbetriebe nach Art ihres

80 Interessant ist in diesem Zusammenhang auch der Hinweis von *Wahl,* Rechtsfragen II, 1978, S.48 (Fn.32), wonach der ROB 1972 der BReg davon ausging, dass das System der Entwicklungsschwerpunkte und -achsen auf dem zentralörtlichen Gliederungssystem aufbaut und es fortentwickelt; vgl. BReg, ROB 1972, S.90. Weiter verweist *Wahl* auf S.163 dieses ROB, wo der Beirat für Raumordnung seiner Empfehlung über ein »Zielsystem zur räumlichen Ordnung und Entwicklung der Verdichtungsräume..« die Bemerkung vorausschickte, dass das zentralörtliche Versorgungsprinzip auch in dem System Verdichtungsschwerpunkte und -achsen seine Gültigkeit behalte.

81 Auf die Gefahr, dass die zentralörtliche Gliederung zu einem raumplanerischen Standortraster mit Allzweckcharakter und ein zentraler Ort zu einer Gemeinde bezüglich ihrer raumplanerischen Funktion überhaupt wird, weist ausdrücklich *Blotevogel,* in: ARL (Hg.), Handwörterbuch der Raumordnung, 1995, S.1117 (1123); *drs.*, in: Blotevogel (Hg.), Fortentwicklung des Zentrale-Orte-Konzepts, 2002, S.10 (12) hin.

Angebots dem zentralen Ort richtiger Stufe und nach Umfang ihres Angebots dem mit dem zentralen Ort verknüpften Versorgungsbereich zugeordnet wären.[82] Insoweit setzt die Existenz des Beeinträchtigungsverbots neben dem Kongruenzgebot geradezu sachlogisch voraus, dass Einzelhandelsgroßbetriebe auch an Standorten angesiedelt werden können, wo sie nicht exakt dem landesplanerischen Status der Standortgemeinde entsprechen, sondern als Gefährdungsfaktor für die zentralörtlichen Versorgungsfunktionen benachbarter Kommunen überhaupt ernsthaft eine Rolle spielen können.[83]

(6) In diese Richtung lassen sich schließlich auch die Auslegungshinweise des nordrhein-westfälischen Einzelhandelserlasses interpretieren. Unterschieden wird dort nämlich zwischen der Zuordnung eines Vorhabens zum Versorgungsbereich des Standorts einerseits und der Zuordnung zum richtigen Zentrum innerhalb des Versorgungsbereichs andererseits.[84] Das ergibt nur Sinn, wenn beispielsweise auch mittelzentrale Einzelhandelsgroßbetriebe außerhalb von Mittelzentren raumstrukturell zulässig sind, jedenfalls soweit sie nicht in benachbarten *mittelzentralen* Versorgungs-

---

82 Aus diesem Grund geht wohl *Spannowsky,* NdsVBl 2001, 32 (39) von einem untrennbaren sachlichen Zusammenhang des Kongruenzgebots und Beeinträchtigungsverbots aus und behandelt beide als Bestandteile einer einheitlichen normativen Aussage.

83 Das *OVG Lüneburg* sieht vermutlich aus diesem Grund in der dem § 24 Abs.3 LEPro NW entsprechenden niedersächsischen Vorschrift des LROP II Nds, C 1.6 04, keine hinreichende Bestimmtheit, soweit die Vorschrift in S.1 verlangt, dass Umfang und Zweckbestimmung von Einzelhandelsgroßprojekten der jeweiligen Stufe der Zentralen Orte zu entsprechen haben. Erst in Verbindung mit S.2 wird die hinreichende Bestimmtheit der Vorschrift angenommen, wonach durch Einzelhandelsgroßprojekte ausgeglichene Versorgungsstrukturen nicht wesentlich beeinträchtigt werden dürfen. Im Unterschied zu § 24 Abs.3 LEPro NW, der ein Entsprechen mit der zentralörtlichen Gliederung verlangt, fordert S.1 ein Entsprechen mit der zentralörtlichen Stufe, was viel eher im Sinne einer strikten Kongruenz von betriebswirtschaftlichem Einzugsbereich der Einzelhandelsnutzung und landesplanerisch definiertem Status der Standortgemeinde zu verstehen ist. Dann aber würde S.2 in der Tat keinen Sinn mehr machen, der auf die Nicht-Beeinträchtigung benachbarter Zentren abstellt. Insoweit ergibt sich eine vergleichbare Auslegungssituation wie bei § 24 Abs.3 LEPro NW; vgl. dazu *OVG Lüneburg,* Beschl. v. 21.2.2002 – 1 MN 4128/01 –, Juris Nr. MWRE012030200; *Thies,* Einzelhandelsgroßbetriebe im Städtebaurecht, 1992, Rn.144 ff; s. auch *Schmitz,* ZfBR 2001, 85 (86), der zu Recht darauf hinweist, dass bei der zitierten Entscheidung des *OVG Lüneburg* in missverständlicher Weise offen bliebe, ob nun die Zielqualität der Vorschrift insgesamt bejaht werde oder nicht.

84 EHE NW, Nr. 3.1.1.2.

bereichen zu wesentlichen Kaufkraftabzügen führen.[85] Dann stellt sich in einem zweiten Schritt die Frage, ob sie dort auch raumfunktionell verträglich sind, das heißt nicht dem Bündelungsprinzip in den Zentren widersprechen. Den in der Literatur und auch in den diversen Einzelhandelserlassen verwendeten Umschreibungen des Kongruenzgebots kann deshalb nur unter der Maßgabe beigetreten werden, dass der Versorgungsbereich des Standorts nicht eindimensional auf den Versorgungsbereich der Standortgemeinde bezogen wird, sondern in Rechnung gestellt wird, dass jedes Grundzentrum auch in einem mittel- und oberzentralen bzw. jedes Mittelzentrum auch in einem oberzentralen Versorgungsbereich liegt. Dann kann in der Tat das Kongruenzgebot darauf reduziert werden, dass ein großflächiger Einzelhandelsbetrieb entsprechend seiner grund-, mittel- oder oberzentralen Funktion den insoweit für die Standortgemeinde maßgeblichen grund-, mittel- oder oberzentralen Verflechtungsbereich nicht wesentlich überschreitet bzw. genauer, nicht wesentlich in benachbarte Verflechtungsbereiche gleicher Stufe eindringt.[86]

(7) Zustimmung verdient deshalb die Auffassung der Rechtsprechung und der überwiegenden Literatur, die eine strikte Zuordnung von Einzelhandelsgroßbetrieben zu den Stufen der zentralörtlichen Gliederung ablehnt und bei der Kongruenz lediglich auf die *Vermeidung einer Beeinträchtigung* der zentralörtlichen Versorgungsfunktionen abstellt. Von den Vertretern dieser Auffassung wird für private Versorgungseinrichtungen deshalb häufig auch nur ein aus der zentralörtlichen Gliederung folgendes Beeinträchtigungsverbot abgeleitet, dass darauf gerichtet sei, die Versor-

---

85 Es wäre auch nur schwer einsehbar, wenn großflächige Einzelhandelsbetriebe mit bestimmten Sortimenten ausschließlich in Ober- und Mittelzentren, nicht jedoch auch in Grundzentren zulässig sein sollten. Das würde im Extremfall bedeuten, dass ein solcher Betrieb zwar an der Peripherie eines großflächigen Mittel- oder Oberzentrums weitab vom Stadtzentrum landesplanerisch zulässig wäre, nicht aber jedoch 10 Meter weiter, wenn dieses Grundstück bereits zum Gemeindegebiet eines benachbarten Grundzentrums gehört; vgl. *Blotevogel u.a.,* in: Blotevogel (Hg.), Fortentwicklung des Zentrale-Orte-Konzepts, 2002, S.217 (229).

86 Dass nur wesentliche Auswirkungen zu berücksichtigen sind, steht außer Frage und ergibt sich letztlich daraus, dass bei unwesentlichen Auswirkungen schon eine Anwendbarkeit des § 11 Abs.3 BauNVO ausscheidet (vgl. § 11 Abs.3 S.1 Nr.2 BauNVO) und damit auch § 24 Abs.3 LEPro NW, der die Anwendbarkeit des § 11 Abs.3 LEPro NW voraussetzt, ins Leere greift; vgl. *Runkel,* in: Bielenberg u.a., Raumordnungs- und Landesplanungsrecht, Stand Sept 2004, K § 4 Rn.376; EHE NW, Nr.3.1.1.2; EHE Bay, Nr.3.1.1.

gungsfunktionen benachbarter Zentren zu schützen. Für ein irgendwie geartetes Kongruenzgebot darüber hinaus wird kein Raum gesehen.[87] Berücksichtigt man aber, dass die Unterscheidung zwischen dem Kongruenzgebot und dem Beeinträchtigungsverbot letztlich eine Konsequenz der zweifachen Funktion der zentralörtlichen Gliederung ist, nämlich einmal als Mittel der siedlungsräumlichen Arbeitsteilung (raumstrukturelle Komponente) und zum anderen als Mittel der Schwerpunktbildung innerhalb zentralörtlicher Verflechtungsbereiche (raumfunktionelle Komponente), so ergibt sich durchaus eine Rechtfertigung für das Kongruenzgebot, wenn man es als *horizontales* Beeinträchtigungsverbot auffasst. Dieses horizontale Beeinträchtigungsverbot bezieht sich auf das Verhältnis der zentralörtlichen Verflechtungsbereiche derselben Stufe und schützt die siedlungsräumliche Arbeitsteilung im Landesgebiet, soweit sie zum Aufbau der Mindestausstattung in den Zentren unter Tragfähigkeitsaspekten zu gewährleisten ist. In der Sache aber geht es ausschließlich um die *Sicherung der Versorgung,* die raumstrukturell durch das Kongruenzgebot sowie raumfunktionell durch das Beeinträchtigungsverbot geschützt wird.[88]

(8) Zusammenfassend lässt sich damit festhalten: Das Kongruenzgebot versteht sich als Schutznorm für die Versorgungsbereiche benachbarter Zentren, die durch einen Einzelhandelsgroßbetrieb Kaufkraft und damit siedlungsstrukturelle Ausrichtung in einem solchen Umfang verlieren, dass ihre Mindestausstattung für eine bedarfsgerechte Versorgung der Bevölkerung im eigenen Versorgungsbereich nicht mehr unter tragfähigen Bedingungen aufrechterhalten werden kann. Ein solches Schutzbedürfnis besteht nur unter Versorgungsbereichen *gleicher Stufe,* so dass ein mittel- oder oberzentraler Betrieb in einem Grundzentrum durchaus zulässig sein kann, sofern er nicht wesentlich in die Versorgungsbereiche benachbarter Mittel- oder Oberzentren eingreift und dadurch deren bedarfsdeckende Versorgungsaufgabe beeinträchtigt.[89] Auf ein Überschreiten des zentralörtlichen

---

87 Vgl. *Hoppe,* DVBl 2000, 293 (300); *Hoppe/Otting,* Der Landkreis 2000, 376; *Moench,* Festschr. Hoppe, 2000, S.459 (466).

88 S. dazu oben S.37 ff.

89 In der Sache mag es aus Sicht der Landesplanung freilich unbefriedigend sein, wenn im Einzelfall beispielsweise Factory-Outlet-Center in kleineren Gemeinden realisiert werden können und dadurch ein Widerspruch zur angestrebten Schwerpunktbildung auf Landesebene, namentlich zum Konzept der Entwicklungsschwerpunkte und -achsen, auftritt. Gerade im Hinblick auf das Verkehrsaufkommen wären derartige

Verflechtungsbereichs der Standortgemeinde kommt es dabei prinzipiell nicht an. Entscheidend ist vielmehr, dass je nach sortimentsbezogener Zweckbestimmung des Einzelhandelsgroßbetriebs die benachbarten Verflechtungsbereiche gleicher Stufe nicht geschädigt werden. Ein erhebliches Überschreiten des eigenen Verflechtungsbereichs erscheint deshalb unproblematisch, wenn sich diese Überschreitung für die benachbarten Verflechtungsbereiche wegen der großräumigen Streuwirkung der Kaufkraftbindung jeweils nur unwesentlich auswirkt.

bb) Beeinträchtigungsverbot

Bezugsmaßstab für die Überprüfung der geplanten Nutzung nach dem Beeinträchtigungsverbot ist die *im Rahmen der zentralörtlichen Gliederung zu sichernde Versorgung*. Welchen *Rahmen* die zentralörtliche Gliederung insoweit setzt, ist zuvor bei der Erörterung des Kongruenzgebots deutlich geworden.[90] Danach definiert sich der Rahmen der zentralörtlichen Gliederung durch die Angebots-Nachfrageverflechtungen auf grund-, mittel- und oberzentraler Ebene.

(1) Vorauszusetzen bei der Prüfung der Beeinträchtigungsverbots ist demnach, dass die raumstrukturelle Verträglichkeit des Einzelhandelsgroßbetriebs gegeben ist, also die geplante Einzelhandelsnutzung nicht im Widerspruch zum zentralörtlichen System auf *horizontaler* Ebene steht.[91]

Großbetriebe mit ihren großräumigen Einzugsbereichen in den infrastrukturell besser erschlossenen Mittel- und Oberzentren zweifellos raumverträglicher aufgehoben (vgl. § 28 Abs.3 lit.a LEPro NW). Allerdings darf nicht übersehen werden, dass auf Ebene der Bauleitplanung Verkehrsprobleme nicht ungelöst bleiben dürfen, sondern planerisch bewältigt werden müssen; andernfalls ist die Bauleitplanung rechtswidrig; vgl. *Hoppe,* in: Hoppe/Bönker/Grotefels, Öffentliches Baurecht, 2004, § 5 Rn.142 ff; *Stüer,* Bau- und Fachplanungsrecht, 1998, Rn.819. Sofern die Standortgemeinde in der Lage ist, diese Probleme zu bewältigen, ist an und für sich auch kein Grund ersichtlich, warum ihr nicht auch die Vorteile einer solchen Ansiedlung zufließen sollen. Es wäre im Hinblick auf die rahmensetzende Funktion der Landesplanung bedenklich, wenn private Infrastrukturvorhaben ab einer bestimmten Größe nur an bestimmten Standorten zulässig wären; das käme einer Steuerung durch positive Standortausweisungen nahe, was erhöht rechtfertigungsbedürftig wäre; vgl. *Spannowsky,* NdsVBl 2001, 1 (4) und s. im Hinblick auf weitere damit verbundene Rechtsprobleme auch unten S.228 f.

90 S. oben S.114 ff.

91 S. oben S.121 f und S.124 ff.

Raumfunktionell ist nunmehr der Blick auf den zentralörtlichen Versorgungskern des relevanten Versorgungsbereichs zu richten und zu fragen, ob die geplante Kern- oder Sondergebietsnutzung der nach § 22 Abs.2 S.2 LEPro NW zu sichernden Zentralität des Versorgungskerns entspricht. »Entsprechen« in diesem Sinne bedeutet, dass die geplante Kern- oder Sondergebietsnutzung mit den Raumfunktionen der zentralörtlichen Gliederung übereinstimmen bzw. *kongruent* sein muss.[92] Hier geht es nunmehr – im Unterschied zum raumstrukturellen Beeinträchtigungsverbot in Gestalt des Kongruenzgebots – um das Verbot einer Beeinträchtigung der Konzentration von Versorgungseinrichtungen in dem Zentrum des Versorgungsbereichs, in dem der Standorts des Einzelhandelsgroßbetriebs angesiedelt ist.

(2) Standortbezogene Aussagen zur Sicherung der Versorgung beinhaltet die zentralörtliche Gliederung allerdings nur in Form der Einstufung von Gemeinden als *Mittelzentren* und *Oberzentren*. Da in Nordrhein-Westfalen alle Gemeinden Grundzentren sind, trifft die Landesplanung keine selektive Auswahl in Bezug auf grundzentrale Standorte im Landesgebiet.[93] Die Lokalisierung der grundzentralen Einrichtungen ist hier vielmehr eine originäre Angelegenheit der örtlichen Gemeinschaft.[94] Dementsprechend muss eine Gemeinde nur für großflächige Einzelhandelsnutzungen mittel- und oberzentraler Art in eine Kongruenzprüfung in Bezug auf die *Lage* dieser Einrichtungen eintreten. Das bedeutet zugleich, dass nur jene Gemeinden zur Prüfung der *Lage*kongruenz aufgerufen sind, deren Zentralitätsstufe niedriger als das mittel- oder oberzentrale Versorgungsangebot ist, das sie auf ihrem Gemeindegebiet anzusiedeln beabsichtigen. Sind sie nämlich selbst Mittel- oder Oberzentrum, so stärken sie mit einem stufengerechten Einzelhandelsangebot stets die zentralörtliche Versorgungsfunktion im Verflechtungsbereich, so dass sich Beeinträchtigungsfragen von vornherein nicht stellen. Sind sie es jedoch nicht, so bilden sie einen peripheren Standort zum eigentlich zuständigen Zentrum und können durch Bindung von Kaukraft das höherrangige Zentrum in seiner Entwicklung oder seinem Bestand beeinträchtigen. Beim Beeinträchtigungsverbot geht

92 S. zum Begriff des Entsprechens oben S.123 f.

93 Vgl. *Schmidt-Aßmann,* Fortentwicklung, 1977, S.63; *Niemeier/Dahlke/Lowinski,* Landesplanungsrecht NW, 1977, § 20 LEPro Anm.6.

94 Vgl. *Schmidt-Aßmann,* Fortentwicklung, 1977, S.63.

es mithin um die *vertikale* Zuordnung des Einzelhandelsgroßbetriebs zur zentralörtlichen Gliederung und zwar in dem Sinne, dass höherrangige Zentren in ihren Versorgungsfunktionen nicht beeinträchtigt werden.[95]

(3) Maßstab für eine solche Beeinträchtigung ist auch hier wiederum die in den Mittel- und Oberzentren geforderte qualitative und quantitative Versorgungsfunktion.[96] Erforderlich in den Zentren ist lediglich das Niveau einer Mindestausstattung; insoweit ist nicht nur der raumstrukturelle Inhalt, sondern auch der raumfunktionelle Inhalt der zentralörtlichen Gliederung sachlich begrenzt.[97] Von einer Beeinträchtigung wird generell auszugehen sein, wenn infolge der Versorgungskonzentration und der Bindung einer großen Kaufkraftmenge am peripheren Standort das Mittel- oder Oberzentrum nicht mehr die Versorgungsfunktion für jedermann erfüllen kann, weil die erforderlichen Einzelhandelsbetriebe nicht mehr in Fußgängerentfernung bzw. nicht mehr mit öffentlichen Verkehrsmitteln erreichbar sind.[98] Auch hier gilt wie beim Kongruenzgebot, dass nur wesentliche Auswirkungen zu berücksichtigen sind.[99]

Für die Frage, wann konkret von einer Beeinträchtigung von Versorgungsfunktionen auszugehen ist, dürfte zu differenzieren sein zwischen Kaufkraftverlusten, welche die *Entwicklung* einerseits bzw. den *Bestand* zentralörtlicher Funktionen andererseits betreffen. Wird Kaufkraft aus dem Zentrum abgezogen, weil es dort an notwendigen zentralörtlichen Versorgungseinrichtungen fehlt, ist bei der Beeinträchtigungsprognose im Blick zu behalten, dass die verlorene Kaufkraft durch die Bereitstellung eines eigenen Angebots wieder zurückgewonnen werden kann.[100] Das ist

---

95 *Erbguth/Schoeneberg,* Raumordnungs- und Landesplanungsrecht, 1992, Rn.16; *Schmitz,* ZfBR 2001, 85 (88); *Moench/Sandner,* NVwZ 1999, 337 (341).

96 S. oben S.39 f; vgl. auch *Erbguth,* NVwZ 2000, 969 (973 f).

97 S. hierzu oben S.124 ff.

98 *OVG Münster,* Urt. v. 22.6.1998 – 7 a D 108/96.NE –, NVwZ 1999, 79 (80); *Fickert/Fieseler,* BauNVO, 2002, § 11 Rn.23.

99 S. oben S.134.

100 Vgl. zum Aspekt der Rückgewinnung von Kaufkraft *VGH München,* Urt. v. 5.4.2000 – 26 N 99.2961, 26 N 99.3207, 26 N 99.3265 –, BayVBl 2001, 175 (178); *Uechtritz,* BauR 1999, 572 (580). So wie der Rückgewinn von Kaufkraft gegenüber bislang »zu Unrecht« profitierenden Zentren bei der Beeinträchtigungsprognose außer acht bleiben muss, dürfte auch das Abschöpfen von Kaufkraft aus benachbarten Zentren unschädlich sein, sofern feststeht, dass diese jederzeit durch Bereitstellung eines eigenen Angebots zurückgewonnen werden kann. Inwieweit das jeweils mit hinreichender

durchaus nicht unwahrscheinlich, wenn die Einwohner des Verflechtungsbereichs wegen der Versorgungslücken im Zentrum letztlich gezwungen sind, sich am ungünstiger gelegenen peripheren Standort zu versorgen. Maßgeblich für die Beeinträchtigungsprognose dürfte in solchen Fällen sein, ob der Standort »Zentrum« durch die periphere Ansiedlung für künftige zentrengerechte Ansiedlungen wirtschaftlich entwertet wird, so dass von vornherein feststeht, dass die zentralörtliche Mindestausstattung im Zentrum nicht mehr, auch nicht durch planerische Bemühungen der Gemeinde, erreichbar ist.[101]

Anders liegt der Fall, wenn auf den vorhandenen Bestand eingewirkt wird. Hier wird trotz ausgeglichener Versorgungslage im Zentrum Kaufkraft umgeleitet, so dass von einem nicht nur temporären Verlust von Nachfrage auszugehen ist. Führen diese Nachfrageverluste zum wirtschaftlichen Einbruch wesentlicher zentraler Versorgungseinrichtungen, so stellt eine das veranlassende Planung eine Beeinträchtigung der zentralörtlichen Versorgungsfunktion dar.

II. Integrationsgebot

Das Integrationsgebot in § 24 Abs.3 LEPro NW fordert die räumliche und funktionale Zuordnung des Vorhabens zu den innergemeindlichen Siedlungsschwerpunkten. Um diese Anforderungen inhaltlich zu erfassen, ist deutlich zu machen, welche Zielsetzung damit verbunden ist, dass Einzelhandelsgroßbetriebe den Siedlungsschwerpunkten räumlich und funktional zuzuordnen sind.

Verlässlichkeit prognostizierbar ist, muss marktwirtschaftlichen Untersuchungen vorbehalten bleiben.

101 Die Vorschrift des § 24 Abs.3 LEPro ist darauf gerichtet, die zentralörtliche Siedlungsstruktur, wie sie durch die öffentliche Infrastruktur begründet wird, auch für den privaten Einzelhandel anwendbar zu machen und so eine hervorgehobene Standortgunst für Ansiedlungen in den Zentren zu schaffen. Da eine unmittelbare Einflussnahme auf private Ansiedlungsentscheidungen, etwa im Sinne der §§ 29-31 LEPro NW, ausscheidet bzw. von der Landesplanung nicht intendiert ist, dürfte sich der Zweck des § 24 Abs.3 LEPro NW primär darauf richten, wenigstens den anziehenden Einfluss der Zentren auf private Ansiedlungsentscheidungen zu erhalten, indem die minimal erforderlichen Angebots-Nachfrageverflechtungen zum Zentrum konserviert werden; vgl. *Niemeier/Dahlke/Lowinski,* Landesplanungsrecht NW, 1977, § 20 LEPro Anm.1 u. s. auch oben S.108 ff.

1. Begriff der Siedlungsschwerpunkte

Der Begriff der Siedlungsschwerpunkte ist in § 6 LEPro NW legaldefiniert. Danach handelt es sich um Standorte in den Gemeinden, die sich für ein räumlich gebündeltes Angebot zentraler Versorgungseinrichtungen eignen. Räumlich konkretisiert werden diese Standorte durch die Gemeinden in ihren Flächennutzungsplänen; sie sind dazu verpflichtet, weil das Landesentwicklungsprogramm in § 24 Abs.1 LEPro NW die konkrete Vorgabe enthält, dass die Gemeinde Siedlungsschwerpunkte in ihrem Gemeindegebiet zu schaffen hat, auf welche die Siedlungsstruktur auszurichten ist. Dadurch werden die Gemeinden eindeutig angewiesen, Maßnahmen im Rahmen ihrer Bauleitplanung zu ergreifen, welche die landesplanerische Forderung nach Siedlungsschwerpunkten in die Planungswirklichkeit umsetzen.[102] Existieren in einer Gemeinde mehrere Siedlungsschwerpunkte, ist das Verhältnis unter ihnen nach Stadtkernen, Nebenzentren und Nahbereichszentren zu regeln, um eine bedarfsgerechte Zuordnung von Versorgungsfunktionen und Einzugsbereichen im Interesse ausgeglichener Versorgungsstrukturen zu erreichen.[103]

Mit der Darstellung der Siedlungsschwerpunkte im Flächennutzungsplan sind die Bezugspunkte existent, an denen eine räumliche und funktionale Zuordnung von Einzelhandelsgroßbetrieben zu überprüfen ist. Üblicherweise werden die Siedlungsschwerpunkte allein durch ein Symbol oder zusätzlich durch eine Begrenzungslinie gekennzeichnet. Bei mehr als zwei Siedlungsschwerpunkten in einer Gemeinde wird landesplanerisch empfohlen, zur Verdeutlichung zusätzlich die Begrenzungslinien für jeden Siedlungsschwerpunkt kenntlich zu machen.[104]

2. Begriff der räumlich-funktionalen Zuordnung

a) Vorüberlegung

Der nordrhein-westfälische Einzelhandelserlass differenziert in seinen Auslegungshinweisen zwischen dem Begriff der Zuordnung zu den Siedlungsschwerpunkten einerseits und den räumlichen und funktionalen

102 SSP-Erlass NW, Nr.1.1.
103 Vgl. SSP-Erlass NW, Nr.1.2.
104 Vgl. SSP-Erlass NW, Nr.1.4.

Aspekten dieser Zuordnung andererseits.[105] Unter der Zuordnung einer Einzelhandelsnutzung zu den Siedlungsschwerpunkten als solche wird dabei verstanden, dass die Nutzung im oder unmittelbar angrenzend an den Siedlungsschwerpunkt realisiert wird.

Problematisch an diesem Verständnis erscheint, dass die Zuordnung als räumliche Kategorie verstanden wird, was aber im Widerspruch dazu steht, dass das Gesetz die räumliche wie auch die funktionale Dimension der Zuordnung ausdrücklich neben den Begriff der Zuordnung stellt. Naheliegender dürfte daher sein, den Begriff der Zuordnung weder funktional noch räumlich zu verstehen, sondern schlicht darauf abzustellen, dass der großflächige Einzelhandel auf jeden Fall einen Bezug eben zu einem Siedlungsschwerpunkt und nicht zu einem Ortsteil in der Gemeinde hat, der nicht Siedlungsschwerpunkt ist. Der Begriff der Zuordnung bringt in diesem Sinne nur das Erfordernis eines wie auch immer gearteten »Zusammenhangs« von Standorten des großflächigen Einzelhandels und Siedlungsschwerpunkten zum Ausdruck, der sodann nach räumlichen und funktionalen Maßstäben näher zu bestimmen ist.

Um einen Einstieg in die Fragestellung zu gewinnen, was die Begriffe der funktionalen und räumlichen Zuordnung im Rahmen des § 24 Abs.3 LEPro NW ausdrücken wollen, bietet es sich an, auf die im Zusammenhang mit § 35 Abs.4 S.1 Nr.1 lit.e BauGB ergangenen Interpretationen von Rechtsprechung und Schrifttum zurückzugreifen. Nach § 35 Abs.4 S.1 Nr.1 lit.e BauGB sind zum Beispiel Nutzungsänderungen land- oder forstwirtschaftlich genutzter Gebäude privilegiert, sofern sie im *räumlich-funktionalen Zusammenhang* mit der Hofstelle des land- oder forstwirtschaftlichen Betriebs stehen. Der Vergleich dieser Vorschrift mit § 24 Abs.3 LEPro NW erscheint vor dem Hintergrund sinnvoll, dass § 35 BauGB von seinem Regelungszweck her von dem Ziel getragen ist, den Außenbereich von einer Besiedlung freizuhalten und die Naturräume zu sichern.[106] Auch das städtebauliche Integrationsgebot in § 24 Abs.3 LEPro NW steht

105 EHE NW, Nr.3.1.2.2.

106 Vor allem dadurch, dass Zerschneidungs- und Zersiedlungseffekte verhindert werden; vgl. *BVerwG,* Urt. v. 12.9.1980 – 4 C 75.77 –, BRS 36, 122 (123); *VGH München,* Urt. v. 20.2.1979 – 308 I 75 –, BayVBl 1980, 144 (145); *Bönker,* in: Hoppe/Bönker/Grotefels, Öffentliches Baurecht, 2004, § 7 Rn.174 f; *Rabe/Heintz,* Bau- und Planungsrecht, 2002, S.134.

erkennbar im Zusammenhang mit dem Ziel, solitäre Lagen von großflächigen Einzelhandelsbetrieben im Außenbereich zu verhindern und dadurch der Innenentwicklung den Vorrang vor der Außenentwicklung zu verschaffen.[107]

Im Zusammenhang mit der Auslegung des § 35 Abs.4 S.1 Nr.1 lit.e BauGB wird der funktionale Zusammenhang verneint, wenn das Gebäude zwar im Zusammenhang mit der Hofstelle steht, dem land- oder forstwirtschaftlichen Betrieb aber nicht *dient.*[108] Unter diesem Blickwinkel dürfte das Erfordernis der funktionalen Zuordnung in § 24 Abs.3 LEPro NW zum Ausdruck bringen, dass der Betrieb so zu verorten ist, dass er funktional den Siedlungsschwerpunkten *dient* und nicht anderen Ortsteilen in der Gemeinde, die keine Siedlungsschwerpunkte sind.

Der räumliche Zusammenhang in § 35 Abs.4 S.1 Nr.1 lit.e BauGB hingegen wird von der Rechtsprechung bejaht, wenn das Gebäude in unmittelbarer baulicher Einheit mit der Hofstelle steht.[109] Für das räumliche Zuordnungsgebot in § 24 Abs.3 LEPro NW dürfte dies prinzipiell bedeuten, dass der Einzelhandelsgroßbetrieb aus geographischer Sicht dem Siedlungsschwerpunkt als zugehörig gilt, mithin der Betrieb mit dem Siedlungsschwerpunkt den Eindruck baulicher Zusammengehörigkeit vermittelt.

b) Funktionale Zuordnung

Gemäß des nordrhein-westfälischen Einzelhandelserlasses, der als Auslegungshilfe unter anderem auch bei der Anwendung des § 24 Abs.3 LEPro NW dient, ist bei der Frage nach der funktionalen Zuordnung von Einzelhandelsgroßbetrieben zu Siedlungsschwerpunkten darauf abzustellen, welcher Siedlungsschwerpunkt nach seiner funktionalen Aufgabenstellung am ehesten für die vorgesehene Kern- oder Sondergebietsnutzung in Frage

---

107 *Niemeier/Dahlke/Lowinski,* Landesplanungsrecht NW, 1977, § 24 LEPro Anm.6 (Zu 3.); EHE NW, Nr.3.1.2.2.

108 Vgl. hierzu *Krautzberger,* in: Battis/Krautzberger/Löhr, BauGB, 2005, § 35 Rn.92; *Schiwy u.a.,* BauGB, Stand Juli 2002, § 35 BauGB, V 3 a, S.56.

109 So *VGH Mannheim,* Urt. v. 6.10.1993 – 8 S 1577/93 –, NuR 1994, 194 zur Auslegung des ähnlichen Begriffs in § 35 Abs.1 Nr.2 c BauGB a.F. »in unmittelbarer Nähe der Hofstelle«; vgl. auch *Dürr,* in: Brügelmann u.a., BauGB, Stand Feb 2005, § 35 Rn.131 c; *Krautzberger,* in: Battis/Krautzberger/Löhr, BauGB, 2005, § 35 Rn.92.

kommt.[110] Maßgebliche Kriterien dafür sind die Größe und Sortimentsstruktur der geplanten Nutzung, die Ausstattung mit öffentlichen und privaten Einrichtungen, die gesicherte Versorgung der Bevölkerung und die Gleichwertigkeit der Lebensverhältnisse. [111]

Wenn Einzelhandelsgroßbetriebe den Siedlungsschwerpunkten funktional zugeordnet sein sollen, so steht dahinter wohl die Überlegung, dass derartige Betriebe, die wegen ihrer Größe, Attraktivität und des weiten Einzugsbereichs in gewisser Weise selbst »Siedlungsschwerpunkte« abbilden, nicht an Standorten verortet werden, wo sie das in den Flächennutzungsplänen der Gemeinden dargestellte System von Siedlungsschwerpunkten unterlaufen. Da die Funktion von Siedlungsschwerpunkten darin liegt, das innergemeindliche Siedlungsgeschehen in Form der *siedlungsräumlichen Schwerpunktbildung* auch zum Zwecke einer günstigen Zuordnung von Wohnen und Versorgung zu strukturieren und damit letztlich gleichwertige Lebensverhältnisse in allen Teilräumen durch die Verhinderung einseitiger räumlicher Konzentrationen herzustellen,[112] können prinzipiell nur jene Einzelhandelsgroßbetriebe den Siedlungsschwerpunkten als funktional zugeordnet gelten, die durch ihre Gravitationswirkung auf das Siedlungsgeschehen der dezentralen Konzentration im Gemeindegebiet am ehesten entsprechen.[113] Insoweit dürfte eine Verwandtschaft zwischen dem Kongruenzgebot auf Landesebene und dem funktionalen Zuordnungsgebot auf Gemeindeebene vorliegen, denn beide Zulässigkeitskriterien sind auf das Ziel gerichtet, die Integrität siedlungsstruktureller Teilräume zu sichern.[114]

---

110 EHE NW, Nr.3.1.2.2; das funktionale Zuordnungsgebot greift damit sachlogisch nur bei einer polyzentralen innergemeindlichen Siedlungsstruktur; vgl. SSP-Erlass NW, Nr.1.2; *Runkel,* UPR 1998, 241 (246).

111 Deshalb wäre etwa ein technisches Kaufhaus mit mehreren tausend Quadratmetern in einem Siedlungsschwerpunkt, der nur der Nahversorgung dient, nicht funktional zugeordnet, weil er als mittelzentraler Betrieb in den mittelzentralen Verflechtungsbereich des an sich zuständigen Siedlungsschwerpunkts eingreifen würde.

112 *Niemeier/Dahlke/Lowinski,* Landesplanungsrecht NW, 1977, § 6 LEPro Anm.3; s. auch oben S.40 ff.

113 Vgl. *Bönker,* BauR 1999, 328 (344); *Schneider,* Bauplanungsrechtliche Zulässigkeit von FOC, 2003, S.114.

114 Dass das funktionale Zuordnungsgebot diese Zielsetzung verfolgt, lässt sich auch daraus ableiten, dass die ebenfalls im städtebaulichen Integrationsgebot enthaltene Forderung nach räumlicher Zuordnung einen Bezug zu zunächst grundsätzlich jedem Siedlungsschwerpunkt in der Gemeinde erlaubt und deshalb notwendigerweise durch

Maßgeblich für die funktionale Zuordnung sind damit – ähnlich wie beim Kongruenzgebot – *Art und Umfang* des geplanten Einzelhandelsangebots, weil sich aus diesen Kriterien die Gravitationswirkung bzw. der betriebswirtschaftliche Einzugsbereich der Versorgungseinrichtung ergibt, der wiederum einen Vergleich mit den Einzugsbereichen von Siedlungsschwerpunkten erlaubt.[115]

c) Räumliche Zuordnung

Welches inhaltliche Kriterium dem räumlichen Zuordnungsgebot zu entnehmen ist, wird in der Rechtsprechung, Literatur und landesplanerischen Praxis uneinheitlich beurteilt. Unklar erscheint zunächst, ob für eine räumliche Zuordnung zu fordern ist, dass der Standort des Einzelhandelsgroßbetriebs (Lage des Angebots) innerhalb des Siedlungsschwerpunkts liegt oder auch ausreichend ist, dass er zwar außerhalb des Siedlungsschwerpunkts liegt, ihm aber dann wenigstens räumlich noch »zugeordnet« ist. Bejaht man letzteres, stellt sich natürlich die entscheidende Frage, wie der Begriff der Zuordnung im räumlichen Sinne fassbar gemacht werden kann, genauer: wo von einer Zuordnung noch gesprochen werden kann bzw. wo sie aufhört.

(1) Der nordrhein-westfälische Einzelhandelserlass als Auslegungshilfe stellt für die räumliche Zuordnung zu einem Siedlungsschwerpunkt darauf ab, dass dem funktionsgerechten Siedlungsschwerpunkt die Nutzung auch örtlich richtig zugeordnet ist.[116] Gesichtspunkte dafür sollen die Vermeidung einer isolierten Lage am Rande des Siedlungsschwerpunkts, die Sicherung einer siedlungsräumlichen Konzentration (optimale Ausnutzung von Infrastruktur/Erreichbarkeit/sparsamer Flächenverbrauch) und eine

---

das Kriterium der funktionalen Zuordnung eine Selektion erfolgen muss. Andernfalls hätte das funktionale Zuordnungsgebot keine selbständige Steuerungswirkung. Die Selektion richtet sich nach funktionalen Kriterien; hier kann ein Bezug zwischen Einzelhandelsprojekt und Siedlungsschwerpunkt sinnvollerweise nur durch eine höchstmögliche funktionale Annäherung im Sinne einer Kongruenz von Einzugsbereichen hergestellt werden.

115 S. zur siedlungsstrukturellen Bedeutung von Art und Umfang eines Einzelhandelsbetrieb auch oben S.122.

116 EHE NW, Nr.3.1.2.2.

möglichst ausgewogene und bedarfsgerechte Versorgung der Bevölkerung sein.

(2) Nach Auffassung in der Rechtsprechung ist das Gebot der räumlichen Zuordnung im Zusammenhang mit der in § 6 LEPro NW geforderten Ausrichtung der Siedlungsstruktur auf Siedlungsschwerpunkte zu sehen.[117] Grundsätzlich sei davon auszugehen, dass alle Punkte innerhalb eines Siedlungsschwerpunkts diesem ohne Weiteres auch räumlich zugeordnet seien; sie würden sogar von ihm umfasst, so dass sich das Problem einer Zuordnung in diesen Fällen schon begrifflich gar nicht stelle. Weiter seien auch all jene Punkte einem Siedlungsschwerpunkt räumlich zugeordnet, die zwar außerhalb von ihm lägen, gleichwohl aber auf ihn »ausgerichtet« seien. Das ergebe sich daraus, dass das Gebot der räumlichen Zuordnung lediglich den allgemeinen Grundsatz des § 6 S.1 LEPro NW in eine zielförmige Vorgabe für den großflächigen Einzelhandel umsetzen wolle.[118] Räumlich zugeordnet seien deshalb alle Standorte, die unter Berücksichtigung der Siedlungsstrukturentwicklung auf Siedlungsschwerpunkte hin ausgerichtet seien. Eine derartige Ausrichtung sei jedenfalls dann gegeben, wenn die in Rede stehende Nutzung an eine vorhandene Bebauung anschließe, die auf den Siedlungsschwerpunkt ausgerichtet sei.

(3) In der Literatur differieren die Auffassungen ebenfalls. Zum Teil wird vertreten, dass das Tatbestandserfordernis der räumlichen und funktionalen Zuordnung eine nähere Eingrenzung der Standortwahl auf den eigentlichen Citybereich bzw. die zentralen Geschäftslagen verlange.[119] Diese Position lehnt sich an den Einzelhandelserlass an und geht in gleicher Weise von einer eigenständigen Steuerungswirkung des Integrationsgebots auch innerhalb von Siedlungsschwerpunkten aus. Nach anderer Auffassung kommt es nur auf den städtebaulichen Zusammenhang mit bestehenden Siedlungen an, wobei es ausdrücklich als Missverständnis bezeichnet wird,

---

117 *OVG Münster,* Urt. v. 7.12.2000 – 7 a D 60/99.NE –, DVBl 2001, 657 (660); *VG Münster,* Urt. v. 8.3.2001 – 2 K 3122/99 –, NWVBl 2002, 72 (77).

118 *VG Münster,* Urt. v. 8.3.2001 – 2 K 3122/99 –, NWVBl 2002, 72 (77) mit dem Hinweis, dass insoweit zwischen § 6 LEPro NW und § 24 Abs.3 LEPro NW ein normativer Zusammenhang besteht.

119 *Janning,* in: Jarass (Hg.), Öffentlichkeitsbeteiligung und Rechtsschutz, 2002, S.109 (116).

daraus zu folgern, dass nur Standorte im Stadtinneren oder in der Nähe des Stadtzentrums landesplanerisch unbedenklich wären.[120] Zulässig seien vielmehr auch Standorte am Stadtrand; nur solitäre Lagen im Außenbereich, denen es am baulichen und funktionalen Zusammenhang mit Siedlungsschwerpunkten fehle, seien grundsätzlich nicht mit landesplanerischen Zielvorstellungen zu vereinbaren.

(4) Betrachtet man die in der Rechtsprechung sowie im Einzelhandelserlass und in der Literatur vertretenen Auffassungen zum räumlichen Zuordnungsgebot, so lässt sich ein elementarer Unterschied in den Positionen auszumachen, der weiterer Diskussion bedarf.

Der Einzelhandelserlass und Teile der Literatur gehen davon aus, dass das Gebot der räumlichen Zuordnung innerhalb eines Siedlungsschwerpunkts Steuerungswirkung hat und dort eine örtlich richtige Zuordnung verlangt, wobei als Kriterien die Vermeidung einer isolierten Lage am Rande des Siedlungsschwerpunkts, die Sicherung einer siedlungsräumlichen Konzentration und eine bedarfsgerechte Versorgung der Bevölkerung heranzuziehen sind.[121] Der Einzelhandelserlass versteht demnach unter den Siedlungsschwerpunkten offenbar einen größeren räumlichen Bereich, innerhalb dessen es mittels des räumlichen Zuordnungsgebots noch erforderlich ist, eine Feinsteuerung der Standorte für den großflächigen Einzelhandel hin zu solchen Lagen vorzunehmen, die den obengenannten Kriterien entsprechen. Diese Auffassung dürfte sich vor allem vor dem Hintergrund erklären, dass die Gemeinden es in der Praxis scheinbar weitgehend in der Hand haben, die Siedlungsschwerpunkte so großzügig zu bestimmen, dass auch städtebaulich nicht integrierte Standorte planerisch den Siedlungsschwerpunkten zugeordnet werden können.[122] Als Korrektiv muss daher das räumliche Zuordnungsgebot geradezu zwangsläufig so verstanden werden, dass es innerhalb der weitgefassten Siedlungsschwerpunkte noch eine selbständige Steuerungswirkung entfaltet.

---

120 *Gräf/Henneke,* ZfBR 1980, 218 (219 f); vgl. ähnlich auch Ziel 1.0.8 im *LEPeV Bbg,* wonach die Ansiedlung weiterer Einzelhandelsgroßbetriebe u.a. nur zulässig ist, wenn der räumliche Zusammenhang zum vorhandenen Siedlungsbereich gewahrt wird.

121 EHE NW, Nr.3.1.2.2.

122 Vgl. *Janning,* in: Jarass (Hg.), Öffentlichkeitsbeteiligung und Rechtsschutz, 2002, S.109 (117).

Demgegenüber hält sich die Rechtsprechung relativ streng an den Wortlaut des in § 24 Abs.3 LEPro NW verankerten Integrationsgebots. Danach eröffnet sich ein Anwendungsbereich für das räumliche Zuordnungsgebot nur dann, sofern die geplante Nutzung für den großflächigen Einzelhandel außerhalb eines Siedlungsschwerpunkts liegt; liegt sie innerhalb des Siedlungsschwerpunkts, wird sie von ihm umfasst, so dass für die Diskussion einer räumlichen Zuordnung schon aus begriffslogischen Gründen kein Raum bleibt. Die innerhalb eines Siedlungsschwerpunkts maßgeblichen standortbezogenen Fragen sind nach der Rechtsprechung allein der planerischen Entscheidung der Gemeinde zugewiesen.[123] Das *Verwaltungsgericht Münster,* das sich in seiner Entscheidung vom 8.3.2001 mit einem Standort außerhalb eines Siedlungsschwerpunkts zu befassen hatte, sieht alle Standorte als räumlich zugeordnet an, die unter Berücksichtigung der Siedlungsstrukturentwicklung einer Gemeinde auf einen bestimmten Siedlungsschwerpunkt ausgerichtet sind. Hier kommt die bereits zitierte Rechtsauffassung des Gerichts zum Ausdruck, dass die geographische Komponente des Integrationsgebots letztlich eine zielförmige Umsetzung des allgemeinen Grundsatzes in § 6 S.1 LEPro NW darstellt. Die räumliche Zuordnung hält das Gericht jedenfalls dann für gegeben, wenn der Standort an die vorhandene Bebauung eines im Zusammenhang bebauten Ortsteils anschließt, der auf den Siedlungsschwerpunkt ausgerichtet ist.[124] Genügen lässt das Gericht aber auch die planungsrechtliche Zuordnung eines Standorts zum Siedlungsschwerpunkt, die vorliegt, wenn der Standort bauleitplanerisch dafür vorgesehen ist, die Siedlungsentwicklung abzurunden.[125]

(5) Die Frage, welcher sachliche Gehalt dem räumlichen Zuordnungsgebot entnommen werden kann, ist durch Auslegung zu ermitteln. Hierbei sind historische, systematische, wörtliche und teleologische Aspekte entsprechend der üblichen Auslegungsmethodik zu berücksichtigen.[126]

---

123 *OVG Münster,* Urt. v. 7.12.2000 – 7 a D 60/99.NE –, DVBl 2001, 657 (661); *VG Münster,* Urt. v. 8.3.2001 – 2 K 3122/99 –, NWVBl 2002, 72 (77).

124 *VG Münster,* Urt. v. 8.3.2001 – 2 K 3122/99 –, n.v., amtl. Abdr. S.36.

125 *VG Münster,* Urt. v. 8.3.2001 – 2 K 3122/99 –, NWVBl 2002, 72 (77) u. amtl. Abdr. S.36.

126 S. dazu *BVerfG,* Urt. v. 21.5.1952 – 2 BvH 2/52 –, BVerfGE 1, 299 (312); *BVerfG,* Beschl. v. 17.5.1960 – 2 BvL 11/59, 11/60 –, BVerfGE 11, 126 (130 f); *Larenz/ Canaris,* Methodenlehre, 1995, S.139 f.

(6) Blickt man auf die Entstehungsgeschichte des § 24 Abs.3 LEPro NW, so verlangte die Vorläuferregelung im Landesentwicklungsprogramm vom 19. März 1974 (§ 24 Abs.5 LEPro NW), dass im Hinblick auf die Mikrostandortwahl Sonder- bzw. Kerngebietsnutzungen für den großflächigen Einzelhandel an *städtebaulich integrierten* Standorten vorzusehen sind.[127] Als geeignete städtebaulich integrierte Standorte wurden die Siedlungsschwerpunkte der Gemeinden sowie die auf diese Siedlungsschwerpunkte ausgerichteten sonstigen, in den Gebietsentwicklungsplänen dargestellten Wohnsiedlungsbereiche angesehen.[128] Hingegen wurden jene Standorte als nicht städtebaulich integriert bewertet, die durch einen mangelnden baulichen und funktionalen Zusammenhang mit Siedlungsschwerpunkten oder sonstigen Wohnsiedlungsbereichen aufgrund ihrer solitären Lage im Außenbereich gekennzeichnet waren.[129] Maßgeblich für die Auslegung des Merkmals der »städtebaulichen Integration« war damit die Abgrenzung von bebautem Innenbereich und unbebautem Außenbereich. Ein Einzelhandelsstandort wurde als städtebaulich integriert betrachtet, sofern er unmittelbar an den im Zusammenhang bebauten Ortsteil eines Siedlungsschwerpunkts bzw. der diesen zugeordneten Wohnsiedlungsbereiche anknüpfte. Die Vermeidung einer isolierten Lage außerhalb gewachsener Siedlungsstrukturen, also auf der so genannten »Grünen Wiese«, war damit das entscheidende Prüfkriterium für die Bejahung oder Ablehnung der städtebaulichen Integration. Keine Rolle für die städtebauliche Integration hingegen spielte die Frage, ob ein Einzelhandelsgroßbetrieb auch innerhalb besiedelter Strukturen örtlich richtig zugeordnet war, etwa seinen Standort innerhalb oder in unmittelbarer Nähe der zentralen Versorgungsbereiche hatte.

Dass dieses Verständnis jedenfalls im Kern auch heute noch gelten soll, impliziert die gesetzgeberische Begründung zur Novellierung des Integrationsgebots. Die Gesetzesmaterialen bringen zum Ausdruck, dass die

127 Damals war es noch § 24 *Abs.5* LEPro NW, in dem die landesplanerischen Anforderungen für die Standortwahl von Einzelhandelsgroßbetrieben geregelt waren; vgl. LEPro NW vom 19.3.1974 (GV NW S.96 – SGV NW 230).

128 *Niemeier/Dahlke/Lowinski,* Landesplanungsrecht NW, 1977, § 24 LEPro Anm.6 (Zu 3.).

129 *Kenneweg/Aerssen,* Planungsrecht NW, 1977, Zu § 24 Abs.5 LEPro, die im Zusammenhang mit der städtebaulichen Integration betonen, dass Einzelhandelsgroßbetriebe nicht außerhalb geschlossener Siedlungsbereiche errichtet werden dürfen.

Novellierung der Vorschrift aufgrund der einschlägigen Erfahrungen aus der Praxis mit der Planung von Einzelhandelsgroßbetrieben der *Präzisierung* der vormals geltenden Regelung dienen sollte.[130] Die Anforderungen an die Auswahl des Mikrostandorts sollten also nicht grundlegend *verändert,* sondern lediglich *präzisiert* werden. Dafür ergab sich nach der kommunalen Gebietsreform durchaus auch die Notwendigkeit, nachdem der Gesetzgeber den ursprünglichen Grundgedanken der zentralörtlichen Gliederung auf innergemeindliche Siedlungsschwerpunkte ausgeweitet und dadurch die städtebauliche Entwicklung und Ordnung in den Gemeinden primär auf eine siedlungsräumliche Schwerpunktbildung in Form von Kern-Umland-Verflechtungen verpflichtet hatte.[131] Die Forderung nach städtebaulicher Integration konnte deshalb räumlich präzisiert werden, weil die Gliederung des Gemeindegebiets durch das landesplanerisch gestützte System von Siedlungsschwerpunkten und Einzugsbereichen differenzierter war als die bisherige Unterscheidung in bebaute Innen- und unbebaute Außenbereiche.

Das spricht dafür, dass mit der Novellierung der Vorschrift zwar keine Änderung der »ratio«, jedoch aber eine präzisere Aussage verbunden sein sollte, was die Landesplanung unter städtebaulich integrierten Standorten nunmehr versteht. Durch die Forderung nach räumlicher Zuordnung zu Siedlungsschwerpunkten hat die Landesplanung zu erkennen gegeben, dass Einzelhandelsgroßbetriebe den städtebaulich verdichteten Bereichen bzw. den Kernsiedlungen zuzuordnen sind und nicht mehr lediglich – wie nach bisherigem Begriffsverständnis der »städtebaulichen Integration« noch möglich – ganz allgemein den besiedelten Baugebieten bzw. sonstigen Wohnsiedlungsbereichen unabhängig vom Grad ihrer Verdichtung. Bei diesem Verständnis hätte das räumliche Zuordnungsgebot zur Konsequenz, dass prinzipiell der Innenentwicklung in und um die städtebaulich verdichteten Bereiche der Vorrang vor der Außenentwicklung in weniger oder gar nicht verdichteten Bereichen zu geben wäre.[132]

Aus historischer Sicht lässt sich dagegen nicht die von Teilen der Literatur und der landesplanerischen Praxis vertretene Auffassung begründen, dass das räumliche Zuordnungsgebot eine Steuerungswirkung auch innerhalb

130 Vgl. LT-Drs. 10/3578 v. 16.9.1988, S.36.
131 Vgl. *Niemeier/Dahlke/Lowinski,* Landesplanungsrecht NW, 1977, § 6 LEPro Anm.5.
132 IdS auch *Dischkoff,* RuR 1974, 129 (130).

von Siedlungsschwerpunkten entfaltet, etwa in dem Sinne, dass Standorte von Einzelhandelsgroßbetrieben nur innerhalb zentraler Versorgungsbereiche zulässig sein sollen. Eine solche Anforderung wäre nicht mehr als eine Präzisierung, sondern als eine Verschärfung des ehemaligen Begriffs der städtebaulichen Integration zu verstehen und ist daher abzulehnen.

(7) Auch unter systematischer Betrachtung ergeben sich Anhaltspunkte dafür, dass der Begriff der »räumlichen Zuordnung« zwar mehr zum Ausdruck bringen soll als lediglich die Vermeidung der Lage eines Einzelhandelsgroßbetriebs im unbebauten Außenbereich, jedoch keineswegs eine darüber hinausgehende Steuerung innerhalb von Siedlungsschwerpunkten verlangt. § 6 S.1 LEPro NW, der als Grundsatz der Raumordnung eingestuft wird,[133] verlangt etwa, dass die innergemeindliche Siedlungsstruktur auf Siedlungsschwerpunkte *ausgerichtet* wird. Der Begriff des »Ausrichtens« dürfte ganz wesentlich dafür verantwortlich sein, dass dem § 6 S.1 LEPro NW keine Zielqualität zukommt; ihm fehlt jede räumliche Schärfe und er kann daher lediglich als Abwägungsdirektive im Sinne der Hervorhebung eines landesplanerischen Belangs verstanden werden. Aus dem Begriff »Ausrichten« lässt sich nicht entnehmen, welcher Grad der räumlichen Anbindung der Siedlungsstruktur an den Siedlungsschwerpunkt gewünscht ist; er betont lediglich das landesplanerische Interesse an einer endogenen, auf Siedlungsschwerpunkte ausgerichteten Siedlungsstruktur, ohne dass sich daraus eine konkrete Standortvorgabe für einzelne Nutzungen ergeben würde.

Mit dem räumlichen Zuordnungsgebot hingegen wird – gerade in Abgrenzung zum unscharfen Begriff des »Ausrichtens« – zum Ausdruck gebracht, dass der großflächige Einzelhandel räumlich so verortet werden soll, dass er einem Siedlungsschwerpunkt gegenüber nicht nur »ausgerichtet«, sondern »räumlich zugeordnet« sein soll. Der Gesetzgeber wollte damit ganz offenbar in Bezug auf den großflächigen Einzelhandel als besonders raumintensive Nutzung sicherstellen, dass der allgemeine Grundsatz des »Ausrichtens« jedenfalls für diese Nutzungsart einen konkreten Inhalt bekommt, nicht zuletzt wohl auch deshalb, weil gerade der großflächige Einzelhandel einen besonders markanten Ansatzpunkt für weiteres

---

133 *VG Münster,* Urt. v. 8.3.2001 – 2 K 3122/99 –, NWVBl 2002, 72 (77); auch das LEPro NW führt § 6 unter dem Titel »Grundsätze der Raumordnung und Landesplanung«.

Siedlungsgeschehen bildet und daher bei abgesetzter Lage besonders gefahrbringend für die organische Siedlungsentwicklung um Schwerpunktorte ist. Um diese Verbindlichkeit zu erreichen, war es notwendig, dem Begriff des Ausrichtens eine normative Schärfe in Form der *räumlichen Zuordnung* zu verleihen. Zu Recht stellt das *Verwaltungsgericht Münster* daher fest, dass zwischen § 6 und § 24 Abs.3 LEPro NW ein normatives Stufenverhältnis bestünde in dem Sinne, dass das räumliche Zuordnungsgebot an den Begriff des Ausrichtens in § 6 LEPro NW anknüpfe und diesen Begriff für den großflächigen Einzelhandel nur präziser fasse, so dass ihm Zieleignung zukomme.[134]

Die Forderung nach räumlicher Zuordnung kann in diesem Verständnis deshalb nichts anderes zum Ausdruck bringen, als dass eine isolierte Lage des Einzelhandelsgroßbetriebs zu dem Siedlungsschwerpunkt vermieden wird, mithin der Betrieb einen räumlichen Bezug eben zu einem (funktional geeigneten) Siedlungsschwerpunkt und nicht zu einem Ortsteil nehmen soll, der nicht Siedlungsschwerpunkt ist.[135] Einen solchen Bezug dürfte eine Planung prinzipiell nur aufweisen, wenn sie mit einem Siedlungsschwerpunkt in einem baulichen *Zusammenhang* steht.[136] Nicht ausreichend hingegen wäre auch nach dieser Sichtweise, dass Einzelhandelsgroßbetriebe in einem baulichen Zusammenhang zu sonstigen besiedelten Gebieten stehen, die an der planerischen Gesamtkonzeption des Siedlungsschwerpunkts nicht teilnehmen.

Unter systematischer Betrachtungsweise lässt sich auch nicht begründen, dass mit dem räumlichen Zuordnungsgebot mehr verlangt sein soll als lediglich ein baulich-funktionaler Zusammenhang mit dem Siedlungsschwerpunkt, etwa eine auch örtlich richtige Zuordnung von Einzelhandelsgroßbetrieben innerhalb von Siedlungsschwerpunkten, wie es der nordrhein-westfälische Einzelhandelserlass fordert.[137] Folgte man dieser Auffassung, so würde der Gesetzgeber die Systematik verlassen, die er in § 6

134 Vgl. *VG Münster,* Urt. v. 8.3.2001 – 2 K 3122/99 –, NWVBl 2002, 72 (77).

135 Wäre nur ein »Ausrichten« gefordert, so wäre eine isolierte Lage wohl auch von diesem Begriff umfasst.

136 Vgl. zB EHE Bbg, Nr. 3.2.2.3, wo es hinsichtlich der städtebaulichen Integration auch auf die Wahrung des räumlichen Zusammenhangs zum vorhandenen Siedlungsbereich ankommt.

137 Vgl. EHE NW, Nr.3.1.2.2.

LEPro NW selbst aufgestellt hat. Darin ist die Funktion von Siedlungsschwerpunkten ausschließlich darauf begrenzt worden, als Gravitationskerne für die siedlungsräumliche Konzentration zu wirken. Diese Funktion würde nur dadurch gestört, wenn Einzelhandelsgroßbetriebe außerhalb eines baulichen Zusammenhangs mit Siedlungsschwerpunkten errichtet würden. Insoweit dürfte es – wie der Einzelhandelserlass an anderer Stelle wiederum zu Recht betont –[138] bei der räumlichen Zuordnung in der Tat ganz entscheidend auf die Vermeidung einer isolierten Lage zum *Siedlungsschwerpunkt* und nicht auch – wie nach früherem Verständnis[139] – zu den sonstigen Wohnsiedlungsbereichen ankommen, die möglicherweise gar nicht im baulichen Zusammenhang mit dem Siedlungsschwerpunkt stehen, sondern nur auf diesen »ausgerichtet« sind.

(8) Dieses Verständnis ergibt sich auch aus einer wörtlichen Auslegung des Begriffs der »räumlichen Zuordnung«. Der Begriff enthält zunächst keine Anforderung dahingehend, dass der großflächige Einzelhandel nur innerhalb einer bestimmten räumlichen Distanz dem Siedlungsschwerpunkt noch räumlich zugeordnet ist. Von daher kann es jedenfalls nicht auf den Maßstab der *absoluten Entfernung* ankommen, sondern es muss ein anderes Kriterium ausschlaggebend sein. Ob etwas einem bestimmten Objekt innerhalb eines bestimmten Teilraums räumlich zugeordnet ist, lässt sich nicht isoliert, sondern sinnvollerweise nur im Zusammenhang bzw. in Konkurrenz mit anderen Objekten beurteilen, denen ebenfalls etwas zugeordnet werden kann. Auf das Gemeindegebiet übertragen bedeutet dies, dass neben dem funktional geeigneten Siedlungsschwerpunkt auch die anderen Ortsteile der Gemeinde zu berücksichtigen sind und auf Basis einer Gesamtbetrachtung zu beurteilen ist, wann eine räumliche Zuordnung zu dem einen oder anderen Ortsteil angenommen werden kann. Als andere Ortsteile kommen insoweit benachbarte Siedlungsschwerpunkte oder innergemeindliche Flächen in Betracht, die keine Siedlungsschwerpunkte sind. Bei dieser Betrachtungsweise kann letztlich nur der verbindende Faktor, also ein *Bebauungszusammenhang,* zu dem einen oder anderen Ortsteil maßgeblich sein, um festzustellen, welcher Fläche ein Einzelhandelsgroßbetrieb räumlich zugeordnet ist. Sobald dieser Bebauungszusammenhang unterbrochen ist, ist der Standort nicht mehr einem Siedlungs-

---

138 EHE NW, Nr.3.1.2.2.

139 Vgl. *Niemeier/Dahlke/Lowinski,* Landesplanungsrecht NW, 1977, § 24 LEPro Anm.6.

schwerpunkt, sondern einer anderen Fläche räumlich zugeordnet, wo er entweder dort an vorhandene bauliche Zusammenhänge anschließt oder eine neue, selbständige Bebauung begründet.

Das würde bedeuten, dass dem Wortsinn nach als räumlich zugeordnet generell nur jene Standorte gelten können, die zu einem funktional geeigneten Siedlungsschwerpunkt in baulichem Zusammenhang stehen. Auch nach der wörtlichen Auslegung lassen sich somit keine Anhaltspunkte für die Auffassungen gewinnen, dass entweder bereits ein baulicher Zusammenhang zu den auf Siedlungsschwerpunkte lediglich ausgerichteten sonstigen Wohnsiedlungsbereichen ausreichen oder eine örtlich richtige Zuordnung innerhalb von Siedlungsschwerpunkten verlangt werden könne.

(9) Schließlich stützt auch eine Auslegung des Begriffs der räumlichen Zuordnung unter teleologischen Gesichtspunkten dieses Ergebnis.

Auszugehen hat eine solche Betrachtung dabei vom Sinn und Zweck der Siedlungsschwerpunkte. Siedlungsschwerpunkte haben im Gefolge der kommunalen Gebietsreform nach § 6 LEPro NW die Aufgabe, eine siedlungsräumliche Schwerpunktbildung auf Gemeindeebene durchzusetzen. Die zentralörtliche Gliederung als gemeindescharfes System entbehrt einer Steuerungswirkung auf innergemeindlicher Ebene; gleichwertige Lebensverhältnisse in allen Teilräumen als oberstes Ziel der Landesplanung sind aber nur herstellbar, wenn auch in den neuen Großgemeinden eine ausgewogene siedlungsstrukturelle Entwicklung der Teilräume im Sinne des Verdichtungsprinzips gesichert ist.[140] Die Verantwortung dafür, die vor der Gebietsreform noch durch die Landesplanung wahrgenommen wurde, ist nunmehr eine gemeinschaftliche Angelegenheit von Landesplanung und kommunaler Selbstverwaltung.[141] Die kondominale Aufgabe ist so verteilt, dass die Landesplanung in §§ 24 Abs.1, 6 LEPro NW die Verpflichtung zur Bildung von Siedlungsschwerpunkten ausspricht, während die Gemeinden diese in ihren Flächennutzungsplänen bestimmen.[142]

---

140 S. hierzu im Einzelnen oben S.40 ff und S.49 ff.

141 Vgl. *Braese,* in: Knemeyer (Hg.), Verplante Gemeinden, 1980, S.39; *Siedentopf,* Gemeindliche Selbstverwaltungsgarantie, 1977, S.24; *Ernst/Suderow,* Zulässigkeit raumordnerischer Festlegungen, 1976, S.10 f.

142 SSP-Erlass NW, Nr.1.1.

Siedlungsschwerpunkten soll durch die Konzentration der wichtigsten Güter und Dienstleistungen eine herausgehobene Position innerhalb der Kommune zukommen, wodurch sie einen Bezugspunkt für eine Verdichtung der Siedlungstätigkeit bilden. Nach den landesplanerischen Vorstellungen ist ihr Einsatzort dort, wo sie auf eine tragfähige »Mantelbevölkerung« stoßen und als Motor für eine organische, endogen ausgerichtete Siedlungsentwicklung Wirkung erzielen können. Dabei ist die Versorgungsfunktion in Abhängigkeit zur Größe des Einzugsbereichs zu bestimmen. Je größer der Einzugsbereich, desto spezieller wird die Versorgungsfunktion des Siedlungsschwerpunkts sein müssen und umgekehrt. Dieser mit den Siedlungsschwerpunkten angestrebte Vorrang der Innenverdichtung vor Außenverdichtung ist aus verschiedenen landesplanerischen Sichtweisen sinnvoll. Zum einen kann durch eine siedlungsräumliche Schwerpunktbildung eine günstige Zuordnung von Wohn- und Versorgungsstätten erreicht werden und dadurch ein Beitrag zur bestmöglichen Versorgung der Bevölkerung unter Erreichbarkeitsaspekten, insbesondere auf Ebene der Nahversorgung, geleistet werden. Dieser Belang ist nach § 6 S.2 LEPro NW bei der Bildung von Siedlungsschwerpunkten ausdrücklich zu berücksichtigen. Zum anderen dient die siedlungsräumliche Schwerpunktbildung aber auch dem Freiraumschutz, den Belangen von Natur und Landschaft sowie den Umweltzielen.[143]

Wollen Siedlungsschwerpunkte die über sie angestrebte siedlungsräumliche Schwerpunktbildung nicht konterkarieren, müssen sie zunächst bei Kommunen mit polyzentraler Struktur funktional auf die Versorgung des sie umgebenden Verflechtungsbereichs beschränkt bleiben, um nicht benachbarte Siedlungsbereiche in ihrer Innenentwicklung zu stören. Durch das funktionale Zuordnungsgebot wird ausgedrückt, dass die städtebauliche Integration nicht lediglich nach Gesichtspunkten des baulichen Zusammenhangs vorzunehmen ist, sondern der durch die polyzentralen Siedlungsschwerpunkte ausgedrückten »dezentralen Konzentration« auf Gemeindeebene zu entsprechen hat.

Durch das Gebot der räumlichen Zuordnung soll ersichtlich eine noch weitergehende standörtliche Programmierung von Einzelhandelsgroßbetrie-

143 Vgl. *Hartwig,* in: ARL (Hg.), Einzelhandels-Großprojekte, 1984, S.99 (103); *Grae,* Einkaufszentrum und Verbrauchermarkt, 1981, S.76.

ben erfolgen. Erlaubt die funktionale Zuordnung noch eine vom Siedlungsschwerpunkt oder auch vom zusammenhängenden Siedlungsbereich abgesetzte Lage, etwa weil die benachbarten Siedlungsschwerpunkte in so ausreichend großer Entfernung zueinander liegen, dass es nicht zu relevanten Kaufkraftabzügen bzw. funktionalen Verflechtungen mit den Einzugsbereichen anderer Siedlungsschwerpunkte kommt, fordert die räumliche Zuordnung, dass der Betrieb eben nicht irgendwo, sondern in räumlicher Verbindung zum Siedlungsschwerpunkt angesiedelt wird. Dahinter könnte – was nahe liegt – die aus § 6 S.2 LEPro NW abzuleitende Überlegung stehen, den großflächigen Einzelhandel auf Gemeindeebene im Interesse einer bestmöglichen Erreichbarkeit von Versorgungseinrichtungen weitmöglichst in die Siedlungs- und Versorgungsstruktur einzubetten, was selbstredend unmittelbar im Siedlungsschwerpunkt am besten gewährleistet wäre. Eine periphere Ansiedlung hingegen birgt die Gefahr in sich, dass die Versorgungsfunktion der Siedlungsschwerpunkte durch Kaufkraftabwanderungen Schaden erleidet. In Analogie zum Beeinträchtigungsverbot auf Landesebene könnte das räumliche Zuordnungsgebot daher auch auf den Schutz der innergemeindlichen Zentrenfunktionen bezogen sein und deshalb die Ansiedlung des großflächigen Einzelhandels nicht lediglich nur im Anschluss an einen Siedlungsschwerpunkt und schon gar nicht an sonstige, auf den Siedlungsschwerpunkt ausgerichtete Wohnsiedlungsbereiche fordern, sondern eine Zuordnung zu den zentralen Geschäftslagen innerhalb von Siedlungsschwerpunkten im Auge haben.[144]

Dem steht jedoch die Überlegung entgegen, dass der Gesichtspunkt leistungsfähiger Zentren innerhalb von Gemeinden vom Ansatz her eine klassisch städtebauliche Angelegenheit ist. § 1 Abs.6 Nr.8 lit.a BauGB erwähnt ausdrücklich die verbrauchernahe Versorgung und die damit verknüpften Belange der mittelständischen Wirtschaft als zu berücksichtigenden *städtebaulichen* Belang. Nicht anders verhält es sich in § 11 Abs.3 S.2 und 4 BauNVO, wo die Sicherung der verbrauchernahen Versorgung der Bevölkerung ebenfalls als wesentlicher Gesichtspunkt bei der Abwägung unterstrichen wird. Eine Einmischung der Landesplanung in diese zuvörderst städtebauliche Angelegenheit bedarf deshalb besonderer Rechtfertigungsgründe, die aber angesichts der durch die Gebietsreform begrün-

144 So etwa ausdrücklich LEPro RP, 3.4.1.3; ebenso für § 24 Abs.3 LEPro NW *Janning*, in: Jarass (Hg.), Öffentlichkeitsbeteiligung und Rechtsschutz, 2002, S.109 (116 ff).

deten Aufgabenverschiebungen zwischen den beiden Planungsebenen keineswegs auf der Hand liegen. Die Landesplanung hat sich aus Gründen planerischer Zurückhaltung dafür entschieden, ihren durch die Gebietsreform eingetretenen Steuerungsverlust im Hinblick auf die Implementierung zentralörtlicher Strukturen auf allen Versorgungsstufen lediglich dadurch zu kompensieren, dass sie den Gemeinden die Verpflichtung zur Bildung von Siedlungsschwerpunkten auferlegt hat. Von einer unmittelbaren Festlegung der Siedlungsschwerpunkte etwa durch die Regionalplanung, was im Zuge der damaligen Gesetzgebungsberatungen durchaus ernsthaft diskutiert worden ist, wurde hingegen bewusst Abstand genommen, weil sich Bedenken gegenüber einem möglicherweise unzulässigen Eingriff in die kommunale Planungshoheit durchgesetzt haben.[145] Die Landesplanung hat sich also darauf beschränkt, durch die an die Gemeinden gerichtete Verpflichtung zur Bildung von Siedlungsschwerpunkten lediglich die Voraussetzungen für eine Verdichtung der Siedlungstätigkeit innerhalb der verschiedenen Teilräume in der Gemeinde zu schaffen. Die Frage aber, wie die teilrauminternen Nutzungskonflikte zwischen verschiedenen privaten und öffentlichen Nutzungen in Bezug auf Versorgungsbelange zu lösen sind, ist hingegen in Anerkennung der aus der Gebietsreform gestärkt hervorgegangenen Einheitsgemeinden dem kommunalen Gestaltungsspielraum überlassen worden.[146] Daraus lässt sich ableiten, dass die konkrete Zuordnung von Versorgungsnutzungen dem gemeindlichen Aufgabenbereich angehört und die Landesplanung lediglich auf die Entwicklung der innergemeindlichen Siedlungsstruktur im Sinne der siedlungsräumlichen Schwerpunktbildung Einfluss nimmt. Bestätigt wird diese Annahme auch durch einen Blick auf § 22 Abs.1 LEPro NW, wonach das

---

145 *Niemeier/Dahlke/Lowinski,* Landesplanungsrecht NW, 1977, § 6 LEPro Anm.8; *Köstering,* DÖV 1981, 689 (692 f); *Schmidt-Aßmann,* Fortentwicklung, 1977, S.63; *Siedentopf,* Gemeindliche Selbstverwaltungsgarantie, 1977, S.31.

146 Vgl. *Rieger,* in: ARL (Hg.), Landes- und Regionalplanung in Bayern, 2003, S.26 (35), der bei der landesplanerischen Steuerung der innergemeindlichen Nahversorgung die Grenze bzw. Schnittmenge von landesplanerischem Eingriff und kommunaler Planungshoheit ausmacht; ähnlich *Hoppe,* NWVBl 1998, 461 (466); ferner *Söfker,* in: Ernst u.a., BauGB, Stand Sept 2004, § 11 BauNVO Rn.68, der die städtebauliche Integration des großflächigen Einzelhandels insgesamt im Wesentlichen als eine Aufgabe der Bauleitplanung ansieht; *Braese,* in: Knemeyer (Hg.), Verplante Gemeinden, 1980, S.51, der es für widersinnig hält, die Gebietsreform zum Anlass zu nehmen, die Planungshoheit der Gemeinden wieder einzuschränken; ähnlich *Siedentopf,* Gemeindliche Selbstverwaltungsgarantie, 1977, S.31.

System zentralörtlicher Stufen auf überörtlicher und innerörtlicher Ebene (§§ 6, 7 LEPro NW) der siedlungsräumlichen Schwerpunktbildung zur Herstellung der räumlichen Bezugsraster für eine gezielte Bedarfsplanung der wesentlichen Infrastruktureinrichtungen dient. Standortbezogene Versorgungsfunktionen legt die Landesplanung in concreto aber nur für die Gemeinden als Ganzes in ihrer Funktion als Träger überörtlicher Versorgungsaufgaben fest, wie aus den gemeindescharfen Zentralitätszuweisungen im Landesentwicklungsplan Nordrhein-Westfalen in Verbindung mit § 22 Abs.2 LEPro NW deutlich wird.

Diese grundsätzlich markierte Trennlinie zwischen landesplanerischen und kommunalen Einflussbereichen im innergemeindlichen Struktursystem kann bei der Auslegung des Begriffs der *räumlichen Zuordnung* nicht unberücksichtigt bleiben. Es wäre in gewisser Weise ein Systembruch, wenn die Landesplanung durch das Integrationsgebot nunmehr in innergemeindliche Zuordnungsfragen von Zentralität und sonstigen Daseinsfunktionen eingreifen wollte.[147] Ob die Gemeinde ihre siedlungsstrukturellen Teilräume effektiv versorgt, ist eine Angelegenheit, die sich nur auf die örtliche Gemeinschaft auswirkt. Landesplanerisch ist jedenfalls durch die Verpflichtung zur Bildung von Siedlungsschwerpunkten und durch das funktionale Zuordnungsgebot im Sinne des § 24 Abs.3 LEPro NW alles getan, damit die Teilräume in der Gemeinde sich siedlungsstrukturell gleichwertig auf eine zentrale Infrastruktur hin entwickeln können. Zwar verhält sich die Landesplanung auch über Versorgungsfunktionen von Siedlungsschwerpunkten, wenn sie in § 6 S.2 LEPro NW fordert, dass die Versorgungseinrichtungen in Siedlungsschwerpunkten für die zu versorgende Bevölkerung in erreichbarer Entfernung liegen sollen.[148] Hier handelt es sich aber

---

147 Vgl. *Köstering,* DÖV 1981, 689 (693); *Siedentopf,* Gemeindliche Selbstverwaltungsgarantie, 1977, S.50; *Schmidt-Aßmann,* Fortentwicklung, 1977, S.63; *Braese,* in: Knemeyer (Hg.), Verplante Gemeinden, 1980, S.51.

148 Ohne Zweifel liegen erweiterte Eingriffsbefugnisse der Landesplanung bei jenen Gemeinden vor, deren Versorgungsbeziehungen deutlich über den Bereich des eigenen Gemeindegebiets hinausreichen. Hier existiert ein klar erkennbares überörtliches Interesse an einer abgestimmten Lokalisierung der Versorgungseinrichtungen. Denn die Bündelung der zentralen Einrichtungen in möglichst engem räumlichen Zusammenhang schlägt unmittelbar auf die Versorgungsqualität und die Erreichbarkeit zugunsten eines überörtlichen Einzugsbereichs durch; vgl. *Schmidt-Aßmann,* Fortentwicklung, 1977, S.63; *Gierke,* in: Brügelmann u.a., BauGB, Stand Feb 2005, § 1 BauGB Rn.415; *Niemeier/Dahlke/Lowinski,* Landesplanungsrecht NW, 1977, § 6

lediglich um einen Grundsatz der Raumordnung, der mit den Standortzuweisungen im Landesentwicklungsplan Nordrhein-Westfalen in Bezug auf Mittel- und Oberzentren und deren Einzugsbereiche in keiner Weise zu vergleichen ist.

Vor diesem Hintergrund dürfte das räumliche Zuordnungsgebot seinen Standort vor allem in der Sicherung der siedlungsräumlichen Konzentration haben.[149] Die siedlungsräumliche Konzentration gehört zu den raumordnerischen Grundanliegen, die in § 1 Abs.2 S.2 Nr.2 und § 2 Abs.2 Nr.2 ROG, aber auch in zahlreichen Vorschriften des Landesentwicklungsprogramms, wie etwa den §§ 6, 7, 24 Abs.1 LEPro NW eine ausdrückliche Ausformung erhalten haben. Mit der siedlungsräumlichen Konzentration werden verschiedene Belange verfolgt, insbesondere die Gewährleistung einer verbrauchernahen Versorgung, Schutz des Orts- und Landschaftsbildes sowie eine funktionsgerechte Nutzung der Infrastruktur unter höchstmöglicher Verkehrsvermeidung.[150] Die siedlungsräumliche Konzentration wird im Hinblick auf den großflächigen Einzelhandel dadurch gewährleistet, dass eine isolierte Lage dieser Betriebe abseits der Siedlungsschwerpunkte bzw. der innergemeindlichen Zentralorte vermieden wird.[151]

Für diese Interpretation des Zuordnungsgebots in dem Sinne, dass letztlich nur ein räumlicher Zusammenhang zu den verdichteten Siedlungsbereichen,

---

LEPro Anm.5. Gleichwohl macht die Landesplanung zwischen Gemeinden mit und ohne Umlandfunktion keinen Unterschied bei der Aufgabenverteilung für Siedlungsschwerpunkte.

149 *Troger/Hülsmann/Burger,* DVBl 2003, 85 (90), wonach die Konzentration der Siedlungstätigkeit auf Siedlungsschwerpunkte v. a. der Dämpfung des Siedlungsflächenwachstums dient; auch *Bönker,* BauR 1999, 328 (334) betont im Zusammenhang mit dem Integrationsgebot den Gedanken des Vorrangs der Innenentwicklung, der in NW in der Landesentwicklungsplanung einen ausdrücklichen Niederschlag gefunden habe; ebenso *Janning,* in: Jarass (Hg.), Öffentlichkeitsbeteiligung und Rechtsschutz, 2002, S.109 (114); *Kopf,* Rechtsfragen, 2002, S.266; *Schneider,* Bauplanungsrechtliche Zulässigkeit von FOC, 2003, S.115; *Hartwig,* in: ARL (Hg.), Einzelhandels-Großprojekte, 1984, S.99 (103).

150 Vgl. *Rieger,* in: ARL (Hg.), Landes- und Regionalplanung in Bayern, 2003, S.26 (37 f) sowie im Einzelnen oben S.45 f, S.51 f, S.53 f und S.56 f.

151 Das bedeutet nichts anderes, als dass die Gemeinde Flächen für Einzelhandelsgroßbetriebe nur in den städtebaulich verdichteten Bereichen ausweisen soll, also der Innenentwicklung den Vorrang vor der Außenentwicklung geben soll.

nicht aber zu den eigentlichen »Citybereichen« gefordert ist,[152] lässt sich weiter anführen, dass sich Siedlungsschwerpunkte üblicherweise bereits durch eine derart dichte Bebauung und Besiedlung auszeichnen, dass sich großflächige Projekte de facto in und um die zentralen Versorgungsbereiche in vielen Fällen gar nicht verwirklichen lassen.[153] § 11 Abs.3 BauNVO zeigt mit der Möglichkeit der Planung von *Sondergebieten* für den großflächigen Einzelhandel, dass eben nicht nur die Innenstadt im Sinne der eigentlichen Citybereiche, sondern gerade auch periphere Standorte städtebaulich zulässig sein sollen. Das ist insbesondere im Hinblick darauf sinnvoll, dass Einzelhandelsgroßbetriebe mit erheblichem Liefer- und Kundenverkehr verbunden sind und in der Regel über viele Stellplätze verfügen. Im Sinne der in der Baunutzungsverordnung vorgenommenen Gebietsgliederung von besonders schutzbedürftigen Gebieten bis zu Industriegebieten handelt es sich beim großflächigen Einzelhandel um wesentlich störende Betriebe, die unter immissionsschutzrechtlichen Gesichtspunkten mit Wohngebieten unverträglich sind und von ihnen aus Gründen der Rücksichtnahme einen ausreichenden Abstand einhalten müssen.[154] Das lässt eine Einpassung des großflächigen Einzelhandels in zentrale Geschäfts- und Wohnlagen städtebaulich eher unerwünscht erscheinen.

(10) Konnte oben also festgehalten werden, dass das räumliche Zuordnungsgebot zu einem Siedlungsschwerpunkt den in § 6 S.1 LEPro NW formulierten Grundsatz des »Ausrichtens« zu einem Ziel für Einzelhandelsgroßbetriebe verschärft und einen baulichen Zusammenhang zu Siedlungsschwerpunkten verlangt, müssen nunmehr die Fälle abgegrenzt werden, die sich in der Praxis stellen.

Unzweifelhaft erscheinen zunächst die Fälle, wo der Betrieb innerhalb eines Siedlungsschwerpunkts liegt. Ein solcher Standort ist dem Siedlungsschwerpunkt nicht nur räumlich zugeordnet, sondern wird von ihm umfasst.[155] Insoweit verdient die Auffassung in der Rechtsprechung Zustimmung, die eine nähere Eingrenzung der Standortwahl innerhalb eines

---

152 So aber *Janning,* in: Jarass (Hg.), Öffentlichkeitsbeteiligung und Rechtsschutz, 2002, S.109 (116 ff), der deshalb vorschlägt, den Begriff der Siedlungsschwerpunkte durch den Begriff der »Versorgungsschwerpunkte« zu ersetzen.

153 Vgl. *Hoppe/Bunse,* WiVerw 1984, 151 (163); *Jahn,* BayVBl 1989, 294 (297).

154 Vgl. *Bönker,* BauR 1999, 328 (337).

155 So *OVG Münster,* Urt. v. 7.12.2000 – 7a D 60/99.NE –, BRS 63, 189 (198).

Siedlungsschwerpunkts durch das Kriterium der räumlichen Zuordnung – wie es im Einzelhandelserlass vertreten wird – ablehnt. Als Bezugsobjekt für eine räumliche Zuordnung werden in § 24 Abs.3 LEPro NW die Siedlungsschwerpunkte eindeutig als Ganzes genannt; für eine räumliche Zuordnung innerhalb von Siedlungsschwerpunkten enthält die Vorschrift keinerlei Kriterien, die im Anwendungsfall auch nur in irgendeiner Weise operabel gemacht werden könnten. Das Bedürfnis nach einer räumlichen Zuordnung *innerhalb* von Siedlungsschwerpunkten würde sich im Übrigen auch nur stellen, sofern Siedlungsschwerpunkte räumlich so groß dimensioniert werden könnten, dass auch Standorte umfasst werden, die städtebaulich eindeutig nicht integriert wären.[156] Insoweit ist aber zu betonen, dass die Dimensionierung von Siedlungsschwerpunkten nicht in der Hand der Gemeinden liegt, sondern sich aus den tatsächlichen Gegebenheiten heraus beurteilt. Über räumliche Begrenzungslinien werden die tatsächlichen Verhältnisse nur verdeutlicht, nicht aber konstituiert.[157]

Darüber hinaus dürften solche Standorte als räumlich zugeordnet gelten, die zwar nicht innerhalb des Siedlungsschwerpunkts liegen, jedoch aber in einem unmittelbar baulichem Zusammenhang zu ihm oder zu den auf ihn ausgerichteten sonstigen Siedlungsbereichen stehen, soweit diese an der planerischen Gesamtkonzeption des Siedlungsschwerpunkts in Form einer besonderen Berücksichtigung der Aspekte Städtebau, Verkehr sowie Einzelhandel und Dienstleistungen teilnehmen.[158]

III. Soll-Regelung

Die Anordnung des § 24 Abs.3 LEPro NW, Kern- bzw. Sondergebiete für den großflächigen Einzelhandel nur unter bestimmten Voraussetzungen auszuweisen, ist als »Soll-Regelung« formuliert. Das wirft die Frage auf, unter welchen Voraussetzungen die Gemeinde als Regelungsadressat die

156 So wohl *Janning,* in: Jarass (Hg.), Öffentlichkeitsbeteiligung und Rechtsschutz, 2002, S.109 (117, 121).

157 Vgl. SSP-Erlass NW, Nr.1.4.

158 So auch EHE Thür, Nr. 4 b; EHE Bbg, Nr.3.2.2.3; EHE Hess, Nr.3 b. Die Frage, ob der bauliche Zusammenhang in allen denkbaren Ansiedlungsfällen hinreichend bestimmt oder bestimmbar ist, berührt die Zielqualität des Begriffs der räumlichen Zuordnung und wird demzufolge auch dort näher behandelt; s. unten S.189 ff.

Zulässigkeitskriterien bei der Planung von großflächigen Einzelhandelsbetrieben überhaupt anzuwenden hat.

(1) Nach dem im öffentlichen Recht üblichen Verständnis sind Soll-Vorschriften als »Muss-Vorschriften« zu lesen, die lediglich in *atypischen,* vom Normgeber nicht vorhersehbaren Einzelfällen eine Abweichung zulassen.[159] Das »Sollen« im Rahmen des § 24 Abs.3 LEPro NW würde danach bedeuten, dass das mit der Festlegung verbundene Anliegen grundsätzlich uneingeschränkt umzusetzen ist und nur in besonders gelagerten Ausnahmefällen ein Absehen hiervon erlaubt. Die Zulässigkeitskriterien des § 24 Abs.3 LEPro NW würden mithin nur Geltung bei Vorliegen des Regefalls erlangen; dem Rechtsanwender stünde insoweit – außer bei atypischen Fallkonstellationen – kein Spielraum zu, der Anordnung Folge oder nicht Folge zu leisten.

(2) Zum Teil wird jedoch vertreten, dass eine Übertragbarkeit dieses gemeinhin üblichen Wortverständnisses von Soll-Vorschriften auf *planungsrechtliche* Normen ausscheide.[160] Planungsrechtliche Normen seien anders strukturiert als Normen mit konditionalem Charakter, für die das Wortverständnis von Soll-Regelungen ursprünglich entwickelt worden sei.[161] Während Konditionalnormen in Form des »Wenn-dann-Schemas« zu direkten Verhaltensregeln mit abstrakt-genereller Vorwegprogrammierung führten, seien die Interessenkonflikte im Planungsrecht gesetzlich noch nicht vorentschieden, sondern müssten von der planenden Verwaltung innerhalb eines ihr zustehenden Gestaltungsspielraums zunächst bewältigt werden. Planungsrechtsnormen seien daher von ihrer Struktur her typischerweise nicht auf abstrakt-generelle Vorentscheidung angelegt, sondern final geprägt, indem sie lediglich bestimmte Planungsziele und einzelne

---

159 *BVerwG,* Urt. v. 12.2.1991 – 1 C 4.89 –, BVerwGE 88, 1 (8); *BVerwG,* Urt. v. 17.3.1992 – 1 C 31.89 –, BVerwGE 90, 88 (93); *BVerwG,* Urt. v. 2.7.1992 – 5 C 39.90 –, BVerwGE 90, 276 (278); *OVG Münster,* Urt. v. 7.12.2000 – 7 a D 60/99.NE –, DVBl 2001, 657 (660); *Kopp/Ramsauer,* VwVfG, 2000, § 14 Rn.44; *Goppel,* BayVBl 1998, 289 (292).

160 *VG Münster,* Urt. v. 8.3.2001 – 2 K 3122/99 –, NVWBl 2002, 72 (74); *Hoppe,* DVBl 2001, 661 (663).

161 Konditionalnormen sind Normen, die nach dem »Wenn....dann« – Schema auf Grund von Tatbestandsmerkmalen die Rechtsfolge präzise festlegen; vgl. *Brohm,* Öffentliches Baurecht, 2002, § 11 Rn.3; *Stüer,* Bau- und Fachplanungsrecht, 1998, Rn.706; *Bönker,* in: Hoppe/Bönker/Grotefels, Öffentliches Baurecht, 2004, § 3 Rn.14 f.

Mittel oder Handlungsbefugnisse zu ihrer Verwirklichung nennen würden. Innerhalb dieses Ziel-Mittel-Rahmens sei es dann Sache der Verwaltung, nach der jeweils konkret vorliegenden Planungssituation zu entscheiden, welche der vorgegebenen Ziele in welchem Umfang und auf welche Weise erreicht würden. Planungsrechtliche Soll-Vorschriften könnten vor diesem Hintergrund lediglich als zu erreichende Planungsziele interpretiert werden, welche die Planungsbehörde in ihren planerischen Entscheidungsprozess nur abwägungshalber einstellen müsse.

Für die Frage, ob Soll-Vorschriften auch im Planungsrecht nach herkömmlichem Verständnis im öffentlichen Recht auslegbar sind und damit Geltung zumindest für den Regelfall beanspruchen, ist darauf abzustellen, ob tatsächlich eine Planungsnorm oder nur das Produkt einer Anwendung von Planungsnormen in Rede steht. Die besondere Struktur von Planungsgesetzen gegenüber klassischen Gesetzen gilt allenfalls dann, wenn es sich bei § 24 Abs.3 LEPro NW um die Norm eines klassischen Planungsgesetzes handelt. Daran bestehen vorliegend jedoch Zweifel.

§ 24 Abs.3 LEPro NW dürfte bei genauer Betrachtung keine Planungsnorm im streng dogmatischen Sinne, sondern vielmehr das materielle Ergebnis einer vorhergehenden Anwendung von Zielen und Instrumenten eines Planungsgesetzes sein. Planungsgesetze im dogmatischen Sinne sind etwa das Raumordnungsgesetz oder das Baugesetzbuch, die dadurch gekennzeichnet sind, dass sie bestimmte Ziele setzen, zum Beispiel in § 1 Abs.6 BauGB oder § 2 ROG sowie einzelne Mittel, zum Beispiel die Bauleitpläne oder die Ziele und Grundsätze der Raumordnung, für ihre Verwirklichung benennen. § 24 Abs.3 LEPro NW ist jedoch kein solches Ziel oder Mittel eines Planungsgesetzes, sondern – und das ist entscheidend – das bereits fertige *Produkt* einer *Ziel-Mittel-Verknüpfung* aus einem Planungsgesetz, nämlich dem Raumordnungsgesetz bzw. dem Landesentwicklungsprogramm. Darin ist als Planungsziel unter anderem der Anspruch genannt, gleichwertige Lebensbedingungen in allen Landesteilen herzustellen. Als *Mittel* dafür stehen dem Träger der Landesplanung die Handlungsinstrumente in Form von Zielen und Grundsätzen in Raumordnungsplänen zur Verfügung. Die qualitative Auffüllung dieser Ziele und Grundsätze durch Abwägung aber ist ein eigener Planungsakt, der sich nicht von der Rechtssetzung konditionaler Normen unterscheidet. Aus der entscheidenden Empfängersicht der Gemeinde jedenfalls stellt sich die

Vorschrift nicht als positive Ermächtigung zur planerischen Gestaltung, sondern als eine restriktive Begrenzung ihres eigenen Planungsspielraums dar.[162] Hierauf ist die Vorschrift des § 24 Abs.3 LEPro NW ihrer Zielsetzung nach ausdrücklich gerichtet. Insoweit unterscheidet sich die Vorschrift nicht von sonstigen, restriktiv wirkenden öffentlich-rechtlichen Vorschriften, denen im Rahmen der Bauleitplanung Rechnung zu tragen ist.[163] Wie bei Konditionalnormen sind in restriktiven Planungsrechtsnormen bestimmte gesellschaftliche Interessenskonflikte durch den Gesetzgeber abstrakt-generell vorentschieden.[164] Aus diesem Grund dürfte die dogmatische Auseinandersetzung um Planungs- und Konditionalnormen für das Soll-Verständnis in § 24 Abs.3 LEPro NW nicht einschlägig sein.

(3) Darüber hinaus wird die Übertragbarkeit des im öffentlichen Recht üblichen Verständnisses von Soll-Regelungen auf Planungsrechtsnormen teilweise auch unter Hinweis auf eine Entscheidung des *Bundesverwaltungsgerichts* verneint, in der das Gericht die Regelungen des § 1 Abs.5 S.1 und 3 BauGB a.F. unter Verweisung auf die dort verwendeten »Soll« – Formulierungen als bloße Optimierungsgebote charakterisiert habe.[165] In dieser Entscheidung hat das Gericht die Bindungswirkungen von Zielen der Raumordnung den Optimierungsgeboten in der Bauleitplanung nach § 1 Abs.5 BauGB a.F. gegenüberstellt, die aus Soll-Regelungen bestehen. Primäre Absicht des Gerichts in dieser Entscheidung war es allerdings nur klarzustellen, dass die Ziele der Raumordnung außerhalb der Abwägung zu beachten sind. Sie wurden deshalb den Optimierungsgeboten des § 1 Abs.5 BauGB a.F. gegenübergestellt, denen nur im Abwägungsprozess Bedeutung zukommt. Dass diese Optimierungsgebote gerade aus Soll-Regelungen bestehen, ist in diesem Zusammenhang eher als zufällig zu bewerten. Die Entscheidung hatte aber keinesfalls die Frage zum Gegenstand, ob Soll-

162 Vgl. *Brosche,* DVBl 1980, 213 (214).

163 Als Beispiel seien etwa wasserrechtliche oder immissionsschutzrechtliche Vorschriften genannt.

164 Vgl. *Brohm,* Öffentliches Baurecht, 2002, § 11 Rn.2.

165 Vgl. *BVerwG,* Beschl. v. 20.8.1992 – 4 NB 20.91 –, BVerwGE 90, 329 (332); darauf stützt sich auch *Hoppe,* NWVBl 1998, 461 (464 f).

Regelungen prinzipiell geeignet sind, bindende Normen im Planungsrecht darzustellen.[166]

(4) Ein weiteres Argument gegen die Übertragbarkeit des für Konditionalnormen entwickelten Wortverständnisses von Soll-Regelungen auf Planungsnormen wird schließlich auch darin gesehen, dass von Plänen ein höherer Grad an detaillierteren Festlegungen erwartet werde als von Rechtsnormen, die in weit größerem Maße abstrakte und generalisierende Bestimmungen zu treffen hätten.[167] Dem höheren Konkretisierungsgrad von Plänen müsse entsprechen, dass Aussagen, die verbindlich sein sollen, auch präziser als übliche Konditionalnormen gefasst würden. Soll-Vorschriften in Planungsnormen fehle deshalb der nötige Detaillierungsgrad für eine Verbindlichkeit im Regelfall.

Diese Auffassung vermag jedoch nicht zu überzeugen. Gerade auf Ebene der hochstufigen, abstrakten Landesplanung ist der Planungsträger häufig gar nicht in der Lage, jeden denkbaren Fall vorherzusehen geschweige denn tatbestandlich zu erfassen. Rechtspolitische Gründe gebieten es hier vielmehr, zur Umschreibung des tatsächlich Gewollten mehr auf die Typik bzw. Regelhaftigkeit von Sachverhalten abzustellen, als diese selbst in all ihren Details zu benennen. Wollte man dies anders sehen, so könnte das im Extremfall bedeuten, auf bestimmte Raumordnungsziele, die wegen der Vielgestaltigkeit der Lebensverhältnisse nur auf einer entsprechend abstrakten Stufe der Bestimmtheit funktionieren, gänzlich verzichten zu müssen. Dieses Ergebnis kann nicht die rechtliche Konsequenz rechtsstaatlicher Bestimmtheitsanforderungen sein.[168] Mindestanforderung für die Bestimmtheit ist vielmehr auch bei Plänen, dass die Betroffenen die Rechtslage anhand objektiver Kriterien erkennen und ihr Verhalten danach

166 Dass konstruktiv auch Planungsnormen mit einem Regel-Ausnahmetatbestand Bindungswirkung erzielen können, ist in einer Entscheidung des *BVerwG* inzwischen ausdrücklich klargestellt worden; vgl. *BVerwG,* Urt. v. 18.9.2003 – 4 CN 20.02 –, BauR 2004, 280 (282); i. E. so auch *Goppel,* BayVBl 1998, 289 (292), der das zu den Optimierungsgeboten des § 1 Abs.5 BauGB a.F. ergangene Urteil des *BVerwG* zur Frage der Bindungswirkung von planungsrechtlichen Soll-Regelungen ebenfalls für nicht aussagekräftig hält.

167 *Runkel* in: Bielenberg u.a., Raumordnungs- und Landesplanungsrecht, Stand Sept 2004, K § 3 Rn.26.

168 Vgl. *Erbguth,* NVwZ 2000, 969 (974); *Goppel,* BayVBl 2002,449 (451).

einrichten können.[169] Dabei sind Rechtsvorschriften im Gefolge des Bestimmtheitsgebots lediglich so genau zu fassen, wie dies nach der Eigenart der zu ordnenden Lebenssachverhalte mit Rücksicht auf den Normzweck möglich ist.[170] Innerhalb dieses Rahmens steht dem Plangeber hinsichtlich des Konkretisierungsgrads seiner Festlegungen dabei ein erheblicher Gestaltungsspielraum zu. Von daher bestehen keine Bedenken, auch Soll-Vorschriften im Planungsrecht den Grad an Verbindlichkeit beizulegen, wie er Konditionalnormen zukommt.

(5) Damit kann festgehalten werden, dass die Gemeinde an die Zulässigkeitskriterien des § 24 Abs.3 LEPro NW im Regelfall gebunden ist und nur in atypischen Ausnahmefällen davon abweichen darf.

---

169 *BVerfG,* Urt. v. 24.4.1991 – 1 BvR 1341/90 –, BVerfGE 84, 133 (149).

170 *BVerfG,* Beschl. v. 9.8.1995 – 1 BvR 2263/94, 229, 534/95 –, BVerfGE 93, 213 (239); *Jarass,* in: Jarass/Pieroth, GG, 2004, Art.20 Rn.61.

§ 9 Zielqualität der Zulässigkeitskriterien

Die Vorschrift des § 24 Abs.3 LEPro NW hat Zielqualität, wenn es sich bei ihr entsprechend § 3 Nr.2 ROG um eine räumlich und sachlich bestimmte oder bestimmbare, verbindliche und vom zuständigen Träger der Raumordnung abschließend abgewogene Festlegung in einem Raumordnungsplan zur Ordnung, Entwicklung und Sicherung des Raums handelt.[1]

A. Textliche oder zeichnerische Festlegung im Raumordnungsplan

§ 24 Abs.3 LEPro NW ist eine textliche Festlegung. Ihr Standort im Landesentwicklungsprogramm als Gesetz wirft allerdings die Frage auf, ob es sich auch um eine Festlegung in einem *Raumordnungsplan* handelt.

Entsprechende Zweifel daran lässt eine Entscheidung des *Verwaltungsgerichts Münster* vom 8.3.2001 aufkommen.[2] Darin wird ausgeführt, dass gemäß § 8 Abs.1 S.1 ROG für das Gebiet eines jeden Landes ein zusammenfassender und übergeordneter Plan aufzustellen sei. Diese Funktion erfülle in Nordrhein-Westfalen der 1995 in Kraft getretene Landesentwicklungsplan, in dem es heiße, dass mit ihm die Ziele der Raumordnung und Landesplanung in einem Landesentwicklungsplan konzentriert und sowohl textlich als auch zeichnerisch dargestellt seien. Das begründe die

---

1 Die Vorschrift des § 24 Abs.3 LEPro NW gehört zu jenen Festlegungen, die im Landesentwicklungsprogramm im Abschn. III unter dem Begriff der »Allgemeinen Ziele der Raumordnung und Landesplanung« firmieren. In der Lit. wird zuweilen die Frage aufgeworfen, ob solchen »Allgemeinen Zielen« nicht schon wegen ihrer Hochstufigkeit und landesweiten Geltung von vorneherein die Zieleignung abgesprochen werden muss; vgl. zum Diskussionsstand *Hoppe,* NWVBl 1998, 461 (463). Der Gesetzgeber geht in § 3 Nr.2 ROG allerdings in unmissverständlicher Klarheit davon aus, dass Ziele der Raumordnung auch in landesweiten Raumordnungsplänen aufgestellt werden können. Entscheidend für die Zielqualität von Festlegungen ist daher allein der materielle Gehalt, nicht aber ihre Be- oder Kennzeichnung. Diese Auffassung wird allg. vertreten; vgl. *OVG* Münster, Urt. v. 7.12.2000 – 7 a D 60/99.NE –, DVBl 2001, 657 (659); *OVG Frankfurt (Oder),* Beschl. v. 26.3.2001 – 3 B 113/00.Z –, DVBl 2001, 1298; *Hoppe,* DVBl 2001, 81 (86); *Runkel,* in: Bielenberg u.a., Raumordnungs- und Landesplanungsrecht, Stand Sept 2004, K § 3 Rn.10; *Schneider,* Bauplanungsrechtliche Zulässigkeit von FOC, 2003, S.109 f.

2 *VG Münster,* Urt. v. 8.3.2001 – 2 K 3122/99 –, NWVBl 2002, 72 (74).

Annahme, dass es sich beim Landesentwicklungsprogramm nicht um einen Raumordnungsplan für das Land und auch nicht um einen gemäß § 7 Abs.1 S.2 ROG möglichen sachlichen Teilplan handele. Landesentwicklungsprogramm und Landesentwicklungsplan stünden sich nicht im Verhältnis gleichgeordneter sachlicher Teilpläne, sondern in einem normativen Stufenverhältnis gegenüber.

Das Gericht weist allerdings zugleich darauf hin, dass erst mit der Novellierung des Raumordnungsgesetzes im Jahre 1998 die Vorgabe eingeführt worden sei, dass für den Bereich des Landes ein zusammenfassender Plan aufzustellen sei.[3] Zuvor nämlich ließ § 5 ROG a.F. Pläne und Programme gleichermaßen zu, woraus sich das Nebeneinander von Landesentwicklungsprogramm und Landesentwicklungsplan in Nordrhein-Westfalen historisch erklären lassen dürfte.[4] Daraus folgt, dass allein durch die Novellierung des Raumordnungsgesetzes die alten Planwerke ihre Qualität als Raumordnungspläne jedenfalls nicht eingebüßt haben, weil nach § 22 ROG die Länder nur die Pflicht trifft, die auf alter Rechtsgrundlage erlassenen Planwerke innerhalb einer Vier-Jahres-Frist an die neue Rechtslage anzupassen.[5]

Im Hinblick darauf, dass die Vier-Jahres-Frist für Nordrhein-Westfalen allerdings bereits ohne Anpassung abgelaufen ist, könnte jedoch noch zu überlegen sein, ob die fehlende Umsetzung des Rahmengesetzes in Landesrecht nicht eventuell zur Nichtigkeit des immer noch auf alter Rechtsgrundlage bestehenden Landesentwicklungsprogramms führt. Denkbar wäre insoweit, von einem Normenkonflikt im Sinne des Art.31 GG auszugehen. Von einem in dieser Vorschrift vorausgesetzten Normenkonflikt kann allerdings nur die Rede sein, wenn zwei Normen den gleichen Regelungsgegenstand betreffen, denselben Adressaten haben und sich inhaltlich widersprechen.[6] Vorliegend fehlt es schon an demselben Adressatenkreis. § 8 Abs.1 S.1 ROG wendet sich als Rahmengesetz an den Landesgesetzgeber, während Raumordnungspläne Regelungen treffen, die gegenüber der

3 *VG Münster,* Urt. v. 8.3.2001 – 2 K 3122/99 –, NWVBl 2002, 72 (74).

4 Vgl. *Runkel,* UPR 1998, 241 (246), der *Landesentwicklungsprogramme* unproblematisch als Raumordnungspläne begreift.

5 S. auch *Brohm,* Öffentliches Baurecht, 2002, § 37 Rn.3.

6 *BVerfG,* Beschl. v. 29.1.1974 – 2 BvN 1/69 –, BVerfGE 36, 342 (369).

Fach- und Bauleitplanung verbindlich sind.[7] Das bedeutet, dass trotz Abweichung des Landesrechts von der Rahmengesetzgebung keine Nichtigkeit des Landesrechts vorliegt und damit das Landesentwicklungsprogramm in Nordrhein-Westfalen weiterhin gültig ist.

Dieses Ergebnis ist nicht gleichbedeutend damit, dass die Verletzung der Umsetzungspflicht sanktionslos bleiben muss. In Betracht kommen verfassungsgerichtlicher Rechtsschutz in Form des Bund-Länder-Streits nach Art.93 Abs.1 Nr.3 GG oder im äußersten Fall Bundeszwang nach Art.37 GG.[8]

B. Räumliche Bestimmtheit oder Bestimmbarkeit

Die Festlegungen in Zielen der Raumordung müssen räumlich bestimmt oder zumindest bestimmbar sein. Das bedeutet, dass sie sich geographisch auf einen ganz bestimmten Raum beziehen müssen, mithin ihr räumlicher Geltungsbereich eindeutig wird.[9] Die Gemeinde muss erkennen können, in welchem räumlichem Bereich sie etwas zu tun oder zu unterlassen hat, mit anderen Worten, in welchem räumlichen Bereich ihre bauleitplanerische Gestaltungsfreiheit durch landesplanerische Zielfestlegungen eingeschränkt sein soll.

Für die räumliche Bestimmtheit einer Festlegung ist jedoch nicht notwendig, dass sie sich stets in kartographischer Weise auf einen eindeutig identifizierbaren räumlichen Bereich oder Gemarkung bezieht. Es genügt nach § 3 Nr.2 ROG auch eine lediglich textliche Festlegung, die ihre räumliche Konkretheit daraus gewinnt, dass sie die Kriterien vorgibt, nach denen auf nachfolgenden Planungsstufen räumliche Festlegungen getroffen werden sollen. Die Festlegung bezieht sich dann zwar zunächst auf den gesamten Planungsraum, ist aber durch vorgegebene Erhebungsschritte auf bestimmte Bereiche oder Standorte konkretisierbar.[10]

In räumlicher Hinsicht geht es bei § 24 Abs.3 LEPro NW darum, den großflächigen Einzelhandel nicht überall und undifferenziert im Landes-

7 Vgl. *Siebelt,* NVwZ 1996, 122 (124).

8 *Stettner,* in: Dreier (Hg.), GG, Bd.II, 1998, Art.75 Rn.14.

9 Vgl. *Goppel,* BayVBl 1998, 289.

10 *Runkel* in: Bielenberg u.a., Raumordnungs- und Landesplanungsrecht, Stand Sept 2004, K § 3 Rn.36 ff.

gebiet, sondern nur an landesplanerisch geeigneten Standorten zuzulassen. Durch die Anwendung der in der Vorschrift enthaltenen Zulässigkeitskriterien sollen sich die Standorte herauskristallisieren, an denen davon ausgegangen werden kann, dass sich grund-, mittel- und oberzentrale Betriebe in raumverträglicher Weise einfügen. Die Landesplanung geht dabei den Weg, dass sie die aus ihrer Sicht geeigneten Standorte nicht selbst, etwa durch gebietsscharfe positive Standortausweisungen, bestimmt, sondern landesweit geltende Kriterien aufstellt, die es der bauleitplanenden Gemeinde ermöglichen sollen, die geeigneten Standorte für den großflächigen Einzelhandel nach Art, Umfang und Lage selbst – ortsbezogen – zu bestimmen. Dabei geht es einmal um eine Standortsteuerung im Verhältnis zwischen den Gemeinden, also auf der so genannten »Makroebene«, und zum anderen um eine innergemeindliche Standortsteuerung, also auf der so genannten »Mikroebene«.[11]

§ 24 Abs.3 LEPro NW ist insoweit eine Festlegung, die landesweit angelegt ist, sich aber aufgrund der nur Gemeinden zustehenden Kompetenz, Kern- bzw. Sondergebieten für den großflächigen Einzelhandel auszuweisen, auf alle Gemeindeterritorien bezieht. Bei genauem Hinsehen zeigt sich, dass die Vorschrift das bauleitplanerische Instrumentarium für die Ausweisung von Kern- und Sondergebieten mit der Zweckbestimmung »großflächiger Einzelhandel« konfiguriert. Es handelt sich deshalb aus Sicht der einzelnen Gemeinde um eine *gemeindescharfe* Festlegung, die jede einzelne Gemeinde zu berücksichtigen hat, sobald sie die Ansiedlung eines Einzelhandelsgroßbetriebs in Form einer Kern- oder Sondergebietsausweisung plant. Dabei spielt keine Rolle, an welcher Stelle die Gemeinde in ihrem Gemeindegebiet die Ansiedlung beabsichtigt; sie hat immer die Zulässigkeitskriterien des § 24 Abs.3 LEPro NW in den Blick zu nehmen und zu prüfen, ob die konkrete Ansiedlung damit vereinbar ist.

Eine andere Frage ist, ob die aus der Vorschrift folgenden Bindungen so konkret sind, dass die Gemeinde in jedem Einzelfall weiß, was sie bei der Planung von Einzelhandelsgroßbetrieben zu tun oder zu unterlassen hat.

---

11 *Janning,* in: Jarass (Hg.), Öffentlichkeitsbeteiligung und Rechtsschutz, 2002, S.109 (117); s. generell zur Unterscheidung von Mikro- und Makrostandort *Mösel,* Kombinierte Großprojekte, 2002, S.201; *Runkel,* in: Ernst u.a., BauGB, Stand Sept 2004, § 1 BauGB Rn.50 c.

Das berührt die sachliche Bestimmtheit bzw. Bestimmbarkeit der Vorschrift, die nachfolgend erörtert wird.

C. Sachliche Bestimmtheit oder Bestimmbarkeit

§ 24 Abs.3 LEPro NW muss ferner innerhalb seines räumlichen Geltungsbereichs den Anforderungen an die sachliche Bestimmtheit genügen. Das setzt voraus, dass deutlich wird, auf welche raumbedeutsame Planungen oder Maßnahmen insgesamt oder in bestimmten Teilbereichen die Festlegung anzuwenden ist und mit welchem genauem sachlichem Inhalt.[12] Die Festlegung muss in sachlicher Hinsicht für den maßgebenden Raum eine konkrete raumordnerische Entscheidung beinhalten. Aus der Festlegung muss sich mithin der fachliche Bereich ergeben, in dem Bindungen ausgesprochen werden und die Bindungen selbst.[13] Jedes einzelne Element der Festlegung ist insoweit auf seine Bestimmtheit zu überprüfen.[14] Mangelt es an eindeutigen umsetzungsfähigen Vorgaben, so fehlt es der Vorschrift des § 24 Abs.3 LEPro NW an der Zieleignung.[15]

I. Vorüberlegung

Der fachliche Bereich, in dem durch § 24 Abs.3 LEPro NW Bindungen ausgesprochen werden sollen, liegt eindeutig auf der Hand. Die Vorschrift bezieht sich auf all jene Planungsakte der Kommunen, die mit der

---

12 *Hoppe,* NWVBl 1998, 461 (462).

13 *BVerwG,* Urt. v. 20.1.1984 – 4 C 70.79 –, BVerwGE 68, 319 (322 f); *OVG Lüneburg,* Urt. v. 8.9.1966 – I OVG A 341 65 –, DVBl 1967, 391 (393); *Gooterhorst,* NuR 1986, 275 (283); *Runkel,* in: Bielenberg u.a., Raumordnungs- und Landesplanungsrecht, Stand Sept 2004, K § 3 Rn.32.

14 *Hoppe,* NWVBl 1998, 461 (465).

15 Allerdings darf der Bogen in Bezug auf die sachliche Bestimmtheit nicht überspannt werden. Raumordnung und Landesplanung sind nicht auf einen Normvollzug im sonst üblichen Sinne angelegt, sondern schaffen, wie dies typisch ist für Planungen, denen weitere Planungsstufen nachgeordnet sind, Rahmenbedingungen, die Raum für eine weitere planerische Konkretisierung lassen. Diese Zweckbestimmung verbietet es, aus dem Gebot der Normenklarheit ein Höchstmaß an Aussageschärfe und Detailtreue abzuleiten; vgl. *BVerfGE,* Beschl. v. 8.8.1978 – 2 BvL 8/77 –, BVerfGE 49, 89 (133), *BVerwG,* Beschl. v. 20.8.1992 – 4 NB 20.91 –, BVerwGE 90, 329 (334 f); *OVG Münster,* Urt. v. 19.11.1999 – 7 A 2377/96 –, UPR 1999, 359; *Runkel* in: Bielenberg u.a., Raumordnungs- und Landesplanungsrecht, Stand Sept 2004, K § 3 Rn.48; *Spoerr,* in: Festschr. Hoppe, 2000, S.343 (350).

Ausweisung von Kern- bzw. Sondergebieten für den großflächigen Einzelhandel zu tun haben. Ob § 24 Abs.3 LEPro NW auch hinsichtlich seiner Bindungen sachlich bestimmt oder bestimmbar ist, hängt davon ab, ob der Vorschrift für alle denkbaren Fälle geplanter Ansiedlungen von Einzelhandelsgroßbetrieben eindeutig zu entnehmen ist, was die Gemeinde zu tun oder zu unterlassen hat.[16]

Welchen Inhalt die Vorschrift des § 24 Abs.3 LEPro NW hat, ist oben bereits ausführlich untersucht und durch Auslegung der tatbestandlichen Begriffe und der Rechtsfolge nachgewiesen worden.[17] Allerdings ist mit diesem Nachweis noch nichts über die sachliche Bestimmtheit oder Bestimmbarkeit der Vorschrift gesagt, denn das, was aus dem ausgelegten Inhalt folgt, könnte letztlich auch nur den Charakter allgemeiner Aussagen haben, wie sie speziell für Grundsätze der Raumordnung nach § 3 Nr.3 ROG typisch sind. Die Zielqualität des § 24 Abs.3 LEPro NW macht sich vor allem daran fest, ob die Vorschrift dem Gebot der *Normenklarheit* genügt mit der Folge, dass die Gemeinde das von ihr geforderte Verhalten erkennen und sich danach ausrichten kann. Davon ist nur auszugehen, wenn sich die Aussagen der Vorschrift in den denkbaren Fallkonstellationen geplanter Einzelhandelsansiedlungen auf einen konkreten Normbefehl bzw. eine konkrete raumordnerische Sachentscheidung verdichten lassen.[18] Zu fragen ist, ob der ausgelegte Inhalt des § 24 Abs.3 LEPro NW auf eine solche »Aussageschärfe« verdichtet werden kann, dass die Gemeinde als Normadressat ihn quasi wie eine »rote Ampel« bei ihren Planungen zu beachten hat.

Zweifel an der Normenklarheit des § 24 Abs.3 LEPro NW ergeben sich daraus, dass die Norm Begriffe wie die »angestrebte zentralörtliche Gliederung«, die »in diesem Rahmen zu sichernde Versorgung«, »entsprechen« oder die »räumliche und funktionale Zuordnung zum Siedlungsschwerpunkt« enthält, die auch ein nur tendenziell gewolltes Verhalten zum Ausdruck bringen könnten, ohne einen strikten Verhaltensmaßstab für die sich in der Praxis stellenden Sachverhalte zu formulieren. So fragt sich

16 *Hoppe/Spoerr,* Bergrecht und Raumordnung, 1999, S.46; *Hoppe,* NWVBl 1998, 461 (462); *Goppel,* BayVBl 1998, 289.

17 S. oben S.113 ff.

18 *Hoppe/Spoerr,* Bergrecht und Raumordnung, 1999, S.46; *Hoppe,* NWVBl 1998, 461 (462); *Goppel,* BayVBl 1998, 289.

beispielsweise, unter welchen Umständen denn im konkreten Einzelfall davon auszugehen ist, dass ein Einzelhandelsgroßbetrieb der »angestrebten zentralörtlichen Gliederung entspricht« oder einem »Siedlungsschwerpunkt räumlich zugeordnet« ist.

Die Antworten darauf ergeben sich nicht unmittelbar aus der Vorschrift des § 24 Abs.3 LEPro NW selbst, weil ihre Bezugsmerkmale im Empirischen wurzeln und die Norm deshalb weiterer Konkretisierung bedarf. Dieser Umstand für sich genommen schadet allerdings noch nicht dem Gebot der hinreichenden Normenklarheit. Es ist keineswegs erforderlich, dass sich alle relevanten Aspekte zur Erfassung der sachlichen Aussage unmittelbar aus der Festlegung selbst ergeben müssen. Es genügt nach § 3 Nr.2 ROG vielmehr auch, wenn die Festlegung nur *bestimmbar* ist, also erst durch einen Rückgriff auf außerhalb der Norm liegende Festlegungen, naturräumliche Gegebenheiten, Standards etc. in ihrem gewollten Inhalt greifbar wird.[19] Zum Ausdruck kommen muss in der Festlegung nur ein bestimmter Wille der Landesplanung, den die nachgeordneten Planungsstufen zu beachten haben. Unschädlich ist dabei, wenn zur Bestimmung dieses Willens weitere, auch umfangreiche Erhebungen oder Untersuchungen tatsächlicher Art erforderlich sind.[20]

II. Kongruenzgebot und Beeinträchtigungsverbot

§ 24 Abs.3 LEPro NW verlangt in seinen beiden ersten Alternativen zunächst, dass Kern- sowie Sondergebiete für den großflächigen Einzelhandel nach Art, Umfang und Lage ihrer Nutzung der angestrebten zentralörtlichen Gliederung sowie der in diesem Rahmen zu sichernden Versorgung entsprechen sollen. Um diese Zulässigkeitskriterien im Anwendungsfall operabel zu machen, muss zunächst die angestrebte zentralörtliche Gliederung sowie die in diesem Rahmen zu sichernde Versorgung konkretisiert werden und zwar dergestalt, dass die Gemeinde Sortimente, Verkaufsflächengröße und Standorte von Einzelhandelsgroßbetrieben in eine eindeutige räumliche Beziehung zu diesen Inhalten setzen kann und

19 *Runkel* in: Bielenberg u.a., Raumordnungs- und Landesplanungsrecht, Stand Sept 2004, K § 3 Rn.28.

20 *Runkel* in: Bielenberg u.a., Raumordnungs- und Landesplanungsrecht, Stand Sept 2004, K § 3 Rn.18; *Erbguth,* NVwZ 1999, 969 (973).

sodann die aus dem Entsprechensgebot folgenden funktionalen Anforderungen im Hinblick auf die Sicherung von Versorgungsfunktionen auf die konkrete Standortplanung übertragen kann.

(1) Voraussetzung für die hinreichend sachliche Bestimmbarkeit des *Kongruenzgebots* ist, dass die Gemeinde zunächst in der Lage ist, die Warensortimente eines geplanten Einzelhandelsgroßbetriebs (Art des Angebots) den zentralörtlichen Versorgungsaufgaben grund-, mittel- und oberzentraler Art zuzuordnen. Denn nur durch diese Zuordnung kann die Gemeinde feststellen, auf welcher horizontalen Ebene überhaupt eine Kongruenzprüfung mit benachbarten Verflechtungsbereichen stattfinden soll. Ferner müsste die Gemeinde in der Lage sein, die Einzugsbereiche von Einzelhandelsgroßbetrieben (Umfang des Angebots) in eine räumliche Beziehung zu den zentralörtlichen Versorgungsbereichen setzen zu können, weil sich nur aus der geographischen Bestimmbarkeit dieser Teilräume ergibt, ob eine großflächige Einzelhandelsnutzung der angestrebten zentralörtlichen Gliederung letztlich entspricht oder nicht.[21]

(2) Des Weiteren müsste die Gemeinde im Hinblick auf die sachliche Bestimmbarkeit des *Beeinträchtigungsverbots* in der Lage sein, die Standortanforderungen der zu sichernden Versorgung in dem für die geplante Einzelhandelsnutzung maßgeblichen Verflechtungsraum zu bestimmen, weil sich nur aus dieser Kenntnis erschließt, ob die Nutzung nach ihrer Lage mit diesen Standortanforderungen kongruent ist oder nicht.[22]

(3) Schließlich müsste der Gemeinde auch noch möglich sein, die zulässigen Abweichungen von der Kongruenz bestimmen zu können, denn das Kongruenzerfordernis verlangt keine strikte Übereinstimmung nach zentralörtlichen Einzugsbereichen und Standorten, sondern lediglich eine Kongruenz in Bezug auf die Sicherung von Versorgungsfunktionen.[23]

1. Bestimmbarkeit der Kongruenz nach Art des Angebots

Wird eine großflächige Einzelhandelsnutzung in einer Kommune geplant, so kann die Gemeinde eine Kongruenzprüfung mit der angestrebten

21 S. zum Inhalt des Kongruenzgebots S.124 ff.
22 S. zum Inhalt des Beeinträchtigungsverbots S.136 ff.
23 S. dazu S.123 ff.

zentralörtlichen Gliederung nur dann vornehmen, sofern sie zunächst einmal in Erfahrung bringen kann, auf welche zentralörtliche Versorgungsstufe bzw. qualitative Versorgungsfunktion überhaupt Rücksicht zu nehmen ist. Plant sie ein grundzentrales Angebot, so ist jede Nachbargemeinde potenziell gefährdet, bei mittel- und oberzentralen Angeboten hingegen nur die benachbarten Mittel- und Oberzentren. Voraussetzung für die richtige Bestimmung der zentralörtlichen Versorgungsstufe ist, dass sich aus dem vorgesehenen Einzelhandelssortiment ableiten lässt, ob es sich um ein im Sinne der Zentralitätsstufen grund-, mittel- oder oberzentrales Angebot handelt. Der Untersuchung bedarf daher, ob die Sortimente des privaten Einzelhandels dem grund-, mittel- und oberzentralen Angebot der zentralörtlichen Stufen zuzuordnen sind.

(1) Aus der kartographisch dargestellten und damit bindenden Einordnung der Gemeinden in das zentralörtliche Gliederungssystem ergibt sich in Verbindung mit § 22 Abs.2 S.2 LEPro NW zunächst mit hinreichender sachlicher Bestimmtheit, welche abstrakten Versorgungsaufgaben in den zentralörtlichen Verflechtungsbereichen jeweils wahrzunehmen sind. Für den Rechtsanwender ist klar, dass in grundzentralen Verflechtungsbereichen ein Versorgungsangebot für den täglichen Bedarf der ortsansässigen Bevölkerung, in mittelzentralen Verflechtungsbereichen ein Zusatzangebot an Leistungen des gehobenen Bedarfs und in oberzentralen Verflechtungsbereichen der spezialisierte, höhere Bedarf zu decken ist. Das Landesentwicklungsprogramm schweigt in § 22 LEPro NW aber zur konkreten zentralörtlichen Ausstattung der Gemeinden, sondern spricht nur von den verschiedenen Stufen des Bedarfs.[24] Zwar enthält § 6 S.1 LEPro NW im Hinblick auf die Siedlungsschwerpunkte, die für die innergemeindliche Konkretisierung zentralörtlicher Standorte relevant sind,[25] eine abstrakte Auflistung von zentralen Versorgungseinrichtungen nach ihrer Art wie Versorgungs-, Bildungs-, Gesundheitseinrichtungen etc.. Aber auch hier wird nicht geregelt, welche konkreten Einrichtungen, etwa für den mittelfristigen Bedarf – zum Beispiel Banken, Ärzte, Versicherungen, Einzelhandelsgeschäfte mit bestimmten Sortimenten – bereitzustellen sind. Es fehlt mithin eine Aussage über die geforderte Art der Nutzung, wie sie beispielweise auf Ebene der Bauleitplanung in den jeweils zweiten

---

24 *Wahl,* Rechtsfragen II, 1978, S.241; *Döhne/Gruber,* Gebietskategorien, 1976, S.56.
25 S. dazu oben S.40 ff.

Absätzen der §§ 2-9 BauNVO für die einzelnen Baugebiete geregelt ist. Durch die Zentralitätsstufe wird lediglich eine nach Bedarfsstufen definierte Versorgungsfunktion festgelegt, vergleichbar der Zweckbestimmung, wie sie den ersten Absätzen der §§ 2-9 BauNVO zugrunde liegt. Aus der abstrakten Versorgungsfunktion erschließt sich jedoch nicht, welche konkreten Ausstattungsmerkmale der jeweiligen Versorgungsaufgabe gerecht werden und welche Maßnahmen damit konkret vor Ort zur Erfüllung der Versorgungsaufgabe verlangt werden.[26] Hieraus könnte sich das Problem ergeben, dass es auch an nur einigermaßen bestimmbaren Kriterien für die Versorgungsaufgaben von Einzelhandelsgroßbetrieben fehlt und deshalb nicht festzustellen ist, in welchen Fällen die Sortimente eines Einzelhandelsgroßbetriebs der grund-, mittel- oder oberzentralen Aufgabe entsprechen.[27] Das hätte zur Folge, dass es der Gemeinde nicht möglich wäre, eine Kongruenzprüfung überhaupt zu beginnen, da nicht zu ermitteln wäre, welcher zentralörtliche Verflechtungsbereich auf welcher Stufe als Maßstab für die Kongruenz einer Ansiedlung zugrunde zu legen ist.

(2) Allerdings könnte sich das Fehlen konkreter Ausstattungsmerkmale als unschädlich erweisen, wenn sich diese für den privaten Einzelhandel aus den Begriffen des kurz-, mittel- und langfristigen Bedarfs herleiten ließen. Berücksichtigt man die Tatsache, dass die Einstufung der zentralen Orte nach verschiedenen Versorgungsaufgaben auf bestimmten Schwellenwerten bezüglich Einwohner und Wirtschaftskraft basiert,[28] rückt für die Beurteilung der Frage, ob es sich bei einer fraglichen Angebotspalette um eine grund-, mittel- oder oberzentrale Versorgungsleistung handelt, der

---

26 So *OVG Frankfurt (Oder),* Urt. v. 28.10.2003 – 8 C 10303/03 –, DVBl 2004, 259 (260), das in Bezug auf den im LEPeV Bbg genannten Begriff der »Zentrenverträglichkeit« meint, dass die Frage der Zentrenverträglichkeit des Angebots eines Einzelhandelsgroßbetriebs nur vor dem Hintergrund der örtlichen Gegebenheiten beantwortet werden könne, wobei insbes. der Einzelhandelsbestand in den Zentren, die planerischen Zielsetzungen in Bezug auf die Zentren, die Konkretisierung dieser Zielsetzungen für die Funktion »Einzelhandel« und die zentrentragenden Wirkungen der einzelnen Sortimente zu berücksichtigen seien. Das G zieht daraus die Konsequenz, dass die sich hieraus ergebenden Auslegungsspielräume den Rahmen dessen überschreiten, was für ein die Verbindlichkeit beanspruchendes Ziel der Raumordnung noch hingenommen werden könne.

27 So *Hoppe,* NWVBl 1998, 461 (466).

28 Vgl. *Dietrichs,* Konzeptionen und Instrumente der Raumplanung, 1986, S.57; LEP NW, B I 1.

Gesichtspunkt ihrer Tragfähigkeit innerhalb grund-, mittel- oder oberzentraler Verflechtungsbereiche in den Vordergrund.[29] In Abhängigkeit davon, wie häufig eine Versorgungsleistung vom einzelnen Verbraucher frequentiert wird, pendelt sich auch der betriebswirtschaftliche Einzugsbereich einer Versorgungseinrichtung ein. Wird eine Versorgungsleistung nämlich häufig nachgefragt, so steigt proportional dazu die Distanzempfindlichkeit der Nachfrage.[30] Insofern kann über das Kriterium der Tragfähigkeit einer Versorgungsleistung in bestimmten Verflechtungsräumen ermittelt werden, ob sie dem grund-, mittel- oder oberzentralen Bedarf zuzurechnen ist. Auch für die Funktion »Einzelhandel« kann auf diese Weise bestimmt werden, welche von der Bevölkerung nachgefragten Sortimente in Grund-, Mittel- oder Oberzentren bereitzustellen sind. Dass für diese Zuordnung unter Umständen ein Untersuchungsbedarf und -aufwand mit erheblichen Kosten und Mühen notwendig wird, ist kein Argument, die Bestimmtheit einer Festlegung in Frage zu ziehen.[31] Das gilt umso mehr, als dass nach einhelliger Auffassung Rechtsvorschriften im Gefolge des Bestimmtheitsgebots nur so genau zu fassen sind, wie dies nach der Eigenart des zu ordnenden Lebenssachverhalts mit Rücksicht auf den Normzweck möglich ist.[32] Die planerischen Zielsetzungen in Bezug auf die Zentrenausstattung können angesichts der großen Dynamik im Verbraucherverhalten kaum von vornherein abschließend festgelegt werden; sie müssten dann kontinuierlich überprüft und fortgeschrieben werden.[33]

(3) In der Literatur wird zum Teil der Einwand erhoben, dass sich das Nachfrageverhalten der Bevölkerung, insbesondere was den privaten Einzelhandel betrifft, in den letzten Jahrzehnten so sehr gewandelt habe,

---

29 Vgl. *Blotevogel u.a.,* in: Blotevogel (Hg.), Fortentwicklung des Zentrale-Orte-Konzepts, 2002, S.217 (297) u. S. XXX.

30 Häufig nachgefragte Güter sind nur in kleinräumigen Versorgungsbereichen in zumutbarer Entfernung anzubieten; vgl. *Thies,* Einzelhandelsgroßbetriebe im Städtebaurecht, 1992, Rn.53; *Döhne/Gruber,* Gebietskategorien, 1976, S.46; *Wahl,* Rechtsfragen II, 1978, S.13.

31 *Runkel,* in: Bielenberg u.a., Raumordnungs- und Landesplanungsrecht, Stand Sept 2004, K § 3 Rn.28; *Erbguth,* NVwZ 2000, 969 (974); *Schmitz,* ZfBR 2001, 85 (87).

32 *BVerfG,* Beschl. v. 9.8.1995 – 1 BvR 2263/94 und 229, 534/95 –, BVerfGE 93, 213 (239).

33 Vgl. *Blotevogel u.a.,* in: Blotevogel (Hg.), Fortentwicklung des Zentrale-Orte-Konzepts, 2002, S.217 (297).

dass die nach Tragfähigkeiten zugeschnittenen zentralörtlichen Einzugsbereiche keinen Maßstab mehr für die Versorgungsaufgabe eines Einzelhandelsgroßbetriebs bilden könnten.[34] Aufgrund der Tatsache, dass es für den größten Teil der Bevölkerung heutzutage weder ein technisches noch wirtschaftliches Problem darstelle, auch größere Distanzen bis zu einer Versorgungseinrichtung zurückzulegen, sei die Distanzempfindlichkeit der Nachfrage erheblich gesunken mit der Folge, dass auch weniger spezialisierte Leistungen aus großen Entfernungen angefahren werden.[35] Insoweit könne die Zuordnung der Sortimente eines Einzelhandelsgroßbetriebs zu den grund-, mittel- oder oberzentralen Versorgungsaufgaben nicht mehr allein aus den Tragfähigkeitskriterien bestimmt werden, die sich aus den zentralörtlichen Versorgungsbereichen ergeben. Hinter solchen Überlegungen verbergen sich Zweifel daran, ob das statische Zentrale-Orte-System mit seiner immanenten Hypothese der *Zeit-Kosten-Mühe-Minimierung* für den privaten Einzelhandel überhaupt noch eine Aussagekraft besitzt oder in der Planungswirklichkeit nicht schon längst durch funktionsbezogene Einzugsbereiche, die sich in ganzheitlichen Versorgungsräumen abspielen, abgelöst worden ist. Daraus wird gefolgert, dass aus den überkommenen Einzugsbereichen der zentralörtlichen Gliederung keine Versorgungsaufgaben für Einzelhandelsgroßbetriebe abgeleitet werden können und deshalb auch umgekehrt die Zuordnung von Einzelhandelsgroßbetrieben mit bestimmten Sortimenten zu bestimmten zentralörtlichen Hierarchieebenen bereits im Ansatz fehlschlagen muss.[36]

Diese in der Sache durchaus berechtigten Hinweise dürfen allerdings nicht den Blick darauf verstellen, dass das zentralörtliche System prinzipiell auf die Versorgung einer immobilen Bevölkerung abzielt, die auf öffentliche Verkehrsmittel bzw. fußläufigen Verkehr angewiesen ist. Die private Mobilität, durch die das Zentrale-Orte-System in seiner Effektivität überhaupt erst in Frage gestellt worden ist, ist im sozialstaatlichen Gedanken

34 Vgl. *Hoppe,* DVBl 2000, 293 (299).

35 Vgl. *Blotevogel u.a.,* in: Blotevogel (Hg.), Fortentwicklung des Zentrale-Orte-Konzepts, 2002, S.217 (243).

36 *Hoppe,* NWVBl 1998, 461 (466).

der Mindestausstattung in angemessener Entfernung nicht verankert.[37] Von daher muss der zentralörtliche Maßstab für die Einzugsbereiche von Versorgungseinrichtungen jener Bürger sein, der ohne Auto seine Einkäufe erledigt. Hier dürften die grund-, mittel- und oberzentralen Einzugsbereiche aber durchaus weiterhin dem Konsumentenverhalten entsprechen, so dass auch die daraus ableitbaren Tragfähigkeiten geeigneter Maßstab dafür sind, ob Sortimente eines Einzelhandelsgroßbetriebs dem grund-, mittel- oder oberzentralen Bedarf zuzurechnen sind.[38]

(4) Zusammenfassend kann also festgehalten werden, dass anhand der Tragfähigkeitanforderungen für das jeweilige Einzelhandelssortiment festgestellt werden kann, ob das Sortiment grund-, mittel- oder oberzentralen Charakter hat.

2. Bestimmbarkeit der Kongruenz nach Umfang des Angebots

Hat die Gemeinde also ermittelt, auf welcher zentralörtlichen Versorgungsstufe die geplante Einzelhandelsnutzung zu Auswirkungen führen kann, stellt sich in einem zweiten Schritt die Frage, wo die benachbarten Verflechtungsbereiche beginnen, in denen durch Abschöpfung von Kaufkraft fremde Versorgungsfunktionen gefährdet werden können. Die Anpassung des Umfangs einer Einzelhandelsnutzung an die zentralörtliche Gliederung ist nur möglich, sofern die zentralörtlichen Versorgungsbereiche bestimmbar sind, denn nur aus der Kenntnis der zentralörtlichen Versorgungsbereiche heraus kann die Gemeinde darauf schließen, welcher Zentralitätsgrad in den Nachbarzentren zur bedarfsdeckenden Versorgung der dortigen

37 Nicht jeder wird sich auch in heutigen Zeiten ein Auto leisten können, so dass der private Besitz eines Autos im sozialstaatlichen Anspruch des Zentrale-Orte-Modells keine Rolle spielen darf. Andernfalls würden von vornherein finanzschwache Bevölkerungsgruppen aus dem Netz der zentralörtlichen Gliederung ausgegliedert, was sich konträr zur angestrebten Versorgungsgerechtigkeit verhalten würde.

38 In der Praxis dürfte es nicht erforderlich sein, die Zentralitätsstufen durch umfangreiche empirische Erhebungen auf konkrete Ausstattungsmerkmale zu konkretisieren. Eine Hilfestellung bieten die Entschließungen der *MKRO* »Zentrale Orte und ihre Verflechtungsbereiche« vom 8.2.1968, »Zentralörtliche Verflechtungsbereiche mittlerer Stufe in der Bundesrepublik Deutschland« vom 15.6.1972 sowie »Oberzentren« vom 16.6.1983 herangezogen werden, in denen Ausstattungskataloge für die verschiedenen Zentralitätsstufen vorgeschlagen werden. Sie dienen der Erläuterung der allg. definierten Zentralitätsstufen und bieten eine Alternative für die Gemeinde, den Konkretisierungsaufwand in Grenzen zu halten.

Einwohner erforderlich ist und ob durch die projektierte Einzelhandelsansiedlung Verschiebungen in der Siedlungsstruktur zu Lasten der benachbarten Zentren zu erwarten sind.

(1) Zum Umfang von Versorgungsnutzungen enthält die zentralörtliche Gliederung über die im Landesentwicklungsplan vorgenommene Anordnung und Verteilung der Gemeinden unterschiedlicher Zentralität ebenfalls eine Aussage. Die Differenzierung nach Grund-, Mittel- und Oberzentren beinhaltet gemäß § 22 Abs.2 S.2 LEPro NW zugleich die Differenzierung nach grund-, mittel- und oberzentralen Versorgungsbereichen. Für eine Kongruenzprüfung von Einzelhandelsnutzung und zentralörtlichem Versorgungsbereich ist erforderlich, dass der Umfang des Versorgungsangebots in räumlicher Hinsicht den zentralörtlichen Versorgungsbereichen zuordenbar sind, sich also aus den Versorgungsbereichen der jeweils erlaubte Umfang von Einzelhandelsangeboten und damit deren Einzugsbereich ableiten lässt.

(2) Aus § 22 Abs.2 S.2 LEPro NW ergibt sich zunächst der eindeutige Hinweis, dass unter dem Versorgungsbereich jener Bereich verstanden wird, für den der jeweilige zentrale Ort die Versorgungsfunktion übernimmt. Es wird demnach eine Angebots-Nachfrageverflechtung in einem bestimmten Teilraum vorausgesetzt. Wo dieser Bereich endet, ist im Landesentwicklungsplan Nordrhein-Westfalen jedoch nicht gekennzeichnet. Es erscheint daher zweifelhaft, ob sich die in § 22 Abs.2 LEPro NW vorausgesetzten Versorgungsbereiche hinreichend klar voneinander unterscheiden lassen, so dass von einem räumlichen Bezugsraster die Rede sein kann, auf das die Einzugsbereiche von Einzelhandelsgroßbetriebe bezogen werden können.[39]

(3) Erste Anhaltspunkte zur Bestimmbarkeit der zentralörtlichen Verflechtungsbereiche lassen sich aus einer Gesamtschau der im Landesentwick-

---

39 So *Hoppe,* NWVBl 1998, 461 (466 f), der darauf hinweist, dass z.B. Baumärkte und Möbelhäuser mit großräumigen Einzugsbereichen auch außerhalb von Oberzentren für zulässig angesehen werden, so dass aus der zentralörtlichen Gliederung keine konkreten Maßstäbe zum Umfang von Versorgungsnutzungen ableitbar sind, eher ein »Mixtum« von Art und Umfang im Einzelfall über die zentralörtliche Raumverträglichkeit entscheidet. Auf die Möglichkeit, dass diese spezifischen Sortimente unter den Ausnahmevorbehalt der Soll-Regelung fallen könnten, geht der Verf. jedoch nicht ein; vgl. aber insoweit EHE NW, Nr.3.1.1.3.

lungsplan festgelegten Zentralitätsstufen gewinnen. Hier zeigt sich, dass auf Ebene der Grundzentren der Versorgungsbereich mit dem eigenen Gemeindegebiet stets identisch ist, da jede Gemeinde als Grundzentrum eingestuft ist und es daher sachlogisch keine überörtlichen Versorgungsbereiche geben kann.[40] Ebenfalls identisch mit dem eigenen Gemeindegebiet ist der Versorgungsbereich etwa der Hälfte aller Mittelzentren, insbesondere in den Verdichtungsgebieten Nordrhein-Westfalens. Dort sind benachbarte Gemeinden vielfach als Mittelzentren in Selbstversorgerfunktion ausgewiesen, weil sie über eine so hohe Einwohnerzahl verfügen, dass Umlandbeziehungen nicht auftreten.[41]

(4) Bei den übrigen Mittelzentren mit Umlandfunktion und den Oberzentren bleibt es hingegen erforderlich, über ein Gemeindegebiet hinausgehende Versorgungsbereiche abzugrenzen. Der mit dem Landesentwicklungsplan Nordrhein-Westfalen außer Kraft getretene Landesentwicklungsplan I/II enthielt noch zeichnerische Abgrenzungen von Mittel- und Oberbereichen.[42] Hierauf wurde im Landesentwicklungsplan Nordrhein-Westfalen allerdings verzichtet. Bestimmbar könnten diese Versorgungsbereiche gleichwohl aus der Erwägung heraus sein, dass hierarchisch gestufte Mindest-Tragfähigkeiten bzw. Marktmindestgrößen von konstitutiver Bedeutung für das zentralörtliche System sind.[43] Die Bereitstellung grund-, mittel- und oberzentraler Einrichtungen und damit die Wahrnehmung zentralörtlicher Funktionen erfordert eine Mindestauslastung in Form bestimmter Einwohnerzahlen. Diese Mindesteinwohnerzahlen sind durch empirische Untersuchungen ermittelbar; als Anhalt können die Richtwerte aus dem Landesentwicklungsplan I/II herangezogen werden.[44] Damit mag freilich nur etwas für die Mindestgröße von Versorgungsbereichen gewon-

40 So der LEP I/II NW a.F. ausdrücklich in Nr.5.1 des Erläuterungsberichts.

41 *Niemeier/Dahlke/Lowinski,* Landesplanungsrecht NW, 1977, § 20 LEPro Anm.5.

42 Vgl. Anlage E zum LEP I/II NW a.F..

43 Vgl. *Blotevogel u.a.,* in: Blotevogel (Hg.), Fortentwicklung des Zentrale-Konzepts, 2002, S.217 (298).

44 Vgl. LEP I/II NW a.F., Nr.5.

nen sein;[45] ihre weitere räumliche Ausdehnung zu einem flächendeckenden, sich ergänzenden System ist damit allerdings noch nicht geklärt.

(5) Die Abkehr des Landesentwicklungsplans Nordrhein-Westfalen von einer normativen Festlegung zentralörtlicher Verflechtungsbereiche lässt darauf schließen, dass die Landesplanung auf eine empirische Ausprägung der Versorgungsbereiche setzt und sich diese daher auch nach empirischen Maßstäben bestimmen. Hierfür spricht, dass sich aufgrund der verkehrsräumlichen Mobilität und der Tendenz zu zentralörtlichen Mehrfachausrichtungen der Haushalte strikte Grenzen von Versorgungsbereichen ohnehin nicht im Voraus zielgenau festlegen lassen. Eine räumliche Gliederung in linear abgegrenzte zentralörtliche Verflechtungsbereiche mochte sich in den 1960er und 1970er Jahren zur Zeit der empirischen Bestandsaufnahme der zentralörtlichen Gliederung noch rechtfertigen lassen,[46] dürfte aber heute unter den Bedingungen der Privatmotorisierung sowie der damit verbundenen Vergrößerung der Aktionsräume in den letzten Jahrzehnten nicht mehr zu halten sein.[47] Angesichts dieses Sachverhalts wäre es für die Verwirklichung landesplanerischer Zielsetzungen geradezu kontraproduktiv, normativ die Planung zentraler Einrichtungen in gewissen Einzugsbereichen vorzuschreiben, deren Existenz nicht den realen Zentrenausrichtungen der Menschen entspricht. Für die Landesplanung ist es unter planerischen Gesichtspunkten ein sinnvolleres Vorgehen, die tatsächliche Entwicklung der Verflechtungsbeziehungen abzuwarten, um hieraus Schlüsse für eventuell notwendige weitere Steuerungsmaßnahmen zu ziehen.[48]

---

45 Es ist darauf hinzuweisen, dass die Landesplanung bereits bei der Bestimmung der zentralörtlichen Bedeutung der Gemeinden die Weichenstellung dafür geschaffen hat, dass Versorgungsbereiche mit einer hinreichenden Einwohnerzahl für die Tragfähigkeit der zentralörtlich geforderten Versorgungseinrichtungen entstehen; vgl. insoweit LEP I/II NW a.F., Nr.5.1. Interessant ist für die Praxis daher v. a. die Frage, wo der landesplanerische Betreuungsbereich einer Gemeinde konkret endet.

46 Verwiesen sei auf die im Jahre 1968 für das Bundesgebiet durchgeführte Gliederung nach zentralörtlichen Bereichen mittlerer und höherer Stufe auf Basis der »empirischen Umlandmethode« sowie die für NW vorlegte Untersuchung aus dem Jahre 1970; vgl. *Tiggemann,* Die kommunale Neugliederung in NW, 1977, S.151.

47 *Blotevogel u.a.,* in: Blotevogel (Hg.), Fortentwicklung des Zentrale-Orte-Konzepts, 2002, S.217 (300).

48 *Blotevogel u.a.,* in: Blotevogel (Hg.), Fortentwicklung des Zentrale-Orte-Konzepts, 2002, S.217 (301).

(6) Dass die Ermittlung der real existierenden Verflechtungsbereiche auf empirischer Basis durchaus möglich ist, haben die nach der empirischen Umlandmethode bereits in den 1960er Jahren durchgeführten Untersuchungen für Rheinland-Pfalz und Nordrhein-Westfalen sowie das gesamte Bundesgebiet im Hinblick auf seine Gliederung nach Mittel- und Oberbereichen anschaulich bewiesen.[49] Die Grenzen der Versorgungsbereiche lassen sich prinzipiell dort ziehen, wo die überwiegende Verbundenheit und funktionale Verflechtung der Einwohner mit dem einen zentralen Ort an Gewicht verliert und die Orientierung auf ein anderes, benachbartes Zentrum stärker wird oder wo ein indifferenter bzw. zu gleichen Teilen mehrfach orientierter Zwischenbereich lokalisiert werden kann.[50] Die Anziehungskraft eines Zentrums lässt sich durch Befragungen der Besucher und Konsumenten ermitteln. Dabei ist festzustellen, wie viele Personen aus den Städten und Gemeinden der Umgebung das Angebot des zentralen Orts in einem bestimmten Zeitraum, zum Beispiel in einem Monat, in Anspruch nehmen. Auf dieser Datengrundlage kann dann für jeden Ort abgeleitet werden, wie viel Prozent der jeweiligen Bevölkerung das Angebot des zentralen Orts genutzt haben. Der Vergleich dieser Prozentzahlen lässt dann einen Rückschluss zu, wie stark die Anziehungskraft des zentralen Orts für die Umlandgemeinden ist.[51]

(7) Problematisch bei einer empirischen Bestimmung der Verflechtungsbereiche ist allerdings der schon erwähnte Umstand, dass sich aufgrund der in der Vergangenheit stattgefundenen weitgreifenden Suburbanisierungsprozesse von Handel und Dienstleistungen eindeutige Versorgungsbeziehungen und zentralörtliche Bereiche für private Versorgungseinrichtungen

---

49 Vgl. *Tiggemann,* Die kommunale Neugliederung in NW, 1977, S.151.

50 *VGH München,* Urt. v. 5.4.2000 – 26 N 99.2961, 3207, 3265 –, BayVBl 2001, 175 (176); *Maynen/Kluczka,* NW in seiner Gliederung nach zentralörtlichen Bereichen, 1970, S.14; *Thies,* Einzelhandelsgroßbetriebe im Städtebaurecht, 1992, Rn.55; *Schöller/Blotevogel,* in: ARL (Hg), Siedlungszentralität, 1981, S.71 (72); *Hoppe/Schoeneberg,* Raumordnungs- und Landesplanungsrecht Nds, 1987, S.38 f; nach *Blotevogel u.a.,* in: Blotevogel (Hg.), Fortentwicklung des Zentrale-Orte-Konzepts, 2002, S.XXXI wird die Abgrenzung zentralörtlicher Verflechtungsbereiche in hohem Maße von der verkehrlichen Erreichbarkeit, insbes. durch den ÖPVN, bestimmt.

51 Vgl. hierzu *Maynen/Kluczka,* NW in seiner Gliederung nach zentralörtlichen Bereichen, 170, S.14 ff; *Thies,* Einzelhandelsgroßbetriebe im Städtebaurecht, 1992, Rn.55; *Blotevogel u.a.,* in: Blotevogel (Hg.), Fortentwicklung des Zentrale-Orte-Konzepts, 2002, S.217 (300).

nicht mehr eindeutig abgrenzen lassen.[52] Die tatsächliche Entwicklung ist von einer zunehmend zersplitterten »Angebotslandschaft« geprägt; Versorgungsbeziehungen spielen sich weniger in einem dezentralen Netz zentraler Versorgungseinrichtungen als mehr in »ganzheitlichen Versorgungsräumen« ab, was insbesondere für Verdichtungsräume gilt.[53] Für die Planungspraxis ist jedoch eine Zugrundelegung von Verflechtungsbereichen mit mehr oder minder klaren Außengrenzen unentbehrlich, um überhaupt eine Orientierung für die Bedarfsplanung zentraler Einrichtungen zu haben.[54] Eine einigermaßen verlässliche Abgrenzung von Verflechtungsbereichen bietet der Rückgriff auf die Einzugsbereiche öffentlicher Einrichtungen.[55] Hier besteht – nicht zuletzt wegen der in den §§ 29–31 LEPro NW ausgesprochenen Verpflichtung, die zentralen Einrichtungen der öffentlichen Daseinsvorsorge auf die zentralörtliche Gliederung auszurichten und der relativen Unteilbarkeit dieser Einrichtungen –[56] noch ein relativ konsistentes Netz dezentraler Versorgungsbeziehungen. Dass auch unter rechtlichen Gesichtspunkten diese Versorgungsbeziehungen als Orientierungsgröße für die empirische Abgrenzung der zentralörtlichen Verflechtungsbereiche zugrunde zu legen sein dürften, legt § 22 Abs.1 S.2 LEPro NW nahe. Denn danach ist das System zentralörtlicher Stufen mit seinen Versorgungsbereichen durch den Zweck legitimiert, räumliche Bezugsraster für eine raumwirtschaftliche Standortplanung *öffentlicher* Einrichtungen zu schaffen.[57] Dann erscheint es auch vertretbar, die von öffentlichen Versorgungseinrichtungen gebildeten Verflechtungsbereiche für das räumliche Bezugsraster der zentralörtlichen Gliederung generell und damit auch für die Kongruenzprüfung im Hinblick auf die Einzugsbereiche großflächiger Einzelhandelseinrichtungen für maßgebend zu erklären.

52 S. zu dieser Problematik *Schöller/Blotevogel,* in: ARL (Hg.), Siedlungszentralität, 1981, S.71 (72).

53 *Tönnies,* in: Blotevogel (Hg.), Fortentwicklung des Zentrale-Orte-Konzepts, 2002, S.71 f; *Blotevogel u.a.,* in: Blotevogel (Hg.), Fortentwicklung des Zentrale-Orte-Konzepts, 2002, S.217 (299).

54 Vgl. *Blotevogel u.a.,* in: Blotevogel (Hg.), Fortentwicklung des Zentrale-Orte-Konzepts, 2002, S.217 (300).

55 So ausdrücklich *Schöller,* in: ARL (Hg.), Siedlungszentralität, 1981, S.65 (68 f).

56 Vgl. *Niemeier/Dahlke/Lowinski,* Landesplanungsrecht NW, 1977, § 7 LEPro Anm.5.

57 Vgl. auch *Jahn,* BayVBl 1989, 294 (297).

(8) Lassen sich also die zentralörtlichen Versorgungsbereiche bestimmen, so bedeutet die Kongruenz nach Art und Umfang des Einzelhandelsangebots nicht, dass der betriebswirtschaftliche Einzugsbereich auf keinen Fall den maßgeblichen Verflechtungsbereich des Standorts überschreiten darf. Da eine strikte Kongruenz nach Standorten und Einzugsbereichen für die Planung von Einzelhandelsgroßbetrieben nach der hier vertretenen Auffassung nicht gefordert ist, sondern es vielmehr auf den Schutz der zentralörtlichen Versorgungsfunktionen ankommt, sind Abweichungen vom zentralörtlichen Standortraster durchaus zulässig.[58] Zu überprüfen ist im Rahmen der Kongruenz nämlich nur, ob die Auswirkungen des jeweils anzusiedelnden Einzelhandelsgroßbetriebs und zwar im Gefolge von Art, Umfang und Lage des geplanten Angebots auf die Nachbarzentren, insbesondere auf das Kaufverhalten der dortigen Bevölkerung bzw. auf den innerstädtischen Einzelhandel so weit gehen, dass die Wahrnehmung der zentralörtlich bedingten Versorgungsaufgabe *nicht nur unwesentlich* beeinträchtigt wird.[59] Daraus folgt, dass nicht schon jede erkennbare Inkongruenz landesplanerisch unzulässig wäre, sondern nur eine solche, die sich auf die zentralörtliche Soll-Ausstattung in den Zentren nachteilig auswirkt.

In der Praxis haben sich für die Annahme nachteiliger Auswirkungen auf die zentralörtlichen Versorgungsfunktionen bestimmte Richtwerte etabliert. Der *Verwaltungsgerichtshof München* hat Richtwerte der bayerischen Landesplanung, wonach die Obergrenze der zulässigen Kaufkraftabschöpfung bei Lebensmitteln 25 % bezogen auf Nahbereiche, bei Nicht-Lebensmitteln 30 % bezogen auf Mittelbereiche für zentrenrelevante Sortimente und 40 % für sonstige Sortimente beträgt, als sachgerechte Orientierungswerte für die Einschätzung der Raumverträglichkeit eines Vorhabens angesehen.[60] Der baden-württembergische Einzelhandelserlass etwa geht von einer Verletzung des Kongruenzgebots aus, wenn mehr als 30 % des Umsatzes aus Räumen außerhalb des Verflechtungsbereichs erzielt werden.[61] Derartige Richtwerte, die auch von der Literatur als praktikabel

---

58 S. hierzu oben S.124 ff.

59 So *Erbguth,* NVwZ 2000, 969 (974).

60 Vgl. *VGH München,* Urt. v. 5.4.2000 – 26 N 99.2961/26, 26 N 99.3207, 26 N 99.3265 –, BRS 63, 304 (309).

61 EHE BW, Nr.3.2.1.4.

angesehen werden,[62] können bei der Beurteilungsprognose orientierend herangezogen werden, wenngleich sie die Einzelfallanalyse im Streitfall nicht ersetzen. Hier muss die Gemeinde durch Zentralitätsuntersuchungen und marktwirtschaftliche Gutachten konkret klären lassen, welche zentralörtliche Soll-Ausstattung in den benachbarten Zentren gefordert und bereits vorhanden ist und in welcher Weise sich Kaufkraftbindungen des anvisierten Einzelhandelsprojekts auf den Zentrenbestand oder die Zentrenentwicklung nachteilig auswirken.[63]

3. Bestimmbarkeit der Kongruenz nach Lage des Angebots

Hat die Gemeinde die geplante Einzelhandelsnutzung nach Art und Umfang so zugeschnitten, dass die zentralörtlichen Versorgungsfunktionen in den benachbarten Verflechtungsbereichen nicht beeinträchtigt werden, so ist in einem dritten Schritt zu prüfen, ob die zentralörtlichen Versorgungsfunktionen innerhalb des Verflechtungsbereichs des Standorts durch die *Lage* des Betriebs und die von ihm ausgehende Kaufkraftbindung gefährdet werden.[64] Die Anpassung der *Lage* des Betriebs an die im Rahmen der zentralörtlichen Gliederung zu sichernde Versorgung ist nur möglich, sofern feststellbar ist, welche Standortanforderungen in Bezug auf diese Versorgung gelten.

---

62 *Erbguth,* NVwZ 2000, 969 (974); *Söfker,* in: Ernst u.a., BauGB, Stand Sept 2004, § 11 BauNVO Rn.68 a, b; *Vogels/Will,* Auswirkungen von FOC, 1999, S.86 nehmen auf Basis einer GMA-Grundlagenuntersuchung landesplanerische Auswirkungen bei innenstadtrelevanten Sortimenten erst ab einer Umsatzumverteilung jenseits der 20 %-Marke an; vgl. aber auch *Danielzyk,* in: Blotevogel (Hg.), Fortentwicklung des Zentrale-Orte-Konzepts, 2002, S.310 (313), der hinsichtlich der Schwelle für Beeinträchtigungen der Versorgungsfunktion eines zentralen Orts noch Forschungsbedarf sieht.

63 *VGH München,* Urt. v. 5.4.2000 – 26 N 99.2961, 26 N 99.3207, 26 N 99.3265 –, BayVBl 2001, 175 (177); *Bönker,* BauR 1999, 328 (332); *Fickert/Fieseler,* BauNVO, 2002, § 11 Rn.23.3; *Erbguth,* NVwZ 1999, 969 (974); *Schneider,* Bauplanungsrechtliche Zulässigkeit von FOC, 2003, S.125; zum methodischen Vorgehen bei der Ermittlung von Umsatzumverteilungsprozessen *Kläsener u.a.,* Standortfragen des Handels, 1986, S.97 f; *Leder,* Rechtsfragen bei der Ansiedlung von Einkaufszentren, 1987, S.7 ff; kritisch zur Verlässlichkeit solcher Prognosen *Schmitz,* ZfBR 2001, 85 (89).

64 S. oben S.136 ff.

Die Standortanforderungen für die im Rahmen der angestrebten zentralörtlichen Gliederung zu sichernde Versorgung ergeben sich in Nordrhein-Westfalen aus der Lage der Mittelzentren mit Umlandfunktion und der Oberzentren, in denen eine entsprechende qualitative und quantitative Mindestausstattung mit Versorgungseinrichtungen zur Bedarfsdeckung der Einwohner im Verflechtungsbereich zu bündeln ist. Ob die geplante Einzelhandelsnutzung dem insoweit angestrebten Zentrenbestand oder der Zentrenbildung entgegensteht, richtet sich danach, ob das in Rede stehende Mittel- oder Oberzentrum bereits über die zentralen Einrichtungen verfügt, um die eigene Bevölkerung und die des Umlands entsprechend des zentralörtlichen Versorgungsauftrags zu versorgen oder nicht.

Dabei kann die Gemeinde davon ausgehen, dass jedes mittel- oder oberzentrale Versorgungsangebot, das der *Bedarfsdeckung* dient, zur notwendigen zentralörtlichen Ausstattung gehört (vgl. § 22 Abs.2 S.2 LEPro NW). Soweit es sich hierbei um Einrichtungen handelt, die nur einmal möglich sind, so dürfte die nach § 24 Abs.3 LEPro NW geforderte *Lage*kongruenz dazu führen, dass entsprechende Planungen in niederrangigen Gemeinden prinzipiell ausgeschlossen sind.[65] Bei mehrfach möglichen Einrichtungen sind entsprechende Planungen hingegen auch in niederrangigen Zentren möglich, sofern die zentralörtliche Soll-Ausstattung im höherrangigen Zentrum im Bestand oder in der Entwicklung nicht gefährdet wird. Welche zentralörtliche Soll-Ausstattung insoweit als Maßstab zugrunde zu legen ist und ob Einzelhandelsgroßbetriebe durch ihre Kaufkraftbindungen hierauf negativ einwirken, richtet sich nach den gleichen empirischen Feststellungen, die in Bezug auf die Ermittlung der quantitativen Versorgungsfunktionen in benachbarten Verflechtungsräumen gelten.[66]

III. Integrationsgebot

Für die sachliche Bestimmtheit oder Bestimmbarkeit des Integrationsgebots ist entscheidend, dass die Begriffe der räumlichen und funktionalen Zuordnung für die Gemeinde als Rechtsanwender erkennen lassen, welche Standorte von Einzelhandelsgroßbetrieben diesen Anforderungen

---

65 *OVG Lüneburg,* Beschl. v. 23.4.1976 – I OVG D 22/76 –, EPlaR III, OVG Lüneburg 4.76.

66 S. hierzu oben S.184 f.

entsprechen und welche nicht. Auch hier stellt sich das Problem, dass die Bejahung oder Verneinung der funktionalen und räumlichen Zuordnung von Einzelhandelsgroßbetrieben zu Siedlungsschwerpunkten davon abhängig ist, dass die Gemeinde zuvor die Norm über Feststellungen und Erhebungen im Tatsächlichen konkretisiert.[67] Über die funktionale Zuordnung kann nur entschieden werden, sofern die Gemeinde in der Lage ist, die Funktionen ihrer Siedlungsschwerpunkte bzw. ihrer geplanten Einzelhandelsgroßprojekte zu bestimmen. In räumlicher Hinsicht geht es darum, Siedlungsschwerpunkte überhaupt erst einmal räumlich von den übrigen Standorten in der Gemeinde abzugrenzen, weil andernfalls die Forderung nach einem baulichen Zusammenhang »in der Luft hängt«. Des Weiteren ist zu untersuchen, ob die räumliche Zuordnung im Sinne eines baulichen Zusammenhangs bestimmbar ist, etwa über andere rechtliche Wertungen, weil die Frage eines baulichen Zusammenhangs graduell offen ist und daher in verschiedener Hinsicht interpretiert werden kann.[68]

1. Funktionales Zuordnungsgebot

a) Funktionale Einordnung von Siedlungsschwerpunkten

Das Gebot einer funktionalen Zuordnung zu den Siedlungsschwerpunkten setzt zu seiner Bestimmbarkeit zunächst voraus, dass die Gemeinde ermittelt, welche Funktionen überhaupt das Zuordnungsobjekt – die Siedlungsschwerpunkte – haben, mit denen die Betriebsspezifika einer großflächigen Einzelhandelsnutzung funktional abgeglichen werden sollen.

Nach § 6 S.1 LEPro NW dienen Siedlungsschwerpunkte als Bezugspunkte für die siedlungsräumliche Schwerpunktbildung auf Gemeindeebene. In ihnen sind die zentralen Einrichtungen der Daseinsvorsorge zu bündeln, wobei nach § 6 S.2 LEPro NW auf die Erreichbarkeit der Einrichtungen für die Bevölkerung Rücksicht zu nehmen ist. Die funktionale Aufgabenstellung eines Siedlungsschwerpunkts ergibt sich daher aus dessen Bedeutung für die siedlungsräumliche Schwerpunktbildung in der Gemeinde. Da Siedlungsschwerpunkte ihre Anziehungskraft auf das Siedlungsgeschehen durch ein konzentriertes Versorgungsangebot gewinnen, muss das

67 Vgl. *Erbguth,* NVwZ 2000, 969 (972).

68 S. zur Auslegung des räumlichen Zuordnungsgebots oben S.144 ff.

Versorgungsangebot hinsichtlich der Bedarfsfristigkeit so gewählt sein, dass es innerhalb des durch den Siedlungsbereich gekennzeichneten Einzugsbereichs eine entsprechende Gravitationswirkung erzielt. Je größer dabei der zu verdichtende Einzugsbereich ist, desto eher werden zur Erzielung des gewünschten Verdichtungseffekts Güter und Dienste des mittel- bzw. langfristigen Bedarfs im Siedlungsschwerpunkt anzubieten sein. Insoweit ergibt sich bei mehreren Siedlungsschwerpunkten die Notwendigkeit, das Verhältnis unter ihnen nach Stadtkernen, Nebenzentren und Nahbereichszentren zu regeln, um eine bedarfsgerechte Zuordnung von Versorgungsfunktionen und Einzugsbereichen im Interesse ausgeglichener Versorgungsstrukturen zu erreichen.[69] Dabei sind – ähnlich wie auf Ebene der zentralörtlichen Gliederung – deren Versorgungsaufgaben nach Kategorien des einfachen, mittleren und langfristigen Bedarfs zu unterscheiden.[70]

b) Funktionale Zuordnung von Einzelhandelsgroßbetrieben

Das Kriterium der funktionalen Zuordnung von großflächigen Einzelhandelsnutzungen zu Siedlungsschwerpunkten müsste für die Gemeinde hinreichend deutlich erkennen lassen, welche Standorte vor Ort konkret zur Erreichung des Ziels in Betracht kommen. Zu prüfen ist, welcher Siedlungsschwerpunkt nach seiner funktionalen Aufgabenstellung am ehesten für die vorgesehene Kern- oder Sondergebietsnutzung in Frage kommt.[71]

Ähnlich wie beim Kongruenzgebot auf Landesebene geht es auch beim funktionalen Zuordnungsgebot um die gleichwertige Entwicklung der siedlungsstrukturellen Teilräume, um die räumlichen Bezugsraster für eine gezielte Bedarfsplanung infrastruktureller Einrichtungen zu erlangen. Da das System der Siedlungsschwerpunkte konstruktiv dem System der zentralen Orte in seiner vertikalen und horizontalen Ausrichtung entspricht,[72] muss die Gemeinde anhand des geplanten Einzelhandelsangebots eine Zuordnung zu den nach Versorgungsaufgaben funktional gegliederten

---

69 Vgl. SSP-Erlass NW, Nr.1.2.

70 Vgl. *Thies,* Einzelhandelsgroßbetriebe im Städtebaurecht, 1992, Rn.59; SSP-Erlass NW, Nr. 1.2.

71 EHE NW, Nr.3.1.2.2; s. zur Auslegung des funktionalen Zuordnungsgebots oben S.142 ff.

72 S. oben S.40 ff.

Siedlungsschwerpunkten und anhand der vorgesehenen Größe der Verkaufsfläche eine *horizontale Zuordnung* zu dem unter mehreren funktional in Betracht kommenden Siedlungsschwerpunkten geeignetsten vornehmen können. Die höchste Eignung weist dabei der Verflechtungsbereich jenes Siedlungsschwerpunkts auf, der den betriebswirtschaftlichen Einzugsbereich des Einzelhandelsgroßbetriebs am ehesten integrieren kann. Zweifel an der Bestimmbarkeit des funktionalen Zuordnungsgebots bestehen daher nicht. Was auf Landesebene in Bezug auf das zentralörtliche Gliederungssystem möglich ist,[73] muss erst recht im kleineren Maßstab auf Gemeindeebene durchführbar sein, zumal hier die Zuordnung nur nach der größtmöglichen Eignung vorzunehmen ist und keine in Zweifelsfällen schwierig zu treffende Entscheidung darüber verlangt, ob ein Einzelhandelsgroßbetrieb dem angestrebten zentralörtlichen Gliederungssystem gerade noch entspricht oder nicht.[74]

2. Räumliches Zuordnungsgebot

a) Räumliche Einordnung von Siedlungsschwerpunkten

Das räumliche Zuordnungsgebot setzt zu seiner Bestimmbarkeit zunächst voraus, dass überhaupt der räumliche Bereich identifizierbar ist, dem etwas zugeordnet werden soll. Damit sind die räumlichen Grenzen eines Siedlungsschwerpunkts angesprochen; sind sie unklar, so ist schon das Bezugsobjekt der Zuordnung unklar, so dass die Forderung nach einer räumlichen Zuordnung von Einzelhandelsgroßbetrieben zu diesen Objekten erst recht unbestimmt wäre.

73 S. zur Bestimmbarkeit der Kongruenz von Einzelhandelsnutzung und Zentralörtlichkeit oben S.173 ff und S.178 ff.

74 Ist die landesplanerische Prüfung beim städtebaulichen Integrationsgebot angelangt, so steht fest, dass der Betrieb auf überörtlicher Ebene raumverträglich ist. Auf Mikroebene kommt es in funktionaler Hinsicht dann nur noch auf eine funktionale Zuordnung nach bestmöglicher Verträglichkeit an, worüber leichter zu entscheiden ist als über die Frage, ob ein Einzelhandelsgroßbetrieb noch der zentralörtlichen Gliederung entspricht oder nicht. Denn im letzteren Fall müssen marktwirtschaftliche Untersuchungen klären, welche Kaufkraftabschöpfungsquoten gerade noch zentrenverträglich sind, was nur durch methodisch einwandfreie Zentralitätsuntersuchungen möglich ist; vgl. zu den insoweit bestehenden Anforderungen *Heinritz/Rauh,* RuR 2000, 47 ff.

Die räumliche Abgrenzung der Siedlungsschwerpunkte soll sich nach dem insoweit einschlägigen Erlass – gleichviel ob sie mit oder ohne Begrenzungslinie im Flächennutzungsplan dargestellt sind – nicht nach Parzellenschärfe, sondern nach den tatsächlichen Gegebenheiten richten.[75] Die Begrenzungslinie hat lediglich den Zweck der Verdeutlichung, wenn in einer Gemeinde mehrere Siedlungsschwerpunkte dargestellt sind, die womöglich noch relativ dicht beieinander liegen. Ist also auf die tatsächlichen Gegebenheiten abzustellen, so dürften für die räumliche Identifizierung die Maßstäbe in den Vordergrund rücken, die für die planerische Auswahl von Siedlungsschwerpunkten bestimmend sind.

(1) Das normative Kriterium für die Frage, welche räumlichen Bereiche innerhalb einer Gemeinde als Siedlungsschwerpunkte in Betracht zu ziehen sind, ist nach § 6 S.2 LEPro NW ihre *Eignung* für eine räumliche Bündelung zentraler Versorgungseinrichtungen, wobei diese Eignung nach § 6 S.2 LEPro NW ganz wesentlich davon abhängt, dass diese Einrichtungen für die zu versorgende Bevölkerung im Umland in angemessener Zeit erreichbar sind. Diese Kriterien zeigen die Funktion der Siedlungsschwerpunkte auf, die ihnen nach der kommunalen Gebietsreform zugedacht worden ist. Sie sollen jene räumliche Bereiche im Gemeindegebiet markieren, denen aufgrund ihrer Lage eine besondere Standortgunst für die Unterbringung zentraler, für die Allgemeinheit bedeutsamer Versorgungseinrichtungen zukommt. Sie ersetzen damit die zentralen Orte, die vor der Gebietsreform noch von der Landesplanung bestimmt wurden.[76]

Eine solche Standortgunst besteht überall dort, wo sich innerhalb eines bestimmten Einzugsbereichs die Verortung zentraler Einrichtungen als eine raumwirtschaftliche und verbrauchernahe Lösung für die Bedarfsdeckung der Bevölkerung im gesamten Siedlungsbereich darstellt. Diese Standortgunst weisen insbesondere jene Bereiche auf, die erstens infrastrukturell gut erschlossen sind und deshalb für siedlungsschwerpunktbildende Nutzungen die entsprechende »Kapazität« aufweisen und zweitens von jedem Standort des Siedlungsbereichs unter zumutbarem Zeitaufwand erreichbar sind. Regelmäßig wird es sich dabei um jene Bereiche handeln, die Bestandteil eines *planerischen Gesamtkonzepts unter besonderer Berücksichti-*

75 Vgl. SSP-Erlass NW, Nr.1.4.

76 Vgl. *Niemeier/Dahlke/Lowinski,* Landesplanungsrecht NW, 1977, § 6 LEPro Anm.4 f.

gung der Aspekte Städtebau, Verkehr, Wohnen sowie Einzelhandel und Dienstleistungen sind.[77] Denn nur in diesen Bereichen ist es auch sinnvoll, Zentralität durch die Konzentration von Versorgungseinrichtungen zu schaffen, weil hier die Voraussetzungen für die Kanalisierung und Bündelung der Siedlungstätigkeit aus dem Umland insbesondere unter verkehrlichen Aspekten gewährleistet sind und damit auch die Erreichbarkeit von Versorgungseinrichtungen hier am höchsten ist.[78] Nicht sinnvoll hingegen wäre es, Versorgungskonzentrationen im weniger verdichteten, gar dünnbesiedelten Umland zu schaffen, da der Erreichbarkeitsvorteil unter dem Aspekt der Versorgungsgerechtigkeit hier deutlich geringer und die infrastrukturelle Erschließung ebenfalls schlechter ausgeprägt wäre.

(2) Siedlungsschwerpunkte werden deshalb dort auszuweisen sein, wo Kernsiedlungen im Sinne einer städtebaulichen Verdichtung entstanden sind bzw. anders formuliert, sich räumliche Bereiche herauskristallisiert haben, die durch ihre Agglomeration von Nachfrage und Infrastruktur eine besondere Standortgunst für die Bündelung zentraler Versorgungseinrichtungen aufweisen. Insoweit ist also nicht auf die zentralen Versorgungsbereiche im engeren Sinne abzustellen, in denen unmittelbar die Bündelung zentraler Versorgungseinrichtungen erfolgt.[79] Entscheidend ist nach § 6 S.1 LEPro NW vielmehr, welche Räumlichkeit die *potenzielle Eignung* für

---

77 So z.B. ausdrücklich EHE Hess, Nr. 3 b.

78 Nicht umsonst sollten nach dem LEPro NW a.F. v. 19.3.1974 die Siedlungsschwerpunkte im Ballungskern und in der Ballungsrandzone an Haltepunkten leistungsfähiger Linien des ÖPNV ausgebaut werden; vgl. *Niemeier/Dahlke/Lowinski,* Landesplanungsrecht NW, 1977, § 24 LEPro Anm.4. S. auch EHE Hess, Nr.3 b, wonach sich städtebaulich integrierte Standorte neben einer Anbindung an den Öffentlichen Personennahverkehr auch durch einen anteiligen fußläufigen Einzugsbereich auszeichnen.

79 Würden Siedlungsschwerpunkte als Ausdruck der zentralen Versorgungsbereiche in der Gemeinde verstanden, so würde mit dem Gebot der räumlichen Zuordnung von Einzelhandelsgroßbetrieben zu diesen Standorten möglicherweise das Recht der Gemeinde weitgehend ausgehöhlt, Sondergebiete für den großflächigen Einzelhandel auszuweisen. Der typische Fall der Ausweisung eines Sondergebiets für großflächigen Einzelhandel ist nämlich gerade nicht das Gebiet um den Marktplatz oder das Rathaus, sondern ein Platz an der Peripherie. Im Hinblick auf das große Störpotenzial von Einzelhandelsgroßbetrieben (Immissionen, Verkehr) ist eine Einpassung des großflächigen Einzelhandels in zentrale Ortslagen keineswegs immer städtebaulich wünschenswert. Von daher ist nicht davon auszugehen, dass mit den Siedlungsschwerpunkten die zentralen Versorgungsbereiche gemeint sind; aA offenbar *Janning,* in: Jarass (Hg.), Öffentlichkeitsbeteiligung und Rechtsschutz, 2002, S.109 (116).

eine Bündelung aufweist; die bauleitplanerisch ausgewiesenen zentralen Versorgungsbereiche in einer Gemeinde, häufig Kern- oder Mischgebiete, stellen lediglich Ausschnitte aus dieser Räumlichkeit dar. Im Hinblick auf die räumliche Abgrenzung der Siedlungsschwerpunkte von den übrigen Standorten in der Gemeinde dürfte darauf abzustellen sein, wo die Eignung für die Bündelung von zentralen Einrichtungen der Daseinsvorsorge innerhalb eines Siedlungsbereichs beginnt und wo sie aufhört. Faktisch wird sich die Eignung dort niederschlagen, wo der baulich-funktionale Zusammenhang der Kernsiedlung besteht, das heißt in jenem räumlichen Bereich, der durch die Konzentration von Infrastruktur, Wohnen, Arbeitsstätten und Versorgung geprägt ist. Insoweit kommt es auf eine empirische Ermittlung des Sachverhalts an.

Jedoch dürfte für die Eignung auch ein planungsrechtlicher Zusammenhang genügen, etwa in dem Sinne, dass rund um den faktisch bestehenden Siedlungsschwerpunkt ausgewiesene Baugebiete ebenfalls dem Siedlungsschwerpunkt zuzurechnen sind, soweit sie dafür vorgesehen sind, die Siedlungsentwicklung des Siedlungsschwerpunkts abzurunden.[80] Diese Erweiterung auf planerische Ausweisungen rechtfertigt sich aus der zuvor verwendeten Umschreibung von Siedlungsschwerpunkten, wonach diese sich von den übrigen Standorten in der Gemeinde dadurch absetzen, dass sie Bestandteil eines *planerischen* Gesamtkonzepts unter besonderer Berücksichtigung der Aspekte Städtebau, Verkehr, Wohnen sowie Einzelhandel und Dienstleistungen sind. Das Abstellen auf die planerische und nicht allein faktische Gesamtkonzeption erscheint gerechtfertigt, soweit diese Planungen raumordnerisch abgestimmt und bauleitplanerisch gesichert sind.

(3) Zur Identifizierung der räumlichen Grenzen von Siedlungsschwerpunkten ist zunächst auf die Darstellung in den Flächennutzungsplänen der Gemeinden zurückzugreifen. Allerdings finden sich hier oft nur Symbole oder großzügig bemessene Umrandungen, die der Legaldefinition von Siedlungsschwerpunkten in § 6 LEPro NW nicht immer entsprechen.[81] Insofern dürfte die Erkenntnisse aus dem Flächennutzungsplan nur einen ersten Anhalt liefern. Welche Teilräume der Gemeinde dem gesetzlichen

80 Vgl. *VG Münster,* Urt. v. 8.3.2001 – 2 K 3122/99 –, NWVBl 2002, 72 (77) u. amtl. Abdr. S.36.

81 S. dazu schon oben S.140, S.146 und S.160.

Begriff der Siedlungsschwerpunkte tatsächlich entsprechen, dürfte sich in erster Linie aus der planungsrechtlichen Konzeption der Gemeinde für das in Aussicht genommene Gebiet ergeben. Nicht die faktische Bebauung im Sinne einer städtebaulichen Verdichtung ist ausschlaggebend, sondern die planerische Gesamtkonzeption, die den Teilraum der Gemeinde als Bestandteil eines planerischen Gesamtkonzepts unter besonderer Berücksichtigung der Aspekte Städtebau, Verkehr, Wohnen sowie Einzelhandel und Dienstleistungen qualifiziert.[82] Insoweit ist auf die Bauleitpläne abzustellen und anhand des Kartenmaterials zu beurteilen, wo die planungsrechtlichen Zusammenhänge städtebaulich verdichteter Bereiche aufhören bzw. die planungsrechtliche Abrundung der Siedlungsentwicklung vorgesehen ist.

b) Räumliche Zuordnung von Einzelhandelsgroßbetrieben

Das Kriterium der räumlichen Zuordnung von großflächigen Einzelhandelsnutzungen zu Siedlungsschwerpunkten müsste für die Gemeinde ebenfalls hinreichend deutlich erkennen lassen, welche Standorte vor Ort konkret für die räumliche Zuordnung in Betracht kommen. Wie bereits oben bei der Auslegung des Begriffs festgestellt, kommt es auf einen Bebauungszusammenhang des Einzelhandelsgroßbetriebs mit dem Siedlungsschwerpunkt an.[83] Sachlich bestimmbar ist diese Anforderung nur, wenn die Gemeinde die räumlichen Anforderungen an diesen Bebauungszusammenhang bestimmen kann.

Hinsichtlich der räumlichen Anforderungen an den Bebauungszusammenhang von Einzelhandelsgroßbetrieben und Siedlungsschwerpunkten bietet es sich an, auf die Wertungen des § 34 Abs.1 BauGB zurückzugreifen und auf diese Weise den Begriff der räumlichen Zuordnung inhaltsgerecht zu konkretisieren.[84] Der Bestimmtheit einer Norm steht nicht entgegen, dass

---

82 S. oben S.190 f; vgl. ferner *VG Münster*, Urt. v. 8.3.2001 – 2 K 3122/99 –, NVWBI 2002, 72 (77).

83 S. oben S.152 ff.

84 § 34 Abs.1 BauGB verlangt innerhalb seines Tatbestandes, wo es im Hinblick auf die planungsrechtliche Beurteilung eines Vorhabens im unbeplanten Innenbereich auf einen Bebauungszusammenhang zu einem bestehenden Ortsteil ankommt, eine Abgrenzung von einem im Zusammenhang bebauten Ortsteil zum unbebauten

sie erst unter Zuhilfenahme anderer Rechtsvorschriften oder sonstiger anerkannter Standards Gestalt annimmt.[85] Für die Frage, wo ein baulicher Zusammenhang zu Ortsteilen beginnt und wo er aufhört, hat § 34 BauGB zweifellos so etwas wie die Qualität eines anerkannten Standards erlangt, weil die Vorschrift den Aspekt der zusammenhängenden Bebauung von Ortsteilen unmittelbar tatbestandlich erfasst und die damit verbundenen Abgrenzungsfragen deshalb innerhalb dieser Vorschrift eine grundlegende rechtswissenschaftliche Behandlung erfahren haben. Zwar ist § 34 BauGB eine Vorschrift, die nur auf Ebene der Bauleitplanung gilt, so dass zweifelhaft sein könnte, ob mit einer städtebaurechtlichen Norm eine landesplanerische Vorschrift überhaupt konkretisiert werden kann. Diese Zweifel zerstreuen sich vorliegend jedoch deshalb, weil es bei der räumlichen Zuordnung innerhalb des § 24 Abs.3 LEPro NW gerade um einen baulichen Zusammenhang auf städtebaulicher Ebene geht. Insoweit drängt sich der Rückgriff auf § 34 BauGB geradezu auf, will man Wertungswidersprüche zwischen vergleichbaren Sachverhalten auf ein und derselben Planungsstufe vermeiden.[86]

Unter Anwendung der zu § 34 Abs.1 BauGB entwickelten Kasuistik wird es darauf ankommen, ob der geplante Standort zum Siedlungsschwerpunkt in isolierter Lage liegt oder mit dem Siedlungsschwerpunkt faktisch bzw. planungsrechtlich den Eindruck einer geschlossenen, zusammenhängenden Bebauung bildet.[87] Wegen der starken Einzelfallabhängigkeit dieser Frage lassen sich allgemeine Grundsätze nicht aufstellen; ausschlaggebend ist letztlich die Verkehrsauffassung.[88]

Außenbereich; vgl. grundlegend dazu *BVerwG,* Urt. v. 19.9.1986 – 4 C 15.84 –, BVerwGE 75, 34.

85 *Erbguth,* NVwZ 2000, (969) 973; *Runkel,* in: Bielenberg u.a., Raumordnungs- und Landesplanungsrecht, Stand Sept 2004, K § 3 Rn.28; *Schmitz,* ZfBR 2001, 85 (87).

86 Im EHE Bbg Nr.3.2.2.3 wird sogar ausdrücklich auf § 34 BauGB als Prüfkriterium für den räumlichen Zusammenhang eines Einzelhandelsvorhabens zum Siedlungsbereich abgestellt; vgl. auch *Erbguth,* NVwZ 2000, 969 (972 f).

87 *BVerwG,* Urt. v. 19.9.1986 – 4 C 15.84 –, BVerwGE 75, 34 (36 ff); *Brohm,* Öffentliches Baurecht, 2002, § 20 Rn.5 für die parallele Frage, wo der Bebauungszusammenhang eines Ortsteils im Rahmen des § 34 BauGB endet; s. auch *Bönker,* in: Hoppe/Bönker/Grotefels, Öffentliches Baurecht, 2004, § 7 Rn.107 ff.

88 Vgl. *BVerwG,* Urt. v. 6.12.1967 – IV C 94.66 –, BVerwGE 28, 268 (272); *Stüer,* Bau- und Fachplanungsrecht, 1998, Rn.1422; *Bönker,* in: Hoppe/Bönker/Grotefels, Öffentliches Baurecht, 200, § 7 Rn.108.

D. Abschließende Abgewogenheit durch zuständigen Träger

Die abschließende Abgewogenheit eines Ziels erfordert, dass die räumlich wie sachlich konkretisierte, verbindliche Entscheidung in ihrer prinzipiellen Geltung unangetastet bleibt und nicht durch gegenläufige Belange neuerlich auf den Prüfstand gestellt und womöglich zu Gunsten anderer Belange zurückgedrängt wird. Die Festlegung muss auf landesplanerischer Ebene abschließend abgewogen sein und darf allenfalls noch Spielräume für eine zielinterne Konkretisierung durch nachgeordnete Planungsträger lassen. Schlagwortartig wird diese Anforderung auch oft mit dem Begriff der »landesplanerischen Letztentscheidung« umschrieben.[89]

I. Vorüberlegung

Nicht erforderlich für den Zielbegriff ist, dass die abschließende Abwägung rechtmäßig erfolgt ist, also dem Gebot einer gerechten Abwägung entspricht.[90] Ein Abwägungsmangel stellt nicht den Charakter als Zielfestlegung, sondern deren Rechtmäßigkeit in Frage. Das Erfordernis der abschließenden Abwägung im Zielbegriff des § 3 Nr.2 ROG soll vor allem dem Umstand Rechnung tragen, dass Ziele der Raumordnung Bindungswirkung gegenüber ihren Adressaten nach den §§ 4 Abs.1 ROG, 1 Abs.4 BauGB entfalten. Bindungswirkung können die Ziele für die Adressaten aber nur dann entfalten, wenn sie konfliktbereinigt sind, also keine Abwägungs-, sondern eine Leitsatzstruktur aufweisen.[91] Eine solche Entscheidung ist anzunehmen, wenn sich die weitere Entwicklung in dem Planungsraum nicht mehr unter Abwägung aller denkbaren Raumansprüche, sondern nur in einem durch die abschließende Abwägung zum Ausdruck gebrachten unüberwindbaren äußeren Rahmen vollziehen darf. Ob dieser Rahmen auch dem materiellen Recht entspricht, ist keine Frage, die noch einer zusätzlichen Regelung in § 3 Nr.2 ROG bedurft hätte. Sie stellt sich

89 Vgl. *BVerwG,* Beschl. v. 20.8.1992 – 4 NB 20.91 –, BVerwGE 90, 329 (334); *Hendler,* UPR 2003, 256 (257); *Spannowsky,* UPR 2003, 248 (251).

90 *VGH Kassel,* Urt. v. 16.8.2002 – 4 N 455/02 –, NVwZ 2003, 229 (231); *BVerwG,* Beschl. v. 7.3.2002 – 4 BN 60/01 –, NVwZ 2002, 869 (872); aA wohl *Runkel,* in: Bielenberg u.a., Raumordnungs- und Landesplanungsrecht, Stand Sept 2004, K § 3 Rn.58, wonach raumordnerische Festlegungen dem Gebot einer gerechten Abwägung entsprechen müssen, um Zielqualität zu erreichen.

91 *Scheipers,* Ziele der Raumordnung, 1995, S.35.

für jede Rechtsnorm unter dem Aspekt ihrer Gültigkeit gleichermaßen und uneingeschränkt.[92]

In Literatur und Rechtsprechung werden hauptsächlich Zweifel daran geäußert, ob die Soll-Regelung in § 24 Abs.3 LEPro NW den Anforderungen an eine abschließende Abwägung genügt. Zum einen wird eingewandt, dass das »Sollen« in einer Zielfestlegung dem Rechtsanwender eine Entscheidung darüber erlaube, ob die Norm zur Anwendung komme oder nicht, was mit dem Gedanken einer »landesplanerischen Letztentscheidung« von vornherein unvereinbar sei. Zum anderen wird geltend gemacht, dass auch das in den §§ 11 ROG, 19 a LPlG NW geregelte Zielabweichungsverfahren der Zulässigkeit von Soll-Zielen konstruktiv entgegenstünde, da danach Abweichungen von Zielaussagen nur in einem förmlich geregelten Verfahren unter Beteiligung des zuständigen Raumordnungsträgers möglich seien und keinesfalls durch den Rechtsanwender erfolgen dürften. Beide Auffassungen sollen nachfolgend auf ihre Begründetheit untersucht werden.

II. Abschließendes Abwägungsergebnis bei Soll-Zielen

(1) Ein Teil der Rechtsprechung und Literatur vertritt die Ansicht, dass es dem § 24 Abs.3 LEPro NW aufgrund der Sollensanordnung an einer abschließenden Abwägung fehle.[93] Das Sollen ermögliche dem Zieladressaten eine »Ja- oder Nein-Entscheidung« gegenüber der landesplanerischen Regelung; ihm stünde die Befugnis zu, die landesplanerische Regelentscheidung in atypischen Ausnahmefällen nicht anzuwenden. Der Zieladressat werde dadurch Teil des Entscheidungsprozesses über die Frage, wann die Norm überhaupt zur Anwendung gelangen solle und wann nicht. Die Entscheidung, ob die Vorschrift anzuwenden sei oder nicht, sei nicht der gemeindlichen Abwägung vorgelagert; ob die Gemeinde »solle« oder »nicht solle«, sei stets eine Frage der gemeindlichen Abwägung.[94] Das ergebe sich insbesondere auch daraus, dass keine exakten Kriterien für die Atypizitätsentscheidung aus der Vorschrift des § 24 Abs.3 LEPro NW

---

92 *Kopp/Schenke,* VwGO, 2003, § 47 Rn.27.

93 *VG Münster,* Urt. v. 8.3.2001 – 2 K 3122/99 –, NVWBI 2002, 72 (75); *Hoppe,* BayVBl 2002, 129 (133); *Schneider,* Bauplanungsrechtliche Zulässigkeit von FOC, 2003, S.111; *Kopf,* Rechtsfragen, 2002, S.262.

94 *Hoppe,* NWVBl 1998, 461 (464).

ableitbar wären.[95] Die Vorschrift sei daher nicht konfliktbereinigt, weil ihre Geltung im Einzelfall von der Entscheidung des Zieladressaten abhängig sei. Hierin liege eine Disponibilität der Regelung, die ihr im Ganzen den Charakter einer landesplanerischen »Letztentscheidung« nehme.

(2) Von anderen wird angenommen, dass § 24 Abs.3 LEPro NW durchaus konfliktbereinigt sei, sofern man die rechtlichen Anforderungen an die abschließende Abgewogenheit einer raumordnerischen Festlegung nicht überspannen würde.[96] Die abschließende Abgewogenheit einer raumordnerischen Festlegung verlange keinesfalls ein Höchstmaß an Stringenz in dem Sinne, dass die Vorschrift in ihrer räumlich-sachlichen Aussage eine generell abschließende, unverrückbare Entscheidung darstelle. Entscheidend sei allein, dass auf der spezifischen Ebene der Landesplanung eine Abwägung erfolgt sei; dies schließe von vorneherein ein, dass die Vorschrift nur einen Rahmen formuliere, innerhalb dessen eine Konkretisierung und Ausdifferenzierung durch nachgeordnete Planungen regelmäßig möglich bleibe. Für ein Raumordnungsziel werde nicht verlangt, dass eine abschließende *Vollabwägung* stattgefunden habe; vielmehr genüge auch eine abschließende *Teilabwägung*.[97] Eine Soll-Regelung könne vor diesem Hintergrund durchaus landesplanerisch abschließend abgewogen sein. Die in einer solchen Regelung verkörperte landesplanerische »Letztentscheidung« bestehe einerseits darin, dass das mit der Vorschrift verbundene raumordnerische Anliegen im Normalfall uneingeschränkt umzusetzen sei und andererseits in der bewussten Verankerung eines »Ventils« für den atypischen Einzelfall. Eben dieses Ergebnis, nämlich die Erstreckung der landesplanerischen Vorschrift nur auf regelhaft gelagerte Sachverhalte, sei dann als landesplanerisch abschließend abgewogen zu betrachten und genüge damit den Anforderungen, die an ein Ziel der Raumordnung zu stellen seien.

---

95 *Hoppe,* Festschr. Maurer, 2001,625 (632 f).

96 *BVerwG,* Urt. v. 18.9.2003 – 4 CN 20.02 – BauR 2004, 280 (282); *Hendler,* DVBl 2001, 1233 (1239); *Goppel,* BayVBl 1998, 289 (292); *Spoerr,* Festschr. Hoppe, S.344 (352).

97 Diese abschließende Teilabwägung zeichnet sich dadurch aus, dass sie nicht in jeder Hinsicht, sondern nur hinsichtlich bestimmter Belange oder Komponenten eines größeren Sachverhaltskomplexs abschließend ist; vgl. *Hendler,* UPR 2003, 256 (260).

(3) Die Entscheidung darüber, ob § 24 Abs.3 LEPro NW trotz der Sollens-Regelung abschließend abgewogen ist, hängt davon ab, ob durch den Abweichungsvorbehalt der Gemeinde als Zieladressat die Befugnis eingeräumt ist, in eine neuerliche Abwägung über die Geltung der Norm als solche einzutreten. Die Bedenken, welche die erstgenannte Auffassung gegen Soll-Vorschriften geltend macht, erscheinen berechtigt, wenn der Abweichungsvorbehalt es erlauben würde, die für den Regelfall angeordnete Verbindlichkeit im Einzelfall auf den Prüfstand zu stellen und sie gegen andere, vom Zieladressaten als atypisch und deshalb gewichtiger bewertete Belange zurücktreten zu lassen. Würde der Abweichungsvorbehalt eine solche Abwägung zwischen dem Gewicht des Regelgrundes und dem Gewicht der besonderen Umstände zulassen und von dem Abwägungsergebnis die jeweilige Geltung der Vorschrift abhängig sein, so stünde in der Tat die Berücksichtigung des atypischen Einzelfalls zu § 3 Nr.2 ROG im Widerspruch.[98] Denn dann wäre die Vorschrift als Ganzes der Abwägung zugänglich und stünde hinsichtlich ihrer Geltung zur Disposition des Zieladressaten. Eine derartiges »Wegwägen« einer Festlegung im Ganzen ist aber anerkanntermaßen nur bei Grundsätzen, nicht aber bei Zielen der Raumordnung möglich.[99] Erhielte der Adressat des Ziels die Möglichkeit, sich durch eine eigene Abwägungsentscheidung über das landesplanerische Abwägungsergebnis hinwegzusetzen, so wäre dies zudem mit der Konzeption des Raumordnungsgesetzes, das Zielabweichungen zwar zulässt, die Entscheidung hierüber aber unter den Voraussetzungen des § 11 ROG in die Zuständigkeit der Landesplanungsplanungsbehörden stellt, unvereinbar.[100]

Von diesem Ausgangspunkt her erfüllt die Vorschrift des § 24 Abs.3 LEPro NW als Soll-Vorschrift die Anforderungen an eine abschließende Abwägung nur, wenn sie in ihrem prinzipiellen Geltungsbereich durch das »Sollen« nicht in Frage gestellt, sondern allenthalben in ihrer *inhaltlichen* Stringenz zugunsten des planerischen Gestaltungsspielraums auf nach-

98 Vgl. *Goppel,* BayVBl 2002, 449 (450, Fn.9).

99 *BVerwG,* Beschl. v. 20.8.1992 – 4 NB 20.91 –, BVerwGE 90, 329 (333); *Erbguth/ Schoeneberg,* Raumordnungs- und Landesplanungsrecht, 1992, Rn.76 ff; *Goppel,* BayVBl 1998, 289 (290); *Hoppe,* DVBl 1999, 1457 (1458); *drs.,* NWVBl 1998, 461 f; *drs.,* DVBl 2001, 81 (82); *Schmitz,* ZfBR 2001, 85; *Schroeder,* UPR 2000, 52 f.

100 *BVerwG,* Urt. v. 18.9.2003 – 4 CN 20.02 –, BauR 2004, 280 (282).

geordneter Ebene reduziert würde. Das wirft die Frage auf, unter welchen Voraussetzungen die Gemeinde als Zieladressat von einem Ausnahmefall ausgehen darf, ob sie diesbezüglich »frei« ist oder durch die Soll-Vorschrift selbst inhaltlich gebunden ist. Nur im letzteren Falle, wenn also die Ausnahmefälle hinreichend aus der Vorschrift selbst ableitbar sind, kann auch von ihrer abschließenden Abgewogenheit ausgegangen werden, weil dann die Gemeinde in die Regelfallverbindlichkeit nicht durch eigene Wertungen eingreifen kann.[101] Wäre die Feststellung des atypischen Falls hingegen von einer irgendwie gearteten Ermessens- bzw. Abwägungsentscheidung der Gemeinde abhängig, so würde die Geltung der Regelaussage von Fall zu Fall und in völlig unabsehbarer Intensität variieren, was mit dem Gebot einer abschließenden Abgewogenheit unvereinbar wäre.

(4) Grundsätzlich ist – entsprechend dem im öffentlichen Recht üblichen Verständnis von Soll-Vorschriften – für alle Sachverhalte, welche die Planung von großflächigen Einzelhandelsbetrieben betreffen, das mit § 24 Abs.3 LEPro NW verbundene raumordnerische Anliegen, das sich im Kongruenzgebot, Beeinträchtigungsverbot und Integrationsgebot ausdrückt, uneingeschränkt umzusetzen.[102] Diese Verpflichtung gilt aber nur für den Regelfall. Bedeutsam für die sachliche Bestimmbarkeit des Regelfalls wird damit der Ausnahmefall; sind die Umstände seines Vorliegens mit Hilfe des § 24 Abs.3 LEPro NW nicht zu klären, so fehlt es auch an der hinreichenden sachlichen Bestimmbarkeit des Regelfalls. Insoweit bedingen sich Regel und Ausnahme gegenseitig; atypische Sachverhalte können nur anhand der für den Regelfall geltenden Norm ermittelt werden. Der Ausnahmefall führt nicht zur Verdrängung der den Normalfall regelnden Vorschrift, sondern setzt ihre Existenz geradezu voraus.[103] Daher kommt es zur Bestimmbarkeit des Regelfalles letztlich darauf an, ob die Norm des § 24 Abs.3 LEPro NW die Identifizierung der Ausnahmefälle ermöglicht.

101 Vgl. *BVerwG,* Urt. v. 18.9.2003 – 4 CN 20.02 –, BauR 2004, 280 (282). Das G hält Plansätze mit einer Regel-Ausnahme-Struktur grundsätzlich dann als Zielfestlegungen für geeignet, wenn der Plangeber mit hinreichender tatbestandlicher Bestimmtheit oder doch wenigstens Bestimmbarkeit die Ausnahmevoraussetzungen selbst festlegt und dadurch die Reichweite der Steuerungswirkung seiner Plansätze inhaltlich selbst beschränkt; vgl. weiter *Spannowsky,* UPR 2003, 248 (253); krit. *Hoppe,* DVBl 2004, 478 (480), der höhere Anforderungen an die Bestimmtheit bzw. Bestimmbarkeit der Ausnahmevoraussetzungen stellt.

102 *Hendler,* UPR 2003, 256, 260; *Goppel,* BayVBl 2002, 449 (450).

103 Vgl. *VG Münster,* Urt. v. 8.3.2001 – 2 K 3122/99 –, NVWBl 2002, 72 (77).

(5) Das *Bundesverwaltungsgericht* hat im Zusammenhang mit Soll-Vorschriften festgestellt, dass die Frage, ob ein atypischer Fall vorliege, nicht Teil einer Ermessensentscheidung sei, sondern als Rechtsvoraussetzung im Rechtsstreit von den Gerichten voll zu überprüfen und zu entscheiden sei.[104] Erst nach Feststellung des atypischen Falls beginne sich der für Soll-Vorschriften bestehende Ermessensspielraum zu öffnen. Für die weitere Prüfung kommt es daher darauf an, herauszuarbeiten, ob und inwieweit sich aus dem Regel-Ausnahme-Verhältnis in Soll-Vorschriften Maßstäbe ergeben, die in objektivierbarer und damit gerichtlich nachprüfbarer Weise die Feststellung eines typischen bzw. atypischen Falls erlauben.

(6) Fragt man nach dem Sinn und Zweck von Soll-Vorschriften, rechtfertigt sich der darin eingeräumte Ausnahmevorbehalt aus dem Gedanken, dass die mit einer Normierung regelmäßig verbundene Abstraktion und Verallgemeinerung unvermeidbar zu Differenzen zwischen dem Regelungsinhalt und dem hinter der Regelung stehenden Schutzgut führen kann, weil und soweit sie besonders gelagerten Sachverhalten, die aus tatsächlichen Gründen – atypisch – »aus der Regel fallen«, nicht gerecht werden.[105] Das *Bundesverwaltungsgericht* hat in diesem Zusammenhang formuliert, dass atypisch vornehmlich solche Sachverhalte seien, auf die ihrer gesetzlichen Zweckbestimmung nach die in Rede stehende Soll-Vorschrift nicht zielt, die aber von ihrem abstrakten Rahmen erfasst werden.[106] Während es Kennzeichen der meisten gesetzlichen Normen sei, dass sie typisierten und verbindlich seien, auch wenn sich ihre Zielsetzung nicht immer im intendierten Sinne auswirke, seien Sollvorschriften mit der Möglichkeit versehen, atypischen Auswirkungen durch Nichtanwendung der Vorschrift auszuweichen.[107]

(7) Für die Rechtsanwendung innerhalb von Soll-Vorschriften bedeutet dies, dass in der gesetzlichen Zweckbestimmung bzw. in dem gesetzgeberischen Ziel der Vorschrift der Regelgrund zum Ausdruck kommt und zum

---

104 *BVerwG,* Urt. v. 2.7.1992 – 5 C 39.90 –, BVerwGE 90, 276 (280).

105 *BVerwG,* Urt. v. 29.6.1961 – VI C 148.59 –, BVerwGE 12, 284 (287); *VG Münster,* Urt. v. 8.3.2001 – 2 K 3122/99 –, NVWBl 2002, 72 (75).

106 *BVerwG,* Urt. v. 16.5.1983 – 1 C 28/81 –, NJW 1984, 70 (71).

107 *BVerwG,* Urt. v. 29.6.1961 – VI C 148.59 –, BVerwGE 12, 284 (287).

entscheidenden Maßstab für die Bewertung der Atypik eines Falles wird.[108] Der Regelfall definiert sich mithin dadurch, dass eine Anwendung der Vorschrift auf die von ihm umfassten Sachverhalte der Verwirklichung des hinter der Festlegung stehenden Schutzinteresses dienen.[109] Diese Regelfalltypik fällt allerdings aus bei Sachverhalten, die nur vom »abstrakten Rahmen« der Vorschrift, jedoch nicht vom gesetzgeberischen Ziel erfasst werden. Da der Regelfall ausschließlich durch das gesetzgeberische Ziel legitimiert ist, sind solche Sachverhalte als atypisch zu behandeln, auf die eine Anwendung der Regel nicht zur Verwirklichung des gesetzgeberischen Ziels beiträgt.[110] Insoweit ist die Feststellung des atypischen Falls durch die gesetzliche Zweckbestimmung der Soll-Vorschrift an einen normativen Maßstab gebunden; wird sie durch Anwendung der Vorschrift auf den abstrakt erfassten Sachverhalt erfüllt, so liegt der Regelfall vor, den der Normgeber auch bei Erlass der Vorschrift im Auge hatte; wird sie hingegen nicht erfüllt, so fällt der zwar abstrakt von der Vorschrift erfasste Sachverhalt »aus der Regel«, so dass eine Anwendung der Vorschrift auf ihn nicht mehr gerechtfertigt erscheint. Werden diese Maßstäbe bei der Feststellung des atypischen Falls eingehalten, so wird der Rechtsanwender zu objektiven Ergebnissen gezwungen, die einer vollen gerichtlichen Kontrolle zugänglich sind.[111] Das spricht dafür, von einer hinreichenden sachlichen Bestimmbarkeit des Ausnahmefalls auszugehen.

(8) Für die Gemeinde als Rechtsanwender folgt aus der Soll-Regelung in § 24 Abs.3 LEPro NW demnach Folgendes: Sie hat bei der Planung eines großflächigen Einzelhandelsstandorts zunächst von einer prinzipiellen

---

108 *Kopp/Ramsauer,* VwVfG, 2003, § 40 Rn.44; *Goppel,* BayVBl 2002, 449 (451); *drs.,* BayVBl 1998, 289 (292).

109 *Goppel,* BayVBl 2002, 449 (451) spricht insoweit von Selbstverständnis und Zielrichtung der Norm; *Spannowsky,* UPR 2003, 248 (253) meint wohl ähnliches, wenn er formuliert, dass die Steuerungswirkung der verbindlichen Zielaussage im Einzelfall unangemessen sein kann.

110 Insoweit gebietet nicht nur der Rahmencharakter raumordnerischer Festlegungen, sondern auch die kompetenzielle Beschränkung der Raumordnung und Landesplanung in Abgrenzung zum Bodenrecht sowie das verfassungsrechtliche Übermaßverbot, das Ziel nicht schärfer zu formulieren, als zur Aufgabenwahrnehmung unbedingt geboten. Hier stellen Soll-Vorschriften ein probates Mittel dar, um Sachverhalte, die für eine Versorgung der Bevölkerung in angemessener Entfernung keine Rolle spielen, aus dem Anwendungsbereich der Norm auszuklammern.

111 *VGH Kassel,* Urt. v. 10.8.1992 – 12 UE 2254/89 –, NVwZ-RR 1993, 432 (436); *Kopp/Ramsauer,* VwVfG, 2003, § 40 Rn.44; *Goppel,* BayVBl 2002, 449 (451).

Geltung des § 24 Abs.3 LEPro NW auszugehen. Entspricht der anvisierte Standort nicht diesen Anforderungen, so ist zu prüfen, ob nicht eine atypische Ausnahme gerechtfertigt ist. Entsprechend der obengenannten Dogmatik von Soll-Vorschriften kommt es dabei entscheidend darauf an, ob der Standort trotz seiner Nicht-Übereinstimmung mit der Planaussage der Zielrichtung des § 24 Abs.3 LEPro NW entspricht, also zu einer Verbesserung, jedenfalls aber nicht Verschlechterung der Versorgungssituation in angemessener Entfernung beiträgt. Insoweit entschärft sich auch das in der Literatur kritisierte Problem, dass ungewiss sei, welche Regeln nunmehr für den festgestellten Ausnahmefall gelten.[112] Seine Feststellung ist ja gerade daran gebunden, dass er den Zielen der Raumordnung und Landesplanung, namentlich dem Ziel einer bestmöglichen Versorgung der Bevölkerung in zumutbarer Entfernung, entspricht.[113] Von daher gibt es keinen Anlass, nach weitergehenden landesplanerischen Regeln zu fragen, die den Ausnahmefall zusätzlich normieren. Im Übrigen unterliegt ein Sachverhalt, der von der Anwendung eines konkreten Zielsatzes ausgenommen ist, immer noch den einschlägigen Grundsätzen der Raumordnung, die im weiteren Abwägungsprozess zu berücksichtigen sind. Zu nennen sind hier insbesondere die bundesrechtlichen Grundsätze aus § 2 Abs.2 Nr.1, Nr.2 ROG sowie die §§ 6, 7 LEPro NW.

(9) Dabei ist aber stets darauf zu achten, dass von den zentralörtlichen Maßstäben nur abgewichen werden darf, sofern das die Vorschrift des § 24 Abs.3 LEPro NW beherrschende Oberziel der Sicherung einer Versorgung der Bevölkerung in angemessener Entfernung nicht tangiert ist. Das ist etwa vorstellbar bei bestimmten spezialisierten Einzelhandelsbranchen, die wegen der Sperrigkeit ihrer Sortimente ohnehin nur mit dem Auto angefahren werden und deshalb unter Erreichbarkeitsgesichtspunkten auch nicht in einer zumutbaren Distanz garantiert sein müssen.[114] Nicht zu billigen sein dürfte dagegen die Praxis, über den Abweichungsvorbehalt Fälle zu regeln, wo die tatsächliche Entwicklung am normativen System der zentralen Orte vorbeigegangen ist und sich deshalb eine Perpetuierung dieses

---

112 Vgl. *Hoppe,* Festschr. Maurer, 2001,625 (632 f).

113 Vgl. auch EHE NW, Nr.3.1.1.3, wonach Abweichungsentscheidungen nur zulässig sind, sofern die beabsichtigte Ausweisung gleichwohl den Zielen der Raumordnung und Landesplanung entspricht.

114 Hierunter dürften v. a. flächenintensive Möbel-, Bau- und Gartenmärkte zu fassen sein.

Zustands als verbraucherfreundlichere Lösung zeigt als die an sich geforderte Implementierung und Stärkung zentralörtlicher Strukturen.[115] Hier wird vom zentralörtlichen Gliederungsprinzip nicht deshalb abgewichen, weil ein Sachverhalt im Raum steht, der den Schutzzweck der zentralörtlichen Angebots-Nachfrageverflechtungen gar nicht berührt, sondern weil die zentralörtlichen Angebots-Nachfrageverflechtungen in der Planwirklichkeit schon nicht vorhanden sind.[116] Für Abweichungen dieser Art vermittelt die Soll-Regelung keine Legitimationsgrundlage, weil die Ausnahmeentscheidung nicht an der im Gesetz vorgesehenen Zielsetzung, sondern an jener gemessen wird, die sich in der Praxis durchgesetzt hat.[117]

(10) Als Ergebnis bleibt mithin festzuhalten: Ein Raumordnungsziel in Form einer Soll-Vorschrift ist von vorneherein in seinem Anwendungsbereich auf Sachverhalte beschränkt, die mit der Zielrichtung der Vorschrift *nicht* in Konflikt geraten können. Durch die Feststellung eines atypischen Ausnahmefalls setzt sich der Zieladressat nicht über die Festlegung als solche hinweg, sondern vollzieht sie gerade, eben deshalb, weil die Planaussage nicht nur in ihrer uneingeschränkten Geltung für den Regelfall, sondern auch darin besteht, dass sie im atypischen Einzelfall eben keine Geltung beansprucht. § 24 Abs.3 LEPro NW ist daher abschließend abgewogen.

III. Atypische Ausnahmefälle in der Praxis

1. Zentralörtliche Gliederung

Als zulässige Ausnahme von einer grundsätzlichen Bindung des großflächigen Einzelhandels an das zentralörtliche Gliederungssystem werden vom nordrhein-westfälischen Einzelhandelserlass vor allem Einzelhandelsgroßbetriebe genannt, die ausschließlich oder hauptsächlich Waren

115 Das ist v. a. in den Verdichtungsgebieten der Fall, wo die Zentren eher funktionsteilig denn hierarchisch miteinander verflochten und die Einkaufsbeziehungen der Bevölkerung ganzheitlich auf den Versorgungsraum ausgerichtet sind; vgl. *Tönnies,* europlan 2002, 6 (7); *Blotevogel u.a.,* in: Blotevogel (Hg.), Fortentwicklung des Zentrale-Orte-Konzepts, 2002, S.217 (254 f).

116 Vgl. *Greiving,* RuR 2003, 371 (373).

117 Diese Problemlage wird unter dem Stichwort »Landesplanerische Verträge« nochmals eingehender behandelt werden; s. hierzu unten S.245 ff.

anbieten, die in den Innenstädten und Stadtteilzentren nicht bzw. nicht mehr vorzufinden sind. Beispielhaft führt der Einzelhandelserlass als Sortimente Möbel-, Bau- und Heimwerkerbedarf auf.[118]

Die Konkretisierung des Ausnahmefalls auf solche Betriebe ist Ausdruck der Wertung, dass derartige Einzelhandelsgroßbetriebe für die Ansprüche der Bevölkerung an eine verbrauchernahe, das heißt eine in angemessener Entfernung erreichbare Versorgung nur eine geringe Rolle spielen und sich eine strikte Anwendung des Regelungsinhalts des § 24 Abs.3 LEPro NW auf diese Fälle für die Funktionsfähigkeit des zentralörtlichen Systems als sogar kontraproduktiv erweisen könnte.[119] Einzelhandelsgroßbetriebe, die wegen ihres sperrigen, nicht fußläufig transportablen Sortiments ohnehin auf Autofahrer-Einzugsbereiche angewiesen sind, sind in zentralen Lagen eher ein Störfaktor, weil sie dort erheblichen Autoverkehr, Stellplatzbedarf und Immissionen verursachen würden.[120] Ihre Integration in das System der zentralörtlichen Gliederung und der Siedlungsschwerpunkte ist daher weder aus Gesichtspunkten der verbrauchernahen Versorgung noch der siedlungsräumlichen Konzentration geboten; derartige Betriebe sind aus landesplanerischer Sicht grundsätzlich besser an verkehrsgünstig gelegenen Standorten an der Peripherie aufgehoben. Dem entspricht, dass der Einzelhandelserlass für den großflächigen Einzelhandel mit zentren- oder nahversorgungsrelevanten Sortimenten eine Ausnahme von der Zuordnung zur zentralörtlichen Gliederung als ausgeschlossen betrachtet.[121]

2. Siedlungsschwerpunkte

Als zulässige Ausnahme von einer grundsätzlichen Bindung des großflächigen Einzelhandels an das Integrationsgebot werden vom Einzelhandelserlass zunächst sowohl siedlungsstrukturelle als auch städtebauliche Gründe genannt.[122] Als solche Gründe sind die Erhaltung gewachsener baulicher Strukturen oder die Rücksichtnahme auf ein historisch wertvolles Ortsbild zu betrachten. Des Weiteren wird eine Ausnahme für möglich gehalten, wenn der außerhalb des Siedlungsschwerpunkts gelegene

118 EHE NW, Nr.3.1.2.3; vgl. auch EHE MV, Nr.3.1.2.

119 Vgl. *Hartwig,* in: ARL (Hg.), Einzelhandels-Großprojekte, 1984, S.99 (102).

120 Vgl. *Jahn,* BayVBl 1989, 294 (297); *Hoppe/Bunse,* WiVerw 1983, 151 (163).

121 EHE NW, Nr.3.1.1.3.

122 EHE NW, Nr.3.1.1.3.

Standort der wohnungsnahen Versorgung dient. Schließlich werden – wie bei der zentralörtlichen Gliederung – auch Ausnahmen angesprochen, wenn der Einzelhandelsgroßbetrieb überwiegend nicht-zentrenrelevante Sortimente führt.

Die vom Einzelhandelserlass genannten Ausnahmen erscheinen problematisch, soweit es um die Rücksichtnahme auf ein historisch wertvolles Ortsbild geht. Von einer Soll-Vorschrift kann nämlich nur abgewichen werden, sofern die Anwendung seines Regelungsinhalts auf den konkreten Sachverhalt im Widerspruch zu dem mit der Vorschrift verfolgten Schutzinteresse stehen würde und dadurch das Vorranggewicht des Regelgrundes entfällt. Maßgeblich dürfte insoweit sein, dass der vom abstrakten Rahmen der Vorschrift erfasste *Sachverhalt* eine Atypik aufweist, die es nicht gerechtfertigt erscheinen lässt, die Zulässigkeitskriterien des § 24 Abs.3 LEPro NW auf ihn anzuwenden. Als relevanter Sachverhalt ist insoweit allein die geplante Einzelhandelsnutzung nach Art, Lage und Umfang heranzuziehen. Die Berücksichtigung des Schutzes eines historisch wertvollen Ortsbilds ist hingegen ein Gesichtspunkt, der einen eigenständigen Belang städtebaulicher Art darstellt und nicht in den Sachverhalten des § 24 Abs.3 LEPro NW wurzelt, denen gegenüber die Zielrichtung der Soll-Vorschrift als unvereinbar erscheinen muss. Die Berücksichtigung eines historisch wertvollen Ortsbilds wird gegenüber den Belangen des Regelfalls als vorrangig bewertet, denn die Ausnahme beinhaltet die Aussage, dass ein historisch wertvolles Ortsbild schützenswerter ist als das Interesse an einer integrierten Ansiedlung von Einzelhandelsgroßbetrieben. Die Soll-Vorschrift dürfte aber gerade keine Ausnahmen erlauben, die das gesetzgeberische Ziel der Vorschrift in Frage stellen und dadurch in die Regelfallsystematik eingreifen.[123] Eine Abwägung, welche die Geltung der Norm als solche, also die in ihr verkörperte Grundentscheidung für die Sicherung einer wohnortnahen Versorgung durch Zuordnung zur zentralörtlichen Gliederung bzw. Siedlungsschwerpunkten, gegen andere ebenfalls schützenswerte Belange, wie ein historisch wertvolles Ortsbild, zur Disposition stellt, rechtfertigt keine Ausnahmeentscheidung. Für solche Fälle hält vielmehr das Zielabweichungsverfahren nach §§ 11 ROG, 19 a LPlG NW eine adäquate Lösung bereit.

---

123 S. oben S.200 ff.

Des Weiteren nennt der Einzelhandelserlass noch Ausnahmen in Bezug auf den Erhalt gewachsener baulicher Strukturen sowie eine fehlende Zentrenrelevanz von Sortimenten. Hiergegen bestehen keine Bedenken, weil diese Ausnahmen sich aus der Überlegung rechtfertigen, dass bestimmte Sortimente für eine Versorgung der Bevölkerung in angemessener Entfernung keine wesentliche Rolle spielen bzw. die integrierte Lage von Einzelhandelsgroßbetrieben in Sonderfällen auch bauliche Zusammenhänge zerschlagen kann, was mit der Zielrichtung der Vorschrift, eine organische Siedlungsentwicklung zu gewährleisten, nicht im Einklang steht. Insoweit gelten hier die gleichen Erwägungen, wie sie bereits zu den Ausnahmen bezüglich der zentralörtlichen Gliederung angestellt worden sind.[124]

IV. Verhältnis von Soll-Zielen zum Zielabweichungsverfahren

(1) Die Zulässigkeit von Soll-Zielen auf Ebene ihrer abschließenden Abgewogenheit wird zum Teil auch vor dem Hintergrund des in den §§ 11 ROG, 19 a LPlG NW geregelten Zielabweichungsverfahrens verneint.[125] Begründet wird dies damit, dass nach diesen Vorschriften von einem Ziel der Raumordnung nur in einem eigenständigen Verfahren abgewichen werden könne, wenn die Abweichung unter raumordnerischen Gesichtspunkten vertretbar sei und die Grundzüge der Planung nicht berührt würden. Das gesetzlich ausdrücklich vorgesehene Zielabweichungsverfahren stehe daher schon konstruktiv der Möglichkeit entgegen, dass Zieladressaten überhaupt als Entscheidungsträger in Bezug auf Abweichungen von Zielfestlegungen in Erscheinung treten. Insoweit wird weiter argumentiert, dass mit der Gewährung planerischer Entscheidungsfreiheiten, wie sie die Soll-Regelung vermittele, ein Verstoß gegen die Zuständigkeitsordnung im Verhältnis von Landesplanung und Zieladressaten vorliege.[126] Diese sehe, was gerade in der Einrichtung des Zielabweichungsverfahrens zum Ausdruck komme, vor, dass Zielabweichungen nur unter landesplanerischer Beteiligung zustande kommen sollten. Ein Soll-Ziel könne daher von

---

124 S. oben S.203 f.

125 *VG Münster*, Urt. v. 8.3.2001 – 2 K 3122/99 –, NVWBI 2002, 72 (75); *Runkel*, in: Bielenberg u.a., Raumordnungs- und Landesplanungsrecht, Stand Sept 2004, K § 3 Rn.26; *Hoppe*, BayVBl 2002, 129 (132); *Schroeder*, UPR 2000, 52 (53).

126 So *Hoppe*, Festschr. Maurer, 2001, S.625 (633 f).

vornherein nicht abschließend abgewogen sein, weil es Abweichungen für atypische Fälle zulasse und deshalb die Zuständigkeitsordnung missachte.

(2) Demgegenüber wird von anderen darauf hingewiesen, dass dem Instrument des Zielabweichungsverfahrens und Soll-Zielen eine völlig andere »ratio« zugrunde lägen, so dass eine Konkurrenzsituation nicht vorliege.[127] Während das Zielabweichungsverfahren der Prüfung diene, ob eine Abweichung von einem grundsätzlich bindendem Ziel im Einzelfall raumordnerisch vertretbar sei, ohne die Grundzüge der Planung zu berühren, gehe es bei Soll-Zielen um eine Abweichung, die unmittelbar der Zielrechtfertigung selbst diene. Der Abweichungsvorbehalt bei Soll-Zielen erlaube, atypische Fälle aus dem Anwendungsbereich der Norm auszuklammern, um dadurch offensichtlich unzweckmäßige Ergebnisse zu vermeiden und der Norm dadurch zugleich mehr Überzeugungs- und Durchsetzungskraft zu vermitteln.

(3) Ob das Zielabweichungsverfahren der Zulässigkeit von Soll-Zielen auf der Stufe ihrer abschließenden Abgewogenheit tatsächlich entgegensteht, muss in der Tat bezweifelt werden. Das Zielabweichungsverfahren setzt eine sachlich und räumlich klar definierte Zielvorgabe voraus und räumt dem Normgeber die Befugnis ein, in einem gesonderten Verfahren über Abweichungen von dieser Zielvorgabe zu entscheiden. Diese sachlich und räumlich klar definierte Zielvorgabe ist auch in den Fällen von Soll-Zielen gegeben, da diese lediglich von vorneherein die Verbindlichkeit der Zielvorgabe um bestimmte atypische Ausnahmefälle verkürzen, die dann nicht mehr unter den Regelungsinhalt der Zielvorgabe fallen. Die Abweichungsentscheidung, die im Rahmen von Soll-Zielen getroffen wird, findet außerhalb der verbindlichen Reichweite der Zielfestlegung statt; für atypische Ausnahmefälle sind solche Ziele gerade nicht verbindlich. Zwischen Ist- und Soll-Zielen besteht insofern nur ein Unterschied in der Reichweite ihrer verbindlichen Aussage; bei den Ist-Zielen ist sie weiter, bei den Soll-Zielen enger. Darüber zu entscheiden, wie weit im Einzelfall die Verbindlichkeit eines Ziel gefasst wird, ist unbestritten der Einschätzungs-

127 *Goppel,* BayVBl 2002, 449 (450).

prägorative des Gesetzgebers vorbehalten.[128] Durch die Inanspruchnahme des im Soll-Ziel verkörperten Ausnahmevorbehalts findet mithin keine Abweichungsentscheidung von der allein verbindlichen Regelaussage statt; vielmehr bleibt die Regelaussage unberührt, weil ja gerade ein atypischer Fall angenommen wird.

(4) Legt man diese Erkenntnis zugrunde, so kann festgestellt werden, dass das Soll-Ziel den Zieladressaten – wie jedes Muss-Ziel auch – verpflichtet zu überprüfen, ob seine raumbedeutsame Maßnahme mit dem Ziel übereinstimmt oder nicht. In der Sache macht es keinen Unterschied, ob der Zieladressat aufgrund unbestimmter Rechtsbegriffe im Tatbestand eines Muss-Ziels oder aufgrund eines Abweichungsvorbehalts in der Rechtsfolge eines Soll-Ziels planerische Gestaltungsspielräume erhält.[129] In beiden Fällen erschöpft sich die rechtliche Tätigkeit des Zieladressaten darin, die Zielfestlegung auf ihre sachliche Reichweite zu erforschen und die daraus folgenden Grenzen festzustellen. Darin liegt kein Übergriff in landesplanerische Zuständigkeiten, sondern vielmehr eine Bestätigung dessen, dass Ziele der Raumordnung Rahmenvorgaben sind, die in ihrer inhaltlichen Dichte und Stringenz von Fall zu Fall variieren und dem Rechtsanwender unterschiedlich große Gestaltungsspielräume eröffnen.[130]

(5) In der Literatur wird anknüpfend an diese Überlegungen die Auffassung vertreten, dass es sich letztlich um eine Frage der »Planungsphilosophie« handele, ob man ein Ziel uneingeschränkt oder mit integrierter Abweichungsmöglichkeit formuliere.[131] Diese Auffassung, die in

---

128 Ein Höchstmaß an Regelungsdichte kann für Raumordnungspläne schon von vornherein nicht angestrebt sein, wäre vielmehr kontraproduktiv. Es gehört wesensnotwendig zu einem gestuften Raumplanungssystem, dass Ziele der Raumordnung auf Konkretisierung angelegt sind und deshalb lediglich Rahmencharakter haben. Sie sind auf Verfeinerung und Ausdifferenzierung auf den nachfolgenden Planungsstufen geradezu »verpflichtet«, wobei sich diese Verpflichtung einerseits aus der verfassungsrechtlichen Aufteilung der Gesetzgebungskompetenzen zwischen Raumordnung und Bodenrecht (Art.75 Nr.4, 74 Nr.18 GG) und anderseits aus der gemeindlichen Selbstverwaltungsgarantie (Art.28 Abs.2 S.1 GG) ergibt; vgl. *Runkel* in: Bielenberg u.a., Raumordnungs- und Landesplanungsrecht, Stand Sept 2004, K § 3 Rn.109 ff; *Backhaus,* Die Gemeinden in der Landesplanung, 2001, S.126 ff.

129 *Hendler,* UPR 2003, 256 (260).

130 Vgl. *BVerwG,* Urt. v. 18.9.2003 – 4 CN 20.02 –, BauR 2004, 280 (282).

131 *Goppel,* BayVBl 1998, 289 (292); *Goppel,* in: Jarass (Hg.), Raumordnungsgebiete nach dem neuen ROG, 1998, S.26 (31).

Form der Unterscheidung von »harten« und »weichen« Zielen in vergleichbarer Weise diskutiert wird,[132] ist allerdings aufgrund der verwendeten Termini nicht ganz unmissverständlich. Zu Recht wird darauf hingewiesen, dass es ein innerer Widerspruch wäre, Ziele »mit integrierter Abweichungsmöglichkeit« oder »mit Ventilöffnung« für konstruktiv möglich zu halten, die eine Nichtanwendung der Festlegung im Ganzen durch eine Abwägungsentscheidung des Zieladressaten erlaubten.[133] Eine solche Nichtanwendungsentscheidung ist nur bei Grundsätzen denkbar, nicht aber bei Zielen der Raumordnung, die unter strikter Geltung ihrer selbst lediglich Spielräume für eine nachfolgende Abwägung lassen.[134] Blickt man aber genauer hin, geht es bei Soll-Vorschriften jedoch gerade nicht um eine zielinterne Abweichung, sondern um eine externe Begrenzung der Zielaussage. Daher ist die Terminologie der »integrierten Abweichungsmöglichkeit« genauso missverständlich wie die der »harten« und »weichen« Ziele, denn auch Soll-Vorschriften sind letztlich »harte« Ziele, die nur in ihrer Geltung gegenüber atypischen Fällen beschränkt sind.[135]

(6) Damit bleibt festzuhalten, dass auch im Planungsrecht das für Soll-Vorschriften übliche Rechtsverständnis gilt und das Zielabweichungsverfahren mit dem Abweichungsvorbehalt für atypische Ausnahmefälle nicht konkurriert, weil keine inhaltlichen Überschneidungen bestehen.

E. Zur Entwicklung, Ordnung und Sicherung des Raums

Von einem Ziel der Raumordnung kann nur dann gesprochen werden, wenn die fragliche Vorschrift eine Aussage enthält, die sich auf den Raum

---

132 *Hendler,* in: Jarass (Hg.), Raumordnungsgebiete nach dem neuen ROG, 1998, S.88 (110).

133 *Hoppe,* DVBl 2004, 478 (478 f); *drs.,* BayVBl 2002, 754 (755); *drs.,* DVBl 2001, 661 (663).

134 Diese Abwägungsspielräume werden auch als zielinterne oder zielkonforme Ausgestaltung der typischerweise nur rahmensetzenden Planaussage bezeichnet; vgl. *BVerwG,* Urt. v. 19.7.2001 – 4 C 4.00 –, DVBl 2001, 1855 (1857); *Hoppe,* DVBl 2001, 81 (82); *drs.,* BayVBl 2002, 129 (130); *drs.,* in: Hoppe/Bönker/Grotefels, Öffentliches Baurecht, 2004, § 6 Rn.11.

135 Ist-Ziele sind genauso wie Soll-Ziele inhaltlich beschränkt, nämlich auf den ihnen zugrundeliegenden fachlichen Bereich. Insoweit besteht zwischen Ist- und Sollzielen lediglich ein gradueller Unterschied in der Stringenz der inhaltlich bindenden Aussage.

bezieht. Das ist dann der Fall, wenn die Vorschrift eine konkrete Raumnutzung oder Raumfunktion festlegt.[136] Raumnutzungen betreffen die Art der Nutzung von Grund und Boden, während Raumfunktionen aufgabenorientierte Festlegungen treffen.[137]

Durch § 24 Abs.3 LEPro NW wird einerseits Einfluss auf Raumnutzungen genommen, die den großflächigen Einzelhandel betreffen. Andererseits betrifft die Vorschrift Raumfunktionen, denn sie dient dem Schutz der zentralörtlichen Versorgungsfunktionen auf überörtlicher und innerörtlicher Ebene.

§ 24 Abs.3 LEPro NW erfüllt auch eine Entwicklungs-, Ordnungs- und Sicherungsaufgabe. Durch die Vorschrift sollen die zentralörtlichen Versorgungsfunktionen entwickelt und in ihrem Bestand geschützt werden. Darüber hinaus soll die siedlungsräumliche Konzentration in den Gemeinden geschützt werden.

F. Verbindlichkeit

Die Vorschrift des § 24 Abs. 3 LEPro NW hat schließlich nur dann Zielqualität, wenn es sich bei dem Plansatz um eine *verbindliche* Vorgabe handelt. In der Literatur wird hinsichtlich dieses Merkmals zum Teil darauf abgestellt, dass es sich bei der Festlegung um eine inhaltliche und nicht bloß verfahrensmäßige Vorgabe handelt. Des Weiteren wird verlangt, dass die Vorgabe strikt formuliert ist und dem Grundsatz der Rechtsklarheit genügt.[138] Unter diesem Aspekt wird sodann problematisiert, ob auch

---

136 *Runkel* in: Bielenberg u.a., Raumordnungs- und Landesplanungsrecht, Stand Sept 2004, K § 3 Rn.99.

137 Raumnutzungen betreffen zB Festlegungen von Flächen für Land- oder Forstwirtschaft, Siedlungszwecke, Verkehr, Gewinnung von Bodenschätzen, während Raumfunktionen etwa Festlegungen als Zentraler Ort, als ländlicher oder verdichteter Raum, als Entlastungsort, als Sanierungs- oder Entwicklungsbereich beinhalten; vgl. *Runkel* in: Bielenberg u.a., Raumordnungs- und Landesplanungsrecht, Stand Sept 2004, K § 3 Rn.100.

138 *Runkel* in: Bielenberg u.a., Raumordnungs- und Landesplanungsrecht, Stand Sept 2004, K § 3 Rn.24 f, der für strikte, verbindliche Festlegungen »Ist- oder Sind-Formulierungen« für typisch hält.

Soll-Regelungen den Anspruch nach einer strikten Handlungsanweisung erfüllen.[139]

(1) Ob das Merkmal der Verbindlichkeit tatsächlich durch die Forderung nach einer strikten, eindeutigen Handlungsanweisung inhaltlich zutreffend erfasst ist, erscheint aber eher fraglich. Denn eine eindeutige Handlungsanweisung erfordert schon das Merkmal der sachlichen Bestimmtheit in Form der konkreten Sach*entscheidung,* so dass quasi eine Doppelprüfung innerhalb des Zielbegriffs stattfinden würde, wollte man die Verbindlichkeit im eingangs genannten Sinne verstehen. Wenn nämlich aus einer landesplanerischen Norm hinreichend konkret abzuleiten ist, was die Gemeinde hinsichtlich einer bestimmten fachlichen Aussage zu tun und zu unterlassen hat, worüber abschließend auf der Stufe der sachlichen Bestimmtheit entschieden wird, so wäre es ein In-Frage-Stellen dieses Ergebnisses auf der Stufe der Verbindlichkeit, wollte man dort abermals die Striktheit dieser Anweisung überprüfen. Ferner ist gegen diese Auffassung ins Feld zu führen, dass sich die Verbindlichkeit einer Norm nicht daran festmachen lässt, ob eine Norm ausschließlich oder nur fast ausschließlich gilt, sie also strikt gilt oder Spielräume lässt, wie das bei Soll-Regelungen explizit der Fall ist. Eine derartige Sichtweise würde zur Konsequenz haben, dass auch Normen mit unbestimmten Rechtsbegriffen, die ebenfalls Spielräume für den Rechtsanwender eröffnen, niemals verbindlich sein geschweige denn Zielqualität erlangen könnten. Dass ein Ziel der Raumordnung aber gerade auch unbestimmte Rechtsbegriffe enthalten muss, um überhaupt als rahmensetzende Regelung Bestand zu haben und damit der Aufgabenbeschränkung von Raumordnung und Landesplanung gerecht zu werden, ist unstreitig.[140] Von daher ist schlechterdings nicht anzunehmen, dass eine Norm deshalb ihre Verbindlichkeit verliert, weil der Normgeber für bestimmte Fallgruppen einen Ausnahmetatbestand gebildet hat oder für

139 Vgl. *Runkel,* in: Bielenberg u.a., Raumordnungs- und Landesplanungsrecht, Stand Sept 2004, K § 3 Rn.26.

140 *Spannowsky,* UPR 2003, 248 (252); *Runkel,* in: Bielenberg u.a., Raumordnungs- und Landesplanungsrecht, Stand Sept 2004, K § 3 Rn.45 mwN; *Schmidt-Aßmann,* DÖV 1981, 237 (239); *Paßlick,* Ziele der Raumordnung und Landesplanung, 1986, S.113. Schon der Zielbegriff in § 3 Nr.2 ROG im Hinblick auf das Merkmal »sachlich bestimmbar« impliziert die Zulässigkeit und Notwendigkeit unbestimmter Rechtsbegriffe.

atypische Ausnahmefälle die Entscheidung an die Zieladressaten übertragen hat.[141]

(2) Blickt man auf die Formulierung des Zielbegriffs in § 3 Nr.2 ROG, so fällt auf, dass das Merkmal der Verbindlichkeit nicht in einer Reihe mit den übrigen Zielmerkmalen steht. Ziele der Raumordnung werden dort als verbindliche Vorgaben *in Form von* räumlich-sachlich bestimmten und abschließend abgewogenen Festlegungen in einem Raumordnungsplan beschrieben. Der Gesetzgeber sieht damit offenbar in der *Verbindlichkeit* das entscheidende Charakteristikum von Zielen der Raumordnung; die anderen in § 3 Nr.2 ROG genannten Merkmale sind demgegenüber nur eine Legaldefinition dessen, was der Gesetzgeber im Raumordnungsrecht unter verbindlichen Normen versteht (»in Form von«). Hieraus dürfte zu folgern sein, dass die Verbindlichkeit einer Planaussage in dem Augenblick vorliegt, in dem die übrigen gesetzlich genannten Zielmerkmale erfüllt sind. Dem Merkmal der Verbindlichkeit käme danach kein eigenständiger rechtlicher Aussagegehalt mehr zu, der neben den gesetzlich genannten Zielmerkmalen noch zusätzlich für die Bejahung der Zielqualität einer Norm zu untersuchen wäre.

(3) Dieses Ergebnis lässt sich auch noch aus einer anderen Perspektive begründen. Wenn Ziele der Raumordnung nach § 4 Abs.1 ROG von öffentlichen Stellen bei ihren raumbedeutsamen Planungen und Maßnahmen zu beachten sind bzw. für die Gemeinden als Träger der Bauleitplanung eine gesteigerte Anpassungspflicht nach § 1 Abs.4 BauGB begründen sollen, sie also kraft ausdrücklicher gesetzlicher Regelung in der Lage sind, mit Außenwirkung gegenüber Dritten die Rechtslage zu gestalten, so müssen sie bestimmte formelle und materielle Mindestanforderungen erfüllen, damit sie als *verbindliche* Normen überhaupt anerkannt werden können. So dürfte auf der Hand liegen, dass etwa Stellungnahmen, Gutachten, ministerielle Erlasse oder einseitige Willensäußerungen von Amtspersonen nicht geeignet sind, mit dem Anspruch auf Verbindlichkeit im Außenverhältnis hervorzutreten.[142] Nicht geeignet diese Legitimation zu vermitteln, sind dabei die Bindungsvorschriften des § 4 Abs.1 ROG bzw. § 1 Abs.4 BauGB. Hier handelt es sich zwar um gesetzliche Vorschriften,

141 *Spannowsky,* UPR 2003, 248 (252); *Hendler,* UPR 2003, 256 (260 f).

142 Vgl. *Thies,* Einzelhandelsgroßbetriebe im Städtebaurecht, 1992, Rn.134.

jedoch nach allgemeiner Auffassung aber nur um Blankettnormen, aus denen sich Inhalt und Umfang von Beachtenspflichten noch nicht ergeben.[143] Erst durch die Ziele der Raumordnung werden die Blankettnormen mit Inhalt aufgefüllt; erst aus ihnen ergibt sich der konkrete Inhalt und Umfang der materiellen Bindungswirkung, die sich für die Gemeinden in einer Beschränkung der gemeindlichen Planungshoheit bemerkbar macht. Durch § 4 Abs.1 ROG und § 1 Abs.4 BauGB hingegen werden die Ziele lediglich in eine Adressatenbeziehung zu jenen Rechtssubjekten gesetzt, die deren Inhalt bei ihren raumbedeutsamen Planungen und Maßnahmen zu befolgen haben. Ziele der Raumordnung sind aber keinesfalls deshalb verbindlich, weil sie zu beachten sind. Dann würde auch § 4 Abs.4 ROG keinen Sinn machen, der nur eine Berücksichtigungspflicht von Zielen der Raumordnung kennt. Ziele müssen vielmehr auf der Vorstufe der Beachtenspflicht das Merkmal der Verbindlichkeit erfüllen, was dafür spricht, dass die Art und Weise ihres Zustandekommens, also ihre Rechtsnormqualität, als entscheidendes Kriterium im Rahmen der Verbindlichkeit zu diskutieren ist.[144]

Das *Bundesverwaltungsgericht* hat zu den Mindestanforderungen einer Rechtsnorm festgestellt, dass eine Rechtsnorm jedenfalls dann nicht vorliegt, wenn es sich weder um eine *förmlich erlassene* Norm noch um eine *sachlich verbindliche* Regelung handelt.[145] *Sachlich verbindlich* ist eine Regelung, wenn es sich um eine abstrakt-generelle Regelung handelt, die mit dem Anspruch auf Verbindlichkeit hervortritt.[146] Planvorschriften in

143 *Runkel* in: Bielenberg u.a., Raumordnungs- und Landesplanungsrecht, Stand März 2003, K § 3 Rn.162; *Erbguth/Schoeneberg,* Raumordnungs- und Landesplanungsrecht, 1992, Rn.81; *Brohm,* Öffentliches Baurecht, 2002, § 37 Rn.30.

144 Zweifelhaft erscheint die Auffassung von *Hendler,* UPR 2003, 256 (257), der im Verbindlichkeitsmerkmal des § 3 Nr.2 ROG kein Unterscheidungsmerkmal zu Grundsätzen der Raumordnung sieht, da auch Grundsätze der Raumordnung verbindlich seien und zwar insofern, als sie von öffentlichen Stellen, gelegentlich auch von Privatpersonen, zu berücksichtigen seien. Dem steht aber entgegen, dass nach dem ausdrücklichen Gesetzeswortlaut des § 3 ROG nur Ziele, nicht aber Grundsätze der Raumordnung als verbindliche Vorgaben bezeichnet werden. Im Übrigen knüpft die Beachtens- und Berücksichtigungspflicht des § 4 Abs.1 und 2 ROG an den Begriff der Ziele und Grundsätze der Raumordnung an, setzt ihn also voraus, so dass über die Verbindlichkeit von Zielen und Grundsätzen eigentlich nicht die Anordnungen in § 4 ROG entscheiden können.

145 *BVerwG,* Beschl. v. 20.7.1990 – 4 N 3/88 –, NVwZ 1991, 262 (263).

146 *BVerwG,* Beschl. v. 20.7.1990 – 4 N 3/88 –, NVwZ 1991, 262 (263).

Raumordnungsplänen werden gemeinhin als abstrakt-generelle Regelungen qualifiziert, weil sie auf einer gesamträumlichen Betrachtung beruhen und Elemente eines auf den Planungsraum bezogenen Gesamtkonzepts sind.[147] Ob diese Aussagen darüber hinaus auch mit dem Anspruch auf Verbindlichkeit im Außenverhältnis hervortreten, hängt vor allem von ihrer Bestimmtheit oder Bestimmbarkeit ab bzw. von der Frage, ob und inwieweit sie für die Rechtsanwendung einen derart hinreichenden Grad an Verlässlichkeit bieten, dass sie als Normbefehle wahrgenommen und respektiert werden.[148] Hier bereiten gerade die Zielmerkmale in § 3 Nr.2 ROG in Form der sachlichen und räumlichen Bestimmbarkeit und der abschließenden Abgewogenheit den Weg dafür, dass derartige Regelungen Verbindlichkeit erlangen können.[149] Die Vorschrift des § 24 Abs.3 LEProNW ist unter diesem Gesichtspunkt eine verbindliche Regelung, da sie die genannten Zielmerkmale erfüllt.[150]

Von einer *förmlich erlassenen* Norm ist auszugehen, wenn sie zumindest in einem förmlichen Verfahren einschließlich notwendiger Beteiligungen ergeht und den von ihr Betroffenen bekannt gemacht wird, so dass diese sich über die Möglichkeiten des Rechtsschutzes informieren können.[151] An dieser Voraussetzung entzündet sich regelmäßig der Streit um die Frage, in welcher Rechtsform Raumordnungspläne zu erlassen sind, zumal

147 Vgl. *BVerfG,* Beschl. v. 23.6.1987 – 2 BvR 826/83 –, DÖV 1988, 122; *BVerwG,* Urt. v. 20.11.2003 – 4 CN 6.03 –, ZfBR 2004, 272 (274 f); *VGH München,* Urt. v. 14.12.1983 – 4 N 81 A.436 –, NVwZ 1985, 502 (503 f); *Halama,* Festschr. Schlichter, 1995, S.201 (215); *Goppel,* BayVBl 1998, 289 (291); *Runkel* in: Bielenberg u.a., Raumordnungs- und Landesplanungsrecht, Stand Sept 2004, K § 3 Rn.164; *Kment,* Rechtsschutz, 2002, S.49 ff; aA *VGH Kassel,* Urt. v. 16.8.2002 – 4 N 3272/01 –, HessStGZ 2002, 442 (444).

148 Vgl. *BVerwG,* Beschl. v. 20.7.1990 – 4 N 3/88 –, NVwZ 1991, 262 (263) für den Flächennutzungsplan.

149 Deshalb sind Ziele der Raumordnung wohl hauptsächlich verbindlich, weil sie dem Gebot der Normenklarheit genügen. Hierin unterscheiden sie sich eben von den Grundsätzen, die gem. § 3 Nr.3 ROG nur *allgemeine* Aussagen enthalten, die vom Rechtsanwender je nach Abwägungslage in die eine oder andere Richtung akzentuiert werden können.

150 S. hierzu oben S.166 ff.

151 *BVerwG,* Beschl. v. 20.7.1990 – 4 N 3/88 –, NVwZ 1991, 262 (263); *Runkel* in: Bielenberg u.a., Raumordnungs- und Landesplanungsrecht, Stand Sept 2004, K § 3 Rn.168.

das Raumordnungsgesetz dahingehend keine Regelung enthält.[152] Eine vertiefte Auseinandersetzung mit dieser Frage kann vorliegend aber unbedenklich zurückgestellt werden, da § 24 Abs.3 LEPro NW Bestandteil eines formellen Gesetzes ist und Raumordnungspläne in der Form eines formellen Gesetzes die wohl stärkste Legitimation im Hinblick auf formellrechtliche Anforderungen wie etwa Einhaltung des Abwägungsgebots, Durchführung notwendiger Beteiligungen und Wahrung des Publizitätsgebots vermitteln.

(4) Zusammenfassend kann damit festgestellt werden, dass § 24 Abs.3 LEPro NW aufgrund der Erfüllung der Zielmerkmale in § 3 Nr.2 ROG eine verbindliche Vorschrift ist.

152 S. zum Diskussionsstand *Runkel* in: Bielenberg u.a., Raumordnungs- und Landesplanungsrecht, Stand Sept 2004, K § 3 Rn.165 ff.

Fünfter Teil: Verfassungsrechtliche Aspekte der landesplanerischen Steuerung

Ziele der Raumordnung und Landesplanung müssen rechtmäßig sein, wollen sie eine Anpassungspflicht nach § 1 Abs.4 BauGB für die Gemeinden auslösen. Für Rechtsnormen, als die Ziele der Raumordnung gemeinhin angesehen werden,[1] gilt, dass sie im Falle ihrer Rechtswidrigkeit nichtig sind.[2] § 24 Abs.3 LEPro NW, dessen Zieleignung hier angenommen wird,[3] hat also nur dann Zielqualität und Bindungswirkung, wenn er rechtmäßig ist. Im Rahmen der Rechtmäßigkeitsprüfung von landesplanerischen Festlegungen rücken vor allem verfassungsrechtliche Aspekte in den Vordergrund. In erster Linie geht es im Spannungsverhältnis von Landesplanung und Bauleitplanung um den Schutz der kommunalen Selbstverwaltungsgarantie aus Art.28 Abs.2 S.1 GG.[4] Darüber hinaus können auch verfassungsrechtlich geschützte Rechte privater Dritter betroffen sein, etwa wenn sich durch eine landesplanerisch verhinderte Bauleitplanung faktische Einschränkungen für die wirtschaftliche Dispositionsfreiheit ergeben. Das gilt insbesondere für die verfassungsrechtlich geschützten Positionen des Eigentums sowie der Berufs- und Wettbewerbsfreiheit.

§ 10 Kommunale Planungshoheit

A. Eingriff in die kommunale Planungshoheit

I. Schutzbereich

Art.28 Abs.2 GG schützt das Recht der kommunalen Selbstverwaltung. Danach muss den Gemeinden das Recht gewährleistet sein, alle Angele-

1 *BVerwG,* Urt. v. 20.11.2003 – 4 CN 6.03 –, ZfBR 2004, 272 (275); *Halama,* Festschr. Schlichter, 1995, S.201 (215); *Goppel,* BayVBl 1998, 289 (291); *Runkel,* in: Bielenberg u.a., Raumordnungs- und Landesplanungsrecht, Stand Sept 2004, K § 3 Rn.164 mwN.

2 Sog. Nichtigkeitsdogma, vgl. *Hoppe,* in: Hoppe/Bönker/Grotefels, Öffentliches Baurecht 2004, § 5 Rn.175.

3 S. oben S.166 ff.

4 Vgl. *Runkel* in: Bielenberg u.a., Raumordnungs- und Landesplanungsrecht, Stand Sept 2004, K § 3 Rn.113.

genheiten der örtlichen Gemeinschaft im Rahmen der Gesetze eigenverantwortlich zu regeln. Die kommunale Selbstverwaltung besteht demnach hinsichtlich *aller Angelegenheiten der örtlichen Gemeinschaft.* Damit wird der Selbstverwaltung ihr gegenständliches Substrat zugeordnet, indem aus der Gesamtheit der möglichen Staatsaufgaben die örtlich bezogenen herausgenommen und den Gemeinden zur Wahrnehmung in eigener Verantwortung zugewiesen werden.

Nach der Rechtsprechung des *Bundesverfassungsgerichts* sind Angelegenheiten des örtlichen Wirkungskreises nur solche Aufgaben, die einerseits in der örtlichen Gemeinschaft wurzeln oder auf die örtliche Gemeinschaft einen spezifischen Bezug haben und andererseits von dieser örtlichen Gemeinschaft eigenverantwortlich und selbständig bewältigt werden können.[5] Die Bestimmung dessen, was zur örtlichen Gemeinschaft gehört, ist nicht unter Festlegung auf bestimmte Aufgaben, sondern entwicklungsgeschichtlich bzw. nach den verschiedenen historischen Erscheinungsformen der Selbstverwaltung zu treffen. Ergänzt wird der entwicklungsgeschichtliche Ansatz vom *Bundesverfassungsgericht* um funktionale Gesichtspunkte, die den Selbstverwaltungsbereich zum einen in Abgrenzung zum »Zuständigkeitsbereich der allgemeinen Politik«, also den überörtlichen Belangen der Allgemeinheit, und zum anderen durch die Zuordnung von Betätigungsfeldern für die grundgesetzlich gewollte »Teilnahme der Bürger an der öffentlichen Verwaltung im Bereich der örtlichen Gemeinschaft« bestimmen.[6]

Zur Selbstverwaltungsgarantie zählt nach weithin unbestrittener Auffassung auch die *kommunale Planungshoheit.*[7] Darunter versteht man die Befugnis der Gemeinde, ohne durchgängige und strikte Bindung an staatliche Vorgaben auf Grund eigenen politisch-administrativen Gestaltungs- und

---

5 *BVerfG,* Beschl. v. 23.11.1988 – 2 BvR 1619/83 (»Rastede«) –, BVerfGE 79, 127 (151 f); *BVerfG,* Urt. v. 24.7.1979 – 2 BvK 1/78 –, BVerfGE 51, 95 (120); vgl. dazu auch *Pieroth,* in: Jarass/Pieroth, GG, 2004, Art.28 Rn.12 ff.

6 *BVerfG,* Beschl. v. 23.11.1988 – 2 BvR 1619/83, 1628/83 –, BVerfGE 79, 127 (151).

7 Vgl. aus der Rspr. *BVerfG,* Beschl. v. 23.6.1987 – 2 BvR 826/83 –, BVerfGE 76, 107 (119); *BVerwG,* Urt. v. 11.4.1986 – 4 C 51/83 –, BVerwGE 74, 124 (132); *VerfGH NW,* Urt. v. 9.6.1997 – 20/95, 1, 3, 7, 8/96 (»Garzweiler II«) –, NVwZ-RR 1998, 473 (474); aus der Lit. *Stern,* in: Dolzer/Vogel (Hg.), GG, Stand Feb 1999, Art.28 Rn.100; *Dreier,* in: Dreier (Hg.), GG, Bd.II, 1998, Art.28 Rn.130; *Löwer,* in: v. Münch/Kunig, GG, Bd.II, 2001, Art.28 Rn.74.

Entscheidungsspielraums über die bauliche und sonstige Verwendung und Nutzung des Grund und Bodens des Gemeindegebiets zu disponieren und die zur Verwirklichung des eigenverantwortlich wahrnehmbaren Gestaltungspotentials erforderlichen planerischen Leitlinien ohne imperative staatliche Beeinflussung zu entwickeln.[8]

II. Eingriff in den Schutzbereich

Aufgrund des nach § 1 Abs.4 BauGB zwingenden Gebots, Bauleitpläne an die Ziele der Raumordnung anzupassen, könnte durch § 24 Abs.3 LEPro NW die gemeindliche Planungshoheit beschränkt sein. Denn § 24 Abs.3 LEPro NW beschneidet mit seinen Anforderungen die bauleitplanerischen Möglichkeiten der Gemeinde, Kern- und Sondergebiete für den großflächigen Einzelhandel nach eigenen Vorstellungen auszuweisen. Dagegen wird gelegentlich eingewendet, die Festlegung konkreter Ziele und Standorte für Einzelhandelsgroßvorhaben sei von vornherein überhaupt keine Beeinträchtigung der kommunalen Planungshoheit, da es zur Abgrenzung von örtlichen und überörtlichen Aufgaben auf den Schwerpunkt der geregelten Sachmaterie ankomme und dieser bei der Ansiedlung von Vorhaben, die über die Grenzen der Standortgemeinde hinausreichten, im überörtlichen Bereich liege.[9] Aus diesem Grund könne das Land zur Steuerung des großflächigen Einzelhandels problemlos zielförmige Festlegungen erlassen, ohne durch Art.28 Abs.2 S.1 GG gebunden zu sein.

Diese Auffassung ist jedoch abzulehnen. Zwar ist einzuräumen, dass raumordnerische Regelungen wesensmäßig überörtlicher Natur sind. Jedoch schlagen sich raumordnerische Festlegungen systembedingt stets auch örtlich nieder, weil sie sich auf Gemeindegebiete beziehen.[10] Der Raum, den die überörtliche Planung für sich in Anspruch nimmt, steht für die örtliche Gestaltung nicht mehr uneingeschränkt zur Verfügung. Da die Planungshoheit gerade dadurch Substanz gewinnt, dass der Gemeinde ein umfassendes Recht zur Planung der örtlichen Bodennutzung eingeräumt ist,

8 *BVerfG,* Beschl. v. 7.10.1980 – 2 BvR 584, 599, 604/76 –, BVerfGE 56, 298 (317 f); *Just,* in Hoppe/Bönker/Grotefels, Öffentliches Baurecht, 2004, § 2 Rn.27.

9 So etwa *Knemeyer,* in: Oertzen/Thieme (Hg.), Gebietsreform und Landesplanung, 1980, S.175 (183); *Spannowsky,* NdsVBl 2001, 32 (36).

10 *Schink,* in: Jarass (Hg.), Raumordnungsgebiete nach dem neuen ROG, 1998, S.46 (71); *Brohm,* DVBl 1980, 653 (657).

wird dieses Recht durch ein landesplanerisches Ziel, das der Gemeinde die Planung von bestimmten Teilen des Gebiets unmöglich macht oder erschwert, beeinträchtigt. Insofern ist bei der Frage, ob örtliche Angelegenheiten betroffen sind, nicht auf die Eingriffs*maßnahme,* sondern auf die Eingriffs*wirkung* abzustellen. Andernfalls könnte die Raumordnung stets mit dem Hinweis, es handele sich um überörtliche Angelegenheiten, über die Gebiete einer Gemeinde nach Belieben verfügen, was einer Aushöhlung des Selbstverwaltungsrechts gleichkäme.[11]

B. Verfassungsrechtliche Rechtfertigung

Gemäß Art.28 Abs.2 GG ist die kommunale Planungshoheit nur »im Rahmen der Gesetze« gewährleistet. Aufgrund dieses Gesetzesvorbehalts steht die abstrakte Bindung der Gemeinden an Ziele der Raumordnung und Landesplanung, soweit sie dem Gesetzesbegriff genügen, grundsätzlich mit der kommunalen Planungshoheit in Einklang. Für § 24 Abs.3 LEPro NW ist die Gesetzesqualität im Sinne des Art.28 Abs.2 GG nicht fraglich, da das Landesentwicklungsprogramm in Nordrhein-Westfalen als formelles Gesetz beschlossen ist.[12]

Die Beschränkung der gemeindlichen Planungshoheit durch landesplanerische Zielvorgaben ist jedoch nicht schrankenlos möglich. Das *Bundesverfassungsgericht* hat in seinem »Rastede-Beschluss« in Anlehnung an die herkömmliche Grundrechtsdogmatik im Wesentlichen zwei Schranken des Gesetzesvorbehalts in Art.28 Abs.2 S.1 GG aufgestellt.[13] Eine erste Schranke setzt danach der *Kernbereich* der Selbstverwaltungsgarantie, in den unter keinen Umständen eingegriffen werden darf. Die zweite

---

11 Auch für überörtliche Fachplanungen gilt nach § 38 BauGB, dass städtebauliche Belange zu berücksichtigen und die Gemeinden zu beteiligen sind. Das muss in gleicher Weise für die Ziele der Raumordnung gelten, da sie – wie die Fachplanung – die planerischen Handlungsmöglichkeiten der Gemeinde einschränken; vgl. *Hoppe/ Otting,* Der Landkreis 2000, 376 (378).

12 Vgl. zum Gesetzesbegriff *Pieroth,* in: Jarass/Pieroth, GG, 2002, Art.28 Rn.20; *Löwer,* in: v. Münch/Kunig, GG, Bd.II, 2001, Art.28 Rn.60.

13 *BVerfG,* Beschl. v. 23.11.1988 – 2 BvR 1619/83, 1628/83 –, BVerfGE 79, 127 (146 ff); *VerfGH NW,* Urt. v. 15.12.1989 – 5/88 –, DVBl 1990, 417 (419); *Just,* in: Hoppe/Bönker/Grotefels, Öffentliches Baurecht, 2004, § 2 Rn 23 f; *Hoppe/Otting,* Der Landkreis 2000, 376 (378); *Schroeder,* UPR 2000, 52 (57); *Schink,* in: Jarass (Hg.), Raumordnungsgebiete nach dem neuen ROG, 1998, S.46 (71).

Schranke besteht darin, dass in den *Randbereich* der Selbstverwaltungsgarantie nur eingegriffen werden darf, sofern das verfassungsrechtliche Aufgabenverteilungsprinzip zugunsten der Gemeinden hinsichtlich der Angelegenheiten der örtlichen Gemeinschaft vom zuständigkeitsverteilenden Gesetzgeber berücksichtigt wird.[14]

Insoweit ist zu prüfen, ob § 24 Abs.3 LEPro NW als landesplanerische Zielvorgabe den Anforderungen dieses dualen Schrankensystems genügt oder nicht.

I. Schutz des Kernbereichs der Selbstverwaltung

Ein Eingriff in den Kernbereich der Selbstverwaltungsgarantie durch § 24 Abs.3 LEPro NW als Ziel der Raumordnung kommt nur dann in Betracht, sofern man einerseits die Planungshoheit – zumindest in ihren wesentlichen Grundzügen – in diesen Schutz einbezieht und andererseits von einzelnen Zielen der Raumordnung eine Verletzung des Kernbereichs überhaupt ausgehen kann.[15]

Die höchstrichterliche Rechtsprechung hat bislang offengelassen, ob und gegebenenfalls inwieweit die Planungshoheit zum Kernbereich des gemeindlichen Selbstverwaltungsrechts gehört.[16] In der Literatur besteht die Tendenz, jedenfalls die gemeindliche Planungshoheit hinsichtlich der verbindlichen Festlegungen durch den Bebauungsplan zum unantastbaren Kernbereich zu rechnen.[17] Begründet wird dies damit, dass jede menschliche Aktivität letztlich »erdgebunden« bleibe, so dass die Bestimmung der

14 *BVerfG,* Beschl. v. 23.11.1988 – 2 BvR 1619/83, 1628/83 –, BVerfGE 79, 127 (150).

15 Vgl. *VerfGH NW,* Urt. v. 15.12.1989 – VerfGH 5/88 –, DVBl 1990, 417 (418); *Scheipers,* Ziele der Raumordnung, 1995, S.62.

16 *BVerfG,* Beschl. v. 7.10.1980 – 2 BvR 584, 598, 599, 604/76 –, BVerfGE 56, 298 (313); *BVerfG,* Beschl. v. 23.6.1987 – 2 BvR 826/83 –, BVerfGE 76, 107 (118); *BVerwG,* Urt. v. 8.9.1972 – IV C 17.71-, BVerwGE 40, 323 (329); *VerfGH NW,* Urt. v. 28.1.1992 – 2/91 –, UPR 1992, 312 (313); *Löwer,* in: v. Münch/Kunig, GG, Bd.II, 2001, Art.28 Rn.49.

17 *Brohm,* Öffentliches Baurecht, 2002, § 9 Rn.4; *Erbguth/Wagner,* Grundzüge des öffentlichen Baurechts, 2005, Rn.21; *Siedentopf,* Gemeindliche Selbstverwaltungsgarantie, 1977, S.44.; hinsichtlich der Flächennutzungsplanung str, vgl. zu den unterschiedlichen Positionen *Just,* in: Hoppe/Bönker/Grotefels, Öffentliches Baurecht, 2004, § 2 Rn 35.

Ortstruktur und der Entwicklung der Gemeinde untrennbar mit der Festlegung der Bodennutzung verbunden sei.

Auf die Frage, in welchem konkreten Umfang die gemeindlichen Planungsrechte dem Kernbereich der Selbstverwaltungsgarantie unterfallen, kommt es jedoch im Weiteren nur an, sofern durch ein einzelnes Ziel der Raumordnung überhaupt ein Eingriff in den Kernbereich konstruktiv möglich erscheint. Bedenken daran ergeben sich unter dem Gesichtspunkt, dass die Selbstverwaltungsgarantie der Gemeinde nur *institutionell* und nicht *fachlich* gewährleistet ist.[18] Geschützt sind weder einzelne Kommunen noch einzelne Aufgabenfelder, sondern der Rechtskörper »Gemeinde« – einerseits in seiner Existenz als unterste Ebene der politischen Willensbildung und andererseits in seiner Funktion, die Angelegenheiten der örtlichen Gemeinschaft eigenverantwortlich wahrnehmen zu können.[19] Wenn die Gemeinde als solche also nur einen institutionellen Schutz genießt, so muss das folgerichtig auch für den Schutz des Kernbereichs bzw. der hiervon möglicherweise erfassten Planungsrechte gelten.[20] Der institutionelle Schutz untersagt nur solche Eingriffe, die auf eine *allgemeine* Einschränkung oder gar Beseitigung dessen hinauslaufen, was man aus dem Wesen der Selbstverwaltung nicht entfernen kann, ohne deren Struktur und Typus zu verändern.[21] Nicht untersagt hingegen sind Eingriffe,

---

18 *BVerfG,* Beschl. v. 23.6.1987 – 2 BvR 826/83 –, NVwZ 1988, 47 (49); *Dreier,* in: Dreier (Hg.), GG, Bd.II, 1998, Art.28 Rn.92 f; *Siedentopf,* Gemeindliche Selbstverwaltungsgarantie, 1977, S.44.

19 Unterschieden wird insoweit in die institutionelle Rechtssubjektsgarantie und die objektive Rechtsinsitutionsgarantie; vgl. *Löwer,* in: v. Münch/Kunig, GG, Bd.II, 2001, Art.28 Rn.41; *Scheipers,* Ziele der Raumordnung, 1995, S.66; *Dreier,* in: Dreier (Hg.), GG, Bd.II, 1998, Art.28 Rn.93 f; *Schink,* in: Jarass (Hg.), Raumordnungsgebiete nach dem neuen ROG, 1998, S.46 (72).

20 Vgl. *BVerfG,* Beschl. v. 23.6.1987 – 2 BvR 826/83 –, BVerfGE 76, 107 (119); *Scheipers,* Ziele der Raumordnung, 1995, S.67; *Brohm,* DÖV 1989, 429 (431); *Dörr,* in: Achterberg/Püttner/Würtenberger, Besonderes Verwaltungsrecht, Bd.I, 2000, § 7 Rn.218.

21 Vgl. *Stern,* in: Dolzer/Vogel (Hg.), GG, Stand Feb 1999, Art.28 Rn.123; *Löwer,* in: v. Münch/Kunig, GG, Bd.II, 2001, Art.28 Rn.46

die sich lediglich als Eingriff in den Kernbereich einzelner Gemeinden in individuell zu ermittelnden Fällen bemerkbar machen.[22]

§ 24 Abs.3 LEPro NW als einzelne Zielvorgabe schränkt die kommunalen Gestaltungsmöglichkeiten nur sektoral in Bezug auf Planungen des großflächigen Einzelhandels ein. Unabhängig von dem Umstand, dass die planerische Eigenentwicklung der Gemeinden dabei unangetastet bleibt, weil Betriebe zur Eigenversorgung vom Ziel des § 24 Abs.3 LEPro nicht erfasst werden,[23] entfaltet das Verbot der Ausweisung bestimmter Größenordnungen von Einzelhandelsgroßbetrieben auf eigenem Gebiet aufgrund seiner fachlichen Eindimensionalität auch keine solche Tragweite und Dichte, dass eine die Selbstverwaltung in Struktur und Typus ändernde Wirkung festzustellen oder auch nur in Erwägung zu ziehen wäre.[24]

II. Schutz außerhalb des Kernbereichs der Selbstverwaltung

Auch wenn eine Verletzung des unantastbaren Kernbereichs der Selbstverwaltungsgarantie durch § 24 Abs.3 LEPro NW ausscheidet, sind gleichwohl noch die weiteren Schranken des Gesetzesvorbehalts aus Art. 28 Abs.2 S.1 GG zu beachten. Diese werden übereinstimmend im Grundsatz der Verhältnismäßigkeit gesehen.[25]

---

22 *Erbguth,* in: Achterberg/Püttner/Würtenberger, Besonderes Verwaltungsrecht, Bd.I, 2000, § 8 Rn.10; *Scheipers,* Ziele der Raumordnung, 1995, S.67; *Koch/Hendler,* Baurecht, Raumordnungs- und Landesplanungsrecht, 2004, § 9 Rn.22; vgl. auch *Dörr,* in: Achterberg/Püttner/Würtenberger, Besonderes Verwaltungsrecht, Bd.I, 2000, § 7 Rn.218 sowie *BVerfG,* Beschl. v. 23.6.1987 – 2 BvR 826/83 –, NVwZ 1988, 47 (49).

23 *Wahl,* Rechtsfragen II, 1978, S.228; *Koch/Hendler,* Baurecht, Raumordnungs- und Landesplanungsrecht, 2004, § 9 Rn.22.

24 Vgl. *VerfGH NW,* Urt. v. 15.12.1989 – VerfGH 5/88 –, DVBl 1990, 417 (418); *Scheipers,* Ziele der Raumordnung, 1995, S.67 weist zu Recht darauf hin, dass der Kernbereichsschutz aber durchaus als Grenze für ein in seiner Gesamtheit zu beurteilendes Zielsystem relevant werden kann; vgl. auch *Erbguth,* in: Achterberg/Püttner/Würtenberger, Besonderes Verwaltungsrecht, Bd.I, 2000, § 8 Rn.11, der in diesem Fall von einem landesplanerischen »Korsett« spricht.

25 *BVerwG,* Urt. v. 15.5.2003 – 4 CN 9.01 –, NuR 2003, 619 (620); *BVerwG,* Beschl. v. 3.5.1994 – 8 NB 1/94 –, NVwZ 1994, 900 (901); *VerfGH NW,* Urt. v. 15.12.1989 – VerfGH 5/88 –, DVBl 1990, 417 (418); *Brohm,* Öffentliches Baurecht, 2002, § 9 Rn.7; *Just,* in: Hoppe/Bönker/Grotefels, Öffentliches Baurecht, 2004, § 2 Rn.36; *Scheipers,* Ziele der Raumordnung, 1995, S.69 f; *Halama,* Festschr. Schlichter, 1995, S.201 (219). Die dogmatische Herleitung des Verhältnismäßigkeitsprinzip wird unterschiedlich begründet; s. insoweit *Schulze-Fielitz,* in: Dreier (Hg.), GG, Bd.II,

Das *Bundesverfassungsgericht* hat es allerdings in seiner »Rastede-Entscheidung« vom 23.11.1988 vermieden, den Grundsatz der Verhältnismäßigkeit explizit zu erwähnen.[26] Vielmehr hat es hervorgehoben, dass Art. 28 Abs.2 GG außerhalb der Kernbereichsgarantie noch ein verfassungsrechtliches Aufgabenverteilungsprinzip hinsichtlich der Angelegenheiten der örtlichen Gemeinschaft zugunsten der Gemeinden enthalte, dass der zuständigkeitsverteilende Gesetzgeber zu berücksichtigen habe.[27] Aufgaben mit örtlichen Bezug dürften entsprechend dieser Regel-Ausnahme-Systematik den Gemeinden nur dann entzogen werden, wenn anders die ordnungsgemäße Aufgabenerfüllung nicht sicherzustellen wäre und wenn die den Aufgabenentzug tragenden Gründe gegenüber dem verfassungsrechtlichen Aufgabenverteilungsprinzip des Art.28 Abs.2 S.1 GG überwiegten.[28] Ob in diesem vom Gericht formulierten Maßstab eine Abkehr von den herkömmlichen Kriterien der Verhältnismäßigkeit zu erblicken ist, erscheint zweifelhaft und ist im Schrifttum auch überwiegend verneint worden.[29] Denn das Aufgabenverteilungsprinzip soll ersichtlich nur zum Ausdruck bringen, dass der staatliche Aufgabenentzug gegenüber den Gemeinden nicht in eine individuelle Freiheitssphäre eingreift, sondern das staatliche Organisationsgefüge betrifft, innerhalb dessen die grundrechtlich gedeutete Figur des Verhältnismäßigkeitsprinzips außer acht bleibt.[30] Das

---

1998, Art.20 Rn.167. Das *BVerfG* leitet den Grundsatz sowohl aus dem Rechtsstaatsprinzip als auch aus dem Wesen der Grundrechte her; vgl. nur *BVerfG,* Beschl. v. 15.12.1965 – 1 BvR 513/65 –, BVerfGE 19, 342 (348).

26 Vgl. *BVerfG,* Beschl. v. 23.11.1988 – 2 BvR 1619/83, 1628/83 –, BVerfGE 79, 127 (143).

27 *BVerfG,* Beschl. v. 23.11.1988 – 2 BvR 1619/83, 1628/83 –, BVerfGE 79, 127 (150).

28 *Just,* in: Hoppe/Bönker/Grotefels, Öffentliches Baurecht 2004, § 2 Rn.25.

29 *Dreier,* in: Dreier (Hg.), GG, Bd.II, 1998, Art.28 Rn.119; *Scheipers,* Ziele der Raumordnung, 1995, S.68 ff; *Just,* in: Hoppe/Bönker/Grotefels, Öffentliches Baurecht, 2004, § 2 Rn.36; *Schink,* VerwArch 1990 [Bd.81], 385 (401 f); *Runkel,* in: Bielenberg u.a., Raumordnungs- und Landesplanungsrecht, Stand Sept 2004, K § 3 Rn.114.

30 Das Selbstverwaltungsrecht der Gemeinden wird seit Geltung des GG im Sinne einer staatlichen Funktion, einer Kompetenz, eben einer staatsorganisatorischen Aufgabenzuweisung verstanden, wo die Gemeinde nicht mehr als antistaatliche Institution, die dem Staat gegenüber irgendwelche Rechte durchsetzen kann oder muss, sondern als ein mit besonderen Kompetenzen ausgestatteter Bestandteil des gesamten Verwaltungsaufbaus begriffen wird; vgl. *Dreier,* in: Dreier, GG, Bd.II, 1998, Art.28 Rn.119; *Brohm,* Öffentliches Baurecht, 2002, § 9 Rn.6; *Brohm,* DVBl 1980, 653 (658); ferner *BVerfG,* Beschl. v. 23.11.1988 – 2 BvR 1619/83, 1628/83 –, BVerfGE 79, 127 (147 ff), das im »Rastede-Beschluss« die kommunale Selbstverwaltung als Kom-

dürfte aber nichts daran ändern, dass es auch im Rahmen der Überprüfung der Einhaltung des Regel-Ausnahme-Verhältnisses zwischen gemeindlichen und übergemeindlichen Aufgaben letztlich um die Frage geht, ob der Eingriff in örtliche Angelegenheiten aus überwiegenden Gründen des Gemeinwohls geboten und damit geeignet, erforderlich und angemessen im Sinne des Verhältnismäßigkeitsprinzips ist.

§ 24 Abs.3 LEPro NW ist mithin auf die Einhaltung der drei Teilgebote des Verhältnismäßigkeitsgrundsatzes – Geeignetheit, Erforderlichkeit und Angemessenheit – zu überprüfen. Im Hinblick auf die landesplanerische Einschränkung der Planungshoheit hat sich die Auffassung durchgesetzt, dass dem Verhältnismäßigkeitsprinzip zunächst der Grundsatz der sachlichen Legitimation voranzustellen ist.[31]

1. Sachliche Legitimation des § 24 Abs.3 LEPro NW

Nach dem Grundsatz der sachlichen Legitimation darf die Landesplanung nur aus sachlich gerechtfertigten Gründen, insbesondere *überörtlichen* Gründen, überhaupt in die Planungshoheit der Gemeinden eingreifen.[32] Maßgeblich für die Grenzziehung zwischen Örtlichkeit und Überörtlichkeit ist nicht die objektivierte Raumbeziehung, sondern der Zweck der jeweiligen Planung.[33] Auch die Zielaussage, die gemeindescharf oder bloß innergemeindlich wirkt, kann deshalb überörtlich motiviert sein, wenn mit der innergemeindlich wirkenden Festlegung nur ein legitimes überörtliches Interesse verfolgt wird.[34]

---

petenzgarantie im Sinne eines Aufgabenzugriffsrechts für alle Angelegenheiten der örtlichen Gemeinschaft akzentuiert hat.

31 Vgl. *BVerfG,* Beschl. v. 23.6.1987 – 2 BvR 826/83 –, BVerfGE 76, 107 (123); *Runkel,* in: Bielenberg u.a., Raumordnungs- und Landesplanungsrecht, Stand Sept 2004, K § 3 Rn.114; *Scheipers,* Ziele der Raumordnung, 1995, S.70; *Hoppe/Bunse,* WiVerw 1984, 151 (164); *Hoppe,* Der Landkreis 2000, 376 (378); *Schink,* in: Jarass (Hg.), Raumordnungsgebiete nach dem neuen ROG, 1998, S.46 (76); *Erbguth,* RuR 1997, 270 (273); *Kopf,* Rechtsfragen, 2002, S.273.

32 *Runkel,* in: Bielenberg u.a., Raumordnungs- und Landesplanungsrecht, Stand Sept 2004, K § 3 Rn.114.

33 Vgl. *Niemeier/Dahlke/Lowinski,* Landesplanungsrecht NW, Düsseldorf 1977, § 1 LPlG Anm.10; s. auch oben S.219 f.

34 *Scheipers,* Ziele der Raumordnung, 1995, S.71; *Schink,* in: Jarass (Hg.) Raumordnungsgebiete nach dem neuen ROG, 1998, S.46 (76).

a) Schutz der Innenstädte und des Einzelhandels als überörtlicher Zweck

Grundsätzlich stellt der Schutz des innerstädtischen Einzelhandels bzw. eine Verhinderung der Verödung der Innenstädte keinen sachlich gerechtfertigten Grund zur landesplanerischen Intervention im Sinne des § 24 Abs.3 LEPro NW dar. Das gilt jedenfalls dann, sofern es um die städtebauliche Entwicklung eines innerstädtischen Zentrums geht. Diese ist unter landesplanerischen Aspekten ohne Bedeutung, es sei denn, Einwirkungen auf die örtliche Versorgungsstruktur ziehen als Reflexwirkung auch Auswirkungen auf die überörtliche Funktion der Zentren nach sich.[35]

b) Schutz der zentralörtlichen Versorgungs- und Siedlungsstruktur

Sachlich legitimiert könnte § 24 Abs.3 LEPro NW aber unter dem Aspekt des Schutzes der zentralörtlichen Siedlungs- und Versorgungsstruktur sein. Die Vorschrift ist ihren inhaltlichen Anforderungen nach darauf gerichtet, den großflächigen Einzelhandel in Kongruenz zum zentralörtlichen Gliederungssystem sowie zu den innergemeindlichen Siedlungsschwerpunkten zu bringen. Sie könnte deshalb durch überörtliche Motive der Versorgungsgerechtigkeit gerechtfertigt sein.

aa) Kongruenzgebot und Beeinträchtigungsverbot

(1) Für die sachliche Legitimation des in § 24 Abs.3 LEPro NW enthaltenen Kongruenzgebots und des Beeinträchtigungsverbots kommt es darauf an, ob das Bezugsobjekt der zentralörtlichen Gliederung überörtlichen Zwecken dient. Denn sowohl das Kongruenzgebot als auch das Beeinträchtigungsverbot beziehen sich unmittelbar auf die zentralörtliche Gliederung, wenn sie verlangen, dass Zentralitätsfaktoren wie Einzelhandelsgroßbetriebe der zentralörtlichen Gliederung sowie der in diesem Rahmen zu sichernden Versorgung entsprechen sollen.[36]

Die zentralörtliche Gliederung dient als räumlich-strukturelles Gestaltungs- und Ordnungsgrundmodell zur Herstellung gleichwertiger Lebensverhältnisse in allen Landesteilen. Die räumlich-strukturellen und räumlich-

---

35 Vgl. *Erbguth,* NVwZ 2000, 969 (975).

36 Vgl. *Spannowsky,* NdsVBl 2001, 1 (2).

funktionellen Anforderungen, die das zentralörtliche System für den Gesamtraum formuliert, bedürfen zu ihrer Realisierung zweierlei: Zum einen müssen in positiver Hinsicht die Funktionsaussagen der zentralörtlichen Gliederung umgesetzt werden, die in den Zentralitätsstufen der Gemeinden zum Ausdruck kommen. Das betrifft die *angebotsseitigen* Elemente der zentralörtlichen Gliederung. Die Gemeinden haben danach die planungsrechtlichen Voraussetzungen für die Bereitstellung des gemäß ihrer Zentralitätsstufe geforderten Versorgungsangebots zu schaffen.[37] Zum anderen muss aber auch in negativer Hinsicht dafür Sorge getragen werden, dass die Entwicklung und der Bestand der zentralörtlichen Versorgungsfunktionen nicht durch Eingriffe in die Siedlungsstruktur beeinträchtigt werden. Das betrifft die *nachfrageseitigen* Elemente der zentralörtlichen Gliederung. Dazu ist es notwendig, das Entstehen neuer Angebotsstrukturen außerhalb der zentralörtlichen Bereiche jedenfalls dann einer präventivkontrollierenden Steuerung zu unterwerfen, soweit dadurch entweder ein wesentlicher Eingriff in die durch die zentralörtliche Gliederung vorgezeichneten siedlungsstrukturellen Verflechtungsbereiche oder in die Zentrumsfunktionen innerhalb der Verflechtungsbereiche erfolgt.[38]

Hier setzt die Bedeutung des § 24 Abs.3 LEPro NW pointiert ein. Die Vorschrift bezweckt, den großflächigen Einzelhandel an Standorten zu verhindern, wo er die raumstrukturellen bzw. raumfunktionellen Elemente der zentralörtlichen Gliederung und der Siedlungsschwerpunkte beeinträchtigen kann.[39] Darin liegt keine unzulässige *Negativplanung,* da die landesplanerischen Zulässigkeitskriterien nicht dem Zweck, bestimmte Vertriebsformen des Einzelhandels zu verbieten oder einzudämmen, sondern positiv der Verwirklichung einer der zentralörtlichen Gliederung entsprechenden Versorgungsinfrastruktur dienen.[40]

---

37 S. dazu auch oben S.108 ff.

38 Diese Zusammenhänge sind im Einzelnen erörtert auf S.108 ff.

39 *Spannowsky,* UPR 2003, 248.

40 *Spannowsky,* UPR 2003, 251. S. allgemein zum Verbot der Negativplanung im Bauplanungsrecht *BVerwG,* Beschl. v. 18.12.1990 – 4 NB 8.90 –, BauR 1991, 165 ff; *Stüer,* Bau- und Fachplanungsrecht, 1997, Rn.379. Auf das Landesplanungsrecht kann das Verbot der Negativplanung im Rahmen der Überprüfung der sachlichen Legitimation von Festlegungen übertragen werden, da nach § 1 ROG die Landesplanung aufgabenbedingt darauf verpflichtet ist, den Gesamtraum und die Teilräume im Sinne einer nachhaltigen Raumentwicklung positiv zu entwickeln, zu ordnen und zu sichern; s. auch oben S.209 f.

Die überörtliche, vom Aufgabenbereich der Raumordnung und Landesplanung gedeckte Zielsetzung liegt für das Kongruenz- und Beeinträchtigungsverbot deshalb auf der Hand. Das Kongruenzgebot lässt die siedlungsstrukturelle Eigenentwicklung der Gemeinden von vornherein unberührt, weil seine Steuerungswirkung erst dann einsetzt, wenn die Gemeinde großflächigen Einzelhandel plant, der in seinem räumlichen Ausstrahlungsbereich über die Gemeindegebietsgrenzen hinausreicht.[41] Das Gleiche gilt für das Beeinträchtigungsverbot, das dem Schutz der als zentrale Orte bestimmten Gemeinden dient, die es im zentralörtlichen System in Nordrhein-Westfalen nur in Gestalt von Mittel- und Oberzentren innerhalb überörtlicher Verflechtungsbereiche gibt.[42]

(2) Auch wenn das Kongruenzgebot und Beeinträchtigungsverbot eine überörtliche Zielrichtung aufweisen, dürfen sie jedoch nicht in die Aufgaben eingreifen, die das Baugesetzbuch den Gemeinden im Rahmen der kommunalen Bauleitplanung zugewiesen hat. Die Verfassung unterscheidet zwischen den Gesetzgebungskompetenzen bezüglich des Rechts der Raumordnung nach Art.74 Nr.4 GG und des Bodenrechts nach Art.74 Nr.18 GG. Daraus ergibt sich, dass von der überörtlichen Aufgabenstellung der Raumordnung nicht solche Bereiche umfasst sein können, die zum Bodenrecht gehören und im Baugesetzbuch Ausformung gefunden haben. Die Gemeinde kann also durch landesplanerische Festlegungen nur oberhalb jener Grenze gebunden werden, die durch den Konkretisierungsgrad der Bauleitplanung nach den §§ 5, 9 BauGB gezogen ist. Landesplanung ist demnach nur Rahmenplanung und nicht bodenbezogene Inhaltsplanung.[43]

Unter diesem Blickwinkel könnte das Kongruenzgebot Fragen aufwerfen, jedenfalls soweit man die Zentralitätsstufe als eine Funktionsbestimmung ansehen wollte, die der Gemeinde eine Grenze für die Entwicklung ihrer Zentralität setzt. Dann würde das Kongruenzgebot zur Folge haben, dass die Gemeinde als Grund- oder Mittelzentrum in ihrer Entwicklungsmöglichkeit, was den großflächigen Einzelhandel angeht, praktisch festgelegt wäre. Wäre sie zum Beispiel im Landesentwicklungsplan als Grund-

---

41 Vgl. *Wahl,* Rechtsfragen II, 1978, S.222.

42 S. oben S.137 f.

43 *Just,* in: Hoppe/Bönker/Grotefels, Öffentliches Baurecht, 2004, § 2 Rn.15; *Erbguth/Schoeneberg,* Raumordnungs- und Landesplanungsrecht, 1992, Rn.54; *Ernst/Suderow,* Zulässigkeit raumordnerischer Festlegungen, 1976, S.17.

zentrum eingestuft und wollte sie auf ihrem Gebiet einen höherrangigen Verbrauchermarkt ansiedeln, dessen Einzugsbereich über den zentralörtlichen Versorgungsbereich hinausginge, müsste ein Verstoß gegen das Kongruenzgebot angenommen werden. Hier ließe sich überlegen, ob dadurch nicht bereits in die Festsetzungsmöglichkeiten der Bauleitplanung eingegriffen würde, wenn eine bestimmte Bodennutzung bezüglich des großflächigen Einzelhandels und seiner Sortimente – kategorisch für das gesamte Gemeindegebiet geltend – von vorneherein ausgeschlossen würde.[44]

Allerdings kann – wie bereits gezeigt worden ist – die Zentralitätsstufe nicht im Sinne einer Entwicklungssperre, sondern lediglich als Angabe eines Entwicklungsziels im Sinne einer Mindestausstattung verstanden werden.[45] Der Gemeinde verbleibt daher noch genügend Spielraum, ihren planerischen Entwicklungsvorstellungen auch in Bezug auf großflächige Einzelhandelsansiedlungen hinreichend Ausdruck zu verleihen.

bb) Integrationsgebot

In der Literatur werden Zweifel daran geäußert, ob das Integrationsgebot, das die räumliche und funktionale Zuordnung des großflächigen Einzelhandels zu Siedlungsschwerpunkten fordert, zum Regelungsbereich der übergeordneten, überörtlichen und zusammenhängenden Raumordnung gehört und insoweit sachlich legitimiert sein kann.[46] Die Zweifel nähren sich aus der Überlegung, dass das Integrationsgebot sich ausschließlich auf die innergemeindliche Siedlungsstruktur bezieht und deshalb vom Aufgabenbereich der Raumordnung und Landesplanung nicht gedeckt sein könnte. Ferner stellt sich im Zusammenhang mit innergemeindlichen Festlegungen stets auch die Frage, ob die Raumordnung und Landesplanung nicht Gestaltungsbereiche für sich in Anspruch nimmt, die der kommunalen Bauleitplanung vorbehalten sind.

---

44 So wohl *Jahn,* BayVBl 1989, 294, (296); sehr kritisch auch *Brohm,* JuS 1986, 776 (781), der feststellt, dass von einer Rahmenplanung bei einem derartig strikten Verständnis der Zentralitätsstufen kaum noch mehr die Rede sein könne.

45 S. oben S.124 ff.

46 *Hoppe,* NWVBl 1998, 461 (466); krit. *Söfker,* in: Ernst u.a., BauGB, Stand Sept 2004, § 11 BauNVO Rn.68.

(1) Dass prinzipiell auch gemeindeinterne Festlegungen von überörtlichen Gründen getragen sein können, ist allgemein anerkannt.[47] Die Überörtlichkeit einer landesplanerischen Festlegung macht sich nicht daran fest, auf welchen Raum sie Zugriff nimmt, sondern welchem Zweck und welcher Zielrichtung sie dient.[48] Die Zulässigkeit gemeindeinterner Festlegungen ist auch durch den Gesetzgeber sanktioniert worden.[49] § 7 Abs.2 S.1 Nr.1 lit.d ROG lässt es zu, dass in Raumordnungsplänen Festlegungen über Siedlungsentwicklungen getroffen werden können. Darin liegt implizit die Entscheidung zugunsten gemeindeinterner Festlegungen sowohl für den besiedelten als auch den nicht besiedelten Bereich, weil Planaussagen über Siedlungsentwicklungen ohne eine gewisse innergemeindliche Bereichsschärfe nur schwerlich den Anforderungen an die Bestimmtheit genügen dürften, wenn sie als Ziel der Raumordnung Geltung beanspruchen wollen.[50]

(2) Mithin kommt es für die sachliche Legitimation allein darauf, ob das Integrationsgebot durch ein überörtliches Interesse, also vom Aufgabenrahmen der Raumordnung und Landesplanung, gedeckt ist. In der Literatur wird im Hinblick auf die Legitimität zielförmiger innergemeindlicher Eingriffe zwischen *infra- und siedlungsstrukturellen* Zielen einerseits und *flächensichernden* Zielen andererseits unterschieden.[51] Während flächen- bzw. standortsichernde Festlegungen an naturräumliche Gegebenheiten anknüpften und die planerischen Entwicklungsvorstellungen der Gemeinde

---

47 *Runkel* in: Bielenberg u.a., Raumordnungs- und Landesplanungsrecht, Stand Sept 2004, K § 3 Rn.113; *Halama,* Festschr. Schlichter, 1995, S.201 (218); *Paßlick,* Ziele der Raumordnung und Landesplanung, 1986, S.71; *Brohm,* DVBl 1980, 653 (657); *Schink,* in: Jarass (Hg.), Raumordnungsgebiete nach dem neuen ROG, 1998, S.46 (79); *Erbguth,* RuR 1997, 270 (273).

48 *Ernst/Hoppe,* Bau- und Bodenrecht, 1981, Rn.110; *Hoppe/Otting,* Der Landkreis 2000, 376 (378).

49 *Runkel,* in: Bielenberg u.a., Raumordnungs- und Landesplanungsrecht, Stand Sept 2004, K § 3 Rn.117.

50 *Runkel,* in: Bielenberg u.a., Raumordnungs- und Landesplanungsrecht, Stand Sept 2004, K § 3 Rn.117.

51 *Scheipers,* Ziele der Raumordnung, 1995, S.74 f; *Folkerts,* Raumordnungsziele, 1988, S.92 f; *Braese,* in: Oertzen/Thieme (Hg.), Gebietsreform und Landesplanung, 1980, S.187 (191).

nur reflexartig berührten,[52] seien infra- und siedlungsstrukturelle Ziele auf eine positive, aktivplanerische Inhaltsbestimmung der gemeindlichen Planungshoheit gerichtet.[53] Gerechtfertigt könnten letztgenannte Ziele nur gegenüber denjenigen Gemeinden sein, die nach landesplanerischer Einstufung auch überörtliche Versorgungsfunktionen wahrzunehmen hätten; andernfalls fehle einem solchen Ziel die sachliche Legitimation.[54] Flächensichernde Ziele hingegen könnten wegen ihrer fehlenden Intention zur Steuerung der innergemeindlichen Struktur auch in Gemeinden festgelegt werden, die nur auf ihre Eigenentwicklung beschränkt seien.[55] Nach dieser Auffassung wäre das Integrationsgebot als innergemeindliche Festlegung gegenüber den so genannten »Selbstversorgerorten« im zentralörtlichen System wie den Grundzentren und den Mittelzentren ohne Umlandfunktion als sachlich illegitim einzustufen.

(3) Ob Gemeinden, die landesplanerisch auf ihre Eigenentwicklung beschränkt sind, auch von vorneherein in überörtlichen Zusammenhängen keine Rolle spielen und deshalb nicht als Adressat siedlungs- oder infrastruktureller Ziele in Erscheinung treten dürfen, erscheint gerade mit Blick auf die Konzeption der zentralörtlichen Gliederung zweifelhaft. Im Zentrale-Orte-System sind nämlich alle Gemeinden funktional aufeinander bezogen; sie bilden ein Netz von Konzentrations- und Dekonzentrationskräften und ermöglichen damit erst im gegenseitigen Zusammenwirken eine Siedlungsstruktur, die eine angemessene Erreichbarkeit der wichtigsten Güter und Dienstleistungen in allen Landesteilen gewährleistet.[56] Wird

52 Als Beispiel für Gebiets- oder Flächenausweisungen zum Zwecke der Flächensicherung oder Standortvorsorge seien etwa Vorranggebiete oder Standortfestlegungen für überörtlich bedeutsame Großvorhaben wie Flughäfen oder Stauseen genannt. Der Zugriff auf innergemeindliche Territorialbereiche folgt hier in erster Linie aus naturräumlichen Gegebenheiten, ohne Gestaltungsabsichten im Hinblick auf die innergemeindlichen Entwicklungsvorstellungen zu verfolgen; vgl. *Wahl,* in: ARL (Hg.), Verwirklichung von Umweltschutz, 1984, S.47 (73); *Runkel* in: Bielenberg u.a., Raumordnungs- und Landesplanungsrecht, Stand Sept 2004, K § 3 Rn.117.

53 *Schmidt-Aßmann,* Fortentwicklung, 1976, S.63; *drs.,* RuR 1978, 11 (12); *Scheipers,* Ziele der Raumordnung, 1995, S.74 f.

54 *Scheipers,* Ziele der Raumordnung, 1995, S.74 f; *Folkerts,* Raumordnungsziele, 1988, S.92 f; *Braese,* in: Oertzen/Thieme (Hg.), Gebietsreform und Landesplanung, 1980, S.187 (191).

55 *Runkel* in: Bielenberg u.a., Raumordnungs- und Landesplanungsrecht, Stand Sept 2004, K § 3 Rn.117 mwN; *Erbguth,* RuR 1997, 270 (273).

56 Vgl. *Zeck,* IzR 2003, 725.

das Netz an bestimmten Stellen brüchig, etwa weil in bestimmten Gemeinden keine leistungsfähigen Versorgungsstrukturen im Sinne von Kern-Umland-Verflechtungen bestehen und deshalb auch nur eine geringe Standortgunst für Ansiedlungen in diesen Gemeinden auszumachen ist, so wirkt sich dieses siedlungsstrukturelle Defizit auch auf die siedlungsräumliche Arbeitsteilung im Landesgebiet aus. Denn dann ist zu erwarten, dass sich zu Lasten der Tragfähigkeiten die Verdichtung der Siedlungstätigkeit auf die leistungsfähigen Teilräume konzentriert, während die schwächeren Teilräume Entleerungsprozessen unterworfen sind.[57] Das wiederum dürfte dazu führen, dass die geringere Siedlungsentwicklung in den betroffenen Teilräumen auf die Funktionsfähigkeit der Mittelzentren bzw. auch letztlich der Oberzentren durchschlägt, weil diese nicht über die nötige Auslastung ihrer Einrichtungen verfügen.[58] Diese funktionalen Abhängigkeiten verdeutlichen, dass jede Gemeinde – unabhängig von einer überörtlichen Versorgungsfunktion – jedenfalls siedlungsstrukturell im System der zentralörtlichen Gliederung eine *auch* überörtliche Bedeutung einnimmt.

Schließlich ist im Hinblick auf die überörtliche Relevanz des Integrationsgebots auch in Rechnung zu stellen, dass eine mangelnde städtebauliche Integration von Einzelhandelsgroßbetrieben zu Beeinträchtigungen des Landschaftsbildes und zur Zersiedlung der Landschaft führen kann, die über das Gemeindegebiet hinauswirken und somit überörtlicher Natur sind.[59] Die überörtliche Bedeutung dieser Belange ergibt sich etwa aus § 2 Abs.2 Nr.1 S.1, Nr.3 S.1 ROG, wonach einerseits im Gesamtraum der Bundesrepublik eine ausgewogene Siedlungs- und Freiraumstruktur und

---

57 Vgl. *Blotevogel u.a.,* in: Blotevogel (Hg.), Fortentwicklung des Zentrale-Orte-Konzepts, 2002, S.217 (252), die darauf hinweisen, dass es ohne ein innergemeindliches Zentrensystem zu der hinreichend bekannten Suburbanisierung von zentralörtlichen Einrichtungen und der Herausbildung von sekundären Standortnetzen außerhalb des jeweiligen zentralen Orts mit massiven Stadt-Umland-Konflikten kommt; ferner *Janning,* in: Jarass (Hg.), Öffentlichkeitsbeteiligung und Rechtsschutz, 2002, S.109 (121); *Bielenberg,* in: ARL (Hg.), Raumplanung – Entwicklungsplanung, 1972, S.55 (71).

58 So auch *Niemeier/Dahlke/Lowinski,* Landesplanungsrecht NW, 1977, § 20 LEPro Anm.3 mit folgender Formulierung: »Das hierarchische Gebietsraster der Versorgungsbereiche verschiedener Stufen .....erklärt sich aus sich funktional ergänzenden Stufen, die für zahlreiche raumbedeutsame Planungen und Abgrenzungen von Belang sind. Grundbaustein sind die Gemeinden (= Nahbereiche), diese aggregieren sich zu Mittelbereichen und diese wiederum zu den Funktionsbereichen der Oberzentren«.

59 *Hartwig,* in: ARL (Hg.), Einzelhandels-Großprojekte, 1984, S.99 (103).

andererseits eine *großräumige* und *übergreifende* Freiraumstruktur zu erhalten und zu entwickeln ist. Die örtliche Siedlungsstruktur in den Gemeinden ist insoweit untrennbar in die überörtliche Siedlungsstruktur eingebunden, weil Siedlungstätigkeit letztlich immer in Gemeinden stattfindet und deshalb auch nur dort über das gesamträumliche Verhältnis von Siedlungs- und Freiraumstruktur entschieden wird.[60]

(4) Ausgehend von diesen grundsätzlichen Überlegungen zur überörtlichen Rechtfertigung von Siedlungsschwerpunkten kann auch das Integrationsgebot, das an die Funktion von Siedlungsschwerpunkten anknüpft, nicht von vornherein dem Einwand fehlender sachlicher Legitimation ausgesetzt werden.[61] Die funktionale Komponente des Integrationsgebots ist darauf gerichtet, die gleichwertige siedlungsstrukturelle Entwicklung der verschiedenen Teilräume innerhalb der Gemeinde zu sichern, so dass zentrale Versorgungseinrichtungen bedarfsnah geplant werden können. Die räumliche Komponente des Integrationsgebots dient dazu, die Entwicklung innerhalb der verschiedenen gemeindlichen Teilräume nach dem Prinzip der Innenverdichtung, also in Form einer organischen Siedlungsentwicklung zu gestalten. Überörtliche Gesichtspunkte dafür sind – wie der nordrhein-westfälische Einzelhandelserlass deutlich macht – die Vermeidung einer isolierten Lage von Zentralität am Rande des Siedlungsschwerpunkts, die Sicherung einer siedlungsräumlichen Konzentration und eine möglichst ausgewogene und bedarfsgerechte Versorgung der Bevölkerung.[62]

2. Geeignetheit

Der Grundsatz der Geeignetheit verlangt, dass das landesplanerische Ziel als Mittel geeignet sein muss, den angestrebten Zweck zu erreichen. Dabei

60 Vgl. *Bielenberg,* in: ARL (Hg.), Raumplanung – Entwicklungsplanung, 1972, S.55 (71).

61 Ebenso *Schneider,* Bauplanungsrechtliche Zulässigkeit von FOC, 2003, S.127; *Janning,* in: Jarass (Hg.), Öffentlichkeitsbeteiligung und Rechtsschutz, 2002, S.109 (121).

62 Vgl. EHE NW, Nr.3.1.1.2.

ist nicht erforderlich, dass der Erfolg in jedem Einzelfall auch tatsächlich erreicht wird; die Möglichkeit der Zweckerreichung genügt.[63]

a) Normative Aspekte

In der Literatur werden vor allem Zweifel an der Geeignetheit des Kongruenzgebots geäußert, soweit es darauf gerichtet sein sollte, Einzelhandelsgroßbetriebe nach Umfang und Zweckbestimmung strikt an die Stufen der zentralörtlichen Gliederung zu binden.[64] Hauptargument dabei ist, dass eine solche Bindung für die Versorgung der Bevölkerung in zumutbarer Entfernung in gewissen Fallkonstellationen eher abträglich sei und daher über das die zentralörtliche Gliederung legitimierende Ziel kontraproduktiv hinausgehe. So sei etwa zu bedenken, dass in den zentralen Orten, insbesondere in den dichterbesiedelteren Mittel- und Oberzentren, nur relativ selten die für Einzelhandelsgroßbetriebe maßgeblichen Standortanforderungen wie große Grundstücksflächen, eine gute verkehrliche Erschließung sowie ein ausreichendes Stellplatzangebot erfüllt werden könnten. Aufgrund dessen stelle sich die Integration dieser Betriebe in die gewachsenen Siedlungs- und Versorgungsstrukturen bzw. in die zentralen Ortslagen bisweilen als ausgesprochen schwierig dar. Gerade unter Versorgungsgesichtspunkten könne es deshalb erforderlich werden, dass ein Einzelhandelsgroßbetrieb abweichend von den zentralörtlichen Standortrastern, etwa in Entlastungsorten auch niedrigerer Stufe, angesiedelt werde, bevor auf den Betrieb ganz verzichtet werden müsse.

Diese Bedenken gegen die Geeignetheit des § 24 Abs.3 LEPro NW greifen jedoch nur durch, sofern das Kongruenzgebot tatsächlich eine strikte Einfügung eines Einzelhandelsgroßbetriebs in den zentralörtlichen Verflechtungsbereich der Standortgemeinde verlangen würde. Nach der hier vertretenen Auffassung nimmt die zentralörtliche Gliederung jedoch nicht in abschließender Weise Stellung zur siedlungsräumlichen Ausstrahlungs-

---

63 *BVerfG,* Beschl. v. 10.4.1997 – 2 BvL 45/92 –, BVerfGE 96, 10 (23); *Runkel* in: Bielenberg u.a., Raumordnungs- und Landesplanungsrecht, Stand Sept 2004, K § 3 Rn.114; *Schulze-Fielitz,* in: Dreier (Hg.), GG, Bd.II, 1998, Art.20 Rn.170; *Pieroth/ Schlink,* Grundrechte, 2004, Rn.283.

64 *Hoppe/Bunse,* WiVerw 1984, 151 (162 f); *Jahn,* BayVBl 1989, 294 (297); *Schneider,* Bauplanungsrechtliche Zulässigkeit von FOC, 2003, S.119 ff; *Kopf,* Rechtsfragen, 2002, S.273 f; *Grae,* Einkaufszentrum und Verbrauchermarkt, 1981, S.73.

kraft einer Gemeinde, sondern zielt lediglich auf jenes Maß siedlungsräumlicher Arbeitsteilung, das unter nachfrageseitigen Gesichtspunkten die Mindestbedienung der Bevölkerung mit den wichtigsten Gütern und Diensten in angemessener Entfernung landesweit sicherstellt.[65]

Im Übrigen ist zu berücksichtigen, dass die Soll-Regelung in § 24 Abs.3 LEPro NW erlaubt, in atypischen, von der Zielrichtung der Vorschrift abweichenden Einzelfällen ein Einzelhandelsgroßbetrieb auch entgegen den Zulässigkeitskriterien des § 24 Abs.3 LEPro NW anzusiedeln.[66] Die Zielrichtung der Vorschrift besteht darin, die räumliche Entwicklung in Bezug auf den privaten Einzelhandel am zentralörtlichen Gliederungssystem auszurichten und dadurch die bestehenden Versorgungsstrukturen im Interesse einer bestmöglichen Versorgung der Bevölkerung zu schützen. Kontraproduktiv zu dieser Zielrichtung wäre es etwa, wenn aufgrund der abstrakt-generellen Vorprogrammierung, welche die Vorschrift in Bezug auf großflächige Einzelhandelsbetriebe vornimmt, die Ansiedlung eines Einzelhandelsgroßbetriebs unterbleiben müsste, obwohl dieser nachweislich auch an einem anderen Standort den zentralörtlichen Versorgungszielen dienen, ihnen jedenfalls nicht schaden würde. Der in § 24 Abs.3 LEPro NW integrierte Abweichungsvorbehalt gewährleistet, dass atypische Sachverhalte, die vom Gesetzgeber nicht vorhergesehen werden konnten, nicht einem Regelungsdruck ausgesetzt werden, der zur Zielrichtung der Vorschrift im Widerspruch steht oder sich dazu neutral verhält. Angesichts dieser Feinsteuerungsmöglichkeiten kann dem § 24 Abs.3 LEPro NW seine Geeignetheit im Hinblick auf die Erhaltung ausgeglichener Versorgungsstrukturen nicht abgesprochen werden.

b) Faktische Aspekte

Auch die bisweilen geäußerte Kritik, das zentralörtliche System trage den tatsächlichen raumstrukturellen Entwicklungen nicht mehr Rechnung, so dass die von § 24 Abs.3 LEPro NW geforderte Bindung des großflächigen Einzelhandels an das zentralörtliche System insbesondere in den Verdichtungsgebieten nicht den Versorgungsbeziehungen der Bevölkerung entspreche und daher für die Erhaltung ausgeglichener Versorgungsstrukturen

65 S. ausführlich hierzu oben S.124 ff.
66 S. oben S.196 ff.

ungeeignet sei,[67] ist nicht durchgreifend. Zwar ist nicht von der Hand zu weisen, dass das zentralörtliche System nur innerhalb bestimmter faktischer Rahmenbedingungen funktioniert. Es verliert dort an Wirkung, wo sich eigenständige Siedlungs- und Versorgungsstrukturen gebildet haben, die nicht streng nach Verflechtungsbereichen geordnet sind, sondern sich in einem ganzheitlichen Raum abspielen. Eine strikte Bindung von Einzelhandelsgroßbetrieben an die zentralörtliche Gliederung kann hier kontraproduktiv wirken und der arbeitsteiligen Funktionsweise der Zentren entgegenstehen.

Ob durch ein Auseinanderfallen von normativen und faktischen Gegebenheiten eine Norm zeitgleich ihre Geeignetheit als Mittel zur Zielerreichung verliert, kann jedoch nur dann angenommen werden, wenn sich die Einschätzung des Normgebers infolge veränderter Vorzeichen in der Planungswirklichkeit als fehlerhaft oder korrekturbedürftig herausstellen sollte.[68] Dem Normgeber steht allerdings hinsichtlich der Feststellung, ob seine normative Einschätzung fehlerhaft oder änderungsbedürftig ist, ein erheblicher Einschätzungs- bzw. planerischer Prognosespielraum zu. Dieser Spielraum ist gerade auf landesplanerischer Ebene relativ weit bemessen, da die Landesplanung hinsichtlich der Erforderlichkeit ihrer Planung – anders als die Gemeinden auf bauleitplanerischer Ebene nach § 1 Abs.3 S.1 BauGB – nicht normativ gebunden ist.[69] Liegen die Voraussetzungen eines solchen weiten Spielraums vor, reduziert sich die Prüfung auf die Frage, ob die Regelung offensichtlich oder schlechthin ungeeignet ist.[70]

Eine derartige Untauglichkeit des § 24 Abs.3 LEPro NW – insbesondere im Hinblick auf die Bindung des großflächigen Einzelhandels an die

---

67 Zur Kritik an der zentralörtlichen Gliederung insbes. in Verdichtungsräumen *Greiving,* RuR 2003, 371 (372 f); *Döhne/Gruber,* Gebietskategorien, 1976, S.65; *Blotevogel* u.a., in: Blotevogel, Fortentwicklung des Zentrale-Orte-Konzepts, 2002, S.217 (254 f); *Tönnies,* in: Blotevogel (Hg.), Fortentwicklung des Zentrale-Orte-Konzepts, 2002, S.63 (73 f); *drs.,* europlan 2002, 6 (7); *Hartog-Niemann/Boeseler,* RuR 1997, 411 (416); *Spannowsky,* Verwirklichung von Raumordnungsplänen, 1999, S.31 f; *Wahl,* Rechtsfragen II, 1978, S.32 f.

68 *Spannowsky,* NdsVBl 2001, 32 (40); *Jarass,* in: Jarass/Pieroth, GG, 2004, Art. 20 Rn.87.

69 *Spannowsky,* NdsVBl 2001, 32 (40).

70 *BVerfG,* Beschl. v. 17.1.1978 – 1 BvL 13/76 –, BVerfGE 47, 109 (117); *BVerfG,* Beschl. v. 4.10.1983 – 1 BvR 1633, 1549/82 –, BVerfGE 65, 116 (126); *Schulze-Fielitz,* in: Dreier (Hg.), GG, Bd.II, 1998, Art.20 Rn.170.

zentralörtliche Gliederung – liegt jedoch keineswegs auf der Hand. Die zentralörtliche Gliederung hat sich in der Vergangenheit als Ordnungsmodell zur Herstellung gleichwertiger Lebensverhältnisse grundsätzlich bewährt.[71] Zwar reicht das Meinungsspektrum in der fachlichen Diskussion von der Forderung nach Abschied vom Zentrale-Orte-Prinzip, über dessen Korrektur durch Dynamisierung bis hin zur weiteren Stabilisierung dieses Planungs- und Ordnungsmodells. Gleichwohl spricht für die prinzipielle Fundamentierung des Zentrale-Orte-Prinzips im Raumordnungsrecht seine Orientierung am verfassungsrechtlichen Sozialstaatsprinzip, das auf raumordnerischer Ebene im Gebot zur Herstellung gleichwertiger Lebensverhältnisse seinen Ausdruck findet.[72] Dass es möglicherweise Korrekturen dieses Prinzips aufgrund veränderter Prämissen in der Planungswirklichkeit bedarf, reicht – insbesondere auch unter Berücksichtigung der erweiterten Einschätzungsprägorative der Landesplanung – für sich genommen noch nicht aus, Zweifel an der Richtigkeit der Zweckverfolgung im Rahmen der Verhältnismäßigkeitsprüfung zu äußern.[73]

3. Erforderlichkeit

Bei der Frage nach der Erforderlichkeit einer Norm als weitere Ausprägung des Verhältnismäßigkeitsgrundsatzes ist zu untersuchen, ob es ein milderes Mittel gibt, mit dem der erstrebte Zweck in gleich geeigneter

71 S. *MKRO,* Entschließung v. 3.12.2001 »Leitlinien zur Anwendung des Zentrale-Orte-Konzepts als Instrument einer nachhaltigen Raumentwicklung«, abgedr. in *Bielenberg u.a.*, Raumordnungs- und Landesplanungsrecht, Bd.I, Stand Sept 2004, B 320, Nr.39, in der die Bedeutung der Zentralen Orte u.a. zur Sicherung von Versorgungsfunktionen und zur Steuerung der Siedlungsentwicklung nachhaltig unterstrichen wird; vgl. weiter *Blotevogel* u.a., in: Blotevogel (Hg.), Fortentwicklung des Zentrale-Orte-Konzepts, 2002, S.217 (219).

72 Vgl. *Spannowsky,* NdsVBl 2001, 32 (37).

73 Insoweit gilt es, die rechtspolitische Diskussion um die Sinnhaftigkeit des ZOK von der verfassungsrechtlich relevanten Frage zu trennen, ob ein verfolgter Zweck mit vorrangigen verfassungsrechtlichen Gemeinwohlentscheidungen nicht im Einklang steht oder der Normgeber von unzutreffenden tatsächlichen Gegebenheiten ausgegangen ist. Die Verhältnismäßigkeitsprüfung ist nicht der Standort für eine allg. Überprüfung der Richtigkeit der Zweckverfolgung; vgl. *Spannowsky,* NdsVBl 2001, 32 (37).

Weise erreicht werden kann.[74] Durch dieses Kriterium soll gewährleistet werden, dass Rechtspositionen nur insoweit eingeschränkt werden, wie unbedingt zur Erreichung des gesetzlichen Zwecks *erforderlich* ist.

Bezogen auf § 24 Abs.3 LEPro NW bedeutet dies, dass keine Möglichkeit offen bleiben soll, um den legitimen Planungszweck in einer Weise zu erreichen, die mit einer geringeren Beeinträchtigung der kommunalen Planungshoheit einhergeht. Es darf also keine Alternative zu § 24 Abs.3 LEPro NW geben, die den angestrebten Zweck durch eine weniger strenge Einbindung in die Planvorgabe oder durch einen geringeren räumlichen oder funktionalen Konkretisierungsgrad ebenso gut erreichen kann.

a) Erforderlichkeit der landesplanerischen Steuerung

Auch wenn der Planungszweck einer landesplanerischen Zielfestlegung von überörtlichen Gründen getragen wird, ist eine landesplanerische Einflussnahme dennoch nicht erforderlich, soweit auf nachgeordneter Planungsebene Instrumente zur Zweckerreichung in gleicher Weise effektiv zur Verfügung stehen. Eine Planungsentscheidung auf der Ebene der Landes- oder Regionalplanung scheidet aus, wenn die in Frage stehenden übergemeindlichen Belange entweder durch das Instrument der Bauleitplanung, der Anpassungspflicht nach § 1 Abs.4 BauGB oder durch städtebauliche bzw. landesplanerische Verträge hinreichend Berücksichtigung finden können.[75]

aa) Steuerung über Bauleitplanung

Das Städtebaurecht kommt als milderes Steuerungsmittel in Betracht, wenn sichergestellt ist, dass die landesplanerischen Interessen auf dieser Ebene hinreichend berücksichtigt werden. Denkbar wäre, dass über das Mittel der Bauleitplanung die notwendige Konfliktbewältigung erfolgen kann.

---

74 Vgl. *BVerfG,* Beschl. v. 15.5.1995 – 2 BvL 19/91, 2 BvR 1206, 1584/91, 2601/93 –, BVerfGE 92, 277 (327); *Schulze-Fielitz,* in: Dreier (Hg.), GG, Bd.II, 1998, Art.20 Rn.171; *Jarass,* in: Jarass/Pieroth, GG, 2002, Art.20 Rn.83 ff; *Pieroth/Schlink,* Grundrechte, 2004, Rn.285.

75 Vgl. *Paßlick,* Ziele der Raumordnung und Landesplanung, 1986, S.83; *Schink,* in: Jarass (Hg.), Raumordnungsgebiete nach dem neuen ROG, 1998, S.46 (78); *Scheipers,* Ziele der Raumordnung, 1995, S.77.

Die Bereitstellung von Bauland für den großflächigen Einzelhandel außerhalb von Kerngebieten kann nicht durch bloße Zuordnung zu einer der in der Baunutzungsverordnung gemäß §§ 2 ff typisierten allgemeinen Nutzungsarten, sondern nur durch eine gesonderte städtebauliche Planungsentscheidung verwirklicht werden. Die Gemeinde hat den großflächigen, auswirkungsintensiven Einzelhandel, soweit er nicht innerhalb der zentralen Geschäftslagen verwirklicht wird, nach § 11 Abs.3 BauNVO in Sondergebieten zu planen und dabei das speziell mit solchen Projekten verbundene Konfliktpotenzial durch sachgerechte Planung und Beteiligung der betroffenen Interessensgruppen zu bewältigen.[76] Das könnte in der Tat dafür sprechen, dass aufgrund dieser spezifischen Planungsverpflichtung auch landesplanerische Belange ausreichend berücksichtigt und damit durchgesetzt werden können. Voraussetzung dafür aber wäre, dass der rechtliche Rahmen, der für die Planung gilt, eine entsprechende Verpflichtung zur Berücksichtigung landesplanerischer Belange beinhaltet.

(1) In der Literatur wird zum Teil vertreten, dass eine hinreichende Berücksichtigung landesplanerischer Belange allein über die städtebauliche Planung nicht möglich sei, weil die Bauleitplanung ihrer Aufgabenstellung nach auf die Vorbereitung und Leitung der baulichen und sonstigen Nutzung der Grundstücke in der Gemeinde und die Wahrnehmung der städtebaulichen Entwicklungs- und Ordnungsfunktion beschränkt sei.[77] Die Zweckbeschränkung der Bauleitplanung komme in § 1 Abs.3 S.1 BauGB zum Ausdruck, wonach die Bauleitpläne von den Gemeinden nur dann aufzustellen seien, *sobald* und *soweit* es für die *städtebauliche* Entwicklung und Ordnung erforderlich sei. Demzufolge erstreckten sich Sortimentsbeschränkungen in Bauleitplänen oder auch städtebaulichen Verträgen regelmäßig auf den Schutz der eigenen Innenstadtbereiche, ohne dass raumstrukturelle oder raumfunktionelle Gesichtspunkte im Sinne der Aufrechterhaltung einer landesweiten Versorgungsgerechtigkeit eine Rolle spielten. Zwar ergebe sich über das interkommunale Abstimmungsgebot nach § 2 Abs.2 BauGB ein Einfallstor für die Berücksichtigung überörtlicher Belange, weil hiernach Nachbargemeinden vor unzumutbaren Beeinträchtigungen ihrer kommunalen Planungshoheit zu schützen seien. Allerdings erstrecke sich dieser Schutz nur auf die innere städtebauliche

---

76 S. dazu oben S.66 f.

77 *Spannowsky,* NdsVBl 2001, 1 (3).

Situation der Nachbargemeinde bzw. auf die dort entwickelte »Planungsumwelt«, nicht aber auf die überörtliche Funktion und Stellung der Gemeinde im Gesamtraum. Die Berücksichtigung raumstruktureller und -funktioneller Anforderungen in Bezug auf die regionale bzw. landesweite Versorgungsgerechtigkeit sei deshalb nicht Gegenstand der interkommunalen Abstimmungspflicht.

Auch über Grundsätze der Raumordnung und Landesplanung könne keine wirksame Durchsetzung landesplanerischer Belange gewährleistet werden.[78] Durch Grundsätze werde die planende Standortgemeinde nicht strikt gebunden; vielmehr seien diese im Rahmen der Abwägung durch eine Summe anderer zu berücksichtigender Abwägungsmaterialen in ihrem Gewicht nicht nur relativierbar, sondern letztlich sogar überwindbar. Deshalb könnten landesplanerische Interessen nur dadurch verwirklicht werden, wenn sie in Form von Zielen der Raumordnung ergingen und damit die Anpassungspflicht nach § 1 Abs.4 BauGB auslösten. § 24 Abs.3 LEPro NW sei deshalb als Abwehrinstrument für raumstrukturelle und raumfunktionelle Gefährdungen der zentralörtlichen Gliederung und der Siedlungsschwerpunkte unverzichtbar.

(2) Dagegen wird eingewandt, dass eine sachgerechte bauleitplanerische Abwägung nach § 1 Abs.7 BauGB und nach § 2 Abs.2 BauGB sehr wohl gewährleiste, dass all diejenigen Gesichtspunkte, die sich aus der sozialstaatlichen Legitimationsgrundlage des zentralörtlichen Gliederungsprinzips ergeben würden und vornehmlich auf eine gleichmäßige Versorgung der Bevölkerung in zumutbarer Entfernung gerichtet seien, berücksichtigt würden.[79] Dahinter steht die Überlegung, dass auch der bauleitplanerische Abwägungsspielraum nicht jede inhaltliche, sondern nur eine ausgewogene Entscheidung unter Einhaltung des Abwägungsgebots zulässt. Die zentralörtliche Gliederung und ihre Schutzziele als raumordnerisches Grundprinzip zur Ordnung von Angebot und Nachfrage im Gesamtraum prägen dabei mit ihrem Gewicht, nicht zuletzt auch wegen ihrer sozialstaatlichen Verankerung, den bauleitplanerischen Abwägungsprozess in erheblichem

---

78 *Spannowsky,* NdsVBl 2001, 1 (2).

79 *Hoppe/Bunse,* WiVerw 1984, 151 (166 f); *Hoppe/Otting,* Der Landkreis 2000, 376 (378); *Moench/Sandner,* NVwZ 1999, 337 (341, Fn.47); *Berg,* WiVerw 1990, 209 (220); *Schneider,* Bauplanungsrechtliche Zulässigkeit von FOC, 2003, S.120; *Kopf,* Rechtsfragen, 2002, S.274.

Maße. Ein zu weitreichendes oder gänzliches Zurückstellen dieser Belange gegen andere, in der Summe höher bewertete Belange, wäre deshalb als abwägungsfehlerhaft zu bewerten. Von daher räumt diese Auffassung der bauleitplanerischen Abwägung eine hinreichende Steuerungsfunktion für eine auch landesplanerisch raumverträgliche Ansiedlung des großflächigen Einzelhandels ein. Auch das zwischengemeindliche Abstimmungsgebot – so die weitere Argumentation – gewährleiste, dass Bestand und Entwicklung der städtebaulichen Struktur nicht unzumutbar beeinträchtigt werde. Von Teilen der Rechtsprechung wird dabei als ein wesentliches Indiz für noch zumutbare Auswirkungen angesehen, dass das Vorhaben zumindest den Zielen der Raumordnung und Landesplanung entspricht.[80]

(3) Die letztgenannte Auffassung begegnet allerdings einigen Zweifeln. Zwar wird zutreffend betont, dass die bauleitplanerische Abwägung für sich genommen nicht jede Zurückstellung von Belangen erlaubt, sondern durch das Abwägungsgebot auf ein ausgewogenes, jedenfalls nicht unzumutbares planerisches Ergebnis verpflichtet ist. Formuliert man aber mit Teilen der Rechtsprechung als ein wesentliches Indiz für die Grenze der Unzumutbarkeit im bauleitplanerischen Abwägungsprozess die Übereinstimmung der Planung mit den Zielen der Raumordnung, so würde sich hieraus gerade die Notwendigkeit ergeben, dass landesplanerische Interessen – wie hier die landesweite Versorgung der Bevölkerung in angemessener Entfernung – durch Ziele der Raumordnung wirksam abgesichert werden. Würden hingegen landesplanerische Interessen nur als Grundsätze formuliert, so wären sie in ihrem Gewicht mehr oder weniger relativierbar. Die Sicherung einer Mindestbedienung der Bevölkerung mit Versorgungsgütern in angemessener Entfernung wäre damit zur Disposition der planenden Gemeinde gestellt, sofern sich aus der örtlichen Situation eine Summe gegenläufiger Belange ergeben würde, die ein Zurückstellen der landesplanerischen Versorgungsinteressen rechtfertigten.

Etwas anderes gilt auch nicht im Hinblick auf die mittlerweile erfolgte Novellierung des Baugesetzbuchs, die unter anderem § 2 Abs.2 BauGB um einen S.2 ergänzt hat.[81] Danach können sich Nachbargemeinden im

80 *VG Neustadt (Weinstraße),* Beschl. v. 29.09.1998 – 2 L 2138/98 –, NVwZ 1999, 101 (102); *OVG Weimar,* Beschl. v. 23.4.1997 – 1 EO 241/97 –, DÖV 1997, 791 (793); *OVG Lüneburg,* Urt. v. 23.11.1982, – 6 C 7/79 –, BRS 39, 74 (77).

81 Vgl. *Krautzberger,* UPR 2004, 41 (46).

Rahmen der interkommunalen Abstimmung künftig auch auf die den Gemeinden durch Ziele der Raumordnung zugewiesenen Funktionen sowie auf die Auswirkungen auf ihre zentralen Versorgungsbereiche berufen. Durch diese Änderung soll das interkommunale Abstimmungsgebot, das sich aufgrund seiner Zuordnung zur kommunalen Planungshoheit wesensbedingt nur auf *städtebauliche* Belange bezieht, auf raumordnerische überörtliche Belange erweitert werden. Praktisch wirkt sich die Erweiterung des interkommunalen Abstimmungsgebots dahingehend aus, dass die Gemeinde die Einhaltung von sie begünstigenden Zielen der Raumordnung zum Gegenstand einer interkommunalen Abwehrklage machen kann, was zuvor aufgrund der fehlenden Drittschutzwirkung von Zielen der Raumordnung nicht der Fall war.[82]

Infolge dieser Erweiterung der interkommunalen Abstimmungspflicht scheint sich auf den ersten Blick in der Tat eine Stärkung landesplanerischer Versorgungsinteressen auf städtebaurechtlicher Ebene zu ergeben. Denn im Gegensatz zur früheren Rechtslage wird künftig die Stellung der Gemeinden auch im Hinblick auf ihre überörtliche Aufgabenwahrnehmung geschützt, was natürlich die Durchsetzung landesplanerischer Interessen deutlich erleichtert. Jedoch ändert die geplante Neuregelung nichts daran, dass auf der übergeordneten Planungsebene zunächst das verbindliche Raumordnungsrecht in Form von Zielen der Raumordnung geschaffen werden muss. Durch die Neuregelung wird nur die gerichtliche Durchsetzung der Ziele der Raumordnung verbessert. Auf § 24 Abs.3 LEPro NW als Quelle verbindlichen Raumordnungsrechts kann daher auch unter diesem Gesichtspunkt nicht verzichtet werden.

bb) Steuerung über die Anpassungspflicht nach § 1 Abs.4 BauGB

Auf eine Steuerung des großflächigen Einzelhandels durch § 24 Abs.3 LEPro NW könnte verzichtet werden, sofern die bereits bestehenden landesplanerischen Ziele in Form der Zentralitätsstufen oder Siedlungsschwerpunkte zur Absicherung der zentralörtlichen Angebots- und Nachfragestrukturen bereits ausreichend wären.

82 Vgl. *Finkelnburg,* NVwZ 2004, 897 (900).

Die Zentralitätsstufe verpflichtet die Gemeinde, die planungsrechtlichen Voraussetzungen für eine stufengerechte Ausstattung ihres Gemeindegebiets zu schaffen.[83] Über die Verpflichtung zur Darstellung von Siedlungsschwerpunkten in den Flächennutzungsplänen unterliegen die Gemeinden der Selbstbindung, die stufengerechten Einrichtungen der Daseinsvorsorge in den Siedlungsschwerpunkten zu planen.[84]

Ob sich die entsprechenden Einrichtungen – insbesondere im privatwirtschaftlichen Bereich – auch tatsächlich dort ansiedeln und auch dort wirtschaftlich überlebensfähig sind, entzieht sich allerdings unmittelbarer hoheitlicher Einflussnahme, sondern wird von betriebswirtschaftlichen Erwägungen der Anbieter bestimmt. Für die Landesplanung bleibt nur die Möglichkeit, durch mittelbare Einflussnahme die ökonomischen Standortvoraussetzungen für die in den jeweiligen Gemeinden angestrebte Zentralität zu schaffen. Das geschieht vor allem durch die Abwehr von Kräften, welche die Anordnung der Siedlungsstruktur in den verschiedenen Teilräumen des Landesgebiets stören würden. Denn in der Anordnung der Siedlungsstruktur spiegelt sich die räumliche Verteilung der Nachfrage wider, für welche die zentralörtliche Gliederung im Interesse einer bestmöglichen Versorgung der Bevölkerung den Rahmen setzt.[85] Konkret bedeutet dies, dass die endogene Ausrichtung der Nachfrage einerseits zwischen den Versorgungsbereichen der zentralörtlichen Gliederung wie auch andererseits innerhalb der Versorgungsbereiche auf die jeweiligen Zentren gewahrt bleibt. Nur durch eine solche Siedlungsstruktur werden die ökonomischen Rahmenbedingungen gesetzt, um die Standorte in den Zentren für privatwirtschaftliche Ansiedlungen attraktiv zu machen und eine flächenmäßige Versorgung der Bevölkerung durch funktionsfähige Zentren sicherzustellen.

Die Sicherung dieser Siedlungsstruktur wird weder durch die landesplanerischen Zentralitätsstufen noch durch die Verpflichtung zur Bildung innergemeindlicher Siedlungsschwerpunkte gewährleistet. Mit diesen Festlegungen wird lediglich von den Gemeinden verlangt, dass sie die planungsrechtlichen Voraussetzungen für die Entwicklung zentralörtlicher *Angebots-*

---

83 Vgl. *OVG Koblenz,* Urt. v. 1.3.1983 – 10 C 24/82 –, BauR 1983, 551 (552); *Wahl,* Rechtsfragen II, 1978, S.222; s. auch oben S.108 f.

84 SSP-Erlass NW, Nr.1.2.

85 Vgl. *Niemeier/Dahlke/Lowinski,* Landesplanungsrecht NW, 1977, § 6 LEPro Anm.3.

strukturen schaffen und dadurch teilräumliche Impulse für die Entwicklung der angestrebten Siedlungsstruktur setzen. Wie an anderer Stelle hervorgehoben, markiert die Zentralitätsstufe nur eine Anforderung an die versorgungsfunktionale Mindestausstattung,[86] ist also keineswegs von abschließender Aussage. Sobald die Gemeinde die notwendigen Baulandflächen für die Ansiedlung der zentralörtlichen Einrichtungen geschaffen hat, ist die aus den zentralörtlichen Funktionszuweisungen folgende Beachtenspflicht im Sinne des § 1 Abs.4 BauGB erfüllt. Was darüber hinaus unter Zentralitätsgesichtspunkten in der Gemeinde geschehen darf, ist durch die Zentralitätsstufe hingegen nicht vorentschieden.[87] Will die Landesplanung die zentralörtlichen Funktionszuweisungen auch unter *Nachfrage*gesichtspunkten schützen, so bedarf es hierzu gesonderter Festlegungen, aus denen funktionsbezogene Anforderungen für die Planung von Zentralitäten abzuleiten sind.[88] Insoweit ergibt sich ein sachlich gerechtfertigtes Bedürfnis, über die Zentralitätsstufen und Siedlungsschwerpunkte hinaus eine landesplanerische Regelung – wie § 24 Abs.3 LEPro NW – zu implementieren, über die eine präventiv-kontrollierende Steuerung der kommunalen Raumentwicklungen ermöglicht werden kann.[89]

cc) Steuerung über städtebauliche Verträge

Zu überlegen wäre ferner, landesplanerische Versorgungsinteressen über städtebauliche Verträge nach § 11 BauGB durchzusetzen. Städtebauliche Verträge begleiten vor allem den Bebauungsplan und andere städtebauliche Satzungen. Die vertraglichen Regelungen können die Bauleitplanung zwar nicht ersetzen, aber begleitende Regelungen treffen, die vor allem der Vorbereitung und Durchführung der Planung sowie der Kostenübernahme dienen.[90]

86 S. oben S.124 ff.

87 Vgl. *Spannowsky,* NdsVBl 2001, 32 (33); s. auch oben S.112.

88 *Spannowsky,* NdsVBl 2001, 32 (33).

89 S. dazu oben auch schon S.108 ff.

90 *Dirnberger,* in: Jäde/Dirnberger/Weiß, BauGB – BauNVO, 2002, § 11 BauGB Rn.6; *Krautzberger,* in: Ernst u.a., BauGB, Stand Sept 2004, § 11 BauGB Rn.114 f; *Finkelnburg/Ortloff,* Öffentliches Baurecht, Bd.I, 1998, S.174; *Stüer,* Bau- und Fachplanungsrecht, 1998, Rn.1133.

Wie für die Bauleitplanung gilt allerdings auch bei städtebaulichen Verträgen, dass die Gemeinden nur ihre städtebaulichen Gründe und Belange zum Vertragsgegenstand machen können.[91] Im Wege städtebaulicher Verträge können beispielsweise Sortimentsbeschränkungen vereinbart werden, um die bauleitplanerische Standortentscheidung für den großflächigen Einzelhandel auf örtlicher Ebene, insbesondere im Hinblick auf die Entwicklung des eigenen innenstadtrelevanten Handels, verträglicher zu gestalten. Raumfunktionelle bzw. raumstrukturelle Aspekte der Standortentscheidung bleiben hingegen aufgabenbedingt außer acht.[92]

Für die Landesplanung ist aber gerade von entscheidender Bedeutung, ob der Standort unter raumstrukturellen bzw. raumfunktionellen Aspekten der »richtige« ist.[93] Diese Standortfrage ist – wenn es um Regelungen in städtebaulichen Verträgen geht – regelmäßig schon bauleitplanerisch vorentschieden, so dass von städtebaulichen Verträgen ebenfalls keine Steuerungswirkung zugunsten landesplanerischer Versorgungsinteressen ausgehen kann.

dd) Steuerung über landesplanerische Verträge

Schließlich ist noch an eine Steuerung der Standortausweisung über landesplanerische Verträge zu denken, die eine strikte Zielfestlegung wie § 24 Abs.3 LEPro NW entbehrlich machen könnten.

(1) Rechtsgrundlage für landesplanerische Verträge ist § 13 S.5 ROG. Danach können zur *Vorbereitung* und *Verwirklichung* von Raumordnungsplänen vertragliche Vereinbarungen getroffen werden. Dabei können diese Verträge unter anderem der Verwirklichung von regionalen Entwicklungskonzepten dienen, durch die raumbedeutsame Planungen und Maßnahmen aufeinander abgestimmt werden.[94] Der landesplanerische Vertrag wird als Handlungsinstrument insbesondere im Rahmen der Steuerung von Einzel-

---

91 *Brohm,* Öffentliches Baurecht, 2002, § 7 Rn.6; *Spannowsky,* NdsVBl 2001, 1 (3).

92 *Spannowsky,* NdsVBl 2001, 1 (3).

93 *Spannowsky,* NdsVBl 2001, 1 (3).

94 *Stüer,* in: ILS (Hg.), Umsetzung von regionalen Einzelhandelskonzepten, 2000, S.15; *Goppel,* in: ILS (Hg.), Umsetzung von regionalen Einzelhandelskonzepten, 2000, S.12.

handelsgroßprojekten in der Region diskutiert, wo er die Ergebnisse von regionalen Einzelhandelskonzepten verbindlich machen soll.[95]

Im Rahmen eines derartigen Konzepts werden auf der Grundlage einer Situationsanalyse Vereinbarungen über räumliche Entwicklungskriterien, wie etwa die Voraussetzungen für einen Standort des großflächigen Einzelhandels, Sortimente oder Flächenbegrenzungen getroffen.[96] Solche Vereinbarungen erlauben regional angepasste Lösungen an die Versorgungssituation, die insbesondere in den Verdichtungsräumen eine andere Struktur als die zentralörtlichen Standortraster zeigt.[97] Insofern könnte es sich als milderes, zumindest gleich effektives Mittel darstellen, die gemeindliche Bauleitplanung nicht strikt an die vom Landesgesetzgeber vorgegebene zentralörtliche Gliederung und die Siedlungsschwerpunkte zu binden, sondern die Zielfestlegung für all jene Fälle zurückzunehmen, wo durch ein in einen landesplanerischen Vertrag gegossenes regionales Einzelhandelskonzept eine der Planungswirklichkeit angemessenere Lösung nachgewiesen wird.

(2) Die Möglichkeiten zur Durchsetzung landesplanerischer Interessen auf der Ebene des landesplanerischen Vertrags sind allerdings von vornherein beschränkt. Nach überwiegender Auffassung in der Literatur können landesplanerische Verträge nicht *planersetzend* sein, das heißt Ziele der Raumordnung festsetzen, welche die gesetzliche Bindungswirkung des § 4 Abs.1 ROG auslösen.[98] Begründet wird dies unter anderem damit, dass

---

95 Vgl. *Moench,* in: ILS (Hg.), Umsetzung von regionalen Einzelhandelskonzepten, 2000, S.17 ff; *Spannowsky,* UPR 1999, 241 (245); *Goppel,* in: ILS (Hg.), Umsetzung von regionalen Einzelhandelskonzepten, 2000, S.12.

96 *Friedrich,* in: ILS (Hg.), Umsetzung von regionalen Einzelhandelskonzepten, 2000, S.6; bei der Situationsanalyse dürfte es v. a. um eine Analyse der in den Städten und Gemeinden vorhandenen Einzelhandelsstrukturen, Kaufkraftpotenziale und -bewegungen zwischen den einzelnen Standorten sowie zwischen den Städten benachbarter Regionen außerhalb des Untersuchungsgebiets gehen.

97 *Greiving,* RuR 2003, 371 (373); *Brake/Karsten,* IzR 1998, 161 (169); *Blotevogel u.a,* in: Blotevogel (Hg.), Fortentwicklung des Zentrale-Orte-Konzepts, 2002, S.217 (287 f).

98 *Grotefels,* in: ILS (Hg.), Umsetzung von regionalen Einzelhandelskonzepten, 2000, S.9; *Goppel,* in: ILS (Hg.), Umsetzung von regionalen Einzelhandelskonzepten, 2000, S.12; *Stüer,* in: ILS (Hg.), Umsetzung von regionalen Einzelhandelskonzepten, 2000, S.15; *Mahlburg,* Raumordnerische Verträge, 2002, S.164 ff; diff. *Spannowsky,* Verwirklichung von Raumordnungsplänen, 1999, S.13.

Ziele der Raumordnung materielle Rechtsnormen seien, so dass bereits das Verbot der Normsetzung durch Vertrag gegen eine Ersetzung spreche. Des Weiteren definiere § 3 Nr.2 ROG Ziele der Raumordnung unmissverständlich als Festlegungen *in Raumordnungsplänen*. Zwar könne daran gedacht werden, dass auch landesplanerische Verträge Raumordnungspläne verkörpern könnten, weil das Gesetz keine bestimmte Rechtsform für den Erlass von Raumordnungsplänen vorschreibe. Dagegen spreche jedoch, dass in § 13 S.5 ROG der landesplanerische Vertrag gerade in Abgrenzung zu Raumordnungsplänen genannt werde, was daran festzumachen sei, dass dessen Funktion nur auf die Vorbereitung oder Verwirklichung von Raumordnungsplänen gerichtet sei. Zielersetzende Verträge müssten darüber hinaus die gleichen Verfahrens- und Formvorschriften wie »echte« Raumordnungspläne einhalten und dem Gebot einer gerechten Abwägung entsprechen.[99] Worin dann aber noch der praktische Nutzen einer vertraglichen Zielfestlegung liegen sollte, sei nicht mehr auszumachen.[100]

Die Auffassung, dass landesplanerische Verträge keine planersetzende Funktion haben können, verdient Zustimmung. Den Gemeinden kommt von der gesetzlichen Kompetenzordnung her keine Befugnis zu, in geltendes Bundes- oder Landesrecht einzugreifen und über Absprachen und Vereinbarungen die materiellen Anforderungen des landesrechtlichen Raumordnungsrechts zu verändern. Selbst wenn man zumindest den Abschluss raumordnerische Verträge unter Beteiligung des Raumordnungsträgers noch als mit dem Abwägungsgebot vereinbar ansehen würde, weil es letztlich unerheblich ist, ob der Träger der Raumordnung seine Zustimmung zu einem Vertrags- oder einem Planentwurf gibt,[101] so wird man

99 Planersetzende Verträge werden v. a. wegen der Bedenken hinsichtlich einer Verletzung des rechtsstaatlichen Abwägungsgebots für unzulässig gehalten. In vertraglichen Abreden wird die Gefahr gesehen, dass die Abwägungsentscheidung vom Planungsträger fort auf die Gesamtheit der Vertragsbeteiligten verlagert wird und sich dadurch der Planungsprozess auf Ebene der Landes- und Regionalplanung, der an einem übergreifenden Interessensausgleich ausgerichtet sein muss, in einseitigen vertraglichen Bindungen verstrickt, die zu »subjektiven Abwägungssperren« führen; vgl. insoweit *BVerwG,* Urt. v. 5.7.1974 – IV C 50.72 –, BVerwGE 45, 309 (318); *Mahlburg,* Raumordnerische Verträge, 2002, S.163.

100 Vgl. zusammenfassend zu den ablehnenden Argumenten *Grotefels,* in: ILS (Hg.), Umsetzung von regionalen Einzelhandelskonzepten, 2000, S.9.

101 *Mahlburg,* Raumordnerische Verträge, 2002, S.164; *Moench,* in: ILS (Hg.), Umsetzung von regionalen Einzelhandelskonzepten, 2000, S.17.

eine Verletzung des Abwägungsgebots spätestens an jener Stelle annehmen müssen, wo es um die aufgrund veränderter raumordnerischer Sach- oder Einschätzungslage erforderliche Aufhebung oder Änderung des Erst-Vertrags geht. Da eine Änderung oder Aufhebung nur mit Zustimmung aller Vertragsbeteiligten möglich ist, gibt der Raumordnungsträger seine Aufhebungs- und Änderungskompetenz an die übrigen Vertragsbeteiligten preis mit der Konsequenz, dass auf eine veränderte Sachlage nur mit einem erneuten planersetzenden Vertrag reagiert werden kann.[102] Darin liegt eine unzulässige Verlagerung der Abwägungs- und Planungskompetenz vom an sich zuständigen Planungsträger auf andere.[103]

Da der materielle Kern von Planungsentscheidungen nicht durch landesplanerische Verträge ersetzt werden kann, dürfte auch § 24 Abs.3 LEPro NW mit seinen raumstrukturellen und raumfunktionellen Anforderungen nicht durch einen landesplanerischen Vertrag ersetzt werden können. Dass Einzelhandelsgroßbetriebe die siedlungsräumliche Arbeitsteilung und die Schwerpunktbildung sowohl auf Landes- als auch Gemeindeebene und die Versorgung der Bevölkerung in angemessener Entfernung nicht beeinträchtigen dürfen und dass insoweit als Planinstrument die zentralörtliche Gliederung und die innergemeindlichen Siedlungsschwerpunkte anzulegen sind, ist eine unmittelbar materielle Planungsentscheidung, an die landesplanerische Verträge definitionsgemäß nur in akzessorischer Weise anknüpfen können.[104] Landesplanerische Verträge können nur Schritte leisten, um die Wirklichkeit den Aussagen der Raumordnungspläne näher zu bringen,[105] jedoch kein eigenständiges verbindliches Raumordnungsrecht

---

102 Vgl. *Moench,* in: ILS (Hg.), Umsetzung von regionalen Einzelhandelskonzepten, 2000, S.17 f.

103 Vgl. *Mahlburg,* Raumordnerische Verträge, 2002, S.164 f; a.A. offenbar *Spannowsky,* Verwirklichung von Raumordnungsplänen, 1999, S.13, der u.a. unter Hinweis auf die normativen Wirkungen der sozialrechtlichen Verträge zwischen Krankenkassen und Kassenärztlichen Vereinigungen die konstruktive Zulässigkeit normersetzender Verträge im deutschen Rechtssystem bejaht. Die Begründung lässt allerdings eine Auseinandersetzung mit der Frage vermissen, ob nicht gerade durch die inhaltlichen Bindungen aus dem »ersten« raumordnerischen Vertrag die Abwägungskompetenz des Raumordnungsträgers in Bezug auf künftige Entscheidungen verkürzt wird, weil derartige Entscheidungen einer Vertragsänderung und damit der Zustimmung aller Vertragsbeteiligten bedürfen.

104 *Moench,* in: ILS (Hg.), Umsetzung von regionalen Einzelhandelskonzepten, 2000, S.17 (19).

105 Vgl. *Mahlburg,* Raumordnerische Verträge, 2002, S.180.

schaffen, insbesondere nicht originäre raumstrukturelle oder raumfunktionelle Inhalte begründen. Das spricht dafür, dass auf § 24 Abs.3 LEPro NW als Planungsentscheidung nicht verzichtet werden kann und die Norm unter diesem Gesichtspunkt verfassungsrechtlich das mildeste Mittel ist, um die landesplanerischen Versorgungsinteressen sicherzustellen.

(3) Allerdings könnte sich die Zielfestlegung des § 24 Abs.3 LEPro NW – jedenfalls hinsichtlich ihrer Regelungsintensität – deshalb als nicht erforderlich erweisen, weil die Möglichkeiten nicht voll ausgelotet sind, die landesplanerische Verträge zur *Vorbereitung* und *Verwirklichung* von Zielfestlegungen in Raumordnungsplänen bieten können. Hintergrund der Diskussion um einen verstärkten kooperativen Ansatz bei der Steuerung des großflächigen Einzelhandels ist, dass durch § 24 Abs.3 LEPro NW in einer relativ starren Systematik landesweit einheitliche Anforderungen an die Raumverträglichkeit von Einzelhandelsgroßbetrieben formuliert werden, deren Umsetzung in einzelnen Regionen aufgrund der Planungswirklichkeit zum Teil als kontraproduktiv für eine bestmögliche Versorgung der Bevölkerung bezeichnet werden muss.[106] Das gilt vor allem für die Verdichtungsgebiete, wo die klassischen zentralörtlichen Ansätze (Reichweite, Versorgungsbereich, Mindestbevölkerung) weitgehend irrelevant sind, weil die Zentren hier eher funktionsteilig denn hierarchisch miteinander verflochten sind.[107] Die Bevölkerung sieht in der Regel die gesamte Stadtregion bei der Deckung des spezialisierteren Bedarfs als zusammenhängenden Versorgungsraum mit arbeitsteilig spezialisierten Zentren an. Hier eine Bindung des großflächigen Einzelhandels an die zentralörtlichen Strukturen zu fordern, wäre aufgrund der eingetretenen Verhältnisse häufig nicht sachgerecht zur Zielerreichung.

Ein denkbarer Ansatzpunkt zur Fortentwicklung des zentralörtlichen Systems in den Verdichtungsgebieten wäre der Einsatz landesplanerischer Verträge, die einen zuvor erzielten regionalen Konsens über Einzelhandels-

106 Vgl. *Greiving,* RuR 2003, 371 (372 f); *Döhne/Gruber,* Gebietskategorien, 1976, S.65; *Wahl,* Rechtsfragen II, 1978, S.32.

107 Vgl. *Blotevogel* u.a., in: Blotevogel, Fortentwicklung des Zentrale-Orte-Konzepts, 2002, S.217 (254 f); *Tönnies,* in: Blotevogel (Hg.), Fortentwicklung des Zentrale-Orte-Konzepts, 2002, S.63 (73 f); *drs.,* europlan 2002, 6 (7); *Hartog-Niemann/Boeseler,* RuR 1997, 411 (416); ausführlich hierzu und zu den Möglichkeiten, durch landesplanerische Verträge gegenzusteuern *Spannowsky,* Verwirklichung von Raumordnungsplänen, 1999, S.31 f.

konzepte oder sonstige Entwicklungsmaßnahmen verbindlich machen. Derartige Verträge könnten als kooperatives Planinstrument neben das Modell der einseitig reglementierten zentralörtlichen Gliederung treten.[108] Der entscheidende Vorteil eines solchen kooperativ geprägten Planinstruments wäre, dass maßgeschneiderte Lösungen für bestimmte Regionen unter Beteiligung der ortskundigeren Planungsebenen von Regional- und Bauleitplanung erarbeitet werden könnten.[109] Zu beachten wäre jedoch, dass der landesplanerische Vertrag für sich genommen nicht hinreicht, um positiv verbindliches Raumordnungsrecht zu schaffen. Ihm kommt – wie ausgeführt – keine planersetzende Funktion zu. Deshalb dürften den Ergebnissen des Vertrags letztlich nicht mehr als der Rang von Abwägungsmaterial zukommen, über die der Träger der Raumordnungsplanung »das letzte Wort«, etwa durch Beschlussfassung und Übernahme in den Raumordnungsplan, sprechen müsste.[110] Nur dann wäre gewährleistet, dass verbindliches Raumordnungsrecht erst in Kraft tritt, wenn die Landesplanung als zuständiger Träger die abschließende Abwägung und Sanktionierung vorgenommen hat.[111] Der landesplanerische Vertrag käme hier als Mittel zur *Vorbereitung* einer Zielfestlegung zum Zuge, weil er das Abwägungsmaterial bzw. -ergebnis maßgeblich prägen würde, das letztlich zu seiner zielförmigen Übernahme in einem Raumordnungsplan führt.[112] In diesem Sinne hätte er die Funktion eines Rahmenkonzepts für ein späteres Ziel. Seine Inhalte könnten sodann als Alternative neben das Planinstrument der zentralörtlichen Gliederung treten und flexible Lösungen in den Verdichtungsräumen ermöglichen. Hierzu wäre aber erforderlich, die Vorschrift des § 24 Abs.3 LEPro NW zu ändern und neben die Planinstrumente des Kongruenzgebots, des Beeinträchtigungsverbots und des

---

108 Hierfür spricht sich ausdrücklich *Miosga,* in: Blotevogel (Hg.), Fortentwicklung des Zentrale-Orte-Konzepts, 2002, S.78 (87) aus.

109 Vgl. *Blotevogel u.a.,* in: Blotevogel (Hg.), Fortentwicklung des Zentrale-Orte-Konzepts, 2002, S.217 (223).

110 So ausdrücklich *Landesplanungsbehörde NW,* Landesplanungsbericht 2001, S.34; ebenso *Goppel,* in: ILS (Hg.), Umsetzung von regionalen Einzelhandelskonzepten, 2000, S.33.

111 Diese Abwägung wäre beim landesplanerischen Vertrag aufgrund der bipolar geprägten Interessensbeziehungen wohl kaum in raumübergreifender Weise zu leisten, so dass auch hier ein Grund gegen die planersetzende Funktion von Verträgen zu sehen ist; vgl. *Brohm,* Öffentliches Baurecht, 2002, § 7 Rn.18.

112 *Grotefels,* in: ILS (Hg.), Umsetzung von regionalen Einzelhandelskonzepten, 2000, S.32.

Integrationsgebots vertragliche Lösungen treten zu lassen, die durch den zuständigen Träger der Raumordnung durch eine eigene Abwägungsentscheidung sanktioniert worden sind.

(4) Ein weiteres Einsatzfeld landesplanerischer Verträge könnte aber auch in der *Verwirklichung* von Raumordnungsplänen liegen. Insoweit könnten Verträge an bereits bestehende Planinhalte anknüpfen und diese verwirklichen, indem sie zum Beispiel Ziele eines Raumordnungsplans konkretisieren.[113] Ein solcher Vertrag wäre in erster Linie als eine »Optimierungs- bzw. Erfüllungshilfe« für die Pflicht jeder einzelnen Gemeinde anzusehen, ihre Bauleitplanung an die Ziele der Raumordnung anzupassen. Denn das verbindliche materielle Raumordnungsrecht ist bei der *Verwirklichung* von Raumordnungsplänen bereits auf der zeitlich vorgelagerten Stufe der Aufstellung von Raumordnungsplänen geschaffen und kann deshalb lediglich hinsichtlich Art und Weise seiner Umsetzung noch einem landesplanerischen Vertrag zugänglich sein.

Derartige Verträge könnten vor allem Sinn machen im Hinblick darauf, dass die auf die einzelne Gemeinde bezogene Anpassungspflicht nach § 1 Abs.4 BauGB aufgrund der zunehmenden Regionalisierung der Lebens- und Daseinsfunktionen effektiver durch eine per landesplanerischen Vertrag dirigierte, interkommunal abgestimmte Anpassung durchgeführt werden könnte. Das gilt insbesondere in Ballungsräumen, wo aufgrund der intensiven funktionalen Verflechtungen in der Region eine jeweils gemeindescharfe und isolierte Anpassung an die Ziele der Raumordnung den Bedürfnissen einer auch regional verträglichen planerischen Lösung, von der auch jede einzelne Gemeinde profitieren kann, nicht immer entgegenkommen dürfte. Hier könnte die Anpassung optimiert werden, wenn sie etwa auf einer Gesamtbetrachtung der vorhandenen Verkaufsflächen in der Region beruhen und über räumliche Entwicklungskriterien in einem landesplanerischen Vertrag feingesteuert würde. Da die Vereinbarung aber nur der Umsetzung raumordnerischer Ziele dienen darf, muss sie von entsprechenden zielkonformen Erwägungen geleitet sein.

Denkbar wäre in diesem Zusammenhang, einen landesplanerischen Vertrag zwischen Nachbargemeinden zur Voraussetzung für eine Abweichungs-

113 *Grotefels,* in: ILS (Hg.), Umsetzung von regionalen Einzelhandelskonzepten, 2000, S.32; *Spannowsky,* Verwirklichung von Raumordnungsplänen, 1999, S.10 f.

möglichkeit innerhalb der Zielfestlegung zu machen.[114] Der landesplanerische Vertrag hätte in diesem Kontext dann die Funktion, Raumordnungsziele zu konkretisieren. Dem Normgeber steht es frei, seine Planaussage inhaltlich zurückzunehmen, wenn er aufgrund besonderer Umstände keine Notwendigkeit zur einseitigen Intervention sieht. Solche besonderen Umstände können atypische, nicht vorhersehbare Sachverhalte im Sinne der Soll-Regelung oder aber ausdrücklich vorgesehene Ausnahmen in Bezug auf vertragliche Vereinbarungen zwischen Nachbargemeinden sein, die das landesplanerische Konfliktpotenzial auch ohne Anbindung an das zentralörtliche Gliederungssystem hinreichend bewältigen. Problematisch an vertraglich gesteuerten Abweichungsmöglichkeiten ist aber generell, dass sich deren Ergebnisse von der Landesplanung im Vorhinein nur schwer mit der Präzision und Bestimmtheit fassen lassen, die für eine hinreichende Steuerung in den individuell geprägten Teilräumen des Landesgebiets erforderlich sind. Sie bergen daher die Gefahr in sich, dass die Landesplanung ihre Kernkompetenz im Hinblick auf die regionalen Planungsentscheidungen aus der Hand gibt und den Kommunen zu weitgehende Einflussmöglichkeiten einräumt. Hinzu kommt, dass auch die Durchsetzbarkeit landesplanerischer Verträge und die Rechtsfolgen bei eventuellen Verstößen noch nicht in allen Einzelheiten geklärt sind,[115] so dass vertraglich gesteuerte Abweichungsmöglichkeiten in Zielfestlegungen gegenwärtig eher noch mit Zurückhaltung zu betrachten sein dürften. Allerdings könnte durch einen gesetzlich vorgesehenen Zustimmungs- bzw. Widerrufsvorbehalt bei vertraglich gesteuerten Abweichungsmöglichkeiten die Landesplanung wieder mit ins »Boot geholt werden« und dadurch Herrin des Abwägungsgeschehens bleiben.

(5) Kann nach dem zuvor Gesagten mithin festgehalten werden, dass landesplanerische Verträge als milderes Gestaltungsmittel für die Steuerung von Einzelhandelsgroßbetrieben durchaus in Betracht kommen, so könnten sich gleichwohl noch Bedenken gegenüber der Vertragslösung als milderes Mittel zum einseitig fixierten Planinstrument der zentralörtlichen Gliede-

114 *Spannowsky,* UPR 2003, 248 (254).

115 Vgl. *Moench,* in: ILS (Hg.), Umsetzung von regionalen Einzelhandelskonzepten, 2000, S.34; *Goppel,* in: ILS (Hg.), Umsetzung von regionalen Einzelhandelskonzepten, 2000, S.33 f; *Grotefels,* in: ILS (Hg.), Umsetzung von regionalen Einzelhandelskonzepten, 2000, S.32 f.

rung ergeben, soweit eine Fortentwicklung der zentralörtlichen Gliederung und ihre flexible Anpassung an veränderte Planungswirklichkeiten bereits über die Soll-Regelung in § 24 Abs.3 LEPro NW hinreichend gewährleistet wäre. Der Ausnahmevorbehalt erlaubt den Gemeinden, die Norm nicht anzuwenden, sofern ihre Anwendung im konkreten Einzelfall im Widerspruch zur Zielrichtung, zur »ratio legis«, der Norm steht.[116] Das ist etwa dann der Fall, wenn sich zeigt, dass ein bestimmter Versorgungsbedarf der Bevölkerung in den Zentren nicht sinnvoll angesiedelt ist, weil er typischerweise mit dem Auto angefahren wird und daher unter verbrauchernahen wie infrastrukturellen Gesichtspunkten eher an peripheren Standorten verträglich ist. Das kann ferner der Fall sein, wenn sich Zentren in Verdichtungsräumen arbeitsteilig entwickelt haben, weil die Bevölkerung aus Effizienzgründen ganzheitlich auf den Versorgungsraum und nicht auf eine hierarchische, nach Entfernungskriterien gestaffelte Versorgungsinfrastruktur ausgerichtet ist. Solche Sachverhalte dem zentralörtlichen Gliederungsprinzip zu unterwerfen, hieße entweder keinen oder nur einen kontraproduktiven Beitrag zur Durchsetzung landesplanerischen Versorgungsziele zu leisten. Hier erlaubt die Soll-Regelung prinzipiell die Möglichkeit der Abweichung von der Planaussage.

Gleichwohl darf nicht übersehen werden, dass eine Ausnahmeentscheidung im Rahmen einer Soll-Regelung stets am gesetzgeberischen Ziel der Vorschrift zu messen ist. Bezüglich § 24 Abs.3 LEPro NW besteht diese Zielsetzung darin, über bestimmte räumlich begrenzte Angebots-Nachfrageverflechtungen – ausgedrückt durch die zentralörtliche Gliederung und die Anordnung der Siedlungsschwerpunkte – eine landesweite Versorgung der Bevölkerung in zumutbarer Entfernung sicherzustellen. Es geht also um den Schutz der zentralörtlichen Siedlungsstruktur und der Konzentration von Versorgungseinrichtungen in zentralen Orten, um das Ziel einer bestmöglichen Versorgung der Bevölkerung zu erreichen. Dieser und nur dieser Maßstab ist im Hinblick auf die Frage anzulegen, ob davon auszugehen ist, dass eine vorgesehene Kern- oder Sondergebietsnutzung für den großflächigen Einzelhandel im Einzelfall auch ohne Einhaltung der Anforderungen des § 24 Abs.3 LEPro NW dem Ziel einer durch zentralörtliche Strukturen abgesicherten bestmöglichen Versorgung der Bevölkerung entspricht. Dieser Maßstab verbietet es, Sachverhalte vom Anwendungs-

---

116 S. hierzu oben S.196 ff.

bereich des § 24 Abs.3 LEPro NW nur aus dem Grund auszunehmen, weil die Planungswirklichkeit eine andere ist als durch das hierarchisch gestaffelte zentralörtliche System intendiert ist.[117] Insofern kann durch die Soll-Regelung nicht die Problematik gelöst werden, die sich in den ständig verändernden sozioökonomischen Rahmenbedingungen niederschlägt und im Widerspruch zu normativen Standortkonzepten steht.

(6) Landesplanerische Verträge stoßen wie städtebauliche Verträge auf rechtliche Grenzen, was ihre inhaltliche Gestaltungsfreiheit angeht.[118] Hier liegt eine natürliche Begrenzung der Gestaltungsmöglichkeiten durch landesplanerischen Vertrag. Sie dürfen weder auf raumordnerischer noch bauleitplanerischer Ebene in den Kern der dort zu treffenden Planungsentscheidungen eingreifen.[119] Sie sind ihrer Funktion nach darauf beschränkt, planerische Kernentscheidungen umzusetzen; verbindliches Raumordnungs- oder Bauplanungsrecht können sie nach herrschender Meinung jedoch nicht begründen oder ersetzen. Um eine angemessene Abwägungsentscheidung zu gewährleisten, legt § 1 Abs.3 S.2 BauGB deshalb auch fest, dass durch Vertrag kein Anspruch eines Dritten auf Aufstellung oder Änderung eines Bebauungsplans begründet werden kann.

Das bedeutet nicht, dass solche Verträge sich jeder Einflussnahme auf den Inhalt von Bebauungsplänen enthalten müssen. Das wäre schon im Hinblick darauf, dass die Verwirklichung der Raumordnung eben hauptsächlich durch Bauleitpläne erfolgt, ein konträres Ergebnis. Entscheidend ist, dass sich die Gemeinde durch einen landesplanerischen Vertrag nicht in das »Ob« der Planaufstellung eingreifen lässt; sie muss »Herrin« darüber bleiben, welche Bodennutzungen im Gemeindegebiet realisiert werden und welche nicht.[120] Unter dieser Einschränkung dürfte nichts dagegen sprechen, wenn landesplanerische Verträge das Abwägungsmaterial für künftige Bauleitpläne bloß inhaltlich konkretisieren, mithin nur das »Wie« der inhaltlichen Plangestaltung regeln. Denkbar sind insoweit Regelungen in landesplanerischen Verträgen wie etwa Sortimentsspezifizierungen oder

117 S. dazu schon oben S.202 f.

118 *Spannowsky,* Verwirklichung von Raumordnungsplänen, 1999, S.56 ff.

119 Eine ähnliche Situation gilt für städtebauliche Verträge, die nach § 11 Abs.1 S.2 Nr.1 BauGB auch lediglich nur der Vorbereitung oder Durchführung städtebaulicher Maßnahmen dienen dürfen; vgl. *Brohm,* Öffentliches Baurecht 2003, § 7 Rn.9.

120 *Goppel,* in: ILS (Hg.), Umsetzung von regionalen Einzelhandelskonzepten, 2000, S.12 (13).

Verkaufsflächenbegrenzungen für Einzelhandelsgroßbetriebe, unabhängig davon, dass solche Beschränkungen als Regelungen über die Art der Nutzung auch einer Festsetzung unmittelbar im Bebauungsplan zugänglich sind.[121] Solange die Gemeinde dadurch nicht gezwungen wird, positiv Bauplanungsrecht zu schaffen oder zu ändern, bestehen keine Bedenken. Auch dürfte eine vertragliche Verpflichtung zur Unterlassung von bestimmten Festsetzungen im Bebauungsplan zulässig sein, da die Gemeinden gemäß § 1 Abs.3 S.1 BauGB die Bauleitpläne ohnehin nur bei entsprechender städtebaulicher Erforderlichkeit aufzustellen haben. Ob die städtebauliche Erforderlichkeit, die von der planerischen Gesamtkonzeption der Gemeinde abhängig ist, auf einer internen Willensbildung der Gemeinde oder zwischengemeindlicher Übereinkunft beruht, dürfte unerheblich sein.[122] Deshalb spricht im Ergebnis nichts dagegen, dass diese Gesamtkonzeption auch in landesplanerischen Verträgen mitgestaltet wird.

Diskutiert wird, ob das Verbot des § 1 Abs.3 S.2 BauGB überhaupt beim landesplanerischen Vertrag von Relevanz ist, wenn sich die Vereinbarung zur Aufstellung bzw. Änderung von Bauleitplänen in den sachlichen Grenzen des § 1 Abs.4 BauGB bewegt. Der Schutzzweck des § 1 Abs.3 S.2 BauGB ist nämlich auf die Wahrung der planerischen Gestaltungsfreiheit im städtebaulichen Bereich gerichtet.[123] Eine derartige Gestaltungsfreiheit besteht im Rahmen der Anpassung an die Ziele der Raumordnung jedoch gerade nicht, soweit die Raumordnungspläne hinreichend konkrete Ziele zu Einzelhandelsprojekten enthalten, die im Wege der Anpassung auch durchgesetzt werden können.[124] Dann aber scheint auch kein Grund ersichtlich zu sein, warum eine Gemeinde, die gesetzlich

---

121 Vgl. auch *Grotefels,* in: ILS (Hg.), Umsetzung von regionalen Einzelhandelskonzepten, 2000, S.9 (11), die eine Zulässigkeit solcher Vereinbarungen allerdings deswegen bejaht, weil für Sondergebiete in § 11 BauNVO keine bestimmte Nutzungsart umschrieben sei, sondern der Kommune weitgehende Gestaltungsspielräume eröffnet seien. Da die Eingrenzung der Art der Nutzung im Bebauungsplan damit ohnehin nur eine Option sei, spreche nichts dagegen, eine Regelung dafür auch in einem landesplanerischen Vertrag zu treffen.

122 So *Grotefels,* in: ILS (Hg.), Umsetzung von regionalen Einzelhandelskonzepten, 2000, S.9 (11).

123 *Battis,* in: Battis/Krautzberger/Löhr, BauGB, 2005, § 1 Rn.31.

124 *Spannowsky,* Verwirklichung von Raumordnungsplänen, 1999, S.60; *Goppel,* in: ILS (Hg.), Umsetzung von regionalen Einzelhandelskonzepten, 2000, S.12 (13); *Moench,* in: ILS (Hg.), Umsetzung von regionalen Einzelhandelskonzepten, 2000, S.17 (19).

ohnehin zu einer bestimmten Bauleitplanung verpflichtet ist, sich dazu nicht auch vertraglich verpflichten sollen dürfte. Das muss jedenfalls für Verträge mit Verwirklichungsfunktion gelten, deren Vereinbarungen auf die Durchsetzung der Ziele der Raumordnung gerichtet sind.

Im Übrigen richten sich Art, Inhalt und Grenzen landesplanerischer Verträge nach den §§ 54 ff VwVfG, soweit sie öffentlich-rechtlicher Natur sind.[125] Landesplanerische Verträge zwischen einem Träger der Landes- und Regionalplanung und den Kommunen, die ein regionales Einzelhandelskonzept mit verbindlichen Wirkungen ausstatten wollen, sind wegen des Sachzusammenhangs zum Planungsrecht in der Regel öffentlich-rechtlich.[126] Sie sind ferner koordinationsrechtlicher Art und daher elastischer, was die Gestaltungsfreiheit angeht. Sie unterliegen nicht den strengen Nichtigkeitsgründen des § 59 Abs.2 VwVfG wie subordinationsrechtliche Verträge.

b) *Erforderlichkeit der Zielkonkretisierung*

Genügt die Zielfestlegung dem Anspruch nach prinzipiell überörtlicher Rechtfertigung, so ist damit noch nichts über die zulässige Konkretheit der Zielaussage in ihrer die kommunale Planungshoheit beschränkenden Wirkung gesagt. Zielfestlegungen können sich nämlich auch als nicht erforderlich erweisen, wenn sie einen bestimmten inhaltlichen Konkretisierungsgrad aufweisen, der nach der Planungsintention ebenso auf einer höheren Abstraktionsebene – die begrifflichen Zielanforderungen vorausgesetzt – mit der gleichen Effizienz realisiert werden könnte.[127]

Ziele der Raumordnung haben von ihrem Aussagegehalt eine räumliche und sachliche Komponente. Auf ihre Erforderlichkeit zu untersuchen ist

125 *Mahlburg,* Raumordnerische Verträge, 2002, S.218 ff; *Spannowsky,* Verwirklichung von Raumordnungsplänen, 1999, S.56 ff; *Stüer,* in: ILS (Hg.), Umsetzung von regionalen Einzelhandelskonzepten, 2000, S.15 f.

126 *Goppel,* in: ILS (Hg.), Umsetzung von regionalen Einzelhandelskonzepten, 2000, S.12 (14).

127 *Scheipers,* Ziele der Raumordnung, 1995, S.78; *Folkerts,* Raumordnungsziele, 1988, S.87; *Backhaus,* Die Gemeinden in der Landesplanung, 2001, S.126 ff.

insoweit sowohl die räumliche wie auch die sachliche Konkretisierung des § 24 Abs.3 LEPro NW.[128]

aa) Räumliche Konkretisierung

Bei den Zulässigkeitskriterien des § 24 Abs.3 LEPro NW handelt es sich um Zielfestlegungen, die Standortanforderungen in Bezug auf die Gemeinde als Ganzes formulieren; es handelt sich in räumlicher Hinsicht um *gemeindescharfe* Festlegungen.[129] Sie stellen Anforderungen, die sich an die Gemeinde als Gebietskörperschaft richten, ohne auf einzelne Teile des Gemeindegebiets konkret Zugriff zu nehmen.[130]

Der *gemeindescharfe* Konkretisierungsgrad dieser Festlegungen ist dadurch vorgegeben, dass jede einzelne Gemeinde in der Lage ist, mit den Mitteln der Bauleitplanung Standorte für den großflächigen Einzelhandel auszuweisen. Will die Landesplanung eine raumverträgliche Ansiedlung des großflächigen Einzelhandels effektiv gewährleisten, so muss sie ihre sachlichen Anforderungen notwendigerweise denjenigen gegenüber formulieren, die ihre landesplanerischen Zielvorstellungen durch die Macht eigener Planungen unterlaufen können. Insoweit ist das Maß der räumlichen Konkretisierung des § 24 Abs.3 LEPro NW hinsichtlich der Notwendigkeit einer gemeindescharfen Festlegung bereits aus diesen sachlogischen Gründen heraus gerechtfertigt.[131]

---

128 *Hoppe/Scheipers,* Festschr. Stern, 1997, S.1117 (1122); *Schink,* in: Jarass (Hg.), Raumordnungsgebiete nach dem neuen ROG, 1998, S.46 (79).

129 S. bereits oben S.168 ff.

130 Blickt man genau hin, wird durch die Zulässigkeitskriterien des § 24 Abs.3 LEPro NW das bauleitplanerische Instrumentarium zur Ausweisung von Kern- und Sondergebieten in Bezug auf großflächige Einzelhandelsnutzungen konfiguriert. Wo immer die Gemeinde auf eigenem Gebiet eine Standortausweisung für den großflächigen Einzelhandel plant, kommt diese landesplanerische Konfiguration zum Tragen; deshalb handelt es sich bei § 24 Abs.3 LEPro NW um eine gemeindescharfe Festlegung.

131 Gemeindescharfe Zielaussagen unterliegen in der Regel selten Bedenken und werden als der Normalfall landesplanerischer Ausweisungen angesehen; *Schmidt-Aßmann,* Fortentwicklung, 1976, S.54 ff; *Brohm,* DVBl 1980, 653 (654); *Erbguth,* RuR 1997, 270 (273); *Erbguth/Schoeneberg,* Raumordnungs- und Landesplanungsrecht, 1992, Rn.92.

bb) Sachliche Konkretisierung

Das *Kongruenzgebot* begrenzt in sachlicher Hinsicht die räumlich-strukturelle Ausstrahlungskraft der Gemeinden in Bezug auf Einzugsbereiche des großflächigen Einzelhandels.[132] Die Gemeinde darf durch Einzelhandelsgroßbetriebe nicht die Versorgungsfunktion benachbarter Zentren gefährden, indem aus benachbarten Versorgungsbereichen Kaufkraft in zu hohem Maße abgezogen wird. Demgegenüber begrenzt das *Beeinträchtigungsverbot* innerhalb der Versorgungsbereiche – ebenfalls bezogen auf den privaten Einzelhandel – die räumlich-funktionelle Ausstrahlungskraft der Gemeinden darauf, dass der zentrale Ort des Versorgungsbereichs nicht in seiner Bündelungsfunktion für die wichtigsten Güter und Dienstleistungen zugunsten aller Einwohner des Verflechtungsbereichs beeinträchtigt wird.[133] Sachlich werden durch diese Festlegungen die raumstrukturellen und raumfunktionellen Komponenten des zentralörtlichen Gliederungsprinzips für Planungen des großflächigen Einzelhandels verbindlich gemacht. Hierin dürfte eine grundsätzlich rechtspolitische Entscheidung zugunsten der zentralörtlichen Siedlungs- und Versorgungsstrukturen liegen, die nicht auf einer sachlich abstrakteren Ebene mit der gleichen Steuerungswirkung deutlich gemacht werden kann.

Der sachliche Gehalt des *Integrationsgebots* liegt darin, den großflächigen Einzelhandel räumlich und funktional den Siedlungsschwerpunkten zuzuordnen. Durch dieses Gebot wird – ähnlich wie auf Ebene der zentralörtlichen Gliederung – die Funktionalität von Einzelhandelsgroßbetrieben auf die Gravitationswirkung der Siedlungsschwerpunkte abgestimmt, um die dezentrale Konzentration innerhalb der Gemeindestrukturen zu erhalten. Es handelt sich um eine Festlegung, welche die ortsbezogene bauleitplanerische Entscheidung unter dem Gesichtspunkt der Standortausweisung großflächiger Einzelhandelsbetriebe vorstrukturiert, ohne allerdings eine konkret-räumliche Funktionalität vorzugeben.

Besondere Fragen im Hinblick auf das Gebot der Erforderlichkeit werfen Festlegungen mit innergemeindlicher Wirkung auf, weil sie unmittelbar in die Gemeindestruktur eingreifen und deshalb unter dem Aspekt eines Eingriffs in die kommunale Planungshoheit einer gesteigerten Rechtferti-

132 S. dazu oben S.124 ff.
133 S. dazu oben S.136 ff.

gung bedürfen.[134] Für die Gemeinde wird durch das Integrationsgebot der städtebauliche Spielraum erheblich verengt, was die Ausweisung von Standorten für den großflächigen Einzelhandel im eigenen Gemeindegebiet angeht. Jedoch gilt – in analoger Lage zum Kongruenzgebot und Beeinträchtigungsverbot auf Landesebene – auch hier, dass die Steuerung des großflächigen Einzelhandels auf innerörtlicher Ebene letztlich darauf Bezug nehmen muss, was in Gestalt der Siedlungsschwerpunkte als Planinstrument für örtlich ausgeglichene Siedlungs- und Versorgungsstrukturen bereits vorgegeben ist. Auch hier besteht zwischen den Siedlungsschwerpunkten und Festlegungen, die deren Realisierung und Schutz dienen, eine sachlich bedingte Akzessorietät.

Im Hinblick auf den Konkretisierungsgrad innergemeindlicher Festlegungen stellen Vorschriften, die lediglich auf sachlicher Ebene allgemeine Kriterien für bestimmte Lokalisierungen im Gemeindegebiet formulieren, grundsätzlich die mildere Lösung gegenüber *bereichsscharfen* innergemeindlichen Festlegungen dar.[135] Das Integrationsgebot ist insoweit nicht zu beanstanden, da es konkrete Gebietsausweisungen vermeidet und dadurch der unterschiedlichen Planungssituation vor Ort Rechnung trägt. Der Gemeinde verbleiben dadurch, dass die Landesplanung auf räumliche Ausweisungen verzichtet und eine eher sachlich strikte Programmierung vornimmt, räumliche Alternativen hinsichtlich der konkreten Auswahl geeigneter Einzelhandelsstandorte, so dass sie in die Lage versetzt wird, auch der städtebaulichen Situation vor Ort hinreichend Rechnung zu tragen.

4. Angemessenheit

Die Anforderungen, die an die Angemessenheit einer staatlichen Regelung zu stellen sind, werden häufig mit dem *Übermaßverbot* beschrieben. Dieses besagt, dass die Beeinträchtigung des betreffenden Rechtsguts in einem

134 Zur Problematik vgl. *Erbguth,* RuR 1997, 270 (273); *Ernst/Hoppe,* Bau- und Bodenrecht, 1981, Rn.110; *Schmidt-Aßmann,* RuR 1978, 11 (18 ff); *Braese,* in: Oertzen/ Thieme (Hg.), Gebietsreform und Landesplanung, 1980, S.187 (202); *Köstering,* DÖV 1981, 689 (692 f); *Runkel* in: Bielenberg u.a., Raumordnungs- und Landesplanungsrecht, Stand Sept 2004, K § 3 Rn.117; *Siedentopf,* Gemeindliche Selbstverwaltungsgarantie, 1978, S.28 ff.

135 *Scheipers,* Ziele der Raumordnung, 1995, S.82.

angemessenen Verhältnis zu dem Zweck stehen muss, der den Eingriff bedingt.[136] Übertragen auf das Verhältnis Landesplanung – Bauleitplanung ist darauf abzustellen, ob die mit einer landesplanerischen Festlegung verfolgten überörtlichen Interessen höher zu *gewichten* sind als die entgegenstehenden gemeindlichen Belange.[137]

a) Vorüberlegung

Wesentlich zu beachten im Rahmen der insoweit vorzunehmenden Gewichtung ist nach der »Rastede-Entscheidung« des *Bundesverfassungsgerichts* dabei das verfassungsrechtliche Aufgabenverteilungsprinzip, wonach zugunsten der vorrangig zuständigen Gemeinden ein Regel-Ausnahme-Verhältnis streitet.[138] Danach hat das Grundgesetz die Gemeinden mit einer Universalzuständigkeit im Sinne eines Aufgabenzugriffsrechts für Angelegenheiten der örtlichen Gemeinschaft ausgestattet mit der Folge, dass der Gesetzgeber den Gemeinden eine Aufgabe mit relevantem örtlichen Charakter nur aus Gründen des Gemeininteresses entziehen kann, vor allem dann, wenn anders die ordnungsgemäße Aufgabenerfüllung nicht sicherzustellen wäre. Hier kommt das Verständnis zum Tragen, das die kommunale Selbstverwaltungsgarantie nicht als Abwehrrecht, sondern als Kompetenz- bzw. Funktionsgarantie innerhalb eines zweistufigen Staatsaufbaus versteht.[139]

---

136 Speziell für Eingriffe in die Planungshoheit *BVerfG,* Beschl. v. 7.10.1980 – 2 BvR 584, 598, 599, 604/76 –, BVerfGE 56, 298 (313); *BVerfG,* Beschl. v. 23.6.1987 – 2 BvR 826/83 –, BVerfGE 76, 107 (123); *Nierhaus,* in: Sachs (Hg.), GG, 2003, Art.28 Rn.55 f; *Pieroth,* in: Jarass/Pieroth, GG, 2004, Art.28 Rn.22.

137 *BVerfG,* Beschl. v. 23.6.1987 – 2 BvR 826/83 –, BVerfGE 76, 107 (119 f); *VerfGH NRW,* Urt. v. 25.6.2002 – VerfGH 42/00 –, NWVBl 2002, 376 (380); *Schink,* in: Jarass (Hg.), Raumordnungsgebiete nach dem neuen ROG, 1998, S.46 (82). Unbefriedigend ist, dass sich in der Lit. immer wieder Verwischungen zwischen den Prüfebenen der Erforderlichkeit und der Angemessenheit zeigen; vgl. etwa *Schink,* in: Jarass (Hg.), Raumordnungsgebiete nach dem neuen ROG, 1998, S.46 (83), der unter der zutreffend erfassten Angemessenheit dann offenbar doch die Frage des mildesten Mittels prüft; s. auch *Kopf,* Rechtsfragen, 2002, S.274 f in ähnlicher Weise.

138 *BVerfG,* Beschl. v. 23.11.1988 – 2 BvR 1619/83, 1628/83 –, BVerfGE 79, 127 (149); *Knemeyer,* in: Oertzen/Thieme (Hg.), Gebietsreform und Landesplanung, 1980, S.175 (183).

139 Vgl. *Brohm,* Öffentliches Baurecht, 2002, § 9 Rn.6 ff.

Unter Berücksichtigung dieser verfassungsrechtlichen Aufgabenverteilung ist zunächst zu klären, ob die Aufgabe, auf die sich die landesplanerische Festlegung auswirkt, eher eine Angelegenheit der örtlichen Gemeinschaft oder eine überörtliche Angelegenheit darstellt.[140] Diese grundsätzliche Weichenstellung bestimmt den Gang der weiteren Prüfung. Dabei ist in Rechnung zu stellen, dass angesichts der zunehmenden funktionalen Verflechtung von menschlichen Daseinsfunktionen und -beziehungen auf regionaler Ebene eine strikte Trennung von örtlichen und überörtlichen Angelegenheiten immer schwieriger wird und sich in vielen Fällen eine Parallelität der Aufgabenfelder von Landes- und Bauleitplanung ergibt.[141] Das zeigt sich bei der Planung von Versorgungseinrichtungen mit überörtlicher Relevanz besonders augenfällig; diese sind zugleich stets von örtlicher Bedeutung, denn sie dienen immer auch der Versorgung der eigenen Gemeindeeinwohner. Die sich daraus ergebenden wechselseitigen Abhängigkeiten zwischen staatlichem und gemeindlichem Bereich verbieten ein Denken in ausschließlichen Alternativen, etwa in dem Sinne, dass entweder nur eine Regelungskompetenz des Staates oder nur die einer Gemeinde in Betracht kommt.[142] Hierauf läuft die Prüfung der Verhältnismäßigkeit einer landesplanerischen Zielfestlegung nicht hinaus. Die Stellung der kommunalen Selbstverwaltung wird unter der Geltung des Grundgesetzes nicht mehr als eine Position einerseits der Abwehr und der Verteidigung von ausschließlichen Aufgabenbereichen und andererseits der einseitigen Bindung an übergeordnete Vorgaben begriffen.[143] Vielmehr geht es – jedenfalls bei kondominalen Interessensstrukturen – um ein gemeinsames Zusammenwirken von Staat und Gemeinden, wo sich die Stellung der Gemeinde als eine Position der relativen Eigenständigkeit im

140 *BVerfG,* Beschl. v. 23.11.1988 – 2 BvR 1619/83, 1628/83 –, BVerfGE 79, 127 (153); *Clemens,* NVwZ 1990, 834 (839); *Knemeyer,* in: Oertzen/Thieme (Hg.), Gebietsreform und Landesplanung, 1980, S.175 (183), der zur Abgrenzung zwischen örtlichen und überörtlichen Angelegenheiten v. a. darauf abstellt, bei welchem Planungsträger das Schwergewicht der Aufgabenerfüllung liegt; ebenso *Spannowsky,* NdsVBl 2001, 32 (36).

141 In der Lit. und Rspr. ist diese Aufgabenverflechtung zwischen örtlicher und überörtlicher Ebene auch unter dem Begriff des sog. »Kondominiums« aufgegriffen worden; vgl. *OVG Münster,* Urt. v. 8.1.1964 – III A 1151/61 –, DVBl 1964, 678 (680); *Ernst/Suderow,* Zulässigkeit raumordnerischer Festlegungen, 1976, S.30; *Wahl,* Rechtsfragen II, 1978, S.218.

142 *Wahl,* Rechtsfragen II, 1978, S.218.

143 Vgl. *Ernst/Suderow,* Zulässigkeit raumordnerischer Festlegungen, 1976, S.30.

Rahmen übergeordneter Vorgaben niederschlägt.[144] Im Verhältnis von Landesplanung und kommunaler Selbstverwaltung als typischer Anwendungsfall für die kondominale Aufgabenverflechtung von Staat und Gemeinden kommt die übergreifende Aufgabenverantwortung auf einfachgesetzlicher Ebene in § 1 Abs.3 LPlG NW zum Ausdruck, wonach die Landesplanung eine *gemeinschaftliche* Aufgabe von Staat und Selbstverwaltung ist.[145]

Stellt die Aufgabe eher eine örtliche Angelegenheit dar, desto gewichtiger müssen die Gründe sein, die zur Rechtfertigung eines überörtlichen Steuerungsinteresses geltend gemacht werden.[146] Umgekehrt hat die Landesplanung größere Spielräume, wenn die Aufgabe keinen oder jedenfalls keinen relevanten örtlichen Charakter besitzt; dann allerdings kann sie schon aus dem Gewährleistungsbereich des Art.28 Abs.2 S.1 GG herausfallen.[147] Durch das Kriterium der Angemessenheit sollen die insoweit bestehenden Interessen herausgearbeitet werden und anschließend vor dem Hintergrund des prinzipiellen Vorrangs gemeindlicher Aufgabenzugriffsrechte gewichtet werden. Dabei kommt es – wie das *Bundesverfassungsgericht* in seiner »Rastede-Entscheidung« deutlich gemacht hat – vor allem darauf an, ob das Gewicht der überörtlichen Interessen so schwer wiegt, dass es gerechtfertigt erscheint, das verfassungsrechtliche Aufgabenverteilungsprinzip zugunsten der Gemeinden ausnahmsweise umzukehren und im Umfang der landesplanerischen Zielfestlegung auf den kommunalen Entscheidungsprozesses Einfluss zu nehmen.[148]

---

144 *Wahl,* Rechtsfragen II, 1978, S.218; *Hendler,* Gemeindliches Selbstverwaltungsrecht und Raumordnung, 1972, S.42 f.

145 *Blümel,* DVBl 1973, 436 (441); *Ernst/Suderow,* Zulässigkeit raumordnerischer Festlegungen, 1976, S.31; *Schmidt-Aßmann,* Städtebaurecht, 1972, S.132; vgl. auch § 1 Abs.3 ROG (sog. Gegenstromprinzip), wo sich der Gedanke der gegenseitigen Ergänzung und Durchdringung von Landes- und Bauleitplanung ebenfalls manifestiert.

146 Vgl. *Pieroth,* in: Jarass/Pieroth, GG, 2004, Art.28 Rn.22; *Clemens,* NVwZ 1990, 834 (839).

147 *BVerfG,* Beschl. v. 23.11.1988 – 2 BvR 1619/83, 1628/83 –, BVerfGE 79, 127 (152).

148 *BVerfG,* Beschl. v. 23.11.1988 – 2 BvR 1619/83, 1628/83 –, BVerfGE 79, 127 (149).

b) Kongruenzgebot und Beeinträchtigungsverbot

Das Kongruenzgebot und das Beeinträchtigungsverbot, die eine Übereinstimmung von Standorten großflächiger Einzelhandelsbetriebe mit der zentralörtlichen Gliederung verlangen, erweisen sich als eine angemessene Regelung, wenn die mit der Regelung verfolgten überörtlichen Interessen höher wiegen als die örtlichen Interessen an einer ungehinderten Ansiedlung von Einzelhandelsgroßbetrieben im eigenen Gemeindegebiet.

(1) Die für die Angemessenheitsprüfung entscheidende Frage ist, ob in der Kollision örtlicher und überörtlicher Interessen das Kongruenzgebot und Beeinträchtigungsverbot eine *angemessene* Lösung darstellen oder es nicht eine zu weitgehende Konsequenz für die Gemeinden darstellt, wenn Einzelhandelsgroßbetriebe ab einer bestimmten Schwelle überörtlicher Ausstrahlungskraft in kleineren Gemeinden generell unzulässig sind. Zwar verbieten die Zulässigkeitskriterien des § 24 Abs.3 LEPro NW nicht kategorisch die Planung von Einzelhandelsgroßbetrieben mit überörtlichen Auswirkungen, sondern erzeugen lediglich eine relative, auf den Einzelfall zugeschnittene und von Umfang und Zweckbestimmung des Einzelhandelsgroßbetriebs und der zentralörtlichen Funktionszuweisung in anderen Versorgungsbereichen abhängige Ausschlusswirkung.[149] Dennoch haben sie jedenfalls eine absolute Ausschlusswirkung ab einer bestimmten Intensitätsschwelle von Auswirkungen, was für die Gemeinden einerseits einen zwangsläufigen Verzicht auf die jedenfalls örtlich relevanten Dimensionen des Vorhabens bedeutet und der Landesplanung andererseits die Letztentscheidungskompetenz bezüglich des gesamten Projekts einräumt. Ebenso aber könnte man vor dem Hintergrund des verfassungsrechtlichen Aufgabenverteilungsprinzips des Art.28 Abs.2 S.1 GG, das zugunsten der Gemeinden streitet, auch die Lösung für angemessener halten, dass prinzipiell der Gemeinde die Letztentscheidungskompetenz zusteht und ihr der Abwägungsspielraum bestenfalls durch Grundsätze verkürzt, nicht aber durch Ziele der Raumordnung genommen werden darf.[150] An dieser Stelle gewinnt die vom *Bundesverfassungsgericht* in der »Rastede-Entschei-

149 *Spannowsky,* NdsVBl 2001, 32 (38).

150 *Hoppe/Spoerr,* Bergrecht und Raumordnung, 1999, S.49 sind sogar generell der Auffassung, dass im Planungsrecht der Regelungstypus der Abwägung adäquater ist und strikte Gebote und Verbote in Form normativer Zielfestlegungen wegen ihrer generell-abstrakt wirkenden Typisierung nur behutsam zum Einsatz kommen sollten.

dung« aufgestellte Prüffrage Bedeutung, ob für den Aufgabenentzug Gründe streiten, die eine Umkehr des verfassungsrechtlichen Aufgabenverteilungsprinzips nach Art.28 Abs.2 S.1 GG zugunsten der Landesplanung ausnahmsweise rechtfertigen.

(2) Die überörtliche Bedeutung des großflächigen Einzelhandels liegt vor allem in seinem Gefährdungspotenzial für das die gesamte Raumordnung beherrschende Leitziel der gleichwertigen Lebensbedingungen in allen Landesteilen. Zur Realisierung dieser Leitvorstellung im öffentlichen Sektor ist das zentralörtliche Gliederungsprinzip als Instrument eingesetzt, um das Verhältnis von zentralen Standorten der Versorgung und räumlicher Verteilung der Nachfrage so zu dirigieren, dass in allen Landesteilen die wichtigsten Güter und Dienstleistungen in angemessener Entfernung bereitgestellt werden können. Aufgrund der erheblichen Sogwirkung von Einzelhandelsgroßbetrieben auf die Siedlungsstruktur soll durch das Kongruenzgebot die dezentral ausgerichtete und durch das Beeinträchtigungsverbot die zentral ausgerichtete Siedlungsstruktur gesichert werden, um die Leistungsfähigkeit der Zentren in Bezug auf den privaten Einzelhandel zu sichern.

Dies erfordert einmal, dass die Siedlungsstruktur, in der sich die räumliche Verteilung der Nachfrage widerspiegelt, in den verschiedenen Versorgungsbereichen des Landes konzentriert bleibt und nicht durch Zentralitätszuwächse aus benachbarten Versorgungsbereichen in eine veränderte, entgegengesetzte Ausrichtung gebracht wird. Das könnte in dem einen Teilraum mangels Nachfrage einen Zustand der Unterversorgung, in dem anderen Teilraum wegen Kaufkraftzuflüsse einen Zustand der Überversorgung nach sich ziehen. Der Erhalt ausgeglichener Versorgungsstrukturen im Einzelhandelssektor lässt sich deshalb nur erreichen, wenn der großflächige Einzelhandel als Zentralitätsfaktor standörtlich am Gravitationsbild des zentralörtlichen Gliederungssystems ausgerichtet wird. Das bedingt ab einer gewissen Größenschwelle der Betriebe unumgänglich, dass bestimmte Gemeinden als Standorte jedenfalls für solche Projekte ausgeschlossen bleiben, die einen erheblichen Teil des Umsatzvolumens aus benachbarten Versorgungsbereichen oder aus dem zentralen Ort abziehen und dort nicht nur die Tragfähigkeit der zentralörtlichen Mindestausstattung, sondern auch die räumlichen Bezugsraster für eine gezielte Bedarfsplanung der quantitativ erforderlichen Versorgungseinrichtungen verschieben. Von daher kann es der Landesplanung, die sich innerhalb des ihr zustehenden Gestaltungsspielraums für das zentralörtliche Gliederungsprinzip als Ordnungs- und Strukturmodell entschieden hat, nicht grundlegend verwehrt sein, dass es dieses Modell über das Kongruenzgebot und das Beeinträchtigungsverbot zum verbindlichen Maßstab für die Planung des großflächigen Einzelhandels macht.[151]

Die Planung von Einzelhandelsgroßbetrieben und ihre Anbindung an die zentralörtliche Gliederung ist aber nicht nur durch überörtliche Interessen der Versorgung, sondern auch durch andere siedlungsstrukturelle Belange legitimiert, die auf die zentralörtliche Gliederung Bezug nehmen. Das betrifft nicht nur die schwerpunktmäßige Zuordnung der Verkehrsinfrastruktur zu den zentralen Orten, was insbesondere am System der Entwicklungsschwerpunkte und -achsen deutlich wird, sondern auch den Schutz der Umwelt vor Belastungen, die durch Erhöhung der Verkehrsströme in ländlichen und weniger dicht besiedelten Räumen ausgelöst werden.[152] Auch das überörtliche Interesse an einer ausgewogenen Siedlungs- und Freiraumstruktur stützt das Interesse der Landesplanung, siedlungsschwerpunktbildende Nutzungen dorthin zu lenken, wo sich die räumliche Entwicklung des Landesgebiet schwerpunktmäßig vollzieht, nämlich in Mittel- und Oberzentren als landesplanerisch festgelegte Entwicklungsschwerpunkte.[153]

(3) Demgegenüber stehen die Auswirkungen auf örtlicher Ebene. Die durch das Kongruenzgebot und Beeinträchtigungsverbot ausgesprochene Beschränkung der Einzelhandelsentwicklung in einer Gemeinde ist unter Aspekten der Planungshoheit zunächst einmal deshalb entschärft, weil jeder Gemeinde im Bereich des privaten Einzelhandels ihre ungehinderte *Eigenentwicklung* zugestanden wird.[154] Die zur Eigenversorgung benötigten Einrichtungen werden weder vom Kongruenzgebot noch vom Beeinträchtigungsverbot berührt, weil die zentralörtliche Gliederung als Bezugsobjekt keine Aussagen zu innergemeindlichen Versorgungsbereichen bzw.

151 *Spannowsky,* NdsVBl 2001, 32 (39).

152 S. zu den insoweit einschlägigen landesplanerischen Grundsätzen und Zielen oben S.53 ff.

153 S. oben S.47 ff.

154 *Wahl,* Rechtsfragen II, 1978, S.228; *Koch/Hendler,* Baurecht, Raumordnungs- und Landesplanungsrecht, 2004, § 9 Rn.22.

zentralen Versorgungsstandorten trifft. Die Integrität der kommunalen Aufgabenwahrnehmung wird dadurch gewährleistet, dass jede Gemeinde das Recht zur örtlichen Nahversorgung ihrer Einwohner hat und insofern nicht von anderen Gemeinden bzw. von Fremdbestimmung abhängig ist.[155]

Allerdings sind auch mittel- und oberzentrale Versorgungsleistungen Bestandteil örtlicher Versorgungsinteressen, weil die möglichst verbrauchernahe Versorgung mit allen Gütern und Diensten prinzipiell im Interesse der örtlichen Gemeinschaft steht. Jedoch steht dieses Interesse unter dem Vorbehalt, dass bestimmte kapitalintensive Einrichtungen nur in überörtlichen Zusammenhängen überhaupt wirtschaftlich tragfähig erbracht werden können. Die Bereitstellung dieser Einrichtungen kann schon aus ökonomisch-technischen Gründen nicht ernsthaft in jeder Gemeinde erwartet und deshalb als eine vom örtlichen Interesse hauptsächlich getragene Angelegenheit angesehen werden.[156] Die Einschränkungen, die eine Gemeinde durch den Verzicht großflächiger Einzelhandelsgroßbetriebe ab einer bestimmten Auswirkungsschwelle hinnehmen muss, erweisen sich vor diesem Hintergrund und angesichts der mit der Bereitstellung verbundenen Versorgungsinteressen im Gesamtraum deshalb von geringer Intensität. Der örtliche Gestaltungsspielraum einer Gemeinde, der grundsätzlich auch die Ansiedlung des großflächigen Einzelhandels umfasst, muss jedenfalls dort Einschränkungen hinnehmen dürfen, wo das Projekt die Herstellung gleichwertiger Lebensverhältnisse in Frage stellt. Das gilt umso mehr, als dass die gemeindliche Planungshoheit ihrem Wesen nach auf örtliche Angelegenheiten beschränkt ist und strukturverändernde Eingriffe in benachbarte Versorgungsbereiche und Zentren ohnehin nicht deckt.[157] Den berechtigten Belangen der Gemeinde kann im Einzelfall durch ein Zielabweichungsverfahren nach § 11 ROG Rechnung getragen werden, das unter den dort genannten Voraussetzungen auch die Ansiedlung mittel- und oberzentraler Einrichtungen in kleineren Gemeinden zulässt.[158]

155 Vgl. *Wahl,* Rechtsfragen II, 1978, S.220.

156 Vgl. *Niemeier/Dahlke/Lowinski,* Landesplanungsrecht NW, 1977, § 7 LEPro Anm.5.

157 *Koch/Hendler,* Baurecht, Raumordnungs- und Landesplanungsrecht, 2004, § 9 Rn.22; *Spannowsky,* NdsVBl 2001, 32 (37).

158 *Spannowsky,* NdsVBl 2001, 32 (38).

Zwar ist einzuräumen, dass größere Gemeinden vom Kongruenzgebot und Beeinträchtigungsverbot in ihrem örtlichem Gestaltungsspielraum stärker betroffen sein können als kleinere Gemeinden, weil die örtliche Relevanz eines Einzelhandelsgroßbetriebs bei größeren Gemeinden ansteigt und sie dennoch wie kleinere Gemeinden, bei denen die überörtliche Relevanz überwiegt, wegen Verstoßes gegen das Kongruenzgebot oder das Beeinträchtigungsverbot von dem Projekt im Ganzen Abstand nehmen müssen. Allerdings hat das *Bundesverfassungsgericht* in seiner »Rastede-Entscheidung« dem Gesetzgeber zugestanden, dass diesem bei der Einschätzung der örtlichen bzw. überörtlichen Aspekte einer Aufgabe ein generalisierender Einschätzungsspielraum zukommt. Er darf bei der Gewichtung der überörtlichen Belange typisieren, auch wenn sich etwa eine Aufgabe für bestimmte größere Gemeinden als örtlich herausstellt, im Übrigen aber als überörtlich erweist.[159] Der Hintergrund dieses Zugeständnisses ist einleuchtend. Müsste die Landesplanung bei ihren Festlegungen die Besonderheit jeder einzelnen Gemeinde berücksichtigen, so wäre sie ihres maßgeblichen Steuerungsinstruments in Form *abstrakt-genereller* Zielfestlegungen, die notwendig typisieren müssen, beraubt.

(4) Festgehalten werden kann an dieser Stelle mithin, dass sich das Kongruenzgebot und das Beeinträchtigungsverbot als angemessene Regelungen gegenüber der kommunalen Planungshoheit darstellen.

c) Integrationsgebot

Das Integrationsgebot weist hinsichtlich seiner Angemessenheit eine andere Dimension als das Kongruenzgebot oder das Beeinträchtigungsverbot auf. Im Unterschied zu diesen Festlegungen wirkt es zielgerichtet auf die planerische Konzeption der Gemeinde für ihre innerörtliche Struktur ein und bezweckt damit eine positive Bestimmung der gemeindlichen Planungshoheit.[160] Die örtliche Relevanz des geregelten Sachbereichs liegt hier auf der Hand, so dass es einer besonderen Rechtfertigung für den

159 *BVerfG,* Beschl. v. 23.11.1988 – 2 BvR 1619/83, 1628/83 –, BVerfGE 79, 127 (154).

160 *Scheipers,* Ziele der Raumordnung, 1995, S.74; *Paßlick,* Ziele der Raumordnung und Landesplanung, 1986, S.85.

landesplanerischen Zugriff auf die innerörtliche Siedlungsstruktur bedarf.[161]

(1) Dass die landesplanerische Einflussnahme auf die innerörtliche Siedlungsstruktur durch überörtliche Interessen gedeckt sein kann, ist seit der Gebietsreform und der damit verbundenen Vergrößerung der Gemeindeterritorien weithin anerkannt.[162] Nachdem die Gebietsreform die Existenz nicht-zentraler Orte zum Verschwinden gebracht hat, ist die Steuerung der Siedlungs- und Versorgungsstruktur nur noch auf einer grobmaßstäblichen Ebene möglich. Durch die Zuweisung der Zentralitätsstufe an Gemeinden in ihrer gesamten territorialen Erstreckung ohne innergemeindliche Differenzierung besteht die Gefahr, dass das dem Zentrale-Orte-Konzept inhärente Konzentrationsprinzip auf Gemeindeebene weitgehend wieder aufgehoben wird.[163] Deshalb bedarf es einer planerischer Feinsteuerung mit dem auf Versorgungskerne zielenden Planinstrument der Siedlungsschwerpunkte. Durch die Siedlungsschwerpunkte soll der konzentrierende Effekt, den die ehemaligen zentralen Orte im Verhältnis zu den umliegenden nicht-zentralen Orten vor der Gebietsreform gehabt haben, in den kommunalen Strukturen weiter verfolgt werden. Das Bedürfnis nach einer Anwendung der zentralörtlichen Muster auch in den neugeschaffenen Großgemeinden ergibt sich aus der funktionalen Einheit überörtlicher und innerörtlicher Siedlungsstruktur in Bezug auf die Herstellung gleichwertiger Lebensbedingungen in allen Landesteilen und dem generellen Anspruch nach siedlungsstruktureller Konzentration und Schwerpunktbildung.[164] Hier spielen die Gemeinden – sei es als Grund- oder Mittel-

161 Für die Rechtfertigung von Festlegungen mit innergemeindlicher Wirkung werden in konsequenter Anwendung des Verhältnismäßigkeitsgrundsatzes landesplanerische Belange von besonders hohem Gewicht gefordert; vgl. *Ernst/Hoppe,* Bau- und Bodenrecht, 1981, Rn.110; *Schmidt-Aßmann,* RuR 1978, 11 (18 ff); *Braese,* in: Oertzen/Thieme (Hg.), Gebietsreform und Landesplanung, 1980, S.187 (202).

162 *Erbguth,* RuR 1997, 270 (273); *Braese,* in: Oertzen/Thieme (Hg.), Gebietsreform und Landesplanung, 1980, S.187 (202); *Folkerts,* Raumordnungsziele, 1988, S.44 f, 50; *Paßlick,* Ziele der Raumordnung, 1986, S.86 ff; für eine Zulässigkeit nur in sehr begrenzten Ausnahmefällen *Siedentopf,* Gemeindliche Selbstverwaltungsgarantie, 1977, S.53 f; *Schmidt-Aßmann,* Fortentwicklung, 1976, S.63; *Wahl,* in: ARL (Hg.), Verwirklichung von Umweltschutz, 1984, S.47 (72 f).

163 *Blotevogel u.a.,* in: Blotevogel (Hg.), Fortentwicklung des Zentrale-Orte-Konzepts, 2002, S.217 (248 f).

164 Vgl. *Wahl,* Rechtsfragen II, 1978, S.247.

zentren – eine siedlungsstrukturelle Vorreiterrolle, da sich im zentralörtlichen System die Nahbereiche zu Mittelbereichen und die Mittelbereiche zu Oberbereichen aggregieren.[165]

(2) Das Integrationsgebot erfüllt auf innerörtlicher Ebene vergleichbare Funktionen wie das Kongruenzgebot und das Beeinträchtigungsverbot auf Landesebene. Die funktionale Zuordnung des großflächigen Einzelhandels zu Siedlungsschwerpunkten dient der Dekonzentration im Interesse eines gleichmäßigen Wachstums der verschiedenen Siedlungsbereiche im Gemeindegebiet, die räumliche Zuordnung der Konzentration der Siedlungstätigkeit im Interesse von Versorgungs-, Verkehrs-, Umwelt- und Freiraumzielen.[166] Die insoweit beim Kongruenzgebot und Beeinträchtigungsverbot bereits dargestellten Schutzinteressen der Landesplanung sind auf die zentralörtlichen Strukturen innerhalb der Gemeinden prinzipiell übertragbar. Gleichwohl kann die dort vorgenommene Interessensbewertung, was die Letztentscheidungskompetenz bezüglich der Standortsteuerung des zentrenrelevanten großflächigen Einzelhandels betrifft, auf das Integrationsgebot nicht voll übertragen werden, weil durch die Betroffenheit der *innergemeindlichen* Siedlungsstruktur den örtlichen Belangen ein höheres Gewicht zukommt, als dies beim Kongruenzgebot und Beeinträchtigungsverbot im Hinblick auf das durch sie lediglich begründete *gemeindescharfe* Verbot der Ansiedlung bestimmter überörtlicher Einzelhandelsgroßbetriebe der Fall ist.

(3) Unter Angemessenheitsgesichtspunkten ist dabei – wie zuvor – von entscheidender Bedeutung, ob der Gemeinde die Integration des großflächigen Einzelhandels durch ein Ziel, also mit Letztentscheidungskompetenz der Landesplanung, oder nur durch einen Grundsatz der Raumordnung vorgegeben werden darf. Für eine Überlassung der Standortentscheidung an die Kommunen spricht, dass es sich bei der Verortung von Einzelhandelsgroßbetrieben im eigenen Gemeindegebiet um eine Angelegenheit handelt, die für die innerörtliche Siedlungsstruktur von substanzieller Bedeutung ist und deshalb die konzeptionellen Entwicklungsvorstellungen der Gemeinde im städtebaulichen Bereich unmittelbar berührt. Die räumliche und funktionale Zuordnung von Nutzungen zu bestimmten

165 *Niemeier/Dahlke/Lowinski,* Landesplanungsrecht NW, 1977, § 20 LEPro Anm.3.
166 S. hierzu auch oben S.229 ff.

innergemeindlichen Bereichen erfasst die abstrakten Strukturvorstellungen der Gemeinde, die auf der Ebene des Flächennutzungsplans angesiedelt sind. Anders als landesplanerische Funktionsbestimmungen wie etwa die Zentralitätsstufe einer Gemeinde oder deren Siedlungsschwerpunkte, innerhalb derer die Gemeinde in Bezug auf die konkrete An- und Zuordnung von Nutzungen nicht gebunden ist, wird durch das Integrationsgebot eine konkrete Nutzung standörtlich vorprogrammiert. Angesichts dieser Regelungsintensität müssen die Gründe, die eine zielförmige Bindung der Gemeinde rechtfertigen sollen, von besonderem Gewicht sein.

Dass die innergemeindliche Zuordnung des großflächigen Einzelhandels nicht gänzlich der offenen Abwägungsentscheidung der Gemeinde überlassen bleiben kann, kann aufgrund der Tatsache, dass die zentralörtlichen innergemeindlichen und übergemeindlichen Standortraster einer gewissen Mindestabsicherung bedürfen,[167] nicht ernsthaft bestritten werden. Die landesplanerischen Versorgungsinteressen, die mit § 24 Abs.3 LEPro NW verfolgt werden, sind dabei von besonders hohem Gewicht.[168] Ausgeglichene Versorgungs- und damit implizit auch ausgeglichene Siedlungsstrukturen sind eine unerlässliche Voraussetzung, um dem Gebot nach Herstellung gleichwertiger Lebensverhältnisse nachzukommen. Das gilt seit der Gebietsreform auch für die Teilräume innerhalb von Gemeinden, da die Gemeinden als Ganzes zu groß sind, um gemeindescharf als Träger der notwendigen teilräumlichen Entwicklungsimpulse auf allen Versorgungsstufen fungieren zu können.

Die Frage ist nur, ob die Gestaltungsanteile der Gemeinde an der Standortentscheidung der kondominalen Aufgabenstruktur, das heißt dem Gewicht der örtlichen und überörtlichen Relevanz der geregelten Aufgabe, entsprechen. Zunächst gilt zu berücksichtigen, dass die Landesplanung die zugeordneten Standorte nicht selbst bestimmt, sondern lediglich die Standorte nach allgemeinen Eignungskriterien definiert, anhand derer die Gemeinde dann eine ortsbezogene Ableitung der räumlichen Rechtsfolgen trifft. Der Gemeinde verbleibt somit ein planerischer Konkretisierungsspielraum, sich innerhalb mehrerer geeigneter Standorte auf einen ihrer

---

167 S. oben S.226 ff.

168 *BVerfG,* Beschl. v. 18.12.1968 – 1 BvL 5, 14/64 u. 5, 11, 12/65 (»Mühlen-Urteil«) –, BVerfGE 25, 1 (16); *Spannowsky,* NdsVBl 2001, 1 (2); *Schneider,* Bauplanungsrechtliche Zulässigkeit von FOC, 2003, S.122 f.

Wahl festzulegen. Die Letztentscheidung bezüglich des konkreten Standorts trifft daher die Gemeinde; die Landesplanung programmiert die Standortentscheidung nur vor. Die Vorprogrammierung führt zwar zu einer erheblichen Einengung des bauleitplanerischen Gestaltungsspielraums, jedoch darf dabei nicht übersehen werden, dass das Integrationsgebot an die Lage von Siedlungsschwerpunkten anknüpft, welche die Gemeinde zuvor in eigener Zuständigkeit ausgewiesen hat. Das schwächt den landesplanerischen Eingriff in die innerörtliche Siedlungsstruktur wieder etwas ab, weil die Gemeinde ohnehin nach § 6 LEPro NW dazu angehalten ist, ihre Siedlungsstruktur auf die Siedlungsschwerpunkte auszurichten.

Im Hinblick darauf, dass die Gemeinde mit der Ausweisung von Siedlungsschwerpunkten ihrer Mitverantwortung an der seit der Gebietsreform kondominalen Aufgabe der Herstellung gleichwertiger Lebensbedingungen in allen Landesteilen gerecht wird, muss daher grundsätzlich akzeptiert werden können, dass bezüglicher derartiger Versorgungseinrichtungen eine strengere Standortprogrammierung erfolgt als bei anderen siedlungsstrukturellen Nutzungen. Hinzu tritt die Bedeutung von Einzelhandelsgroßbetrieben für das überörtliche Interesse an siedlungsräumlicher Konzentration im Interesse des Freiraumschutzes; hierbei spielen die innerörtlichen Siedlungsstrukturen letztlich die maßgebende Rolle, wenn es um die konkrete Aufteilung der unbesiedelten und besiedelten Flächen im Gesamtraum geht.[169] Auch überörtliche verkehrliche Aspekte sind als Motive für die innergemeindliche Standortprogrammierung heranzuziehen, wie aus § 24 Abs.1 S.2 LEPro NW deutlich wird.

(4) Nicht zuletzt bleibt bei der Bewertung der Angemessenheit des Integrationsgebots zugunsten der Landesplanung zu berücksichtigen, dass die durch die Gebietsreform begründete Maßstabsvergrößerung auf Gemeindeebene die Ersatzfunktionen der Landesplanung für die planungsunfähigen kleinen Gemeinden bzw. nicht-zentralen Orte hat entfallen lassen.[170] Den Gemeinden ist dadurch eine höhere Einflussnahme auf die gesamträumliche Entwicklung im Landesgebiet zugewachsen. Das bedingt, dass ein Teil

---

169 Vgl. *Bielenberg,* in: ARL (Hg.) Raumplanung – Entwicklungsplanung, 1972, S.55 (71), der feststellt, dass die Bereiche der großräumigen Siedlungs- und Raumstruktur und der innergemeindlichen Struktur von der Sache her kaum voneinander zu trennen sind.

170 Vgl. *Wahl,* Rechtsfragen II, 1978, S.231.

der bisherigen zwischengemeindlichen Koordinationsaufgaben der Landesplanung, jedenfalls soweit sie als Stellschrauben für die überörtliche Entwicklung von Bedeutung sind, durch innerörtliche Festlegungen fortgeführt werden müssen. Dabei muss den Gemeinden im Gegenzug ein höherer Gestaltungsspielraum für die konkrete innerörtliche Ausgestaltung zufallen.[171] Das ist nicht nur hinsichtlich der prinzipiellen Zuständigkeit der Gemeinden in Bezug auf die Bildung von Siedlungsschwerpunkten gewahrt, sondern auch im Hinblick auf das Integrationsgebot, das die konkrete Zuordnung des großflächigen Einzelhandels zu den Siedlungsschwerpunkten der Gemeinde überlässt und lediglich die dafür generell in Betracht kommenden räumlichen Bereiche präjudiziert.

(5) Als Ergebnis bleibt somit festzuhalten, dass auch das Integrationsgebot dem Gebot der Angemessenheit entspricht.

---

171 *Wahl,* Rechtsfragen II, 1978, S.231; *Ernst/Suderow,* Zulässigkeit raumordnerischer Festlegungen, 1976, S.35.

§ 11 Wirtschaftsgrundrechte

Aufgrund ihrer strikten Bindungswirkung könnte die Vorschrift des § 24 Abs.3 LEPro NW auch in die Wirtschaftsgrundrechte von Investoren und Betreibern des großflächigen Einzelhandels sowie Grundeigentümern eingreifen. Zu diskutieren sind insoweit sowohl Art.12 GG, der die Berufsfreiheit gewährleistet, als auch Art.14 GG, der das Eigentum schützt. Eine vertiefte Auseinandersetzung mit diesen Grundrechten soll an dieser Stelle jedoch nicht erfolgen, da die Zielsetzung dieser Arbeit vor allem die Untersuchung der verfassungsrechtlichen Beziehungen zwischen Landes- und Bauleitplanung zum Gegenstand hat. Gleichwohl bliebe die Auseinandersetzung mit der Vorschrift des § 24 Abs.3 LEPro NW unter dem Blickwinkel ihrer Rechtmäßigkeit unvollständig, wenn nicht wenigstens in gestraffter Form auf die sich im Zusammenhang mit den Wirtschaftsgrundrechten stellenden Rechtsfragen eingegangen würde.

A. Berufsfreiheit

I. Eingriff in den Schutzbereich

§ 24 Abs.3 LEPro NW könnte die Berufsfreiheit nach Art.12 GG der Betreiber und Investoren von Einzelhandelsgroßprojekten verletzen, weil durch die Standortbindungen des § 24 Abs.3 LEPro NW ein Betreiber daran gehindert werden kann, sein Vorhaben am Standort seiner Wahl zu realisieren.[1]

1 Zwar könnte die Verweigerung der Berufszulassung an einem bestimmten Ort auch unter dem Aspekt der Freizügigkeit nach Art.11 GG diskutiert werden, der tatbestandlich auch das Recht auf beruflich bedingte Niederlassung bzw. auf Aufenthaltswahl umfasst. Jedoch geht Art.12 GG wegen seines spezifischen Bezugs zur Berufsfreiheit als lex specialis vor; vgl. *Scholz,* in: Maunz u.a., GG, Stand Feb 2004, Art.12 Rn.115; *Pieroth/Schlink,* Grundrechte, 2004, Rn.339; *Spannowsky,* NdsVBl 2001, 31 (36).

1. Schutzbereich

Unter *Beruf* wird jede erlaubte Tätigkeit verstanden, die auf Dauer angelegt ist und der Schaffung und Erhaltung einer Lebensgrundlage dient.[2] Selbständig und unselbständig ausgeübte Berufstätigkeit wird gleichermaßen von Art.12 Abs.1 GG erfasst.[3] Daher zählt auch die Gewerbe- und Unternehmerfreiheit zur Berufsfreiheit.[4] Investoren oder Betreiber von Einzelhandelsgroßbetrieben zählen zu den unternehmerischen bzw. gewerblichen Berufen, so dass eine Anwendbarkeit des Art.12 Abs.1 GG zu bejahen ist.

Geschützt ist die Freiheit der Berufswahl und -ausübung. Freiheit der Berufswahl bedeutet, dass der Grundrechtsträger den angestrebten Beruf unbeeinflusst von fremdem Willen frei wählen kann.[5] Dazu zählt der Entschluss, überhaupt einen Beruf zu ergreifen oder auf ihn zu verzichten sowie die Wahl eines bestimmten Berufs und der Berufswechsel. Die Berufsausübung umfasst die gesamte Spannbreite einer beruflichen Tätigkeit, das heißt insbesondere Form, Mittel, Umfang und Inhalt der Betätigung.[6]

Investoren oder Betreiber von Einzelhandelsgroßbetrieben sind somit sowohl in der Entscheidung geschützt, diese Tätigkeit überhaupt aufzunehmen als auch darin, über das »Wie« der Tätigkeit frei zu entscheiden. Das beinhaltet insbesondere auch die Freiheit der Entscheidung, an welchem Standort ein Einzelhandelsgroßprojekt realisiert werden soll. Denn die Standortentscheidung fußt regelmäßig auf betriebswirtschaftlichen Notwendigkeiten, deren Vorliegen in der Regel erst die faktische Möglichkeit zur Wahl und Ausübung der Betreiber- bzw. Investorentätigkeit schafft. Da

2 *BVerfG,* Beschl. v. 28.11.1984 – 1 BvL 13/81 –, BVerfGE 68, 272 (281); *BVerwG,* Urt. v. 4.11.1965 – I C 6.63 –, BVerwGE 22, 286 (287); *BayVerfGH,* Entsch. v. 6.4.1989 – Vf. 2-VII-87 –, NJW 1989, 2939 (2940); *Scholz,* in: Maunz u.a., GG, Stand Feb 2004, Art.12 Rn.18.

3 *BVerfG,* Urt. v. 11.6.1958 – 1 BvR 596/56 (»Apothekenurteil«) –, BVerfGE 7, 377 (398 f); *Gubelt,* in: v. Münch/Kunig, GG, Bd. I, 2000, Art.12 Rn.17; *Scholz,* in: Maunz u.a., GG, Stand Feb 2004, Art.12 Rn.254.

4 *BVerfG,* Urt. v. 1.3.1979 – 1 BvR 532, 533/77, 419/78 u. 1 BvL 21/78 –, BVerfGE 50, 290 (362 f); *Gubelt,* in: v. Münch/Kunig, GG, Bd.I, 2000, Art.12 Rn.18.

5 *BVerwG,* Urt. v. 10.5.1995 – I C 143.53 –, BVerwGE 2, 89 (93).

6 *Gubelt,* in: v. Münch/Kunig, GG, Bd.I, 2000, Art.12 Rn.38.

§ 24 Abs.3 LEPro NW die Standortentscheidungen beeinflusst, ist der Schutzbereich berührt.

2. Eingriff

Die Berufsfreiheit kann sowohl durch Regelungen als auch durch Realakte beeinträchtigt werden. Vorliegend ist, da es um § 24 Abs.3 LEPro NW als gesetzliche Vorschrift geht, lediglich ein Eingriff durch eine Regelung in Betracht zu ziehen.

(1) Üblicherweise werden zwei Arten von Regelungen unterschieden, durch die Eingriffe in die Berufsfreiheit erfolgen können.[7] Zum einen geht es um Regelungen mit Berufsbezug, also um Vorgaben für das »Ob« und »Wie« einer bestimmten beruflichen Tätigkeit. Zum anderen geht es um Regelungen mit berufsneutraler, einem anderen Zweck dienender Zielsetzung, die aber aufgrund ihrer mittelbaren oder tatsächlichen Auswirkungen den Schutzbereich tangieren. § 24 Abs.3 LEPro NW ist der zweiten Fallgruppe zuzuordnen, denn die Norm ist ihrer Zielrichtung nach erkennbar auf eine raumverträgliche Steuerung des großflächigen Einzelhandels unter raumstrukturellen und raumfunktionellen Gesichtspunkten gerichtet, nicht aber auf das »Ob« oder »Wie« der Berufstätigkeit von Investoren und Betreibern an sich.[8]

(2) Voraussetzung für die Anerkennung mittelbar-faktischer Beeinträchtigungen auf Ebene der Berufsfreiheit ist, dass die Regelung Auswirkungen von einigem Gewicht verursacht und einen konkreten Kreis von Personen in ihrer Berufsfreiheit betrifft.[9] Sie muss – wie das *Bundesverfassungsgericht* es ausgedrückt hat – eine so genannte »objektiv berufsregelnde

---

7 Vgl. *Jarass,* in: Jarass/Pieroth, GG, 2004, Art.12 Rn.11 (ff); *Scholz,* in: Maunz u.a., GG, Stand Feb 2004, Art.12 Rn.16.

8 Ausdrücklich bejaht wird die mittelbare Wirkung der landesplanerischen Standortregelung bei *Hoppe/Otting,* Der Landkreis 2000, 376 (378) sowie *Schneider,* Bauplanungsrechtliche Zulässigkeit von FOC, 2003, S.122.

9 *BVerfG,* Urt. v. 8.4.1997 – 1 BvR 48/94 –, BVerfGE 95, 267 (302 f); *BVerfG,* Beschl. v. 30.10.1961 – 1 BvR 833/59 –, BVerfGE 13, 181 (185 f); *Jarass,* in: Jarass/Pieroth, GG, 2004, Art.12 Rn.12.

Tendenz« haben.[10] Fehlt es hieran, liegt nur ein Eingriff in die allgemeine Handlungsfreiheit in ihrer Ausgestaltung als wirtschaftliche Betätigungsfreiheit vor.[11] Eine objektiv berufsregelnde Tendenz kommt in Betracht, wenn eine Regelung die Rahmenbedingungen eines Berufs so verändert, dass dadurch auf den Entschluss zur Wahl oder zur Art der Ausübung eines solchen Berufs objektiv motivierend Einfluss genommen wird.[12] Das wird bei Normen angenommen, die nach Entstehungsgeschichte und Inhalt im Schwerpunkt Tätigkeiten betreffen, die typischerweise beruflich ausgeübt werden und zu einer nennenswerten Behinderung der beruflichen Tätigkeit führen.[13]

§ 24 Abs.3 LEPro NW könnte eine solche objektiv berufsregelnde Tendenz haben, weil die Festlegung standortlenkende Wirkung hat und Investoren und Betreiber von Einzelhandelsgroßbetrieben daran hindern kann, ihr Vorhaben nach ihren betriebswirtschaftlichen Vorstellungen zu realisieren. Die Qualität des Standorts ist gerade bei großflächigen Einzelhandelsbetrieben ein wesentlicher Faktor im Hinblick auf die Entscheidung, ob überhaupt ein solches Vorhaben realisiert wird.[14] Der private Investor eines Einzelhandelsgroßbetriebs sucht sich seinen Standort in erster Linie nach betriebswirtschaftlichen Erwägungen aus, nicht aber nach dem Gesichtspunkt eines gleichmäßig über das Land verteilten, funktional abgestuften Netzes privater Versorgungseinrichtungen entsprechend dem Verteilungsschema der zentralörtlichen Gliederung. Sein Interesse geht

---

10 *BVerfG,* Urt. v. 8.4.1997 – 1 BvR 48/94 –, BVerfGE 95, 267 (302); *Gubelt,* in: v. Münch/Kunig, GG, Bd.I, 2000, Art.12 Rn.43; *Tettinger,* in: Sachs (Hg.), GG, 2003, Art.12 Rn.73; *Wieland,* in: Dreier (Hg.), GG, Bd.I, 2004, Art.12 Rn.85.

11 *Gubelt,* in: v. Münch/Kunig, GG, Bd.I, 2000, Art.12 Rn.43.

12 *BVerfG,* Beschl. v. 5.3.1974 – 1 BvL 27/72 –, BVerfGE 37, 1 (18); vgl. auch *Wieland,* in: Dreier (Hg.), GG, Bd.I, 2004, Art.12 Rn.86; *Bleckmann/Eckhoff,* DVBl 1988, 373 (378).

13 *BVerfG,* Urt. v. 17.2.1998 – 1 BvF 1/91 –, BVerfGE 97, 228 (254); *BVerfG,* Beschl. v. 29.11.1989 – 1 BvR 1402, 1528/87 –, BVerfGE 81, 108 (122); *Jarass,* in: Jarass/Pieroth, GG, 2004, Art.12 Rn.12.

14 Vgl. *Erbguth/Schoeneberg,* Raumordnungs- und Landesplanungsrecht, 1992, Rn.15. *Heßmann/Maier,* in: ARL (Hg.), Stadt-Umland-Probleme, 2001, S.75 (76) weisen u.a. auf die Veränderung im Verbraucherverhalten, namentlich die hohe soziale und räumliche Mobilität der Konsumenten, hin, die den Einzelhandel in seinen Standortpräferenzen zunehmend determiniert; so auch *Runkel,* UPR 1998, 241; *Rieger,* in: ARL (Hg.), Landes- und Regionalplanung in Bayern, 2003, S.26.

– am Beispiel von Factory-Outlet-Centern verdeutlicht[15] – vielmehr dahin, sich einen Standort zu suchen, der sich in einem gewissen Abstand zum nächstgelegenen oberzentralen Ballungsraum befindet, da er ansonsten mit seinem Angebot in Konkurrenz zu den primären Vertriebsstrukturen seiner potenziellen Mieter träte.[16] Betriebswirtschaftliche Überlegungen können es ferner gebieten, den Standort an überregionalen Knotenpunkten des Verkehrs zu wählen, weil die Innenstädte für das hohe Verkehrsaufkommen dieser Betriebe nicht aufnahmefähig sind und Außenbereichsgrundstücke regelmäßig kostengünstiger sind.[17] Die Standortfrage ist demnach ein wesentliches Kriterium für den Entschluss, ein Einzelhandelsgroßprojekt zu realisieren. Wird auf die Freiheit der Standortwahl bei der Realisierung von Einzelhandelsgroßbetrieben Einfluss genommen, so verändern sich die Rahmenbedingungen, unter denen der Entschluss für die Realisierung eines Einzelhandelsprojekts gefasst wird. Insoweit weist § 24 Abs.3 LEPro NW mit seiner Wirkung, betriebswirtschaftlich favorisierte Standorte teilweise auszuschließen, eine objektiv berufsregelnde Tendenz auf.[18]

Ob darin auch eine nennenswerte Behinderung der Berufstätigkeit liegt, könnte unter dem Gesichtspunkt zweifelhaft sein, dass die Ausübung der Investoren- bzw. Betreibertätigkeit für den großflächigen Einzelhandel – unabhängig von § 24 Abs.3 LEPro NW – ohnehin unter dem Vorbehalt einer entsprechend positiven Bauleitplanung durch die Gemeinde steht. Das könnte den Schluss nahe legen, dass durch § 24 Abs.3 LEPro NW keine weitergehende Beschränkung der beruflichen Freiheit erfolgt, als ohnehin schon durch § 11 Abs.3 BauNVO bewirkt ist. Allerdings ist zu berücksichtigen, dass Art.12 GG – im Unterschied zu Art.14 GG – den Erwerb, die

---

15 *Hoppe/Bunse,* WiVerw 1984, 151 (162); *Hoppe,* in: Ziekow (Hg.), Bauplanungsrecht vor neuen Herausforderungen, 1999, S.119 (122); zur Betriebsform des FOC *Moench/Sandner,* NVwZ 1999, 337 (338); *Kopf,* Rechtsfragen, 2002, S.32 ff; *Bönker,* BauR 1999, 328 (329).

16 Insoweit wird plakativ formuliert, dass die Betreiber von FOC auf Standorte »in the middle of nowhere« angewiesen seien; vgl. *Hoppe/Otting,* Der Landkreis 2000, 376 (378); *Hoppe,* in: Ziekow (Hg.), Bauplanungsrecht vor neuen Herausforderungen, 1999, 119 (122); *Kleine/Offermanns,* RuR 2000, 35 (36); *Uechtritz,* BauR 1999, 572 (581); *Kopf,* Rechtsfragen, 2002, S.38.

17 *Hoppe/Bunse,* WiVerw. 1984, 151 (163); *Rieger,* Landes- und Regionalplanung in Bayern, 2003, S.26 (28).

18 So auch *Schneider,* Bauplanungsrechtliche Zulässigkeit von FOC, 2003, S.122.

Betätigung als einen in die Zukunft gerichteten Prozess schützt und sich insoweit jede *faktische* Schmälerung dieses Gestaltungsspielraums – vorliegend durch die landesplanerische Einengung der Standortwahl für Betriebe des großflächigen Einzelhandels – auch als eine mittelbare Auswirkung auf die berufliche Tätigkeit darstellt.[19] Potenzielle Investoren und Betreiber können sich nicht nur veranlasst sehen, ihr ursprünglich geplantes Projekt in kleineren und damit weniger gewinnträchtigen Dimensionen zu realisieren, um es an das Funktionsschema der zentralörtlichen Gliederung anzupassen. Denkbar ist auch, dass sie insgesamt von einem geplanten Einzelhandelsgroßprojekt Abstand nehmen müssen, etwa weil der einzig landesplanerisch in Betracht kommende oberzentrale Standort sich für ein Factory-Outlet-Center als betriebswirtschaftlich unsinnig erweist.[20] Darin dürfte eine durchaus nennenswerte Behinderung der beruflichen Entfaltungsmöglichkeiten für Betreiber und Investoren des großflächigen Einzelhandels gesehen werden.

(3) Als Ergebnis kann somit festgehalten werden, dass durch § 24 Abs.3 LEPro NW mittelbar in die Berufsfreiheit eingegriffen wird.

II. Verfassungsrechtliche Rechtfertigung

Um die durch das Grundrecht der Berufsfreiheit gewährte Freiheit des einzelnen mit den Interessen der Allgemeinheit in Einklang zu bringen, ist dem Gesetzgeber in Art.12 Abs.1 S.2 GG das Recht eingeräumt, durch oder aufgrund eines Gesetzes die Berufsfreiheit zu beschränken. Die Anforderungen an eine gesetzliche Grundlage können nur durch förmliches

---

19 Vgl. *BVerwG,* Urt. v. 3.2.1984 – 4 C 54.80 –, BauR 1984, 380 (383); *BVerwG,* Beschl. v. 9.11.1979 – 4 N 1.78, 4 N 2 – 4.79 –, BVerwGE 59, 87 (102 f); *Pieroth/ Schlink,* Grundrechte, 2004, Rn.912.

20 Gedacht werden könnte auch an einen Eingriff in die Wettbewerbsfreiheit, die von Art.12 GG geschützt wird, soweit es um die *Freiheit* zur Teilnahme am Wettbewerb geht; so nunmehr ausdrücklich *BVerfG,* Beschl. v. 26.6.2002 – 1 BvR 558, 1428/ 91 –, BVerfGE 105, 252 (265). In diese Freiheit wird durch § 24 Abs.3 LEPro aber nicht eingegriffen, weil die Vorschrift auf Standortlenkung, nicht aber auf Standortausschluss bestimmter großflächiger Betriebsformen zielt. Investoren und Betreiber von Einzelhandelsgroßprojekten können trotz § 24 Abs.3 LEPro NW am Wettbewerb um die Kunden teilnehmen und sich als verantwortliche Unternehmer wirtschaftlich betätigen; vgl. auch *BVerwG,* Urt. v. 23.3.1982 – 1 C 157.79 –, BVerwGE 65, 167 (174).

Gesetz, durch Rechtsverordnung oder durch Satzung erfüllt werden.[21] § 24 Abs.3 LEPro NW ist ein förmliches Landesgesetz und begegnet insoweit keinen Bedenken.

1. Berufswahl- oder Berufsausübungsregelung

Der Regelungsvorbehalt erstreckt sich nach herrschender Auffassung sowohl auf die Berufsausübung als auch auf die Berufswahl.[22] Berufsausübungsregelungen betreffen das »Wie«, Berufswahlregelungen das »Ob« der beruflichen Tätigkeit. Die Abgrenzung zwischen Berufswahl- und Berufsausübungsbeschränkungen ist erforderlich, weil sie verschieden intensive Eingriffe darstellen und deshalb unter verschieden hohen Rechtfertigungsanforderungen stehen.[23] Sie richtet sich im Wesentlichen danach, ob die Ausübung eines Berufs oder eine bloße Berufsmodalität ausgeschlossen wird.[24] § 24 Abs.3 LEPro NW schränkt nicht die Wahl des Berufs als Investor oder Betreiber großflächiger Einzelhandelsbetriebe an sich ein, sondern nur den Ort, wo dieser Beruf ausgeübt werden kann, so dass die Vorschrift als Berufsausübungsregel zu qualifizieren ist.[25]

Etwas anderes könnte gelten, sofern durch die Standortbeschränkungen des § 24 Abs.3 LEPro NW verhindert würde, dass bestimmte Betriebsformen im Einzelhandel – wie zum Beispiel Factory-Outlet-Center – überhaupt nicht mehr zu realisieren wären, weil diese Betriebsformen aus betriebswirtschaftlichen Gründen gerade auf die durch § 24 Abs.3 LEPro NW ausgeschlossenen suburbanen Standorte angewiesen sind.[26] Hier wäre zu überlegen, ob § 24 Abs.3 LEPro NW mit seinen Wirkungen die Investoren derartiger Betriebe nicht auch zur Berufsaufgabe zwingt und damit faktisch

---

21 *Jarass,* in: Jarass/Pieroth, GG, 2004, Art.12 Rn.21.

22 *Gubelt,* in: v. Münch/Kunig, GG, Bd. I, 2000, Art.12 Rn.44.

23 *BVerfG,* Urt. v. 11.6.1958 – 1 BvR 596/56 (»Apothekenurteil«) –, BVerfGE 7, 377 (403); *Pieroth/Schlink,* Grundrechte, 2004, Rn.825.

24 *Jarass,* in: Jarass/Pieroth, GG, 2004, Art.12 Rn.26.

25 *Spannowsky,* NdsVBl 2001, 32 (37); *Schneider,* Bauplanungsrechtliche Zulässigkeit von FOC, 2003, S.122.

26 Vgl. zu den spezifischen Standortanforderungen von FOC *Hoppe,* in: Ziekow (Hg.), Bauplanungsrecht vor neuen Herausforderungen, 1999, S.119 (122); *Moench/Sandner,* NVwZ 1999, 337 (338); *Kopf,* Rechtsfragen, 2002, S.39; *Vogels/Will,* Auswirkungen von FOC, 1999, S.23 f.

einer Berufswahlregelung gleichkommt.[27] Das würde allerdings voraussetzen, dass die betroffene Vertriebsform – hier: des Fabrikverkaufs – ein eigenständiges Berufsbild und nicht nur eine Berufsmodalität innerhalb des übergeordneten Berufsbilds des Einzelhandelsbetreibers darstellt.[28]

Das *Bundesverfassungsgericht* nimmt die Unterscheidung zwischen eigenständigem »Beruf« und »Berufsmodalität« durch eine Bewertung von rechtlichen und tatsächlichen Gegebenheiten vor, wobei es – wenn eine gesetzliche Fixierung des Berufsbildes fehlt – wesentlich auf die Anschauungen der Allgemeinheit, auf die Beurteilung des jeweiligen Berufsausübenden selbst und deren Vertragspartner abstellt.[29] Betonung wird damit auf das eigene »soziale Gewicht« einer beruflichen Tätigkeit gelegt; fehlt es daran, so ist prinzipiell davon auszugehen, dass die in Frage stehende Tätigkeit als bloße Modalität der Ausübung des ursprünglichen Berufs zu begreifen ist. Gegen die Annahme eines eigenständigen Berufs bei der Vertriebsform des Factory-Outlet-Centers spricht, dass es sich im Prinzip um eine rein quantitative Ausweitung des Umfangs der Investoren- und Betreibertätigkeit in Bezug auf den privaten Einzelhandel handelt. Zwar könnte überlegt werden, dass sich aufgrund der strukturellen Besonderheiten von Factory-Outlet-Centern, insbesondere im Hinblick auf die Konkurrenzproblematik zum Facheinzelhandel in den Oberzentren, das Preisniveau, die eingeschränkte Sortimentsbreite und -tiefe sowie der begrenzte Einfluss auf die Zentralität von Kommunen im Einzugsgebiet,[30] eigene berufliche Merkmale herausgebildet haben, die der Tätigkeit von Betreibern und Investoren in dieser Handelssparte ein eigenes »soziales Gewicht« verleihen. Allerdings ist scharf zu unterscheiden zwischen Merkmalen, welche die betriebswirtschaftliche und soziale Struktur eines Unternehmens betreffen und solchen, die Eigenschaften des durch Art.12 Abs.1

---

27 Vgl. *Gubelt,* in: v. Münch/Kunig, GG, Bd.I, 2000, Art.12 Rn.45; *Schneider,* Bauplanungsrechtliche Zulässigkeit von FOC, 2003, S.122.

28 Vgl. *Pieroth/Schlink,* Grundrechte, 2004, Rn.836; *Gubelt,* in: v. Münch/Kunig, GG, Bd.I, 2000, Art.12 Rn.12.

29 *BVerfG,* Beschl. v. 6.10.1987 – 1 BvR 1086, 1468, 1623/82 –, BVerfGE 77, 84 (105); *BVerfG,* Beschl. v. 10.5.1988 – 1 BvR 482/84 u. 1166/85 –, BVerfGE 78, 179 (193); *Scholz,* in: Maunz u.a., GG, Stand Feb 2004, Art.12 Rn.265.

30 Vgl. näher zu den strukturellen Besonderheiten von FOC *Erbguth,* NVwZ 1999, 969 (975); *Moench/Sandner,* NVwZ 1999, 337 (338); *Kopf,* Rechtsfragen, 2002, S.32 ff; *Hoppe,* in: Ziekow (Hg.), Bauplanungsrecht vor neuen Herausforderungen, 1999, 119 (121).

GG geschützten persönlichkeitsbezogenen »Berufs« beschreiben.[31] Die strukturellen Besonderheiten von Factory-Outlet-Centern kennzeichnen eher die individuelle Unternehmensgestaltung auf dem Markt, ohne dem Beruf des Investors bzw. Betreibers im großflächigen Einzelhandelssegment spezifische Zusatzmerkmale zu verleihen.[32]

2. Verhältnismäßigkeit

Verfassungsrechtlich gerechtfertigt sind solche Eingriffe nur, wenn sie verhältnismäßig sind. Sie müssen – orientiert am Zweck der Vorschrift – geeignet, erforderlich und angemessen sein. Zweck des § 24 Abs.3 LEPro NW ist die Erhaltung der Funktionsfähigkeit des zentralörtlichen Gliederungssystems.[33] Hinsichtlich Geeignetheit und Erforderlichkeit der in der Zielfestlegung enthaltenen Zulässigkeitskriterien kann auf die bereits im Zusammenhang mit der kommunalen Planungshoheit gemachten Ausführungen verwiesen werden.[34]

(1) Für die Verhältnismäßigkeit im engeren Sinne hat das *Bundesverfassungsgericht* zu Art.12 Abs.1 GG die so genannte »Drei-Stufen-Theorie« als besondere Ausprägung des Verhältnismäßigkeitsgrundsatzes

---

31 *Gubelt,* in: v. Münch/Kunig, GG, 2000, Art.12 Rn.12.

32 Vgl. *BVerfG,* Beschl. v. 16.3.1971 – 1 BvR 52, 665, 667, 754/66 –, BVerfGE 30, 292 (312 f) zu einer ähnlichen Abgrenzungsfrage beim Beruf des »Mineralölimporteurs«.

33 S. hierzu oben S.108 ff.

34 Bereits bei der verfassungsrechtlichen Prüfung des Art.28 Abs.2 S.1 GG ist festgestellt worden, dass ein geeigneteres oder milderes Mittel zur Erreichung des Zwecks, ausgeglichene Versorgungsstrukturen in allen Landesteilen herzustellen, nicht ersichtlich ist. S. oben S.233 ff und 237 ff; vgl. hierzu auch *Spannowsky,* NdsVBl 2001, 31 (39). Wenn Autoren wie etwa *Hoppe/Otting,* Der Landkreis 2000, 376 (378 f) zu dem Ergebnis kommen, dass § 24 Abs.3 LEPro NW die Berufsfreiheit mangels Erforderlichkeit des Eingriffs verletze, so bezieht sich dieses Ergebnis auf eine Interpretation des Kongruenzgebots in dem Sinne, das es bestimmte private Versorgungseinrichtungen *ausschließlich* Orten einer bestimmten Zentralitätsstufe zuweist, selbst wenn diese Orte auch ohne diese Ausschließlichkeit ihre Versorgungsfunktion erfüllen können. Nach der hier vertretenen Auffassung ist ein solch striktes Verständnis des Kongruenzgebots aus § 24 Abs.3 LEPro NW jedoch nicht ableitbar; s. hierzu oben S.124 ff.

entwickelt.[35] Je empfindlicher danach die Berufsausübenden in ihrer Berufsfreiheit beeinträchtigt werden, desto stärker müssen die Interessen des Gemeinwohls sein, denen die Regelung zu dienen bestimmt ist. Bei Berufsausübungsregelungen mit relativ geringem Beeinträchtigungsniveau sind Eingriffe bereits gerechtfertigt, wenn vernünftige Erwägungen des Allgemeinwohls diese für zweckmäßig erscheinen lassen. Anders ist dies bei Eingriffen in die bedeutsamere Sphäre der Berufswahl, die nur zum Schutz wichtiger bzw. überragender Gemeinschaftsgüter zulässig sind.

(2) Vorzunehmen ist mithin eine Abwägung zwischen der durch § 24 Abs.3 LEPro NW bewirkten Schwere des Eingriffs in die Berufsfreiheit und dem Gewicht der öffentlichen Interessen, denen § 24 Abs.3 LEPro NW auf der anderen Seite zu dienen bestimmt ist. Dabei sind die betroffenen Belange in einer Art »Kosten-Nutzen-Bilanz« gegenüberzustellen, das heißt der Zweck, dem der Eingriff dient, muss umso wertvoller sein, je intensiver der Eingriff ist.[36]

(3) Das Interesse an ausgeglichenen Versorgungsstrukturen in allen relevanten Teilräumen ist eine sachgerechte, vernünftige, mit der Werteordnung der Verfassung im Einklang stehende Erwägung des Gemeinwohls. Raumordnerisch verankert ist dieses Interesse in § 1 Abs. Nr.6 ROG, der die Herstellung gleichwertiger Lebensverhältnisse in allen Landesteilen zu einer der zentralen Leitvorstellungen von Raumordnung und Landesplanung erklärt. Diese Leitvorstellung wiederum ist Ausfluss des verfassungsrechtlichen Sozialstaatsprinzips in Art. 20 Abs.3 GG[37], wird aber auch an anderer Stelle im Grundgesetz, etwa in Art.72 Abs.2, erwähnt, wo es unter anderem um die Herstellung gleichwertiger Lebensverhältnisse im Bundes-

---

35 St. Rspr. seit *BVerfG,* Urt. v. 11.6.1958 – 1 BvR 596/56 (»Apothekenurteil«) –, BVerfGE 7, 377 (405 f) und jüngst *BVerfG,* Beschl. v. 19.7.2000 – 1 BvR 539/96 –, BVerfGE 102, 197 (214); vgl. zusammenfassend zur Stufenlehre *Pieroth/Schlink,* Grundrechte, 2004, Rn.846 ff.

36 Insoweit wird eine generalisierende Betrachtungsweise für geboten erachtet; es kommt nicht auf die Interessenslage Einzelner, sondern auf die Branche bzw. den Wirtschaftszweig insgesamt an; vgl. *BVerfG,* Beschl. v. 16.3.1971 – 1 BvR 52, 665, 667, 754/66 –, BVerfGE 30, 292 (315 f); *Tettinger,* in: Sachs (Hg.), GG, 2003, Art.12 Rn.116; *Gubelt,* in: v. Münch/Kunig, GG, Bd.I, 2000, Art.12 Rn.50.

37 Vgl. *Hübler u.a.,* Zur Problematik der Herstellung gleichwertiger Lebensverhältnisse, 1980, S.27; *Spannowsky,* NdsVBl 2001, 1 (2); s. hierzu ferner oben S.26 ff.

gebiet durch bundeseinheitliche Regelungen geht.[38] Das Standortraster der zentralörtlichen Gliederung im Landesentwicklungsplan dient als Mittel zur Entwicklung ausgeglichener Versorgungs- und Siedlungsstrukturen in Bezug auf die öffentliche Infrastruktur, während § 24 Abs.3 LEPro NW dieses Standortraster in *geeigneter* und *erforderlicher* Weise auch in Bezug auf Einrichtungen des großflächigen Einzelhandels für anwendbar erklärt. Gerade der private Einzelhandel nimmt für die verbrauchernahe Versorgung der Bevölkerung eine besonders bedeutsame Rolle ein, wie § 1 Abs.6 Nr.8 lit.a BauGB mit der ausdrücklichen Erwähnung der Belange der Wirtschaft einschließlich ihrer mittelständischen Struktur im Interesse einer verbrauchernahen Versorgung der Bevölkerung beispielhaft verdeutlicht.[39] Ein Verzicht auf die Regelung des § 24 Abs.3 LEPro NW würde deshalb bedeuten, dass die Versorgungsgerechtigkeit in Bezug auf die lebensnotwendige Bedarfsdeckung durch den privaten Einzelhandel gefährdet wäre und damit erhebliche Abstriche bei der Realisierung des verfassungsrechtlich fundierten Ziels nach gleichwertigen Lebensverhältnissen und Versorgungsstrukturen in verbrauchnaher Entfernung gemacht werden müssten.

(4) Demgegenüber stehen die Interessen von Investoren und Betreibern an einer ungestörten Berufsausübung, namentlich an einer ungestörten Standortwahl für die Realisierung ihrer Einzelhandelsgroßprojekte. Die durch § 24 Abs.3 LEPro NW ausgesprochenen Standortbindungen an die zentralörtliche Gliederung sowie die Siedlungsschwerpunkte führen dazu, dass großflächige Einzelhandelsprojekte nicht an jedem beliebigen Standort, sondern in Abhängigkeit von Art, Umfang und Lage der Nutzung in bestimmter Weise dimensioniert werden müssen. Dadurch kann eine erhebliche Minderung der mit einem großflächigen Einzelhandelsprojekt verbundenen wirtschaftlichen Entwicklungsvorstellungen eintreten, die umso intensiver ausfällt, je weniger das betriebliche Konzept einer Einzel-

---

38 *Spannowsky,* NdsVBl 2002, 1 (2) entnimmt Art.72 Abs.2 GG ein »verfassungsrechtliches Ausgleichziel«, das der gerechten Verteilung der wachstums-, stabilitäts- und beschäftigungspolitischen Impulse dient; *Stern,* Staatsrecht, Bd. II, 1980, S.902 f, leitet aus dem Sozialstaatsprinzip iVm Art.72 Abs.2, Art.109 Abs.2-4 GG sogar einen noch über die Daseinsvorsorge hinausreichenden verfassungsrechtlichen Auftrag zur »Förderung der Stabilität und des Wachstums der Wirtschaft« ab.

39 *Söfker,* in: Ernst u.a., BauGB, Stand Sept 2004, § 11 BauNVO Rn.105; *Thies,* Einzelhandelsgroßbetriebe im Städtebaurecht, 1992, Rn.4.

handelsplanung beweglich ist und dadurch für unterschiedliche Standorte im Landesgebiet zugänglich wird.

(5) Bei der Güterabwägung zwischen diesen beiden Interessen fällt das Interesse an einer Sicherung der Versorgung durch ausgewogene Angebots-Nachfragestrukturen naturgemäß hoch ins Gewicht. Das *Bundesverfassungsgericht* hat bereits in einer früheren Entscheidung aus dem Jahre 1968 festgestellt, dass die Sicherung der Versorgung ein Gemeinschaftsgut höchsten Ranges ist, das auch gesetzliche Eingriffe in die Freiheit der Berufswahl rechtfertigt.[40] In diesem Zusammenhang hat das Gericht auch festgestellt, dass dem Gesetzgeber im Hinblick auf die für nötig befundenen Maßnahmen zur Sicherung der Versorgung eine Einschätzungsprägorative zusteht, die unter rechtlichen Gesichtspunkten lediglich daraufhin überprüfbar sei, ob das gewählte Mittel noch in einem angemessenen Verhältnis zur Größe der Gefahr und zu der Wahrscheinlichkeit ihres Eintritts stehe.[41] Daraus folgt, dass die landesplanerischen Interessen an der Erhaltung der Funktionsfähigkeit des zentralörtlichen Gliederungssystems, das im Interesse einer sozialstaatlichen Mindestversorgung der Bevölkerung in zumutbarer Entfernung etabliert ist, prinzipiell geeignet sind, die Interessen der Investoren an ihrer wirtschaftlichen Entwicklung dahinter zurücktreten zu lassen.

(6) Freilich gilt das nicht unbegrenzt; jedoch drängen sich Anhaltspunkte etwa für ein krasses Missverhältnis zwischen dem Gewicht der öffentlichen Interessen und der Schwere des Eingriffs schon deshalb nicht auf, weil nur die geringere Stufe der Berufsausübung betroffen ist und bereits auf Prüfebene der Erforderlichkeit die Unabdingbarkeit des Eingriffs festgestellt worden ist.[42] Zwar ist auch stufenintern auf die Angemessenheit

---

40 *BVerfG,* Beschl. v. 18.12.1968 – 1 BvL 5, 14/64 u. 5, 11, 12/65 (»Mühlen-Urteil«) –, BVerfGE 25, 1 (16); *Spannowsky,* NdsVBl 2001, 1 (2); *Schneider,* Bauplanungsrechtliche Zulässigkeit von FOC, 2003, S.122 f.

41 *BVerfG,* Beschl. v. 18.12.1968 – 1 BvL 5, 14/64 u. 5, 11, 12/65 –, BVerfGE 25, 1 (17); *Tettinger,* in: Sachs (Hg.), GG, 2003, Art.12 Rn.117; *Schmidt/Bleibtreu/Klein,* GG, 2004, Art.12 Rn.18.

42 *Pieroth/Schlink,* Grundrechte, 2004, Rn.858 sind der Auffassung dass die Verhältnismäßigkeitsprüfung im engeren Sinne eigentlich nur die Bedeutung einer Stimmigkeitskontrolle in dem Sinne habe, festzustellen, ob ein zum Schutze eines Gemeinschaftsgutes geeigneter und erforderlicher Eingriff ein krasses Missverhältnis zwischen geschütztem und beeinträchtigtem Gut hinterlasse oder nicht. Denn wenn ein Gemeinschaftsgut tatsächlich nur um den teuren Preis eines intensiven Grundrechts-

Rücksicht zu nehmen, was bedeutet, dass je stärker die Berufsangehörigen in ihrer Berufsausübung beeinträchtigt werden, ein umso höheres Gewicht von Gemeinwohlinteressen zu fordern ist.[43] Dass durch § 24 Abs.3 LEPro NW aber eine Beschränkung der beruflichen Betätigung über ein Maß erfolgt, das selbst durch das überragend wichtige Gemeinschaftsgut der Sicherung der Versorgung nicht mehr zu legitimieren wäre, ist indes nicht ersichtlich. Den Investoren und Betreibern des großflächigen Einzelhandels steht nämlich trotz der landesplanerischen Standorteinschränkungen jederzeit die Möglichkeit offen, mit ihrem Vorhaben eine Angebotspalette zu wählen, die dem Funktionsschema des zentralörtlichen Gliederungssystem entspricht. Das setzt lediglich die Bereitschaft seitens der Investoren voraus, sich hinsichtlich Umfang und Zweckbestimmung auf eine bestimmte Konzeption festzulegen; auf das Projekt im Ganzen müssen sie aber in der Regel nicht verzichten. Insoweit ist das Übermaßverbot gewahrt.

(7) Anders könnte sich diese Bewertung freilich bei bestimmten Handelsformen darstellen, deren Einzugsbereiche betriebstypenbedingt deutlich über jene von herkömmlichen Einkaufszentren hinausreichen und die zudem aus betriebswirtschaftlichen Gründen auf dezentrale Standorte – außerhalb der am ehesten nach der zentralörtlichen Gliederung in Frage kommenden Oberzentren – angewiesen sind. Angesprochen sind in erster Linie die so genannten »Factory-Outlet-Center«, die wegen ihres spezialisierten markenorientierten Angebots großräumige, autokundenorientierte

---

eingriffs erreichbar sei, zeige sich regelmäßig eben darin sein hoher Wert. Die Verf. räumen damit unter Hinweis darauf, dass das *BVerfG* noch nie einen Eingriff, der sich als wirklich notwendig erwiesen habe, an der mangelnden Wertigkeit des Zwecks scheitern ließ, der Prüfebene der *Erforderlichkeit* eine maßgebliche Indizfunktion für die Angemessenheit eines Eingriffs ein.

43 *BVerfG,* Beschl. v. 28.7.1971 – 1 BvR 40, 47, 175, 155, 159/69 –, BVerfGE 32, 1 (34); *Gubelt,* in: v. Münch/Kunig, GG, Bd.I, 2000, Art.12 Rn.49. Im Einzelfall können Ausübungsregelungen sogar derart gravierende Auswirkungen auf die *Freiheit der Berufswahl* haben, dass sie nicht mit jeder vernünftigen Erwägung des Gemeinwohls, sondern nur mit solchen Allgemeininteressen gerechtfertigt werden können, »die so schwer wiegen, dass sie den Vorrang vor der Berufsbehinderung verdienen«. I.d.R müssen dann die Voraussetzungen für eine Berufswahlregelung erfüllt sein; vgl. *BVerfG,* Beschl. v. 4.10.1983 – 1 BvR 1633, 1549/82 –, BVerfGE 65, 116 (127 f); *Jarass,* in: Jarass/Pieroth, GG, 2004, Art.12 Rn.25; *Scholz,* in: Maunz u.a., GG, Stand Feb 2004, Art.12 Rn.325; *Pieroth/Schlink,* Grundrechte, 2004, Rn.853 f.

Einzugsbereiche ansprechen,[44] zugleich aber die Besonderheit aufweisen, dass der innerstädtische Facheinzelhandel die wichtigste Vertriebsstufe der Betreiber ist und deshalb ein Konkurrenzverhältnis zum Facheinzelhandel als potenzielle Mieterschaft als unvertretbar gilt. Betreiber von Factory-Outlet-Centern sind deshalb an Standorten in unmittelbarer Nachbarschaft zu einem Oberzentrum, wo sich üblicherweise der Facheinzelhandel mit Markenartikeln befindet, nicht interessiert.

Interpretiert man das Kongruenzgebot im Sinne einer nach Zweckbestimmung und Umfang strikten Zuordnung von Einzelhandelsgroßbetrieben zu den Stufen der zentralörtlichen Gliederung, so kann das für Betreiber von Factory-Outlet-Centern faktisch einen »Totalausschluss« ihrer wirtschaftlichen Betätigung nach sich ziehen.[45] Denn die aufgrund von Zweckbestimmung und Umfang des Betriebs allenfalls mögliche Ansiedlung in Oberzentren scheidet aus betriebswirtschaftlichen Erwägungen von vornherein aus. Nicht selten reicht sogar der Einzugsbereich eines Factory-Outlet-Centers über den Verflechtungsbereich jeglicher Zentralitätsstufe hinaus, so dass bei strenger Kongruenzinterpretation derartige Einrichtungen in vielen Fällen überhaupt keine Aussicht auf Verwirklichung hätten.[46]

Der Ausschluss bestimmter Vertriebsformen aus der Palette möglicher Einzelhandelsgroßprojekte wäre zwar nur als Berufsausübungsregelung zu werten, da die Bandbreite denkbarer Vertriebsformen im Einzelhandel dem einheitlichen Berufsbild des Einzelhandelsbetreibers bzw. -investors zuzuordnen ist.[47] Gleichwohl würden die Auswirkungen einer solchen Regelung von ihrer Intensität her in die Nähe einer objektiven Zulassungsschranke – jedenfalls für die potenziellen Betreiber der ausgeschlossenen Vertriebsformen – rücken, so dass auch höhere Anforderungen an ihre

---

44 Dem durchschnittlichen Einzugsbereich eines in der Bundesrepublik geplanten FOC liegt ein Radius von eineinhalb Stunden PKW-Fahrzeit zu Grunde. Er ist damit ausgehend von einer durchschnittlichen Reisegeschwindigkeit von 100 km/h ca. 150 km groß; vgl. *Kleine/Offermanns,* RuR 2000, 35 (44).

45 *Hoppe/Otting,* Der Landkreis 2000, 376 (378 f); *Jahn,* BayVBl 1989, 294 (296).

46 *Moench/Sandner,* NVwZ 1999, 337 (338); *Uechtritz,* BauR 1999, 572 (581).

47 S. oben S.279 ff.

Rechtfertigung zu stellen wären.[48] Allerdings ist nach der hier vertretenen Auffassung das Kongruenzgebot gerade nicht schematisch im Sinne einer strikten Bindung von Einzelhandelsgroßbetrieben an den zentralörtlichen Verflechtungsbereich der Standortgemeinde, sondern funktional im Sinne der Gewährleistung der siedlungsräumlichen Angebots-Nachfrageverflechtungen zu verstehen, soweit diese zur Aufrechterhaltung der bedarfsdeckenden Mindestausstattung in den zentralörtlichen Versorgungsbereichen erforderlich sind.[49] Ein faktischer Totalausschluss von Factory-Outlet-Centern kann daher keinesfalls angenommen werden, da auch für solche Projekte ein suburbaner Standort selbst bei erheblicher Überschreitung des Verflechtungsbereichs der Ansiedlungsgemeinde zulässig sein kann, sofern nur jeweils bezogen auf die einzelnen Nachbarzentren keine wesentliche Kaufkraftabschöpfung erfolgt.[50]

Im Übrigen ist im Hinblick auf die betriebswirtschaftlichen Anforderungen neuer expansiver Handelsformen die generelle Auffangfunktion von Oberzentren zu berücksichtigen. Das Planungsrecht schließt keine Betriebsform a priori aus, sondern betreibt nur Standortlenkung.[51] Ein Investor kann seine wirtschaftlichen Vorstellungen umso eher verwirklichen, je mehr er bereit ist, sein Vorhaben nach Umfang und Zweckbestimmung flexibel zu gestalten und auf die Versorgungsstrukturen vor Ort anzupassen. Erzwingen neue Handelskonzeptionen, deren Entwicklung grundsätzlich von der Freiheit der Berufsausübung geschützt sind, eine bestimmte Größenordnung des Vorhabens mit entsprechenden Einzugsbereichen, so stellt das Planungsrecht mit den Oberzentren prinzipiell geeignete Standorte zur Verfügung.[52] Das Argument der Betreiber, es müsse die Konkurrenz zum

---

48 Zur gesteigerten Wirkung von Berufsausübungsregelungen als Berufswahlregelungen vgl. *BVerfG,* Urt. v. 23.3.1960 – 1 BvR 216/51 –, BVerfGE 11, 30 (42 f); *Pieroth/Schlink,* Grundrechte, 2004, Rn.852 f.

49 S. hierzu im Einzelnen oben S.129.

50 S. hierzu oben S.129.

51 *Spannowsky,* NdsVBl 2001, 33 (38); *Moench/Sandner,* NVwZ 1999, 337 (345); *Niemeier/Dahlke/Lowinski,* Landesplanungsrecht NW, 1977, § 24 LEPro Anm.5, S.404.

52 Die *MKRO* hat in ihrer Entschließung vom 3.6.1997 »Factory-Outlet-Center« die Auffassung bezogen, dass diese Betriebsformen wegen ihrer sortimentsbezogenen Reichweite (100 km und mehr) und des daraus resultierenden Bedrohungspotenzials für den innerstädtischen Einzelhandel in Nachbargemeinden nicht generell unzulässig, sondern nur in Oberzentren zulässig seien; abgedr. in *Bielenberg u.a.*, Raumordnungs-

innerstädtischen Facheinzelhandel vermieden werden, dürfte ein Hindernis sein, das nicht dem Verantwortungsbereich des Planungsrechts, sondern der Unternehmersphäre zuzurechnen ist. Ein Unternehmer kann sich schließlich auch nicht darauf berufen, dass es ihm aufgrund eines gesättigten Markts unmöglich sei, ein weiteres Einzelhandelsprojekt zu verwirklichen. Das Planungsrecht erfüllt unter dem Gesichtspunkt des Übermaßverbots seine »Pflicht«, wenn es überhaupt Standorte für die Palette der unterschiedlichen Betriebsformen anbietet. Das ist aufgrund der Auffangfunktion von Oberzentren der Fall.

(8) Als Ergebnis kann damit festgehalten werden, dass § 24 Abs.3 LEPro NW zwar mittelbar in die Berufsausübungsfreiheit eingreift, dieser Eingriff aber aufgrund der hohen Bedeutung des Zwecks »Sicherung der Versorgung der Bevölkerung« und der lediglich standortlenkenden, nicht aber -ausschließenden Wirkung für bestimmte Formen des großflächigen Einzelhandels verfassungsrechtlich gerechtfertigt ist.

B. Eigentum

§ 24 Abs.3 LEPro NW könnte in das Grundrecht auf Eigentum eingreifen, da durch die landesplanerisch ausgesprochenen Standortbeschränkungen betroffene Grundstückseigentümer – vermittelt durch ein Verbot der Bauleitplanung – daran gehindert sind, auf ihrem Grundeigentum Projekte des großflächigen Einzelhandels zu realisieren. Ein entsprechender Eingriff würde jedoch zunächst voraussetzen, dass vom Schutzbereich der Eigentumsgarantie die bauliche Ausnutzung des Grundstücks, die so genannte »Baufreiheit«, umfasst ist. Denn nur dann kann auch § 24 Abs.3 LEPro NW als Vorschrift, die eine Errichtung von Einzelhandelsgroßbetrieben an bestimmten Standorten und damit eine bestimmte Grundstücksnutzung ausschließt, am Grundrecht des Eigentums gemessen werden.

(1) Schutzobjekt und Gegenstand des Art.14 Abs.1 S.1 GG ist das Eigentum. Was unter Eigentum im verfassungsrechtlichen Sinne zu verstehen ist, ergibt sich in ausdrücklicher Definition weder aus Art.14 GG noch anderen

---

und Landesplanungsrecht, Bd.I, Stand Sept 2004, B 320, Nr.30; s. auch *Schneider,* Bauplanungsrechtliche Zulässigkeit von FOC, 2003, S.122. Diese Rechtsauffassung ist jedoch nicht haltbar, sofern man die zentralörtliche Gliederung – wie hier – als ein auf die Sicherung von Versorgungsfunktionen beschränktes Standortraster auffasst.

Vorschriften der Rechtsordnung.[53] Maßstab für die Auslegung des Eigentumsbegriffs muss daher die Verfassung selbst sein.[54] Das *Bundesverfassungsgericht* definiert das Eigentum unter Rückgriff auf Zweck und Funktion der Eigentumsgarantie sowie unter Berücksichtigung ihrer Bedeutung im Gesamtgefüge der Verfassung.[55] Danach soll die Eigentumsgarantie dem Grundrechtsträger einen Freiraum im vermögensrechtlichen Bereich sichern und damit dem Einzelnen die Entfaltung und eigenverantwortliche Gestaltung seines Lebens ermöglichen.[56] Unter den Eigentumsbegriff im verfassungsrechtlichen Sinne fallen deshalb alle vermögenswerte Rechte, die dem Berechtigten in der Weise zugeordnet sind, dass er die damit verbundenen Befugnisse nach eigener Entscheidung zu seinem privaten Nutzen ausüben darf.[57] Nur derartige *privatnützige* Rechte füllen die verfassungsrechtlichen Prägemerkmale des Eigentums aus. Daraus folgt zugleich, dass aus dem verfassungsrechtlichen Eigentumsbegriff nicht mehr abgeleitet werden kann als lediglich eine Aussage über die *Art* der geschützten Befugnisse; welcher konkrete *Umfang* an Befugnissen hingegen zum Bestand der eigentumsrechtlich geschützten Rechtspositionen gehört, ergibt sich nicht aus der Verfassung, sondern ausschließlich aus dem einfachen Gesetz.[58]

Die Abhängigkeit des Eigentumsbegriffs vom einfachen Recht ist eine Konsequenz dessen, dass Art.14 Abs.1 GG einerseits zwar das Eigentum

---

53 *BVerfG,* Beschl. v. 15.1.1974 – 1 BvL 5, 6, 9/70 –, BVerfGE 36, 281 (290); *Schoch,* Jura 1989, 113 (115).

54 Vgl. *Bryde,* in: v. Münch/Kunig, GG, Bd.I, 2000, Art.14 Rn.11; *Wieland,* in: Dreier (Hg.), GG, Bd.I, 2004, Art.14 Rn.29.

55 *BVerfG,* Beschl. v. 8.7.1971 – 1 BvR 766/66 –, BVerfGE 31, 275 (283); *BVerfG,* Beschl. v. 9.1.1991 – 1 BvR 929/89 –, BVerfGE 83, 201 (208).

56 *BVerfG,* Beschl. v. 22.11.1994 – 1 BvR 351/91 –, BVerfGE 91, 294 (307); *BVerfG,* Beschl. v. 22.5.2001 – 1 BvR 1512, 1677/97 –, BVerfGE 104, 1 (8); *Pieroth/Schlink,* Grundrechte, 2004, Rn.893.

57 Dieses aus der Verfassung gewonnene Eigentumsverständnis ergibt sich aus der geschichtlichen Entwicklung und Funktion des Eigentums: Bei seiner Entstehung fand das GG ein vornehmlich privatrechtlich geprägtes Eigentum vor, das dem einzelnen einen Freiheitsraum im vermögensrechtlichen Bereich sicherte und ihm dadurch eine eigenverantwortliche Gestaltung seines Lebens ermöglichte; vgl. *BVerfG,* Beschl. v. 12.6.1979 – 1 BvL 19/76 –, BVerfGE 52, 1 (30); *Just,* in: Hoppe/Bönker/Grotefels, Öffentliches Baurecht, 2004, § 2 Rn.43; *Heemeyer,* Baurecht auf Zeit, 2003, S.56.

58 *Heemeyer,* Baurecht auf Zeit, 2003, S.57; *Pieroth/Schlink,* Grundrechte, 2004, Rn.894.

gewährleistet, zugleich aber die Inhaltsbestimmung dieses Eigentums dem Gesetzgeber überantwortet. Einen *vorrechtlichen* Eigentumsbegriff, der den individuellen Schutzbereich des Eigentums greifbar machen würde, kennt das Grundgesetz nicht; der geschützte Bestand an Eigentum folgt ausschließlich aus dem, was der Gesetzgeber zuvor an Rechtspositionen nach Art.14 Abs.1 S.2 GG – mittels der Inhalts- und Schrankenbestimmung – an »Eigentum« geschaffen hat.[59] Unter Eigentum ist in einer generalisierenden Formulierung demnach all das zu verstehen, was das *einfache Recht* zu einem bestimmten Zeitpunkt als Eigentum – und zwar in Form der Einräumung vermögenswerter privatnütziger Rechte – definiert.[60] Um die sich hieraus ergebenden Rechtspositionen gegenüber Maßnahmen der öffentlichen Gewalt zu wahren, schützt Art.14 GG das Eigentum zum einen in seiner *Existenz* (institutioneller Schutz)[61] und zum anderen in seinem *Bestand* (individueller Schutz).[62]

(2) Voraussetzung für das Recht von Grundstückseigentümer, sich hinsichtlich der durch § 24 Abs.3 LEPro NW hervorgerufenen Auswirkungen auf die *Baufreiheit* zu berufen, ist also, dass die Baufreiheit auf einfachgesetzlicher Ebene dem Grundstückseigentümer als privatnütziges vermögenswertes Recht tatsächlich auch zugeordnet ist.[63] Anknüpfungspunkt für eine entsprechende einfachgesetzliche Zuordnung sind die zivilrechtlichen

---

59 Vgl. *Pieroth/Schlink,* Grundrechte, 2004, Rn.899 f.

60 Zur Ausfüllung der durch die Eigentumsgarantie vermittelten Rechtsstellung ist die Gesamtheit der verfassungsmäßigen Gesetze zu einem bestimmten Zeitpunkt in den Blick zu nehmen; bürgerliches und öffentliches Recht wirken hierbei gleichrangig zusammen; vgl. *BVerfG,* Beschl. v. 15.7.1981 – 1 BvL 77/78 –, BVerfGE 58, 300 (336); *Papier,* in: Maunz u.a., GG, Stand Feb 2004, Art.14 Rn.307; *Wieland,* in: Dreier (Hg.), GG, Bd.I, 2004, Art.14 Rn.25.

61 Aufgabe des Art.14 GG als Einrichtungsgarantie ist die Sicherung eines Grundbestands an Normen, die Eigentum so ausgestalten, dass es »diesen Namen auch verdient«; vgl. *Erbguth/Wagner,* Grundzüge des öffentlichen Baurechts, 2005, Rn.26; *Just,* in: Hoppe/Bönker/Grotefels, Öffentliches Baurecht, 2004, § 2 Rn.45.

62 Die Individualgarantie des Art.14 GG schützt den jeweiligen *subjektiv-rechtlichen Bestand* des Eigentums in der Hand des konkreten Eigentümers. Sie vermittelt dem Eigentümer ein subjektives Abwehrrecht gegen hoheitliche Beeinträchtigungen seiner Positionen; vgl. *Papier,* in: Maunz u.a., GG, Stand Feb 2004, Art.14 Rn.8 f; *Just,* in: Hoppe/Bönker/Grotefels, Öffentliches Baurecht, 2004, § 2 Rn.47.

63 Die Auffassung, die eine Baufreiheit als Ableitung direkt aus der Verfassung diskutiert, ist mit der vom *BVerfG* entwickelten Dogmatik zu Art.14 GG unvereinbar; vgl. zu den Vertretern dieser Auffassung etwa *Depenheuer,* in: Mangoldt/Klein/Starck, GG, 1999, Art.14 Rn.46/120.

Eigentümerbefugnisse aus den §§ 903 ff BGB. Danach ist das zivilrechtliche Eigentum als Grund- und Fahrniseigentum definiert unter Einräumung der Befugnis, mit der Sache – im Rahmen der Gesetze – nach Belieben zu verfahren. Eine umfassende Baufreiheit ist damit auf einfachgesetzlicher Ebene nicht gewährleistet; das entgegengestehende Gesetz und die entgegenstehenden Rechte Dritter in § 903 Abs.2 BGB sind von vornherein Bestandteile der Eigentumsdefinition und nicht nachträgliche Beschränkungen des Eigentümerbeliebens.[64] Insoweit sind vor allem die bauplanungs- und bauordnungsrechtlichen Vorschriften zu nennen, welche die Baufreiheit öffentlich-rechtlich ausgestalten. Von daher kann lediglich von einer »eingeschränkten« oder »potenziellen« Baufreiheit gesprochen werden, die zum Bestand des Eigentums zählt und die im Rahmen der Individualgarantie des Art.14 Abs.1 GG verteidigungsfähig ist.[65]

Für die Entscheidung, ob § 24 Abs.3 LEPro NW die solchermaßen definierte Baufreiheit berührt, ist zu fragen, ob vor dem Zeitpunkt des Erlasses des § 24 Abs.3 LEPro NW ein größeres Maß an normativer Baufreiheit bestand als nach seinem Erlass. Das setzt die Ermittlung des bestandsgeschützten Bereichs der Baufreiheit vor dem Erlasszeitpunkt der Vorschrift voraus. Dabei ist scharf zu unterscheiden zwischen dem tatsächlich Erworbenen und bloßen Aussichten, Erwartungen oder Hoffnungen, die mit dem Erworbenen verbunden waren, etwa die Aussicht, mit dem Erworbenen in bestimmter Weise verfahren zu können. Art.14 GG schützt nämlich nur das Erworbene, das Ergebnis einer Betätigung; die Betätigung selbst ist hingegen von Art.12 GG erfasst.[66]

---

64 *BVerfG,* Beschl. v. 19.6.1973 – 1 BvL 39/69 und 14/72 –, BVerfGE 35, 263 (276); *BVerfG,* Beschl. v. 22.5.2001 – 1 BvR 1512, 1677/97 –, BVerfGE 104, 1 (11); *BVerwG,* Urt. v. 17.12.1964 – I C 130.63 –, BVerwGE 20, 124 (126); *Pieroth/Schlink,* Grundrechte, 2004, Rn.901; *Jarass,* in: Jarass/Pieroth, GG, 2004, Art.14 Rn.22; *Wendt,* in: Sachs (Hg.), GG, 2003, Art.14 Rn.56; *Heemeyer,* Baurecht auf Zeit, 2003, S.60.

65 Abzulehnen ist die Auffassung, die in der Baubefugnis eine aus dem Inhalt des Grundeigentums ausgeschiedene Befugnis erkennen will, die durch das Bauplanungsrecht öffentlich-rechtlich verliehen wird; so etwa *Breuer,* Bodennutzung, 1976, S.162 ff; *Schulte,* JZ 1984, 297 (301 f). Eine solche Reduzierung des Grundeigentums auf den »reinen Flächenbesitz« wäre mit der Institutsgarantie des Art.14 GG kaum vereinbar; vgl. zu den zahlreichen weiteren Argumenten gegen ein derartig restriktives Verständnis *Just,* in: Hoppe/Bönker/Grotefels, Öffentliches Baurecht, 2004, § 2 Rn.56; *Heemeyer,* Baurecht auf Zeit, 2003, S.63 ff.

66 Vgl. *Pieroth/Schlink,* Grundrechte, 2004, Rn.912.

(3) Erworben war *vor* Erlass des § 24 Abs.3 LEPro NW Grundeigentum, dessen Bebaubarkeit für den großflächigen Einzelhandel unter einem generellen Planvorbehalt des Baugesetzbuchs stand. Wollte ein Grundeigentümer einen großflächigen Einzelhandelsbetrieb verwirklichen, so war er entweder auf die planersetzenden Vorschriften der §§ 34, 35 BauGB oder eine positive Bauleitplanung der Gemeinde entsprechend §§ 1 Abs.3 BauGB, 11 Abs.3 BauNVO angewiesen. Da § 24 Abs.3 LEPro NW sich nur auf die Bauleitplanung von großflächigen Einzelhandelsbetrieben bezieht, scheiden die §§ 34, 35 BauGB für die weitere eigentumsrechtliche Betrachtung an dieser Stelle aus.[67] Auf die Durchführung einer bestimmten Bauleitplanung, wie etwa die Planung eines Sondergebiets für den großflächigen Einzelhandel, konnte ein Grundeigentümer jedoch nicht vertrauen; hierauf bestand kein Anspruch, wie § 1 Abs.3 BauGB verdeutlicht.[68] Erworben war mithin lediglich Grundeigentum, dass in Bezug auf Nutzungen des großflächigen Einzelhandels als reiner »Flächenbesitz« einfachgesetzlich ausgeformt war. Die bloße Erwartung, dass das Grundstück durch eine entsprechende Bauleitplanung der Standortgemeinde Bauland für den großflächigen Einzelhandel wird, war nicht Teil der bestandsgeschützten Rechtsposition.

Zum geschützten Bestand gehörte ferner auch – und das muss im Hinblick auf eine möglicherweise unmittelbare Außenwirkung des § 24 Abs.3 LEPro NW gegenüber privaten Dritten im Auge behalten werden – die Rechtsposition des Grundeigentümers, dass über die Frage, ob Grundeigentum Baulandqualität für den großflächigen Einzelhandel erlangt oder nicht, nur durch eine *abwägende,* nicht aber durch eine lediglich *vollziehende* Bauleitplanung im Rahmen einer einseitig angeordneten landesplanerischen Zielfestlegung entschieden wird. Dieser Aspekt spielt eine Rolle für die Frage, ob durch Ziele der Raumordnung eine unmittelbare Außenwirkung gegenüber dem Bürger begründet werden kann, wenn die Bauleitplanung der Gemeinde infolge strikter Determinierung durch landesplanerische Zielfestlegungen nur noch als förmlicher Umsetzungsakt ohne

67 Vgl. zur Zulässigkeit von großflächigen Einzelhandelsbetrieben nach den planersetzenden Vorschriften der §§ 34, 35 BauGB *Söfker,* in: Ernst u.a., BauGB, Stand Sept 2004, § 11 BauNVO Rn.95 ff; *Bönker,* BauR 1999, 328 (330).

68 *Spannowsky,* NdsVBl 2001, 31 (36 f); vgl. auch *Jarass,* in: Jarass/Pieroth, GG, 2004, Art.14 Rn.22.

jeden substanziellen Gestaltungsspielraum erscheint und sich dadurch eine potenziell bestehende Nutzungsmöglichkeit für den Grundeigentümer schon auf landesplanerischer Ebene in abschließender Weise erledigt.[69] Insoweit können Ziele der Raumordnung, ohne dass es auf eine vermittelnde Bauleitplanung noch ankäme, mit ihrer erstmaligen Aufstellung unmittelbar eigentumsrelevant werden.

(4) *Nach* Erlass des § 24 Abs.3 LEPro NW hat sich am Bestand der eingeschränkten Baufreiheit in Bezug auf Nutzungen des großflächigen Einzelhandels zunächst nichts geändert. Weiterhin bedarf es einer positiven Planung der Gemeinde, damit ein Grundeigentümer ein großflächiges Einzelhandelsprojekt auf seinem Grundstück verwirklichen kann. Geändert hat sich lediglich die *Aussicht* für bestimmte Grundstückseigentümer, dass ihr Grundstück tatsächlich auch Baulandqualität für den großflächigen Einzelhandel erlangen kann, weil die Gemeinde nunmehr in ihrer planerischen Gestaltungsfreiheit stärkeren Restriktionen unterworfen ist als zuvor.[70] In dem Vertrauen, dass die Gemeinde eine im Sinne des Grundeigentümers positive Bauleitplanung überhaupt – auch aus freien Stücken – betreibt, waren Grundeigentümer aber von vornherein nicht geschützt gewesen.

Die Vorschrift des § 24 Abs.3 LEPro NW könnte aber das Grundeigentum dadurch berühren, dass sie Aussagen für künftige Nutzungen oder Funktionen von Grundeigentum trifft und dadurch die bislang bestehenden potenziellen Nutzungsmöglichkeiten des Grundeigentums auf ein nur noch ganz bestimmtes Nutzungsspektrum verengt. Zwar wenden sich Ziele der Raumordnung gemäß § 4 Abs.1 ROG in erster Linie an öffentliche Stellen und entfalten gegenüber dem Bürger regelmäßig erst durch vermittelnde

---

69 Vgl. *Runkel* in: Bielenberg u.a., Raumordnungs- und Landesplanungsrecht, Stand Sept 2004, K § 4 Rn.455; *Kment,* Rechtsschutz, 2002, S.147 f.

70 Das dürfte v. a. Grundeigentümer in grund- oder mittelzentralen Gemeinden betreffen, die in kleinräumige zentralörtliche Versorgungsbereiche eingebunden sind und die durch großflächigen Einzelhandel in vielen Fällen den Bedarf der Bevölkerung im eigenen Verflechtungsbereich überschreiten und durch Kaufkraftabzug aus benachbarten Verflechtungsbereichen Versorgungsfunktionen benachbarter Zentren gefährden; vgl. *Runkel* in: Bielenberg u.a., Raumordnungs- und Landesplanungsrecht, Stand Sept 2004, K § 4 Rn.377.

Planungsakte, wie etwa einen gemeindlichen Bauleitplan, Verbindlichkeit.[71] Gleichwohl wird eine unmittelbare Außenwirkung von raumordnerischen Zielen zunehmend dort diskutiert, wo Ziele der Raumordnung bei hinreichender »Vorhabensschärfe« eine gleiche Funktion wie bauleitplanerische Festsetzungen ausüben und dadurch genau wie diese geeignet sein können, Inhalt und Schranken des Eigentums unmittelbar zu bestimmen.[72]

Auf eine vertiefte dogmatische Auseinandersetzung mit diesen Fragen kann an dieser Stelle jedoch verzichtet werden, weil eine solche Relevanz raumordnerischer Ziele gegenüber der Rechtsstellung Privater überhaupt nur dann in Betracht gezogen wird, wenn die Landesplanung *konkrete flächenbezogene Ziele für bestimmte Nutzungen oder Funktionen* trifft, innerhalb derer die gemeindliche Bauleitplanung nur als bloßer Umsetzungsakt ohne jeglichen substanziellen planerischen Gestaltungsspielraum erscheint.[73] Derart inhaltsscharfe Aussagen trifft § 24 Abs.3 LEPro NW jedoch nicht. Der Vorschrift ist nicht zu entnehmen, an welchen Standorten großflächiger Einzelhandel konkret stattfinden soll und an welchen nicht. Gesetzt werden lediglich Rahmenbedingungen in Bezug auf *Art, Lage und Umfang* von Einzelhandelsgroßbetrieben; die landesplanerischen Anforde-

---

71 Vgl. *BVerwG,* Urt. v. 11.2.1983 – 4 C 15.92 –, ZfBR 1993, 191 (192); *BVerwG,* Beschl. v. 7.11.1996 – 4 B 170.96 –, DVBl 1997, 434 (434 f); *VGH München,* Urt. v. 26.4.1990 – 22 B 88.3351-, NVwZ 1990, 983 (984); *Ronellenfitsch,* Festschr. Hoppe, 2000, S.355 (366 ff); *Runkel* in: Bielenberg u.a., Raumordnungs- und Landesplanungsrecht, Stand Sept 2004, K § 4 Rn.447; *Schroeder,* UPR 2000, 52 (55); *Christ,* Raumordnungsziele, 1990, S.83; *Wagner,* DVBl 1990, 1024 (1026).

72 Vgl. *Runkel* in: Bielenberg u.a., Raumordnungs- und Landesplanungsrecht, Stand Sept 2004, K § 4 Rn.452; *Kment,* Rechtsschutz, 2002, S.83 ff; *Schroeder,* UPR 2000, 52 (55); *Blümel,* VerwArch 1993 [Bd.84], 123 (135). Paradefall einer solchen unmittelbaren Außenwirkung ist in der juristischen Diskussion die Raumordnungsklausel des § 35 Abs.3 S.2, 3 BauGB in Verbindung mit § 4 Abs.5 ROG.

73 *Runkel* in: Bielenberg u.a., Raumordnungs- und Landesplanungsrecht, Stand Sept 2004, K § 4 Rn.455; *Schroeder,* UPR 2000, 52 (55); *Kment,* Rechtsschutz, 2002, S.147 f, der als Beispiel die Ausweisung eines näher bezeichneten Gebiets in einem Raumordnungsplan als »Waldfläche von besonderer forstwirtschaftlicher Bedeutung« bringt. Für den Bürger stünde schon mit Erlass dieses standortgebundenen raumordnerischen Ziels und nicht erst mit Erlass des Bebauungsplans fest, dass er sein Grundstück in Zukunft weder industriell, noch gewerblich noch für Wohnzwecke nutzen könne. Das verbindliche »Aus« für die vom Bürger angestrebten Nutzungen käme allein schon durch den Raumordnungsplan; die vermittelnde Planung der Gemeinde entpuppe sich in solchen Fällen lediglich als Formalie ohne rechtsgestaltenden Inhalt.

rungen konkretisieren sich aber in räumlicher Hinsicht für den Eigentümer erst über die Bauleitplanung der Gemeinde. Bei dieser sind vor allem die marktwirtschaftlichen Verhältnisse vor Ort von Bedeutung, aus denen sich erst ergibt, ob eine Planung im Einzelfall der zentralörtlichen Gliederung entspricht oder nicht.[74] Zum Zeitpunkt der landesplanerischen Entscheidung steht jedenfalls noch nicht fest, in welcher Gemeinde und in welchem Ortsteil es zur Ansiedlung weiterer Einzelhandelsgroßbetriebe kommen wird.[75]

(5) Zusammenfassend bleibt damit festzustellen, dass § 24 Abs.3 LEPro NW den Schutzbereich des Art.14 Abs.1 GG nicht berührt.

---

74 Vgl. *OVG Frankfurt (Oder),* Urt. v. 28.10.2003 – 8 C 10303/03 –, DVBl 2004, 259 (260); *Erbguth,* NVwZ 2000, 969 (973).

75 Anders würde sich dies darstellen, wenn der Landesgesetzgeber den großflächigen Einzelhandel über positive Standortausweisungen steuern würde; vgl. zu dieser Überlegung *Spannowsky,* NdsVBl 2001, 1 (3); *Schroeder,* UPR 2000, 52 (55); *Runkel,* UPR 1998, 241 (244).

Sechster Teil: Zusammenfassung der Ergebnisse

A. Einführung

I. Strukturveränderungen im Einzelhandel

(1) Der Einzelhandel in Deutschland ist seit den letzten 40 Jahren einem anhaltenden Strukturwandel ausgesetzt. Dieser ist geprägt von einer kontinuierlichen Ausdünnung des kleinflächigen Versorgungsnetzes, dem Rückgang des mittelständisch geprägten Facheinzelhandels in den zentralen Geschäftslagen und einem Trend zu großflächigen Betriebstypen am Rande oder im Umland der Städte und Gemeinden. Haupttriebfedern für diese Entwicklung sind Konzentrationsprozesse im Einzelhandel gekoppelt mit einem Zuwachs an Verkaufsfläche, die gestiegene Mobilität in allen Bevölkerungsschichten, das veränderte Konsumverhalten sowie die günstigen Standortbedingungen in den Außenbereichen. Die gegenwärtige Entwicklung ist von einer Zunahme neuartiger Handelsagglomerationen, wie etwa Factory-Outlet-Center, und der multifunktionalen Kombination von Einzelhandel, Erlebnis, Freizeit und Unterhaltung geprägt (S.8 ff).

II. Auswirkungen des großflächigen Einzelhandels auf Raum- und Stadtstrukturen

(2) Der Wandel im Einzelhandel und der mit ihm verbundene Trend zu großflächigen Betriebsformen in Randlagen zeitigt negative Folgeerscheinungen in Bezug auf die Siedlungs- und Versorgungsstrukturen, Verkehr, Umwelt und Freiräume. Durch periphere Standorte hoher Zentralität kommt es zu Kaufkraftverlusten in den Innenstädten, welche die Rentabilität innerstädtischer Einrichtungen gefährden und Geschäftsaufgaben verursachen können. Die Innenstädte sind dadurch häufig nicht mehr in der Lage, ein ausreichend ausgestattetes und attraktives Handelsangebot aufrechtzuerhalten und damit ihrer Versorgungsfunktion für sich und das gegebenenfalls mitverflochtene Umland gerecht zu werden. Daneben produzieren peripher angesiedelte Einzelhandelsgroßbetriebe ein erhöhtes Verkehrsaufkommen in bislang weniger belasteten Bereichen, betriebs- und verkehrsbedingte Immissionen, eine Ausweitung der Siedlungsfläche in

Freiräume, einen erhöhten Flächenverbrauch sowie Beeinträchtigungen des Landschaftsbildes (S.13 ff).

B. Allgemeine Vorgaben des Raumordnungs- und Landesplanungsrechts

I. Materielle Steuerungsziele aus dem Bundes- und Landesrecht

(3) Eine der zentralen raumordnerischen Leitvorstellungen in Bezug auf die angestrebte Raum- und Siedlungsstruktur ist die Herstellung gleichwertiger Lebensverhältnisse in allen Teilräumen. Danach sind die Planungsträger dazu aufgerufen, die Rahmenbedingungen dafür zu schaffen, dass jeder einen bestimmten Mindeststandard an Wohnungen, Erwerbsmöglichkeiten sowie öffentlichen wie privaten Infrastruktureinrichtungen vorfindet. Die Herstellung verbrauchernaher Versorgungsstrukturen in allen Landesteilen ist ein wesentliches Element gleichwertiger Lebensverhältnisse (S.26 ff).

(4) Die landesplanerisch angestrebte Raum- und Siedlungsstruktur wird durch das Leitbild der *dezentralen Konzentration* geprägt. Dezentrale Konzentration bedeutet, dass Bevölkerung, Arbeitsstätten und Infrastruktur in Städten unterschiedlicher Größe konzentriert sind, die relativ gleichmäßig über das Landesgebiet verteilt sind. Die dezentrale Konzentration unterteilt sich in die Prinzipien der *siedlungsräumlichen Arbeitsteilung* und der *siedlungsräumlichen Schwerpunktbildung* (S.29).

(5) Planinstrument für die *siedlungsräumliche Arbeitsteilung* ist das in den Raumordnungsplänen aller Bundesländer implementierte *Zentrale-Orte-Konzept,* durch das im Interesse gleichwertiger Lebensverhältnisse in allen Landesteilen eine Versorgung der Bevölkerung mit den wichtigsten Güter und Dienstleistungen in zumutbarer Entfernung ermöglicht werden soll (vgl. § 22 Abs.1 LEPro NW). Zentrale Orte sind Standorte, die sich durch eine Konzentration von Versorgungseinrichtungen einer bestimmten Bedarfsstufe auszeichnen. Hinsichtlich der Bedarfsstufen wird unterschieden in die Versorgung für den kurz-, mittel- und langfristigen Bedarf. Durch die Zu- und Anordnung der zentralen Orte im Gesamtraum sollen zunächst flächendeckend *teilräumliche Angebots-Nachfrageverflechtungen* geknüpft werden, die tragfähigen Marktmindestgrößen für die gebündelte Bereitstellung grund-, mittel- und oberzentraler Versorgungsbedarfe entsprechen. Die darin angestrebte siedlungsräumliche Arbeitsteilung ist Ausdruck der

raumstrukturellen Komponente der zentralörtlichen Gliederung. Die teilräumlichen Angebots-Nachfrageverflechtungen bilden sodann das räumliche Bezugsraster für eine effiziente und kostensparende Bedarfsplanung öffentlicher Infrastruktureinrichtungen an ausgewählten Standorten, den zentralen Orten (vgl. § 22 Abs.1 S.2 LEPro NW). Die angestrebte Bündelung der für die Verflechtungsbereiche maßgeblichen Versorgungsinfrastruktur in zentralen Orten ist Ausdruck der *raumfunktionellen* Komponente der zentralörtlichen Gliederung (S.30 ff).

(6) Im nordrhein-westfälischen Landesplanungsrecht ist der Begriff der zentralen Orte auf ganze Gemeinden bezogen. Bedingt durch die Maßstabsvergrößerung der Gebietsreform gibt es daher Gemeinden mit und ohne Versorgungsfunktion für das Umland. Zur Fortsetzung des zentralörtlichen Gliederungssystems auch innerhalb von Gemeinden sind die Kommunen landesplanerisch gemäß §§ 24 Abs.1, 6 LEPro NW zur Bildung von Siedlungsschwerpunkten verpflichtet, durch die ein innergemeindliches Zentrensystem nach Maßgabe der jeweils vorhandenen siedlungsstrukturellen Teilräume etabliert werden soll. Innergemeindliche Siedlungsschwerpunkte haben gemäß ihrer Kompensationsfunktion für die durch die Gebietsreform eingetretenen landesplanerischen Steuerungsverluste eine vergleichbare *raumstrukturelle* und *raumfunktionelle* Wirkung wie die zentralen Orte auf Landesebene (S.40 ff und S.49 ff).

(7) Planinstrumente für die *siedlungsräumliche Schwerpunktbildung* als weitere Ausprägung der dezentralen Konzentration sind auf Gemeindeebene die Siedlungsschwerpunkte und auf Landesebene die Entwicklungsschwerpunkte. Nach den §§ 24 Abs.1, 6 LEPro NW ist die siedlungsräumliche Schwerpunktbildung in den Gemeinden durch eine Ausrichtung der Siedlungsstruktur auf Siedlungsschwerpunkte herzustellen. Nach den §§ 7, 23 LEPro NW ist die siedlungsräumliche Schwerpunktbildung auf Landesebene durch eine Konzentration von zentralörtlichen Versorgungseinrichtungen mit Arbeitsstätten und Wohnbevölkerung auf Entwicklungsschwerpunkte auszurichten, die durch Entwicklungsachsen verkehrsmäßig miteinander verbunden sind (S.45 ff).

(8) Das Landesplanungsrecht formuliert in Bezug auf verkehrliche Belange den Obersatz, dass das Verkehrssystem unter besonderer Ausnutzung vorhandener Verkehrswege mit siedlungsräumlichen Schwerpunkten zu verknüpfen ist. Dabei wird angestrebt, dass die regionale und städtebau-

liche Planung durch umwelt- und siedlungsverträgliche Mischung von Wohnen und Arbeiten zur Reduzierung des Verkehrsaufkommens beitragen soll (S.53 ff).

(9) In Bezug auf die Sicherung der Umwelt- und Freiraumstruktur betonen Raumordnung und Landesplanung den Vorrang der Innen- vor der Außenentwicklung. Bei der Siedlungstätigkeit hat die Wiedernutzung brachgefallener Siedlungsflächen Vorrang vor der Inanspruchnahme von Freiräumen (S.56 f).

II. Auswirkungsrelevanz des großflächigen Einzelhandels

(10) Das Kernproblem für die Landesplanung an dem Aufkommen großflächiger Einzelhandelsformen ist die Konkurrenz zwischen großflächigen Handelseinrichtungen auf der so genannten »Grünen Wiese« und Versorgungsbetrieben in den Innenstädten bzw. Stadtteilzentren. Die Ausweitung von großbetrieblichen Handelsstandorten in Randlagen trägt dazu bei, dass die Innenstadt in Umkehrung der Ziele und Grundsätze von Raumordnung und Landesplanung nicht mehr das Umland, sondern das Umland zunehmend die Innenstadt versorgt. Aufgrund der Zentralitätszuwächse im Umland wird die auf die Zentren ausgerichtete Nachfrage umgelenkt mit der Folge, dass die Angebots-Nachfrageverflechtungen zum Zentrum teilweise gesprengt werden, die Zentren dadurch in ihrer wirtschaftlichen Leistungskraft geschwächt und die zentralen Versorgungseinrichtungen aufgrund fehlender oder gescheiterter Ansiedlungen nicht mehr in angemessener Entfernung für jedermann bereitgestellt werden können. Hierdurch kann sowohl die raumstrukturelle als auch raumfunktionelle Komponente der zentralörtlichen Gliederung beeinträchtigt werden (S.59 ff).

(11) Periphere Standorte von Einzelhandelsgroßbetrieben stehen darüber hinaus im Widerspruch zur Konzentration der Siedlungstätigkeit auf Siedlungs- und Entwicklungsschwerpunkte (S.62 f). Des Weiteren werden durch Zentralitätsverschiebungen in die Randbereiche die Ziele zur Verkehrsvermeidung und -minimierung sowie zum Umwelt- und Freiraumschutz nachteilig berührt (S.63).

C. Steuerung der Auswirkungen durch die kommunale Bauleitplanung

I. Steuerungsnormen der Baunutzungsverordnung

(12) Die Kompetenz zur Steuerung der Ansiedlung großflächiger Einzelhandelsbetriebe liegt bei den Gemeinden als Träger der Bauleitplanung. Sie weisen die Standorte für den großflächigen Einzelhandel durch Angebotsplanungen oder durch vorhabensbezogene Bebauungspläne innerhalb ihres Gemeindegebiets aus. Dreh- und Angelpunkt für die städtebaurechtliche Steuerung ist § 11 Abs.3 BauNVO. Nach dieser Vorschrift ist die Errichtung von Einkaufszentren, großflächigen Einzelhandelsbetrieben und sonstigen großflächigen Handelsbetrieben im Hinblick auf ihre nicht nur unwesentlichen Auswirkungen auf die Verwirklichung der Ziele der Raumordnung und Landesplanung oder auf die städtebauliche Entwicklung und Ordnung außer in Kerngebieten nur in eigens für sie festgesetzten Sondergebieten zulässig (S.65 ff).

II. Steuerungsnormen des Baugesetzbuchs

(13) Materielle Kriterien für die Ausweisung von Standorten des großflächigen Einzelhandels im Rahmen des § 11 Abs.3 BauNVO sind vor allem das aus § 1 Abs.7 BauGB entwickelte Gebot der gerechten Abwägung sowie das interkommunale Abstimmungsgebot nach § 2 Abs.2 BauGB. Zentraler Prüfpunkt bei der Abwägung sind die Auswirkungen auf die *Versorgung der Bevölkerung im Einzugsbereich* großflächiger Einzelhandelsbetriebe sowie die Auswirkungen auf *zentrale Versorgungsbereiche* in der Standort- bzw. betroffenen Nachbargemeinden. Einzelhandelsgroßbetriebe können sich hier sowohl auf eine verbrauchernahe, den Wohngebieten zugeordnete Versorgung als auch auf die Entwicklung zentraler Bereiche zur generellen Versorgung der Bevölkerung, namentlich in Haupt-, Stadtteil- und Nebenzentren, negativ auswirken. Bezugsmaßstab der städtebaulichen Abwägung ist die Standort- oder Nachbargemeinde in ihrer innerörtlichen Struktur. Dabei stehen die Nutzungskonflikte zwischen verschiedenen privaten und öffentlichen Nutzungen innerhalb der jeweiligen Gemeinde im Vordergrund, nicht aber Strukturkonflikte überörtlicher Natur zwischen benachbarten Gemeinden sowie Stadt und Region. Im Rahmen der Abwägung sind aber auch landesplanerische Auswirkungen zu

berücksichtigen, soweit sie in Grundsätzen der Raumordnung und Landesplanung ihren Niederschlag gefunden haben. Derartige Belange können jedoch durch eine Summe gegenläufiger, höher gewichteter städtebaulicher Belange überwunden werden. Im Gegensatz dazu sind die Gemeinden nach § 1 Abs.4 BauGB an Ziele der Raumordnung gebunden. Im nordrhein-westfälischen Landesrecht spielen als zielförmige Festlegungen mit Einzelhandelsrelevanz die im Landesentwicklungsplan verankerte zentralörtliche Gliederung mit ihren gemeindescharfen Zentralitätsstufen sowie die speziell auf den großflächigen Einzelhandel zugeschnittene Vorschrift des § 24 Abs.3 LEPro NW eine zentrale Rolle (S.87 ff).

D. Steuerung der Auswirkungen durch die Landesplanung

I. Landesplanerische Zulässigkeitskriterien für den großflächigen Einzelhandel

(14) Zweck der Vorschrift des § 24 Abs.3 LEPro NW ist es, die durch die öffentliche Infrastruktur begründeten zentralörtlichen Angebots-Nachfrageverflechtungen auf die Standortplanung von *privaten* Versorgungseinrichtungen auszudehnen, soweit sie wegen ihrer Großflächigkeit und Zentrenrelevanz raumbedeutsam sind. Durch diese Ausdehnung wird angestrebt, die Zentren in ihrer Standortgunst für die Ansiedlung privater Versorgungseinrichtungen wirtschaftlich tragfähig zu erhalten, um die wichtigsten Güter und Dienstleistungen des privaten Einzelhandels der Bevölkerung in angemessener Entfernung zur Verfügung zu stellen. Da sich die räumliche Verteilung der Nachfrage in der Siedlungsstruktur ausdrückt, wird eine präventiv-kontrollierende Steuerung für erforderlich gehalten, die sowohl die siedlungsräumliche Arbeitsteilung im Gesamtraum als auch die siedlungsräumliche Schwerpunktbildung in den einzelnen Teilräumen vor peripheren Ansiedlungen des großflächigen Einzelhandels und damit verbundenen Nachfrageabwanderungen schützt (S.108 ff).

(15) Inhalt der Vorschrift des § 24 Abs.3 LEPro NW ist das Kongruenzgebot, das Beeinträchtigungsverbot sowie das Integrationsgebot.

Das so genannte *Kongruenzgebot* verlangt ein »Entsprechen« der geplanten Einzelhandelsnutzung mit der *angestrebten zentralörtlichen Gliederung.* Unter der angestrebten zentralörtlichen Gliederung sind die siedlungsstrukturellen *Angebots-Nachfrageverflechtungen* in ihrer Ausprägung als grund-, mittel- und oberzentrale Versorgungsbereiche zu verstehen. Ein großflächiger Einzelhandelsbetrieb entspricht der angestrebten zentralörtlichen Gliederung, wenn er sich *horizontal* in das System der zentralörtlichen Gliederung einfügt. Horizontal erfolgt die Zuordnung des Betriebs nach Art und Umfang seines Angebots; aus diesen Spezifika ergibt sich der betriebswirtschaftliche Einzugsbereich, der nicht so weit reichen darf, dass es zu Beeinträchtigungen von *Versorgungsfunktionen* in gleichrangigen Zentren benachbarter Verflechtungsräume kommt. Entgegen einer verbreiteten Auffassung verlangt das Kongruenzgebot nicht, dass private Versorgungseinrichtungen ausschließlich an solchen Standorten auszuweisen sind, an denen ihr Einzugsbereich den zentralörtlichen Verflechtungsbereich der *Standortgemeinde* nicht überschreitet. Die zentralörtliche Gliederung ist gemäß § 22 Abs.1 S.2 LEPro NW in ihrem Zweck auf die Sicherung von Versorgungsfunktionen begrenzt. Sie hat auch keine inhaltliche Erweiterung durch das Konzept der Entwicklungsschwerpunkte erfahren, wonach sich die räumliche Entwicklung des Landesgebiets vorrangig in Mittel- und Oberzentren zu vollziehen hat und die übrigen Gemeinden auf ihre Eigenentwicklung beschränkt sein sollen. Für die Sicherung von Versorgungsfunktionen kommt es ausschließlich auf die Frage an, ob durch die Ansiedlung eines Einzelhandelsgroßbetriebs die Verflechtungsbereiche benachbarter Zentren geschädigt werden. Ein erhebliches Überschreiten des eigenen Verflechtungsbereichs kann zum Beispiel unproblematisch sein, wenn sich diese Überschreitung für die benachbarten Zentren gleicher Stufe wegen der großräumigen Streuwirkung der Kaufkraftbindung jeweils nur unwesentlich auswirkt (S.113 ff und S.124 ff).

(16) Das in § 24 Abs.3 LEPro NW weiter enthaltene so genannte *Beeinträchtigungsverbot* fordert eine Übereinstimmung der geplanten Einzelhandelsnutzung mit der *im Rahmen der zentralörtlichen Gliederung zu sichernden Versorgung*. Unter der in diesem Rahmen zu sichernden Versorgung ist die Konzentration von Versorgungseinrichtungen innerhalb von Verflechtungsbereichen an bestimmten Standorten, den zentralen Orten, zu verstehen. Durch die Bündelung der für den Verflechtungsbereich relevanten Versorgungsinfrastruktur an zentral gelegenen Standorten soll gewährleistet werden, dass die wichtigsten Güter und Dienste in den einzelnen Verflechtungsräumen für die Bevölkerung in angemessener Entfernung erreichbar sind. Zentren als Standorte von Versorgungskonzentrationen

sind innerhalb des nordrhein-westfälischen Gliederungssystems nur Mittelzentren mit Umlandfunktion und Oberzentren; Grundzentren und Mittelzentren ohne Umlandfunktion sind so genannte »Selbstversorgerorte«. Ein großflächiger Einzelhandelsgroßbetrieb entspricht der im Rahmen der zentralörtlichen Gliederung zu sichernden Versorgung, wenn er sich *vertikal* in das System der zentralörtlichen Gliederung einfügt. Vertikal erfolgt die Zuordnung des Betriebs nach seiner *Lage* im Raum; diese muss so gewählt sein, dass das zuständige Zentrum innerhalb des Verflechtungsbereichs des Standorts in seiner zentralörtlichen Soll-Ausstattung (vgl. § 22 Abs.2 S.2 LEPro NW) nicht beeinträchtigt wird. Im Unterschied zum Kongruenzgebot, das sich auf die *horizontale* Eingliederung von Einzelhandelsgroßbetrieben im Verhältnis gleichrangiger Verflechtungsbereiche und Zentren bezieht, geht es beim Beeinträchtigungsverbot um den Schutz höherrangiger Zentren vor Zentralitätszuwächsen in niederrangigen Zentren (S.119 und S.136 ff).

(17) Das in § 24 Abs.3 LEPro NW ebenfalls enthaltene so genannte *Integrationsgebot* ist darauf gerichtet, Einzelhandelsgroßbetriebe den Siedlungsschwerpunkten räumlich und funktional zuzuordnen. Unter Siedlungsschwerpunkten sind gemäß § 6 S.1 LEPro NW jene innergemeindlichen Teilräume zu verstehen, die sich durch ihre Eignung für räumlich gebündelte Versorgungsangebote auszeichnen. Gemäß ihrer landesplanerischen Funktion, im Interesse einer gleichmäßigen Versorgungsdichte und -qualität auch innergemeindlich die dezentrale Konzentration sowie Schwerpunktbildung durchzusetzen, sind Siedlungsschwerpunkte – wie die zentralen Orte auf Landesebene – entsprechend der ihnen zuzuordnenden Einzugsbereiche nach Versorgungsaufgaben (Haupt-, Neben- bzw. Nahbereichszentren) gegliedert. *Das Gebot der funktionalen Zuordnung* greift nur bei innergemeindlich polyzentraler Siedlungsstruktur und verlangt, dass sich Einzelhandelsgroßbetriebe nach *Art und Umfang ihres Angebots* in die innergemeindliche Gliederung der Siedlungsschwerpunkte nach Haupt-, Neben- oder Nahbereichszentren einfügen. Sinn der funktionalen Zuordnung ist es, Einzelhandelsgroßbetriebe, die aufgrund von Größe und Einzugsbereich regelmäßig siedlungsschwerpunktbildende Wirkung haben, in das bestehende siedlungsstrukturelle Gravitationsbild der Gemeinde zu integrieren. Die Auslegung des Begriffs der funktionalen Zuordnung ergibt, dass von einer solchen Integration nur in jenen Fällen

ausgegangen werden kann, in denen sich eine größtmögliche Deckungsgleichheit zwischen dem räumlichen Ausstrahlungsbereich des Einzelhandelsgroßbetriebs und dem Betreuungs- bzw. Einzugsbereich des Siedlungsschwerpunkts ergibt. Das *Gebot der räumlichen Zuordnung* verlangt, dass der großflächige Einzelhandel seiner *Lage* nach einen räumlichen Bezug zu einem (funktional geeigneten) Siedlungsschwerpunkt und nicht zu einem Ortsteil nimmt, der nicht Siedlungsschwerpunkt ist. Die Auslegung dieses Begriffs ergibt, dass hierfür der Bebauungszusammenhang zu den Siedlungsschwerpunkten maßgeblich ist. Von den Siedlungsschwerpunkten als Zonen städtebaulicher Verdichtung zu unterscheiden sind die engeren zentralen Versorgungsbereiche innerhalb der Gemeinde. Auf diese Standorte erstreckt sich das räumliche Zuordnungsgebot nicht, weil die zentralen Versorgungsbereiche lediglich Ausschnitte aus der größeren Räumlichkeit der Siedlungsschwerpunkte darstellen und der Gesichtspunkt leistungsfähiger innergemeindlicher Versorgungsbereiche nach der Konzeption des Landesentwicklungsprogramms dem städtebaulichen Aufgabenbereich zuzuordnen ist (S.139 ff).

(18) Die Soll-Regelung in § 24 Abs.3 LEPro NW verpflichtet die Gemeinde, die Zulässigkeitskriterien für die Planung von großflächigen Einzelhandelsbetrieben nur im Regelfall anzuwenden. Das im öffentlichen Recht allgemein übliche Verständnis von *Soll-Vorschriften,* das eine Bindung an die Vorschrift für den Regelfall verlangt und in atypischen Ausnahmefällen Abweichungen gestattet, ist auch auf § 24 Abs.3 LEPro NW übertragbar. Bei der Vorschrift handelt es sich nicht um eine final geprägte Planungsnorm, die aufgrund ihrer andersartigen Struktur das für Konditionalnormen übliche Verständnis von Soll-Vorschriften ausschließt. Zwar sind Ziele der Raumordnung und Landesplanung ein Handlungsmittel für die Verwirklichung von allgemeinen Planungszielen und insoweit final geprägt. Sind sie jedoch durch eine Abwägungsentscheidung des zuständigen Planungsträgers auf eine konkrete Planaussage hin verdichtet worden, so ermächtigen sie die zur Beachtung verpflichteten Rechtssubjekte nicht zur aktiven planerischen Gestaltung, sondern wirken sich im Gegenteil dahingehend aus, dass sie deren Planungsspielraum begrenzen. Wie auch bei Konditionalnormen sind in Zielen der Raumordnung bestimmte gesellschaftliche Interessenskonflikte durch den Gesetzgeber abstrakt-generell

vorentschieden, so dass eine Vergleichbarkeit im Hinblick auf das Soll-Verständnis gerechtfertigt ist (S.160 ff).

II. Zielqualität der Zulässigkeitskriterien

(19) Das Landesentwicklungsprogramm ist ein Raumordnungsplan. Trotz Änderung des Raumordnungsgesetzes im Jahre 1998, das gemäß § 8 Abs.1 S.1 ROG für das Gebiet eines jeden Landes nur noch einen zusammenfassenden und übergeordneten Plan fordert sowie der Tatsache, dass Nordrhein-Westfalen seine bestehenden Pläne in Gestalt des Landesentwicklungsprogramms und des Landesentwicklungsplans nicht fristgerecht in einen einheitlichen Plan überführt hat, haben diese Planwerke ihre Qualität als Raumordnungspläne nicht eingebüßt. Zwar liegt in diesem Fall ein Abweichen des Landesrechts von der Rahmengesetzgebung des Bundes vor, das jedoch mangels Anwendbarkeit des Art. 31 GG nicht zur Nichtigkeit des Landesrechts führt (S.166 ff).

(20) Die Vorschrift des § 24 Abs.3 LEPro NW genügt den Anforderungen an die räumliche Bestimmtheit. Es handelt sich um eine *gemeindescharfe* Festlegung, die sämtliche Kern- bzw. Sondergebietsplanungen für den großflächigen Einzelhandel innerhalb des Gemeindegebiets bestimmten sachlichen Zulässigkeitskriterien unterwirft (S.168 ff).

(21) Das in § 24 Abs.3 LEPro formulierte *Kongruenzgebot* und *Beeinträchtigungsverbot* sind sachlich bestimmbar. Zwar erschließt sich aus den Begriffen der angestrebten zentralörtlichen Gliederung sowie der in diesem Rahmen zu sichernden Versorgung für sich genommen noch nicht, welchen Anforderungen die Planung von Einzelhandelsgroßbetrieben im konkreten Einzelfall jeweils genügen muss. Jedoch können diese Begriffe durch empirische Erhebungen, insbesondere marktwirtschaftliche Gutachten und Zentralitätsuntersuchungen, bestimmbar gemacht werden, so dass sie einen dem Gebot der Normenklarheit genügenden Maßstab für die Kongruenzprüfung bilden. Durch empirische Feststellungen können Sortimente eines Handelsbetriebs den gestuften zentralörtlichen Versorgungsaufgaben zugeordnet werden, wobei Tragfähigkeitserwägungen darüber entscheiden, ob ein Sortiment grund-, mittel- oder oberzentralen Charakter trägt. Ebenfalls kann durch empirische Erhebungen die Verkaufsflächengröße eines Handelsbetriebs und der daraus resultierende betriebswirtschaftliche Einzugsbereich in Abgleich mit dem einschlägigen zentralörtlichen Versor-

gungsbereich des Standorts gebracht werden, der sich nach sozioökonomischen Verflechtungsbeziehungen der Bevölkerung zum zentralen Ort bestimmt. Schließlich kann anhand schlichter geographischer Betrachtung auch der Standort eines geplanten Handelsbetriebs mit jenen Standorten verglichen werden, die im Rahmen der zentralörtlichen Gliederung die Aufgabe der Versorgungssicherung haben, nämlich Mittelzentren mit Umlandfunktion und Oberzentren. Im Hinblick darauf, dass nicht eine strikte siedlungsräumliche, sondern nur eine Kongruenz gefordert ist, die mit den zentralörtlichen Versorgungsfunktionen im Einklang steht, kann durch empirische Untersuchungen schließlich auch beurteilt werden, innerhalb welcher Spielräume von diesen Zuordnungen noch abgewichen werden kann, ohne dass die Zentrenentwicklung oder der Zentrenbestand (zentralörtliche Sollausstattung) innerhalb des Verflechtungsbereichs des Standorts oder benachbarter Verflechtungsbereiche beeinträchtigt wird (S.170 ff).

(22) Das in § 24 Abs.3 LEPro weiter enthaltene *Integrationsgebot* ist ebenfalls sachlich bestimmbar. Um die funktionale und räumliche Zuordnung von Einzelhandelsgroßbetrieben zu Siedlungsschwerpunkten prüfen zu können, muss die Gemeinde Feststellungen im Tatsächlichen treffen. Im Hinblick auf das *funktionale Zuordnungsgebot* ist zunächst die funktionale Aufgabenstellung von Siedlungsschwerpunkten sowie des geplanten Einzelhandelsgroßprojekts zu bestimmen, um deren Zuordnung zueinander prüfen zu können. Die funktionale Aufgabenstellung der Siedlungsschwerpunkte ergibt sich aus deren Einstufung als Stadtkern, Nebenzentrum oder Nahbereichszentrum sowie aus den mit ihnen sozioökonomisch verknüpften Verflechtungsbereichen. Bezüglich der Einzelhandelsgroßbetriebe folgt deren funktionale Aufgabenstellung aus Art und Umfang ihres Angebots. Anhand der Art des geplanten Einzelhandelsangebots kann die Gemeinde eine Zuordnung zu den nach Versorgungsaufgaben funktional gegliederten Siedlungsschwerpunkten und anhand der vorgesehenen Größe der Verkaufsfläche eine Zuordnung zu dem unter mehreren funktional in Betracht kommenden Siedlungsschwerpunkten geeignetsten vornehmen. Die höchste Eignung weist dabei der Verflechtungsbereich jenes Siedlungsschwerpunkts auf, der den betriebswirtschaftlichen Einzugsbereich des Einzelhandelsgroßbetriebs am ehesten integrieren kann. Hinsichtlich des *räumlichen Zuordnungsgebots* gilt, dass die Gemeinde zu dessen Konkretisierung zunächst die räumlichen Grenzen ihrer Siedlungsschwerpunkte empirisch

ermitteln muss. Für die räumlichen Grenzen von Siedlungsschwerpunkten ist dabei nicht allein die faktische Bebauung im Sinne einer städtebaulichen Verdichtung ausschlaggebend, sondern die planerische Gesamtkonzeption, die den Teilraum der Gemeinde als Bestandteil eines planerischen Gesamtkonzepts unter besonderer Berücksichtigung der Aspekte Städtebau, Verkehr, Wohnen sowie Einzelhandel und Dienstleistungen qualifiziert. Sodann ist zur Bestimmung der räumlichen Zuordnung eines Einzelhandelsgroßbetriebs auf den Bebauungszusammenhang des Standorts mit dem Siedlungsschwerpunkt abzustellen. Die räumlichen Anforderungen an diesen Bebauungszusammenhang können dadurch bestimmt werden, dass auf die Wertungen des § 34 Abs.1 BauGB und darauf aufbauende empirische Erhebungen zurückgegriffen wird. Es kommt darauf an, ob der geplante Standort zum Siedlungsschwerpunkt in isolierter Lage liegt oder mit dem Siedlungsschwerpunkt faktisch bzw. planungsrechtlich den Eindruck einer geschlossenen, zusammenhängenden Bebauung im Sinne des § 34 Abs.1 BauGB bildet (S.186 ff).

(23) Die Vorschrift des § 24 Abs.3 LEPro NW ist trotz der Soll-Regelung auch abschließend abgewogen. Ein Raumordnungsziel in Form einer Soll-Vorschrift ist von vorneherein in seinem Anwendungsbereich auf Regel-Sachverhalte beschränkt, die mit der gesetzlichen Zielrichtung der Vorschrift nicht in Konflikt geraten können. Die Feststellung eines atypischen Ausnahmefalls im Rahmen einer Soll-Vorschrift ist nicht Teil einer Ermessensentscheidung des Zieladressaten, sondern als Rechtsvoraussetzung im Rechtsstreit von den Gerichten voll zu überprüfen und zu entscheiden. Deshalb kann die Vorschrift von der Gemeinde durch die Feststellung eines atypischen Ausnahmefalls nicht im Sinne einer »Ja-oder-Nein-Entscheidung« im Ganzen zur Disposition gestellt werden, weil eigene Wertungen über das Vorliegen oder Nicht-Vorliegen des Ausnahmefalls unzulässig sind. Durch die Feststellung eines atypischen Ausnahmefalls setzt sich der Zieladressat nicht über die Festlegung als solche hinweg, sondern vollzieht sie gerade, weil die Planaussage nicht nur in ihrer uneingeschränkten Geltung für den Regelfall, sondern auch darin besteht, dass sie im atypischen Einzelfall keine Geltung beansprucht.

Das in den §§ 11 ROG, 19 a LPlG NW geregelte Zielabweichungsverfahren steht der abschließenden Abgewogenheit von Soll-Zielen ebenfalls nicht entgegen. Zwar ergibt sich aus der Einrichtung des Zielabweichungsverfahrens, dass Abweichungsentscheidungen von der Zielaussage nur unter landesplanerischer Beteiligung zustande kommen und keinesfalls allein vom Zieladressaten verantwortet werden dürfen. Gleichwohl stellt ein Soll-Ziel kein Verstoß gegen diese Zuständigkeitsordnung dar, da die Abweichungsentscheidung, die im Rahmen von Soll-Zielen getroffen wird, außerhalb der inhaltlichen Reichweite der Zielfestlegung stattfindet und daher mit einem Zielabweichungsverfahren, in dem ausdrücklich eine Ausnahme vom Inhalt einer Zielfestlegung festgestellt wird, sachlich nicht konkurriert (S.195 ff).

(24) Die Vorschrift des § 24 Abs.3 LEPro NW ist schließlich auch eine verbindliche Festlegung. Die Verbindlichkeit der Norm ist kein selbständiges Zielmerkmal im Sinne des § 3 Nr.2 ROG, das gleichrangig mit den übrigen Zielmerkmalen in einer Reihe steht und auf eine konkrete inhaltliche Anforderung zu überprüfen ist. Vielmehr werden Ziele der Raumordnung allein durch das Merkmal ihrer Verbindlichkeit gegenüber Grundsätzen der Raumordnung abgegrenzt, wobei sich diese Verbindlichkeit nach dem eindeutigen Wortlaut des § 3 Nr.2 ROG ausschließlich daraus ergibt, dass es sich um eine räumlich und sachlich bestimmte oder bestimmbare, vom zuständigen Träger der Raumordnung abschließend abgewogene Festlegung in einem Raumordnungsplan zur Ordnung, Entwicklung und Sicherung des Raums handelt (S.210 ff).

E. Verfassungsrechtliche Aspekte der landesplanerischen Steuerung

I. Kommunale Planungshoheit

(25) Die Vorschrift des § 24 Abs.3 LEPro NW berührt den Schutzbereich der *kommunalen Selbstverwaltungsgarantie* aus Art.28 Abs.2 S.1 GG. Zum Schutzbereich der kommunalen Selbstverwaltungsgarantie zählt die kommunale Planungshoheit. Durch § 24 Abs.3 LEPro NW wird in den Schutzbereich eingegriffen, weil die Vorschrift mit ihren Anforderungen die bauleitplanerischen Möglichkeiten der Gemeinde beschneidet, Kern- und Sondergebiete für den großflächigen Einzelhandel auszuweisen (S.217 ff).

(26) Der durch § 24 Abs.3 LEPro NW bewirkte Eingriff in die kommunale Planungshoheit verletzt nicht den unantastbaren *Kernbereich* der kommunalen Selbstverwaltung. § 24 Abs.3 LEPro NW als fachspezifisches Ziel für den großflächigen Einzelhandel ist nicht geeignet, eine solche Tragwei-

te und Dichte zu entfalten, dass er eine die Selbstverwaltung in Struktur und Typus ändernde Wirkung hat (S.220 ff).

(27) Auch der Grundsatz der Verhältnismäßigkeit wird durch § 24 Abs.3 LEPro NW nicht verletzt. Der Eingriff in örtliche Angelegenheiten ist aus überwiegenden überörtlichen Gründen geboten und damit geeignet, erforderlich und angemessen.

Überörtliche Gründe ergeben sich aus den Interessen der Landesplanung im Hinblick auf die Herstellung gleichwertiger Lebensbedingungen in allen Landesteilen sowie die Sicherung einer siedlungsräumlichen Konzentration zur Minimierung der Belastungen für Umwelt, Freiräume und Verkehr. Überörtliche Motive sprechen auch für das nur innergemeindlich wirkende Integrationsgebot, weil die innergemeindlichen Siedlungsstrukturen seit Abschluss der kommunalen Gebietsreform in Nordrhein-Westfalen und der damit einhergegangenen Maßstabsvergrößerung der Gemeindeterritorien auch überörtliche Bedeutung für die Versorgungsgerechtigkeit sowie Freiraum-, Umwelt und Verkehrsbelange haben (S.225 ff).

Die Zulässigkeitskriterien des § 24 Abs.2 LEPro NW sind *geeignet,* um die vorgenannten Schutzziele vor Beeinträchtigungen zu bewahren. Das Kongruenzgebot und das Beeinträchtigungsverbot dienen der Funktionserhaltung der zentralörtlichen Gliederung in Bezug auf die Versorgungsstrukturen mit privaten Gütern und Dienstleistungen. Das Integrationsgebot sichert auf innergemeindlicher Ebene die räumlichen Bezugsraster für eine bedarfsgerechte Versorgung sowie eine organische Siedlungsentwicklung als Ausdruck landesplanerischer Interessen an einer freiraumschonenden und raumwirtschaftlichen Siedlungstätigkeit. Durch die Soll-Regelung wird vermieden, dass Ansiedlungen von Versorgungseinrichtungen, die auch außerhalb zentralörtlicher Standorte der Versorgungsgerechtigkeit oder einer organischen Siedlungsentwicklung dienen, nicht unterbleiben müssen. Rechtspolitische Zweifel an der Effektivität des Zentrale-Orte-Systems, insbesondere in den Verdichtungsgebieten, reichen nicht aus, um die Geeignetheit im normativen Sinne in Frage zu stellen. (S.233 ff).

Die Zulässigkeitskriterien des § 24 Abs.3 LEPro sind auch *erforderlich,* weil sie das mildeste Mittel zur Erreichung der landesplanerisch angestrebten Ziele darstellen. Sie sind in ihrer sachlichen und räumlichen Konkretisierung geboten, um die zentralörtlichen Siedlungs- und Versorgungsstrukturen vor der Sogwirkung von Einzelhandelsgroßbetrieben zu schützen. Sie können auch nicht durch die Bauleitplanung oder städtebauliche Verträge ersetzt werden, weil durch diese Instrumente lediglich ortsbezogene Entscheidungen getroffen werden können. *Landesplanerische Verträge* allerdings können bei entsprechender Kooperationsfähigkeit der Kommunen einen Ansatzpunkt darstellen, um an die Seite des relativ unbeweglichen Systems der zentralen Orte kooperative Handlungsinstrumente zu stellen, die der Planungswirklichkeit vor allem in den Verdichtungsräumen besser gerecht werden. Landesplanerische Verträge können den Kern raumordnerischer Planungsentscheidungen jedoch nicht ersetzen, sondern dienen per definitionem nur der Vorbereitung oder Verwirklichung von Raumordnungsplänen. Sollen sie aber dennoch planerisch-gestaltend für die Entwicklung und Ordnung des Raums genutzt werden, so müssen sie zuvor die raumordnerische Abwägungsebene durchlaufen haben und vom zuständigen Träger der Raumordnungsplanung beschlossen und in die Raumordnungspläne zielförmig übernommen worden sein (S.237 ff).

Die Zulässigkeitskriterien des § 24 Abs.3 LEPro NW sind schließlich auch *angemessen* und damit verhältnismäßig im engeren Sinne. Die mit der Vorschrift verfolgten überörtlichen Interessen sind höher zu gewichten als die entgegenstehenden gemeindlichen Belange. Die Versorgungsinteressen der Landesplanung haben über das Ausgleichsziel in Art.72 Abs.2 GG Verfassungsrang und legitimieren daher die standortlenkenden Zulässigkeitskriterien für den großflächigen Einzelhandel. Die Letztentscheidungskompetenz bezüglich der Standortbestimmung des großflächigen Einzelhandels ist weder ausschließlich der Landesplanung noch den Gemeinden zugewiesen, sondern entsprechend der kondominalen Aufgabenstruktur zwischen beiden Planungsebenen angemessen verteilt. Der Gemeinde verbleibt innerhalb der Zulässigkeitskriterien des § 24 Abs.3 LEPro NW ein hinreichend planerischer Konkretisierungsspielraum, um eigenen Entwicklungsvorstellungen Raum zu geben (S.259 ff).

II. Wirtschaftsgrundrechte

(28) Durch § 24 Abs.3 LEPro NW wird mittelbar in die *Berufsfreiheit* des Art.12 Abs.1 GG eingegriffen. Die Vorschrift hat eine objektiv berufsregelnde Tendenz, da durch ihre Zulässigkeitskriterien auf die Freiheit der Standortwahl und damit auf die Entschlussbildung zur Realisierung von Einzelhandelsgroßprojekten Einfluss genommen wird (S.273 ff).

(29) Der Eingriff ist verfassungsrechtlich gerechtfertigt. Die Einschränkung der Berufsfreiheit stellt sich als eine Berufsausübungsregelung dar, die *geeignet* und *erforderlich* ist, um die mit § 24 Abs.3 LEPro NW verfolgten landesplanerischen Ziele durchzusetzen. Insoweit finden die Rechtfertigungsgründe Anwendung, die schon im Rahmen der verfassungsrechtlichen Prüfung zur kommunalen Planungshoheit entwickelt worden sind. Die Einschränkung ist auch *angemessen.* Auf der einen Seite steht das landesplanerische Interesse an ausgeglichenen Versorgungsstrukturen in allen relevanten Teilräumen, das eine sachgerechte, vernünftige, mit der Werteordnung der Verfassung im Einklang stehende Erwägung des Gemeinwohls ist. Demgegenüber stehen die Interessen von Investoren und Betreibern an einer ungestörten Berufsausübung, die ganz wesentlich von der freien Standortwahl ihrer Projekte abhängig ist. Bei der Güterabwägung zwischen diesen beiden Interessen fällt das landesplanerische Interesse an einer Sicherung der Versorgung durch ausgewogene Angebots-Nachfragestrukturen aufgrund der sozialstaatlichen Motivation naturgemäß hoch ins Gewicht und ist aus diesem Grund prinzipiell geeignet, die Interessen der Investoren an ihrer wirtschaftlichen Entwicklung dahinter zurücktreten zu lassen. Außer Verhältnis zum landesplanerischen Zweck steht dieses »Zurücktreten« nicht, da den Investoren die Möglichkeit bleibt, mit ihrem Einzelhandelsvorhaben eine Angebotspalette zu wählen, die dem Funktionsschema des zentralörtlichen Gliederungssystem entspricht (S.278 ff).

(30) Durch § 24 Abs.3 LEPro NW wird der Schutzbereich des *Eigentums* nicht berührt. Vom Schutzbereich der Eigentumsgarantie ist auf Grundlage der einfachgesetzlichen Vorschriften der §§ 903 ff BGB die bauliche Ausnutzung des Grundstücks, die so genannte »Baufreiheit«, grundsätzlich umfasst. Eine umfassende Gewährleistung ergibt sich hieraus jedoch nicht, weil das entgegengestehende Gesetz und die entgegenstehenden Rechte Dritter in § 903 S.1 BGB von vornherein Bestandteile der Eigentumsdefinition sind. Insoweit entfalten vor allem die bauplanungs- und bauordnungsrechtlichen Vorschriften, welche die Baufreiheit auf einfachgesetzlicher Ebene öffentlich-rechtlich ausgestalten, inhaltsgestaltende bzw. -beschränkende Wirkung. Für die Entscheidung, ob § 24 Abs.3 LEPro NW die solchermaßen definierte Baufreiheit berührt, ist zu fragen, ob *vor* Erlass der Vorschrift ein größeres Maß an Baufreiheit bestand als *nach* ihrem Erlass. Erworben war *vor* Erlass der Vorschrift Grundeigentum, dessen

Bebaubarkeit für den großflächigen Einzelhandel – abgesehen von den hier nicht zu berücksichtigenden Fällen der §§ 34, 35 BauGB – unter einem generellen Planvorbehalt des Baugesetzbuchs stand. Auf den Eintritt der Bebaubarkeit durch eine positive Bauleitplanung der Kommune durfte der Grundeigentümer lediglich hoffen, nicht aber vertrauen. *Nach* Erlass der Vorschrift hat sich an dieser Rechtslage nichts geändert. § 24 Abs.3 LEPro NW schränkt zwar die Bauleitplanung von Gemeinden ein, so dass sich für Grundeigentümer die Aussicht verschlechtert hat, dass die Gemeinde eine positive Bauleitplanung für den großflächigen Einzelhandel betreibt. Diese Aussicht war jedoch zuvor schon nicht eigentumsrechtlich geschützt. Eine unmittelbare Außenwirkung gegenüber der Rechtsstellung privater Dritter, die bei »vorhabensscharfen« Zielen der Raumordnung zunehmend diskutiert wird, entfaltet § 24 Abs.3 LEPro NW auch nicht. Durch die Vorschrift werden lediglich Rahmenbedingungen in Bezug auf *Art, Lage und Umfang* von Einzelhandelsgroßbetrieben formuliert. Die landesplanerischen Anforderungen konkretisieren sich für Grundeigentümer in räumlicher Hinsicht erst durch die Bauleitplanung der Gemeinden, denen innerhalb der Zulässigkeitskriterien des § 24 Abs.3 LEPro NW und den darin zu berücksichtigenden marktwirtschaftlichen Gegebenheiten vor Ort noch ein erheblicher planerischer Spielraum für die konkrete Standortauswahl verbleibt (S.288 ff).

Literaturverzeichnis

Achterberg, Norbert/*Püttner,* Günter/*Würtenberger,* Thomas (Hg.): Besonderes Verwaltungsrecht, Bd.I, 2. Aufl., Heidelberg 2000, zit.: Bearb., in: Achterberg/Püttner/Würtenberger, Besonderes Verwaltungsrecht, Bd.I, 2000

Albers, Gerd/*Guther,* Max: Grundsätze und Modellvorstellungen für die strukturelle Ordnung des Verdichtungsraums, in: ARL (Hg.), Zur Ordnung der Siedlungsstruktur, Forschungs- und Sitzungsberichte, Bd.85, Hannover 1974, S.69 ff, zit.: Albers/Guther, in: ARL (Hg.), Zur Ordnung der Siedlungsstruktur, 1974

Appold, Wolfgang: Freiraumschutz – Möglichkeiten der zielförmigen Ausgestaltung durch die Landesplanung, DVBl 1989, 178 ff

Aring, Jürgen: Suburbia – Postsuburbia – Zwischenstadt, Die jüngere Wohnsiedlungsentwicklung im Umland der großen Städte Westdeutschlands und Folgerungen für die Regionale Planung und Steuerung, ARL (Hg.), Arbeitsmaterial Nr.262, Hannover 1999; zit.: Aring, Zwischenstadt, 1999

Backhaus, Susanne: Die Gemeinden in der Landesplanung unter Berücksichtigung der Neuregelung des Raumordnungsrechts, Würzburg 2001, zit.: Backhaus, Die Gemeinden in der Landesplanung, 2001

Battis, Ulrich/*Krautzberger,* Michael/*Löhr,* Rolf-Peter: Baugesetzbuch – BauGB –, Kommentar, 9. Aufl., München 2005, zit.: Bearb., in: Battis/Krautzberger/Löhr, BauGB, 2005

Berg, Winfried: Einzelhandels-Großprojekte aus kommunal- und baurechtlicher Sicht, in: ARL (Hg.), Einzelhandels-Großprojekte – Ihre raumordnungspolitische und planungsrechtliche Beurteilung, Arbeitsmaterial, Nr.89, Hannover 1984, S.73 ff, zit.: Berg, in: ARL (Hg.), Einzelhandels-Großprojekte, 1984

Berg, Winfried: Einzelhandels-Großprojekte – Planungs- und wirtschaftsrechtliche und Perspektiven, WiVerw 1990, 209 ff

Bielenberg, Walter u.a.: Raumordnungs- und Landesplanungsrecht des Bundes und der Länder, Ergänzbarer Kommentar und systematische Sammlung der Rechts- und Verwaltungsvorschriften, Bd.I, Berlin, Stand Sept 2004, zit.: Bielenberg u.a., Raumordnungs- und Landesplanungsrecht, Stand Sept 2004

Bielenberg, Walter u.a.: Raumordnungs- und Landesplanungsrecht des Bundes und der Länder, Ergänzbarer Kommentar und systematische Sammlung der Rechts- und Verwaltungsvorschriften, Bd.II, Berlin, Stand Sept 2004, zit.: Bearb., in: Bielenberg u.a., Raumordnungs- und Landesplanungsrecht, Stand Sept 2004

Bleckmann, Albert/*Eckhoff,* Rolf: Der »mittelbare« Grundrechtseingriff, DVBl 1988, 373 ff

Blotevogel, Hans-Heinrich: Ein praxisorientierter Ansatz zur Zentralitätsbestimmung der nordrhein-westfälischen Oberzentren, in: ARL (Hg.), Tendenzen und Probleme der Entwicklung von Bevölkerung, Siedlungszentralität und Infrastruktur in Nordrhein-Westfalen, Forschungs- und Sitzungsberichte, Bd.137, Hannover 1981, S.77 ff, zit.: Blotevogel, in: ARL (Hg.), Siedlungszentralität, 1981

Blotevogel, Hans-Heinrich: Zentrale Orte, in: ARL (Hg.), Handwörterbuch der Raumordnung, Hannover 1995, S.1117 ff, zit.: Blotevogel, in: ARL (Hg.), Handwörterbuch der Raumordnung, 1995

Blotevogel, Hans Heinrich u.a.: Empfehlungen zur Fortentwicklung des Zentrale-Orte-Konzepts, in: Blotevogel (Hg.), Fortentwicklung des Zentrale-Orte-Konzepts, Forschungs- und Sitzungsberichte der ARL, Bd.217, Hannover 2002, S.217 ff, zit.: Blotevogel u.a., in: Blotevogel (Hg.), Fortentwicklung des Zentrale-Orte-Konzepts, 2002

Blotevogel, Hans-Heinrich: Zum Verhältnis der regionalökonomischen Zentrale-Orte-Theorie zum Zentrale-Ort-Konzept der Raumordnung, in: Blotevogel (Hg.), Fortentwicklung des Zentrale-Orte-Konzepts, Forschungs- und Sitzungsberichte der ARL, Bd.217, Hannover 2002, S.10 ff, zit.: Blotevogel, in: Blotevogel (Hg.), Fortentwicklung des Zentrale-Orte-Konzepts, 2002

Blotevogel, Hans-Heinrich: Zum Verhältnis des Zentrale-Orte-Konzepts zu aktuellen gesellschaftspolitischen Grundsätzen und Zielsetzungen, in: Blotevogel (Hg.), Fortentwicklung des Zentrale-Orte-Konzepts, Forschungs- und Sitzungsberichte der ARL, Bd.217, Hannover 2002, S.17 ff, zit.: Blotevogel, in: Blotevogel (Hg.), Fortentwicklung des Zentrale-Orte-Konzepts, 2002

Blümel, Willi: Raumordnung und kommunale Selbstverwaltung, DVBl 1973, 436 ff

Blümel, Willi: Das Selbstgestaltungsrecht der Städte und Gemeinden, in: Blümel/Merten/Quaritsch (Hg.), Verwaltung im Rechtsstaat – Festschrift für Carl Hermann Ule zum 80. Geburtstag, Köln u.a. 1987, S.19 ff, zit.: Blümel, Festschr. Ule, 1987

Blümel, Willi: Rechtsschutz gegen Raumordnungspläne, VerwArch 1993 [Bd.84], 123 ff

Boeddinghaus, Gerhard: BauNVO – Baunutzungsverordnung –, 4. Aufl., München 2000, zit.: Boeddinghaus, BauNVO, 2000

Bönker, Christian: Planung und Genehmigung von Factory-Outlet-Centern – dargestellt anhand der Rechtslage in Nordrhein-Westfalen, BauR 1999, 238 ff

Bördlein, Ruth/*Schellenberg,* Jörn: Die Bedeutung neuer Informations- und Telekommunikationstechniken für das zentralörtliche System am Beispiel von Telearbeit und E-Commerce, in: Blotevogel (Hg.), Fortentwicklung des Zentrale-Orte-Konzepts, Forschungs- und Sitzungsberichte der ARL, Bd.217, Hannover 2002, S.104 ff, zit.: Bördlein/Schellenberg, in: Blotevogel (Hg.), Fortentwicklung des Zentrale-Orte-Konzepts, 2002

Bosch, Jürgen: Bauplanungsrechtliche Fragen zur Ansiedlung großflächiger Einzelhandelsbetriebe, BauR 1984, 350 ff

Braese, Hanns-Hendrik: Grenzen landesplanerischer Festlegungen für Gemeindeteile, in: Knemeyer (Hg.), Verplante Gemeinden – Freiräume gemeindlicher Planung, Stuttgart u.a. 1980, S.39 ff, zit.: Braese, in: Knemeyer (Hg.), Verplante Gemeinden, 1980

Braese, Hanns-Hendrik: Rechtliche Schranken landesplanerischer Festlegungen für Gemeindeteile, in: Oertzen/Thieme (Hg.), Gebietsreform und Landesplanung, Baden-Baden 1980, S.187 ff, zit.: Braese, in: Oertzen/Thieme (Hg.), Gebietsreform und Landesplanung, 1980

Brake, Klaus/*Karsten,* Martin: Zentren in Großstadtregionen – Leistungstypen und Umsetzungschancen, IzR 1998, 161 ff

Bremme, Hans Christian: Die Problematik der Ansiedlung von großflächigen Betrieben des Einzelhandels aus der Sicht eines Handelsunternehmen, in: Dichtl/Schenke (Hg.), Einzelhandel und Baunutzungsverordnung, Heidelberg 1988, zit.: Brenne, in: Dichtl/Schenke, Einzelhandel und BauNVO, 1988

Breuer, Rüdiger: Die Bodennutzung im Konflikt zwischen Städtebau und Eigentumsgarantie, München 1976, zit.: Breuer, Bodennutzung, 1976

Brohm, Wilfried: Verwirklichung überörtlicher Planungsziele durch Bauleitplanung, DVBl 1980, 653 ff

Brohm, Wilfried: Die Planung der Bodennutzung, JuS 1986, 776 ff

Brohm, Wilfried: Gemeindliche Selbstverwaltung und staatliche Raumplanung, DÖV 1989, 429 ff

Brohm, Wilfried, Öffentliches Baurecht – Bauplanungs-, Bauordnungs- und Raumordnungsrecht –, 3.Aufl., München 2002, zit.: Brohm, Öffentliches Baurecht, 2002

Bröll, Helmut/*Hannig,* Olaf: Baurechtliche Anforderungen an Einkaufszentren und Verbrauchermärkte, BayVBl 1979, 353 ff

Bröll, Helmut: Baurechtliche Folgerungen aus der Entwicklung der Einzelhandelsstruktur, ZfBR 1986, 271 ff

Brosche, Hartmut: Voraussetzungen und Umfang der Anpassungspflicht der Bauleitplanung an die Ziele der Raumordnung und Landesplanung sowie die Abstimmung der Bauleitpläne benachbarter Gemeinden, DVBl 1980, 213 ff

Brügelmann, Hermann u.a.: Baugesetzbuch, Kommentar, Stuttgart u.a., Stand Februar 2005, zit.: Bearb., in: Brügelmann u.a., BauGB, Stand Feb 2005

Bundesamt für Bauwesen und Raumordnung: Raumordnungsbericht 2000, Bonn 2000

Bundesregierung, Raumordnungsbericht 1972 der Bundesregierung, Bonn 1972, zit.: BReg, ROB 1972

Cholewa, Werner u.a.: Raumordnung in Bund und Ländern, Kommentar, Bd.I, Stuttgart u.a., Stand November 2003, zit.: Bearb., in: Cholewa u.a., Raumordnung, Stand Nov 2003

Christ, Josef: Raumordnungsziele und Zulässigkeit privater Vorhaben – Bindungswirkung nach der Raumordnungsklausel des § 35 Abs.3 Satz 3 BauGB –, Frankfurt u.a. 1990, zit.: Christ, Raumordnungsziele, 1990

Clemens, Thomas: Kommunale Selbstverwaltung und institutionelle Garantie: Neue verfassungsrechtliche Vorgaben durch das BVerfG, NVwZ 1990, 834 ff

den Hartog-Niemann, Eva/*Boesler,* Klaus-Achim: Zentrale Orte und Einzelhandelsstandorte in Sachsen, RuR 1997, 411 ff

Danielzyk, Rainer: Forschungsbedarf, in: Blotevogel (Hg.), Fortentwicklung des Zentrale-Orte-Konzepts, Forschungs- und Sitzungsberichte der ARL, Bd.217, Hannover 2002, S.310 ff, zit.: Danielzyk, in: Blotevogel (Hg.), Fortentwicklung des Zentrale-Orte-Konzepts, 2002

Dietrichs, Bruno: Konzeptionen und Instrumente der Raumplanung – Eine Systematisierung –, ARL (Hg.), Abhandlungen, Bd.89, Hannover 1986, zit.: Dietrichs, Konzeptionen und Instrumente der Raumplanung, 1986

Dischkoff, Nikola: Einkaufsstandorte und Siedlungsstruktur, RuR 1974, 129 ff

Döhne, Ulrich/*Gruber,* Rolf: Gebietskategorien, Zentrale Orte, Entwicklungsachsen und Entwicklungsschwerpunkte in den Bundesländern, ILS (Hg.), Dortmund 1976, zit.: Döhne/Gruber, Gebietskategorien, 1976

Dolzer, Rudolf/*Vogel,* Klaus (Hg.): Bonner Kommentar zum Grundgesetz, Heidelberg, Stand Februar 1999, zit.: Bearb., in: Dolzer/Vogel (Hg.), GG, Stand Feb 1999

Dreier, Horst (Hg.): Grundgesetz, Kommentar, Bd.I (Art.1-19), Tübingen 2004, zit.: Bearb., in: Dreier, GG, Bd.I, 2004

Dreier, Horst (Hg.): Grundgesetz, Kommentar, Bd.II (Art.20-82), Tübingen 1998, zit.: Bearb., in: Dreier, GG, Bd.II, 1998

Ellrott, Raimund: Städte stellen die Weichen für Erfolg des Einzelhandels, Der Städtetag 2002, 34 ff

Erbguth, Wilfried/*Schoeneberg,* Jörg: Raumordnungs- und Landesplanungsrecht, 2. Aufl., Köln 1992

Erbguth, Wilfried/*Wagner,* Jörg: Grundzüge des öffentlichen Baurechts, 4. Aufl., München 2005

Erbguth, Wilfried: Regionalplanung und Bauleitplanung, RuR 1997, 270 ff

Erbguth, Wilfried: Factory-Outlet-Center: Landesplanungs- und städtebaurechtliche Fragen, verfassungs- wie verwaltungsrechtliche Aspekte, NVwZ 2000, 969 ff

Ernst, Werner/*Suderow,* Wolfgang: Die Zulässigkeit raumordnerischer Festlegungen für Gemeindeteile, Münster 1976, zit.: Ernst/Suderow, Zulässigkeit raumordnerischer Festlegungen, 1976

Ernst, Werner/*Hoppe,* Werner: Das öffentliche Bau- und Bodenrecht, Raumplanungsrecht, 2. Aufl., München 1981, zit.: Ernst/Hoppe, Bau- und Bodenrecht, 1981

Ernst, Werner u.a.: Baugesetzbuch, Kommentar, München, Stand Sept 2004, zit.: Bearb., in: Ernst u.a., BauGB, Stand Sept 2004

Ernst, Werner: Gleichwertige Lebensbedingungen – Aufgabe der Raumordnung, in: Ernst/Thoss (Hg.), Beiträge zum Konzept der ausgeglichenen Funktionsräume, Münster 1977, S.15 ff, zit.: Ernst, in: Ernst/Thoss (Hg.), Ausgeglichene Funktionsräume, 1977

Fickert, Hans Carl/*Fieseler,* Herbert: Baunutzungsverordnung, 10. Aufl., Stuttgart u.a. 2002, zit.: Fickert/Fieseler, BauNVO, 2002

Finkelnburg, Klaus/*Ortloff,* Karsten-Michael: Öffentliches Baurecht, Bd.I: Bauplanungsrecht, 5. Aufl., München 1998, zit.: Finkelnburg/Ortloff, Öffentliches Baurecht, Bd.I, 1998

Finkelnburg, Klaus: Die Änderungen des Baugesetzbuchs durch das Europarechtsanpassungsgesetz Bau, NVwZ 2004, 897 ff

Folkerts, Uwe: Raumordnungsziele im Ländervergleich – Eine rechtliche Untersuchung anhand von Raumordnungsplänen in Bayern, Nordrhein-Westfalen und Schleswig-Holstein, Beiträge zur Raumplanung und zum Siedlungs- und Wohnungswesen, Bd.124, Münster 1988, zit.: Folkerts, Raumordnungsziele, 1988

Friedrich, Christiane: Kolloqiumsbeitrag zur Umsetzung von regionalen Einzelhandelskonzepten durch landesplanerischen Vertrag, in: ILS (Hg.), Umsetzung von regionalen Einzelhandelskonzepten durch landesplanerischen Vertrag, Dortmund 2000, S.6 f, zit.: Friedrich, in: ILS (Hg.), Umsetzung von regionalen Einzelhandelskonzepten, 2000

Gebhardt, Hans: Neue Lebens- und Konsumstile, Veränderungen des aktionsräumlichen Verhaltens und Konsequenzen für das zentralörtliche System, in: Blotevogel (Hg.), Fortentwicklung des Zentrale-Orte-Konzepts, Forschungs- und Sitzungsberichte der ARL, Bd.217, Hannover 2002, S.91 ff, zit.: Gebhardt, in: Blotevogel (Hg.), Fortentwicklung des Zentrale-Orte-Konzepts, 2002

Genosko, Joachim: Politik und Zentrale-Orte-System, in: Blotevogel (Hg.), Fortentwicklung des Zentrale-Orte-Konzepts, Forschungs- und Sitzungsberichte der ARL, Bd.217, Hannover 2002, S.31 ff, zit.: Genosko, in: Blotevogel (Hg.), Fortentwicklung des Zentrale-Orte-Konzepts, 2002

Gleisberg, Karl: Die Problematik der Ansiedlung von großflächigen Betrieben des Einzelhandels aus der Sicht der verwaltungsbehördlichen Praxis, in: Dichtl/Schenke (Hg.), Einzelhandel und Baunutzungsverordnung, Heidelberg 1988, zit.: Gleisberg, in: Dichtl/Schenke (Hg.), Einzelhandel und BauNVO, 1988

Goppel, Konrad: Die Rechtswirkungen des Regionalplans, BayVBl 1984, 229 ff

Goppel, Konrad: Landesplanung, in: ARL (Hg.), Handwörterbuch der Raumordnung, Hannover 1995, S.579 ff, zit.: Goppel, in: ARL (Hg.), Handwörterbuch der Raumordnung, 1995

Goppel, Konrad: Ziele der Raumordnung, BayVBl 1998, 289 ff

Goppel, Konrad: Die Festlegung von Raumordnungsgebieten – Rechtliche Fragen und planerische Konsequenzen aus der Sicht der Raumordnungsverwaltung, in: Jarass (Hg.), Raumordnungsgebiete (Vorbehalts-, Vorrang- und Eignungsgebiete) nach dem neuen Raumordnungsgesetz, Beiträge zur Raumplanung und zum Siedlungs- und Wohnungswesen, Bd.183, Münster 1998, S.26 ff, zit.: Goppel, in: Jarass (Hg.), Raumordnungsgebiete nach dem neuen ROG, 1998

Goppel, Konrad: Kolloqiumsbeitrag zur Umsetzung von regionalen Einzelhandelskonzepten durch landesplanerischen Vertrag, in: ILS (Hg.), Umsetzung von regionalen Einzelhandelskonzepten durch landesplanerischen Vertrag, Dortmund 2000, S.12 ff und 33 ff, zit.: Goppel, in: ILS (Hg.), Umsetzung von regionalen Einzelhandelskonzepten, 2000

Goppel, Konrad: Regionalbeispiel Bayern: Entwicklung und Auswirkungen sowie raumordnungspolitische und planungsrechtliche Behandlung von Einzelhandelsgroßprojekten in: ARL (Hg.), Stadt-Umland-Probleme und Entwicklung des großflächigen Einzelhandels in den Ländern Mittel- und Südosteuropas, Arbeitsmaterial, Nr.282, Hannover 2001, S.115 ff, zit.: Goppel, in: ARL (Hg.), Stadt-Umland-Probleme, 2001

Grae, Werner: Einkaufszentrum und Verbrauchermarkt im System des Planungsrechts, 1981, zit.: Grae, Einkaufszentrum und Verbrauchermarkt, 1981

Gräf, Horst/*Henneke,* Joachim: Landesplanerische und städtebauliche Implikationen von Einzelhandelsgroßprojekten, ZfBR 1980, 218 ff

Greiving, Stefan: Der Raumordnerische Vertrag als Instrument zur Absicherung von Kooperationen im zentralörtlichen System, RuR 2003, 371 ff

Grooterhorst, Johannes: Die Wirkung der Ziele der Raumordnung und Landesplanung gegenüber Bauvorhaben nach §§ 34 und 35 BBauG, Beiträge zur Raumplanung und zum Siedlungs- und Wohnungswesen, Bd.101, Münster 1985, zit.: Grooterhorst, Wirkung der Ziele der Raumordnung, 1985

Grooterhorst, Johannes: Die Ziele der Raumordnung und Landesplanung, NuR 1986, 276 ff

Grotefels, Susan: Kolloqiumsbeitrag zur Umsetzung von regionalen Einzelhandelskonzepten durch landesplanerischen Vertrag, in: ILS (Hg.), Umsetzung von regionalen Einzelhandelskonzepten durch landesplanerischen Vertrag, Dortmund 2000, S.9 ff und 32 ff, zit.: Grotefels, in: ILS (Hg.), Umsetzung von regionalen Einzelhandelskonzepten, 2000

Halama, Günter: Durchsetzung und Abwehr von Zielen der Raumordnung und Landesplanung auf der Gemeindeebene, in: Berkemann u.a. (Hg.), Planung und Plankontrolle – Festschrift für Otto Schlichter zum 65. Geburtstag, München 1995, S.201 ff, zit.: Halama, Festschr. Schlichter, 1995

Hartog-Niemann, Eva den/*Boeseler,* Klaus-Achim: Zentrale Orte und Einzelhandelsstandorte in Sachsen, RuR 1997, 411 ff

Hartwig, Walter: Einzelhandels-Großprojekte aus landesplanungsrechtlicher Sicht, in: ARL (Hg.), Einzelhandels-Großprojekte – Ihre raumordnungspolitische und planungsrechtliche Beurteilung, Arbeitsmaterial, Nr.89, Hannover 1984, S.99 ff, zit.: Hartwig, in: ARL (Hg.), Einzelhandels-Großprojekte, 1984

Hartwig, Walter: Rechtswirkungen von Zielen der Raumordnung und Landesplanung gegenüber privaten Planungsträgern, insbesondere bei §§ 34, 35 BBauG, NVwZ 1985, 8 ff

Haupt, Hans: Die strukturelle Entwicklung des Einzelhandels im Spannungsfeld der Standorte, in: Ziekow (Hg.), Bauplanungsrecht vor neuen Herausforderungen, Berlin 1999, S.113 ff, zit.: Haupt, in: Ziekow (Hg.), Bauplanungsrecht vor neuen Herausforderungen, 1999

Hauth, Michael: Die Zulässigkeit von nicht großflächigen Einzelhandelsbetrieben, insbesondere in allgemeinen Wohn- und Mischgebieten, BauR 1988, 513 ff

Heemeyer, Carsten: Rechtliche Gestaltung von Zwischennutzungen – ein Beitrag zum »Baurecht auf Zeit«, Beiträge zur Raumplanung und zum Siedlungs- und Wohnungswesen, Bd.213, Münster 2003, zit.: Heemeyer, Baurecht auf Zeit, 2003

Heinritz, Günter/*Rauh,* Jürgen: Gutachterliche Stellungnahmen über Factory Outlet Center, RuR 2000, 47 ff

Hendler, Reinhard: Gemeindliches Selbstverwaltungsrecht und Raumordnung, Göttingen 1972

Hendler, Reinhard: Systematische Aspekte der Raumordnungsgebiete und die Bindungswirkung von Raumordnungszielen, in: Jarass (Hg.), Raumordnungsgebiete (Vorbehalts-, Vorrang- und Eignungsgebiete) nach dem neuen Raumordnungsgesetz, Beiträge zur Raumplanung und zum Siedlungs- und Wohnungswesen, Bd.183, Münster 1998, S.88 ff, zit.: Hendler, in: Jarass (Hg.), Raumordnungsgebiete nach dem neuen ROG, 1998

Hendler, Reinhard: Raumordnungsziele und Eigentumsgrundrecht, DVBl 2001, 1233 ff

Hendler, Reinhard: Raumordnungsziele als landesplanerische Letztentscheidungen, UPR 2003, 256 ff

Heßmann, Daniela/*Maier,* Jörg: Transformation und Einzelhandel: Die neue Entwicklung der Einzelhandelsgroßprojekte in den MOE-Ländern und der Vergleich zu den Erfahrungen in den marktwirtschaftlich-kapitalistischen Systemen, in: ARL (Hg.), Stadt-Umland-Probleme und Entwicklung des großflächigen Einzelhandels in den Ländern Mittel- und Südosteuropas, Arbeitsmaterial, Nr.282, Hannover 2001, S.75 ff, zit.: Heßmann/Maier, in: ARL (Hg.), Stadt-Umland-Probleme, 2001

Heuwinkel, Dirk: Empirische Befunde zur Steuerungswirkung des Zentrale-Orte-Konzepts – Niedersachsen, in: Blotevogel (Hg.), Fortentwicklung des Zentrale-Orte-Konzepts, Forschungs- und Sitzungsberichte der ARL, Bd.217, Hannover 2002, S.151 ff, zit.: Heuwinkel, in: Blotevogel (Hg.), Fortentwicklung des Zentrale-Orte-Konzepts, 2002

Hoppe, Werner/*Beckmann,* Martin: Was ist ein Einkaufszentrum im Sinne von § 11 Abs.3 Satz 1 BauNVO?, DÖV 1989, 290 ff

Hoppe, Werner/*Bönker,* Werner/*Grotefels,* Susan: Öffentliches Baurecht, München 2004, zit.: Bearb., in: Hoppe/Bönker/Grotefels, Öffentliches Baurecht, 2004

Hoppe, Werner/*Bunse,* Benno: Zentralörtliches Gliederungsprinzip und Bauleitplanung, WiVerw1984, 151 ff

Hoppe, Werner/*Menke,* Rainard: Raumordnungs- und Landesplanungsrecht des Bundes und des Landes Rheinland-Pfalz, Köln 1986, zit.: Hoppe/Menke, Raumordnungs- und Landesplanungsrecht RP, 1986

Hoppe, Werner/*Otting,* Olaf: Verfassungsrechtliche Anforderungen an raumordnungsrechtliche Beschränkungen großflächiger Einzelhandelsbetriebe, Der Landkreis 2000, 376 ff

Hoppe, Werner/*Scheipers,* Ansgar: Entsprechen die Ziele der Raumordnung und Landesplanung im Landesentwicklungsplan NRW 1995 der Rechtsprechung des Verfassungsgerichtshofs für das Land NRW?, in: Burmeister (Hg.), Verfassungsstaatlichkeit – Festschrift für Klaus Stern zum 65. Geburtstag, München 1997, S.1117 ff, zit.: Hoppe/Scheipers, Festschr. Stern, 1997

Hoppe, Werner/*Schoeneberg,* Jörg: Raumordnungs- und Landesplanungsrecht des Bundes und des Landes Niedersachsen, Köln 1987, zit.: Bearb., in: Hoppe/Schoeneberg, Raumordnungs- und Landesplanungsrecht Nds, 1987

Hoppe, Werner/*Spoerr,* Wolfgang: Bergrecht und Raumordnung – Einflüsse des Bau- und Raumordnungsgesetzes 1998 auf bergrechtliche Eigentumspositionen und die eigentumsrechtlichen Grenzen –, Stuttgart 1999, zit.: Hoppe/Spoerr, Bergrecht und Raumordnung, 1999

Hoppe, Werner: »Ziele der Raumordnung und Landesplanung« und Grundsätze der Raumordnung und Landesplanung« in normtheoretischer Sicht, DVBl 1993, 681 ff

Hoppe, Werner: Ziele der Raumordnung (§ 3 Nr.2 ROG 1998) und »Allgemeine Ziele der Raumordnung und Landesplanung« im Landesentwicklungsprogramm – LEPro NW – des Landes Nordrhein-Westfalen, NWVBl 1998, 461 ff

Hoppe, Werner: Factory Outlet Center – ein Statement, in: Ziekow (Hg.), Bauplanungsrecht vor neuen Herausforderungen, Berlin 1999, S.119 ff, zit.: Hoppe, in: Ziekow (Hg.), Bauplanungsrecht vor neuen Herausforderungen, 1999

Hoppe, Werner: Zur Abgrenzung der Ziele der Raumordnung (§ 3 Nr.2 ROG) von Grundsätzen der Raumordnung (§ 3 Nr.3 ROG) durch § 7 Abs.1 Satz 3 ROG, DVBl 1999, 1457 ff

Hoppe, Werner: Durch Soll-Vorschriften »intendierte« Ziele der Raumordnung und ihre Bezüge zu »intendiertem Ermessen«, in: Geis u.a. (Hg.), Staat, Kirche, Verwaltung – Festschrift für Hartmut Maurer zum 70. Geburtstag, München 2001, S.625 ff, zit.: Hoppe, Festschr. Maurer, 2001

Hoppe, Werner: Anmerkung zu OVG Münster, Urt. v. 7.12.2000 – 7 a D 60/99.NE –, DVBl 2001, 661 ff

Hoppe, Werner: Kritik an der textlichen Fassung und inhaltlichen Gestaltung von Zielen der Raumordnung in der Planungspraxis, DVBl 2001, 81 ff

Hoppe, Werner: Ziele der Raumordnung (§ 3 Nr.2 ROG 1998) in Soll-Formulierungen als »durchgängiges Prinzip der Raumordnung in Bayern« – Anmerkungen zu dem Fachziel »Einzelhandelsgroßprojekte/FOC« im Entwurf zur Änderung des Landesentwicklungsprogramms Bayern, BayVBl 2002, 129 ff

Hoppe, Werner: Das zentralörtliche Gliederungsprinzip: Keine Basis für Gemeindenachbarklagen und für ein klagebewehrtes raumordnungsrechtliches Kongruenzgebot, NVwZ 2004, 282 ff

Hoppe, Werner: Stehen die »Ziele der Raumordnung« in der Form von Soll-Zielen vor dem Aus?, DVBl 2004, 478 ff

Hübler, Karl-Hermann u.a.: Zur Problematik der Herstellung gleichwertiger Lebensverhältnisse, ARL (Hg.), Abhandlungen, Bd.80, Hannover 1980, zit.: Hübler u.a., Zur Problematik der Herstellung gleichwertiger Lebensverhältnisse, 1980

Hüttenbrinck, Jost: § 11 Abs.3 BauNVO 1987 – sind die großflächigen Einzelhandelsbetriebe am Ende?, DVBl 1987, 1045 ff

Isbary, Gerhard: Zentrale Orte und Versorgungsnahbereiche – Zur Quantifizierung der Zentralen Orte in der Bundesrepublik Deutschland, Bad Godesberg 1965, zit.: Isbary, Zentrale Orte und Versorgungsnahbereiche, 1965

Jäde, Henning/*Dirnberger,* Franz/*Weiß,* Josef: Baugesetzbuch und Baunutzungsverordnung – Kommentar, Stuttgart u.a. 2002, zit.: Bearb., in: Jäde/Dirnberger/Weiß, BauGB – BauNVO, 2002

Jahn, Ralf: Zum Begriff des »großflächigen« (Einzel-) Handelsbetriebs in § 11 Abs.3 BauNVO, NVwZ 1987, 1053 ff

Jahn, Ralf: § 11 Abs.3 BauNVO und verfassungsrechtliches Bestimmtheitsgebot, DVBl 1988, 273 ff

Jahn, Ralf: Einzelhandelsgroßbetriebe und zentralörtliches Gliederungssystem in Bayern – zur Einflussnahme des Landesplanungsrechts auf die Standortwahl im Einzelhandel, BayVBl 1989, 294 ff

Jahn, Ralf: Abwehransprüche von Gemeinden bei der Ansiedlung von Factory Outlets, BayVBl 2000, 267 ff

Janning, Heinz: Einzelhandel und Stadtentwicklung, Stadt und Gemeinde 1996, 303 ff

Janning, Heinz: Landesplanerische Steuerung dient allen Gemeinden, Städte- und Gemeinderat 1998, 196 ff

Janning, Heinz: Rechtsschutz benachbarter Gemeinden, insbesondere gegen Einzelhandelsgroßprojekte, in: Jarass (Hg.), Raumordnungsgebiete (Vorbehalts-, Vorrang- und Eignungsgebiete) nach dem neuen Raumordnungsgesetz, Beiträge zur Raumplanung und zum Siedlungs- und Wohnungswesen, Bd.183, Münster 1998, S.109 ff, zit.: Janning, in: Jarass (Hg.), Raumordnungsgebiete nach dem neuen ROG, 1998

Jarass, Hans D./*Pieroth,* Bodo: Grundgesetz für die Bundesrepublik Deutschland, Kommentar, 7.Aufl., München 2004, zit.: Bearb., in: Jarass/Pieroth, GG, 2004

Junker, Rolf/*Kruse,* Stefan: Perspektiven des Handels und deren Bedeutung für die Entwicklung von Zentren, IzR 1998, 133 ff

Junker, Rolf: Der Wandel im Handel und wie die Städte darauf reagieren, Der Städtetag 2003, 50 ff

Katalogkommission für die Handels- und Absatzforschung beim Bundesministerium für Wirtschaft: Katalog E, Begriffsdefinitionen aus der Handels- und Absatzwirtschaft, Institut für Handelsforschung an der Universität zu Köln (Hg.), 4.Ausgabe, Köln 1995, zit.: Katalog E, Begriffsdefinitionen, 1995

Kenneweg, Wolfgang/*Aerssen,* Jochen van: Planungsrecht Nordrhein-Westfalen, Köln 1977

Kiepe, Folkert: Großflächiger Einzelhandel und Factory Outlet Center – Positionen des Deutschen Städtetages, in: Ziekow (Hg.), Bauplanungsrecht vor neuen Herausforderungen, Berlin 1999, S.99 ff, zit.: Kiepe, in: Ziekow (Hg.), Bauplanungsrecht vor neuen Herausforderungen, 1999

Kistenmacher, Hans: Ursachen und räumliche Wirkungen der Suburbanisierung, in: ARL (Hg.), Erscheinungen, Wirkungen und Steuerungsmöglichkeiten von Suburbanisierungsprozessen, Arbeitsmaterial, Nr.276, Hannover 2001, S.17 ff, zit.: Kistenmacher, in: ARL (Hg.), Steuerungsmöglichkeiten von Suburbanisierungsprozessen, 2001

Kläsener, Robert u.a.: Standortfragen des Handels, 3. Aufl., Köln 1986

Kleine, Klaus/*Offermanns,* Thomas: In Deutschland geplante Factory Outlet Center, RuR 2000, 35 ff

Klöpper, Rudolf: Stadttypologien, in: ARL (Hg.), Handwörterbuch der Raumordnung, Hannover 1995, S.911 ff, zit.: Klöpper, in: ARL (Hg.), Handwörterbuch der Raumordnung, 1995

Kment, Martin: Rechtsschutz im Hinblick auf Raumordnungspläne, Beiträge zur Raumplanung und zum Siedlungs- und Wohnungswesen, Bd.202, Münster 2002, zit.: Kment, Rechtsschutz, 2002

Knemeyer, Franz-Ludwig: Die Bedeutung der Begriffe »örtlich-überörtlich«, »gemeindlich-übergemeindlich« als aufgabenbestimmende und -begrenzende Kriterien im Bereich der Raumplanung, in: Oertzen/Thieme (Hg.), Gebietsreform und Landesplanung, Baden-Baden 1980, S.175 ff, zit.: Knemeyer, in: Oertzen/ Thieme (Hg.), Gebietsreform und Landesplanung, 1980

Knemeyer, Franz-Ludwig: Das Verhältnis Gebietsreform – Landesplanung in und nach dem Reformprozess, in: Oertzen/Thieme (Hg.), Gebietsreform und Landesplanung, Baden-Baden 1980, S.7 ff, zit.: Knemeyer, in: Oertzen/Thieme (Hg.), Gebietsreform und Landesplanung, 1980

Kniep, Klaus: Baunutzungsrecht und Einzelhandelsgroßprojekte, GewArch 1985, 89 ff

Koch, Hans-Joachim/*Hendler,* Reinhard: Baurecht, Raumordnungs- und Landesplanungsrecht, 4.Aufl., Stuttgart u.a. 2004

König, Helmut/*Roeser,* Thomas/*Stock,* Jürgen: Baunutzungsverordnung, München 1999, zit.: König/Roeser/Stock, BauNVO, 1999

Köstering, Heinz: Kommunale Selbstverwaltung und staatliche Planung, DÖV 1981, 689 ff

Kopf, Hannes: Rechtsfragen bei der Ansiedlung von Einzelhandelsgroßprojekten, Berlin 2002, zit.: Kopf, Rechtsfragen, 2002

Kopp, Ferdinand O./*Ramsauer,* Ulrich: Verwaltungsverfahrensgesetz, 8. Aufl., München 2003, zit.: Kopp/Ramsauer, VwVfG, 2003

Kopp, Ferdinand O./*Schenke,* Wolf-Rüdiger: Verwaltungsgerichtsordnung, 13. Aufl., München 2003, zit.: Kopp/Schenke, VwGO, 2003

Krautzberger, Michael: Zur Novellierung des Baugesetzbuchs 2004, UPR 2004, 46 ff

Kriener, Georg: Die planungsrechtliche Gemeindenachbarklage, BayVBl 1984, 97 ff

Landesplanungsbehörde NW: Landesplanungsbericht – November 2001, Düsseldorf 2001, zit.: Landesplanungsbehörde NW, Landesplanungsbericht 2001

Larenz, Karl/*Canaris,* Claus-Wilhelm: Methodenlehre der Rechtswissenschaft, 3. Aufl., Berlin u.a. 1995, zit.: Larenz/Canaris, Methodenlehre, 1995

Lauschmann, Elisabeth: Grundlagen einer Theorie der Regionalpolitik, ARL (Hg.), Abhandlungen, Bd.60, Hannover 1970, zit.: Lauschmann, Theorie der Regionalpolitik, 1970

Leder, Walter: Rechtsfragen bei der Ansiedlung von Einkaufszentren und großflächigen Einzelhandelsbetrieben und sonstigen in ihren Auswirkungen vergleichbaren Handelsbetrieben, Siegburg 1987, zit.: Leder, Rechtsfragen bei der Ansiedlung von Einkaufszentren, 1987

Mahlburg, Stefan: Raumordnerische Verträge nach § 13 S.5 ROG – Begriff, Rechtmäßigkeitsanforderungen, Systematisierung, Hamburg 2002, zit.: Mahlburg, Raumordnerische Verträge, 2002

Maier, Jörg: Zur Einführung: Gesellschaftlicher Strukturwandel und Veränderung der Raumstruktur im Stadt-Umlandbereich unter besonderer Berücksichtigung der Suburbanisierungsprozesse, in: ARL (Hg.), Stadt-Umland-Probleme und Entwicklung des großflächigen Einzelhandels in den Ländern Mittel- und Südosteuropas, Arbeitsmaterial, Nr.282, Hannover 2001, S.1 ff, zit.: Maier, in: ARL (Hg.), Stadt-Umland-Probleme, 2001

Mangoldt, Hermann von/*Klein,* Friedrich/*Starck,* Christian (Hg.): Das Bonner Grundgesetz – Kommentar, Bd.I (Art.1-19), 4.Aufl., München 1999, zit.: Bearb., in: v. Mangoldt/Klein/Starck, GG, 1999

Maunz, Theodor u.a.: Grundgesetz – Kommentar, München, Stand Februar 2003, zit.: Bearb., in: Maunz u.a., GG, Stand Feb 2004

Maynen, E./*Kluczka,* Georg: Nordrhein-Westfalen in seiner Gliederung nach zentralörtlichen Bereichen, Düsseldorf 1970, zit.: *Maynen/Kluczka,* NW in seiner Gliederung nach zentralörtlichen Bereichen, 1970

Miosga, Manfred: Entwicklungstendenzen im Einzelhandel und deren Auswirkungen auf das Konzept der Zentralen Orte, in: Blotevogel (Hg.), Fortentwicklung des Zentrale-Orte-Konzepts, Forschungs- und Sitzungsberichte der ARL, Bd.217, Hannover 2002, S.78 ff, zit.: Miosga, in: Blotevogel (Hg.), Fortentwicklung des Zentrale-Orte-Konzepts, 2002

Moench, Christoph/*Sandner,* Wolfram: Die Planung und Zulassung von Factory Outlet Centern, NVwZ 1999, 337 ff

Moench, Christoph: Neue Formen des großflächigen Einzelhandels in der Bauleitplanung, in: Erbguth u.a., Planung – Festschrift für Werner Hoppe zum 70. Geburtstag, München 2000, S.459 ff, zit.: Moench, Festschr. Hoppe, 2000

Moench, Christoph: Kolloqiumsbeitrag zur Umsetzung von regionalen Einzelhandelskonzepten durch landesplanerischen Vertrag, in: ILS (Hg.), Umsetzung von regionalen Einzelhandelskonzepten durch landesplanerischen Vertrag, Dortmund 2000, S.17 ff und 34 ff, zit.: Moench, in: ILS (Hg.), Umsetzung von regionalen Einzelhandelskonzepten, 2000

Mösel, Susanne: Kombinierte Großprojekte des Handels und der Freizeit als Impulsgeber für die Stadtentwicklung, Kaiserslautern 2002, zit.: Mösel, Kombinierte Großprojekte, 2002

v. Münch, Ingo/*Kunig,* Philip (Hg.): Grundgesetz-Kommentar, Bd. I, 5. Aufl., München 2000, zit.: Bearb., in: v. Münch/Kunig, GG, Bd.I, 2000

v. Münch, Ingo/*Kunig,* Philip (Hg.): Grundgesetz-Kommentar, Bd. II, 5. Aufl., München 2001, zit.: Bearb., in: v. Münch/Kunig, GG, Bd.II, 2001

Müller, Bernhard: Einflussnahme auf Erscheinungen der Suburbanisierung – neue Herausforderung in den Staaten Mittel- und Osteuropas, in: ARL (Hg.), Erscheinungen, Wirkungen und Steuerungsmöglichkeiten von Suburbanisierungsprozessen, Arbeitsmaterial, Nr.276, Hannover 2001, S.101 ff, zit.: Müller, in: ARL (Hg.), Steuerungsmöglichkeiten von Suburbanisierungsprozessen, 2001

Niemeier, Hans-Gerhart/*Dahlke,* Winfried/*Lowinski,* Heinrich: Landesplanung in Nordrhein-Westfalen, Kommentar zum Landesplanungsgesetz und Landesentwicklungsprogramm, Essen 1977, zit.: Niemeier/Dahlke/Lowinski, Landesplanungsrecht NW, 1977

Niemeier, Hans-Gerhart: Die Grundkonzeption des nordrhein-westfälischen Landesentwicklungsprogramms 1974, in: ARL (Hg.), Probleme und Perspektiven räumlicher Planung in Nordrhein-Westfalen, Forschungs- und Sitzungsberichte, Bd.126, Hannover 1978, S.1 ff, zit.: Niemeier, in: ARL (Hg.), Probleme und Perspektiven, 1978

Otting, Olaf: Factory Outlet Center und interkommunales Abstimmungsgebot, DVBl 1999, 595 ff

Paßlick, Hermann: Die Ziele der Raumordnung und Landesplanung, Beiträge zur Raumplanung und zum Siedlungs- und Wohnungswesen, Bd.105, Münster 1986, zit.: Paßlick, Ziele der Raumordnung und Landesplanung, 1986

Pieroth, Bodo/*Schlink,* Bernhard: Grundrechte – Staatsrecht II –, 19. Aufl., Heidelberg 2004, zit.: Pieroth/Schlink, Grundrechte, 2004

Potz, Petra: Strukturwandel im Einzelhandel europäischer Metropolen, RaumPlanung 2004, 57 ff

Priebs, Axel: Verbindliche Rahmensetzung für den großflächigen Einzelhandel – Regionales Einzelhandelskonzept für die Region Hannover, RaumPlanung 2004, 78 ff

Rabe, Klaus/*Heintz,* Detlef: Bau- und Planungsrecht, 5. Aufl., Stuttgart 2002

Richter, Brigitta: Regionalbeispiel Österreich: Entwicklung, Strukturen, Standorte und Entwicklungstendenzen des großflächigen Einzelhandels, in: ARL (Hg.), Stadt-Umland-Probleme und Entwicklung des großflächigen Einzelhandels in den Ländern Mittel- und Südosteuropas, Arbeitsmaterial, Nr.282, Hannover 2001, S.83 ff, zit.: Richter, in: ARL (Hg.), Stadt-Umland-Probleme, 2001

Rieger, Tonio: Die Vorgaben zur Beurteilung von Einzelhandelsgroßprojekten in der Landesplanung, in: ARL (Hg.), Aktuelle Aufgaben für die Landes- und Regionalplanung in Bayern, Arbeitsmaterial, Nr.293, Hannover 2003, S.26 ff, zit.: Rieger, in: ARL (Hg.), Landes- und Regionalplanung in Bayern, 2003

Robers, Thomas: Das Gebot der nachhaltigen Entwicklung als Leitvorstellung des Raumordnungs- und Bauplanungsrechts, Beiträge zur Raumplanung und zum Siedlungs- und Wohnungswesen, Bd.209, Münster 2003, zit.: Robers, Das Gebot der nachhaltigen Entwicklung, 2003

Ronellenfitsch, Michael: Ziele der Raumordnung, in: Erbguth u.a. (Hg.), Planung – Festschrift für Werner Hoppe zum 70. Geburtstag, München 2000, S.355 ff, zit.: Ronellenfitsch, Festschr. Hoppe, 2000

Runkel, Peter: Factory-Outlet-Center, UPR 1998, 241 ff

Sachs, Michael (Hg.): Grundgesetz – Kommentar, 3.Aufl., München 2003, zit.: Bearb., in: Sachs (Hg.), GG, 2003

Schaechterle, Karlheinz: Verkehrssysteme als Elemente der Siedlungsstruktur, in: ARL (Hg.), Zur Ordnung der Siedlungsstruktur, Forschungs- und Sitzungsberichte, Bd.85, Hannover 1974, S.197 ff, zit.: Schaechterle, in: ARL (Hg.), Zur Ordnung der Siedlungsstruktur, 1974

Scheipers, Ansgar: Ziele der Raumordnung und Landesplanung aus der Sicht der Gemeinden, Beiträge zur Raumplanung und zum Siedlungs- und Wohnungswesen, Bd.164, Münster 1995, zit.: Scheipers, Ziele der Raumordnung, 1995

Schenke, Wolf-Rüdiger: Die planungsrechtliche Problematik der Ansiedlung von größeren Einzelhandelsgeschäften und Einkaufszentren, UPR 1986, 281 ff

Schink, Alexander: Kommunale Selbstverwaltung im kreisangehörigen Raum, VerwArch 1990 [Bd.81], 385 ff

Schink, Alexander: Raumordnungsgebiete und kommunale Planungshoheit – Chancen und Schwierigkeiten für die Kommunen –, in: Jarass (Hg.), Raumordnungsgebiete (Vorbehalts-, Vorrang- und Eignungsgebiete) nach dem neuen Raumordnungsgesetz, Beiträge zur Raumplanung und zum Siedlungs- und Wohnungswesen, Bd.183, Münster 1998, S.46 ff, zit.: Schink, in: Jarass (Hg.), Raumordnungsgebiete nach dem neuen ROG, 1998

Schiwy, Peter u.a.: Baugesetzbuch – Kommentar und Sammlung des Bau- und Städtebauförderungsrechts, Kronach u.a., Stand Juli 2002, zit.: Schiwy u.a., BauGB, Stand Juli 2002

Schmidt-Aßmann, Eberhard: Grundfragen des Städtebaurechts, Göttingen 1972, zit.: Schmidt-Aßmann, Städtebaurecht, 1972

Schmidt-Aßmann, Eberhard: Fortentwicklung des Rechts im Grenzbereich zwischen Raumordnung und Städtebau, Bonn 1977, zit.: Schmidt-Aßmann, Fortentwicklung, 1977

Schmidt-Aßmann, Eberhard: Zulässigkeit und Grenzen landesplanerischer Bestimmungen für die innergebietliche räumliche Gliederung der Gemeinden, RuR 1978, 11 ff

Schmidt-Aßmann, Eberhard: Die Stellung der Gemeinden in der Raumplanung – Systematik und Entwicklungstendenzen –, VerwArch 1980 [Bd.71], 117 ff

Schmidt-Aßmann, Eberhard: Rechtsstaatliche Anforderungen an Regionalpläne, DÖV 1981, 237 ff

Schmidt-Aßmann, Eberhard: Die Bedeutung von Raumordnungsklauseln für die Verwirklichung raumordnerischer Ziele, in: ARL (Hg.), Verwirklichung der Raumordnung, Forschungs- und Sitzungsberichte, Bd.145, Hannover 1982, S.27 ff, zit.: Schmidt-Aßmann, in: ARL (Hg.), Verwirklichung der Raumordnung, 1982

Schmidt-Bleibtreu, Bruno/*Klein,* Franz: Kommentar zum Grundgesetz, 10. Aufl., Neuwied 2004, zit.: Schmidt-Bleibtreu/Klein, GG, 2004

Schmitz, Holger: Factory-Outlet-Center in der Rechtsprechung – Der Kaufkraftabzug als Maßstab für eine interkommunal rücksichtsvolle Einzelhandelsansiedlung?, BauR 1999, 1100 ff

Schmitz, Holger: Raumordnerisch und städtebaulich relevante Rechtsfragen der Steuerung von Factory-Outlet-Centern, ZfBR 2001, 85 ff

Schmitz, Holger: Rechtliche Einordnung des Zentrale-Orte-Konzepts unter dem Gesichtspunkt der Leitvorstellung einer nachhaltigen Raumentwicklung, in: Blotevogel (Hg.), Fortentwicklung des Zentrale-Orte-Konzepts, Forschungs- und Sitzungsberichte, Bd.217, Hannover 2002, S.55 ff, zit.: Schmitz, in: Blotevogel (Hg.), Fortentwicklung des Zentrale-Orte-Konzepts, 2002

Schneider, Johan: Bauplanungsrechtliche Zulässigkeit von Factory Outlet Centern, Kiel 2003, zit.: Schneider, Bauplanungsrechtliche Zulässigkeit von FOC, 2003

Schoch, Friedrich: Die Eigentumsgarantie des Art.14 GG, Jura 1989, 113 ff

Schöller, Peter/*Blotevogel,* Hans Heinrich: Zur Anwendung des Zentralitätskonzeptes in der Landesplanung, insbesondere im nordrhein-westfälischen Landesentwicklungsplan I/II, in: ARL (Hg.), Tendenzen und Probleme der Entwicklung von Bevölkerung, Siedlungszentralität und Infrastruktur in Nordrhein-Westfalen, Forschungs- und Sitzungsberichte, Bd.137, Hannover 1981, S.71 ff, zit.: Schöller/Blotevogel, in: ARL (Hg.), Siedlungszentralität, 1981

Schöller, Peter: Überlegungen und Thesen zu Entwicklung und Gegenwartsproblemen der Siedlungszentralität, in: ARL (Hg.), Tendenzen und Probleme der Entwicklung von Bevölkerung, Siedlungszentralität und Infrastruktur in Nordrhein-Westfalen, Forschungs- und Sitzungsberichte, Bd.137, Hannover 1981, S.65 ff, zit.: Schöller, in: ARL (Hg.), Siedlungszentralität, 1981

Schönert, Matthias: 20 Jahre Suburbanisierung der Bevölkerung, RuR 2003, 457 ff

Schroeder, Werner: Die Wirkung von Raumordnungszielen, UPR 2000, 52 ff

Schrödter, Hans u.a.: Baugesetzbuch – Kommentar, 6. Aufl., München 1998, zit.: Bearb., in: Schrödter u.a., BauGB, 1998

Schulte, Hans: Freiheit und Bindung des Eigentums im Bodenrecht, JZ 1984, 297 ff

Siebelt, Johannes: Die unmittelbare Wirkung von Rahmengesetzen am Beispiel des § 46 BRRG, NVwZ 1996, 122 ff

Siedentopf, Heinrich: Gemeindliche Selbstverwaltungsgarantie im Verhältnis zur Raumordnung und Landesplanung, Göttingen 1977, zit.: Siedentopf, Gemeindliche Selbstverwaltungsgarantie, 1977

Spannowsky, Willi: Verwirklichung von Raumordnungsplänen durch vertragliche Vereinbarungen, Bundesamt für Bauwesen und Raumordnung (Hg.), Bonn 1999, zit.: Spannowsky, Verwirklichung von Raumordnungsplänen, 1999

Spannowsky, Willy: Ansiedlung großflächiger Einzelhandelsbetriebe und raumordnerischer Vertrag, UPR 1999, 241 ff

Spannowsky, Willy: Raumordnungsrechtliche Steuerung der Ansiedlung großflächiger Einzelhandelsbetriebe – 1.Teil –, NdsVBl 2001, 1 ff

Spannowsky, Willy: Raumordnungsrechtliche Steuerung der Ansiedlung großflächiger Einzelhandelsbetriebe – 2.Teil –, NdsVBl 2001, 32 ff

Spannowsky, Willy: Möglichkeiten zur Steuerung der Ansiedlung großflächiger Einzelhandelsbetriebe durch die Raumordnung und ihre Durchsetzung, UPR 2003, 248 ff

Spoerr, Wolfgang: Raumordnungsziele und gemeindliche Bauleitplanung, in: Erbguth u.a. (Hg.), Planung – Festschrift für Werner Hoppe zum 70. Geburtstag, München 2000, S.343 ff, zit.: Spoerr, Festschr. Hoppe, 2000

Steinberg, Rudolf: Die Einrichtung eines staatlichen Infrastrukturkatasters im Spannungsfeld von Landesplanung und kommunaler Selbstverwaltung, DÖV 1979, 653 ff

Stern, Klaus: Das Staatsrecht der Bundesrepublik Deutschland, Bd.I – Grundbegriffe und Grundlagen des Staatsrechts, Strukturprinzipien der Verfassung –, 2. Aufl., München 1984, zit.: Stern, Staatsrecht, Bd.I, 1984

Stüer, Bernhard: Handbuch des Bau- und Fachplanungsrechts – Planung – Genehmigung – Rechtsschutz –, 2. Aufl., München 1998, zit.: Stüer, Bau- und Fachplanungsrecht, 1998

Stüer, Bernhard: Kolloqiumsbeitrag zur Umsetzung von regionalen Einzelhandelskonzepten durch landesplanerischen Vertrag, in: ILS (Hg.), Umsetzung von regionalen Einzelhandelskonzepten durch landesplanerischen Vertrag, Dortmund 2000, S.15 ff, zit.: Stüer, in: ILS (Hg.), Umsetzung von regionalen Einzelhandelskonzepten, 2000

Tiggemann, Rolf: Die kommunale Neugliederung in Nordrhein-Westfalen, Möglichkeiten und Grenzen der Anwendung landesplanerischer Entwicklungskonzeptionen und Instrumentarien auf das Zielsystem der Gebietsreform, Meisenheim am Glan 1977, zit.: Tiggemann, Die kommunale Neugliederung in Nordrhein-Westfalen, 1977

Thies, Gunnar: Einzelhandelsgroßbetriebe im Städtebaurecht, München 1992

Tönnies, Gerd: Planungs- und forschungsorientierte Raumgliederungen, RuR 1988, 11 ff

Tönnies, Gerd: Entwicklungstendenzen der Siedlungsstruktur: Konzentrations- und Dispersionsprozesse, in: Blotevogel (Hg.), Fortentwicklung des Zentrale-Orte-Konzepts, Forschungs- und Sitzungsberichte der ARL, Bd.217, Hannover 2002, S.63 ff, zit.: Tönnies, in: Blotevogel (Hg.), Fortentwicklung des Zentrale-Orte-Konzepts, 2002

Tönnies, Gerd: Fortentwicklung des Zentrale-Orte-Konzepts, Europlan 2002, 6 ff

Troge, Andreas/*Hülsmann,* Wulf/*Burger,* Andreas: Ziele und Handlungsansätze einer flächensparenden Siedlungsentwicklung, DVBl 2003, 85 ff

Uechtritz, Michael: Die Gemeinde als Nachbar – Abwehransprüche und Rechtsschutz von Nachbargemeinden gegen Einkaufszentren, Factory-Outlets und Großkinos, BauR 1999, 572 ff

Vogels, Paul-Heinz/*Will,* Joachim: Raumordnerische und städtebauliche Auswirkungen von Factory-Outlet-Center: Grundlagenuntersuchung im Rahmen des Forschungsfeldes »Zentren« des experimentellen Wohnungs- und Städtebau im Auftrag des Bundesministerium für Raumordnung, Bauwesen und Städtebau, Bonn, Basel 1999, zit.: Vogels/Will, Auswirkungen von FOC, 1999

Wagner, Volkmar: Das interkommunale Abstimmungsgebot im Lichte der neueren Rechtsprechung (insbesondere zu Factory Outlet Centern), ZfBR 2000, 21 ff

Wagner, Jörg: Die Harmonisierung der Raumordnungsklauseln in den Gesetzen der Fachplanung, DVBl 1990, 1024 ff

Wahl, Rainer: Rechtsfragen der Landesplanung und Landesentwicklung, Bd.II: Die Konzepte zur Siedlungsstruktur in den Plansystemen der Länder, Berlin 1978, zit.: Wahl, Rechtsfragen II, 1978

Wahl, Rainer: Aktuelle Probleme im Verhältnis der Landesplanung zu den Gemeinden, DÖV 1981, 597 ff

Wahl, Rainer: Rechtliche Wirkungen landesplanerischer Festlegungen gegenüber gemeindlichen Planungen und Fachplanungen, in: ARL (Hg.), Verwirklichung von Umweltschutz durch Raumordnung und Landesplanung – Rechtliche Wirkungen landesplanerischer Festlegungen gegenüber gemeindlichen Planungen und Fachplanungen, Arbeitsmaterial, Bd.90, Hannover 1984, S.47 ff, zit.: Wahl, in: ARL (Hg.), Verwirklichung von Umweltschutz, 1984

Zeck, Hildegard: Zentrale Orte als räumliches Konzept für Anpassungsstrategien, IzR 2003, 725 ff

Sachregister

(Hauptfundstellen sind fett gedruckt)